OEUVRES
DE
VOLTAIRE.

TOME LXII.

DE L'IMPRIMERIE DE FIRMIN DIDOT FRÈRES,
RUE JACOB, N° 24.

OEUVRES
DE
VOLTAIRE

AVEC

PRÉFACES, AVERTISSEMENTS,
NOTES, ETC.

PAR M. BEUCHOT.

TOME LXII.

CORRESPONDANCE. — TOME XII.

A PARIS,

CHEZ LEFÈVRE, LIBRAIRE,
RUE DE L'ÉPERON, N° 6.
FIRMIN DIDOT FRÈRES, RUE JACOB, N° 24

M DCCC XXXII.

CORRESPONDANCE.

4197. A M. DE CHABANON.

Au château de Ferney, 2 septembre 1764.

Je vous dois, monsieur, de l'estime et de la reconnaissance, et je m'acquitte de ces deux tributs en vous remerciant avec autant de sensibilité que je vous lis avec plaisir[1]. Vous pensez en philosophe, et vous faites des vers en vrai poëte. Ce n'est pas la philosophie à qui on doit attribuer la décadence des beaux-arts. C'est du temps de Newton qu'ont fleuri les meilleurs poëtes anglais; Corneille était contemporain de Descartes, et Molière était l'élève de Gassendi. Notre décadence vient peut-être de ce que les orateurs et les poëtes du siècle de Louis XIV *nous ont dit ce que nous ne savions pas*, et qu'aujourd'hui les meilleurs écrivains ne pourraient dire que ce qu'on sait. Le dégoût est venu de l'abondance. Vous avez parfaitement saisi le mérite d'Homère; mais vous sentez bien, monsieur, qu'on ne doit pas plus écrire aujourd'hui dans son goût, qu'on ne doit combattre à la manière d'Achille et de Sarpédon. Racine était un homme adroit; il louait beaucoup Euripide, l'imitait un peu (il en a pris tout au plus une douzaine

---

[1] Chabanon avait envoyé à Voltaire son opuscule : *Sur le sort de la poésie dans ce siècle philosophique, avec une dissertation sur Homère considéré comme poëte tragique, et une tragédie en un acte intitulée* Priam au camp d'Achille; 1764, in-8°. B.

de vers), et il le surpassait infiniment. C'est qu'il a su se plier au goût, au génie de la nation un peu ingrate pour laquelle il travaillait ; c'est la seule façon de réussir dans tous les arts. Je veux croire qu'Orphée était un grand musicien ; mais s'il revenait parmi nous pour faire un opéra, je lui conseillerais d'aller à l'école de Rameau.

Je sais bien qu'aujourd'hui les Welches n'ont que leur opéra comique ; mais je suis persuadé que des génies tels que vous peuvent leur ramener le siècle de Louis XIV : c'est à vous de rallumer le reste du feu sacré qui n'est pas encore tout-à-fait éteint. Je ne suis plus qu'un vieux soldat retiré dans sa chaumière. Je souhaite passionnément que vous combattiez contre le mauvais goût avec plus de succès que nous n'avons résisté à nos autres ennemis. C'est avec ces sentiments très sincères que j'ai l'honneur d'être, monsieur, votre, etc.

4198. A M. LE COMTE D'ARGENTAL.

7 septembre.

Mes divins anges, je vous crois à présent bien établis dans votre nouvelle maison. Vous vous êtes rapprochés de M. le duc de Praslin, et vous avez très bien fait. J'ai montré vite votre dernière lettre au petit défroqué : elle ne l'a point effrayé ; c'est un ingénu personnage. Je m'étais toujours défié, m'a-t-il dit, de cette Julie qu'on envoyait réciter son office dans sa chambre, et de ce Pompée qui se disait soldat, et de bien d'autres choses sur lesquelles cependant je me fesais illusion. J'étais si rempli de la prétendue beauté de quelques situations et de quelques caractères, que j'étouffais mes remords sur le reste.

> Faites choix d'un ami dont la raison vous guide,
> Et dont le crayon sûr d'abord aille chercher
> L'endroit que l'on sent faible, et qu'on veut se cacher.
> BOILEAU, *Art poét.*, ch. IV, v. 71.

Il m'assure que Pompée ne sera plus soldat; il voit bien que ce changement en exige d'autres, et qu'il faut raccommoder le bâtiment de manière que l'architecture ne soit point gâtée; cela demande un peu de soin; il est près de s'y livrer : il dit que la destinée de son pauvre drame est de voyager; il supplie mes anges de le lui renvoyer; il veut en venir à votre honneur et au sien; il proteste qu'il n'omettra rien pour gagner en dernier ressort ce procès qu'il a perdu en première instance; il aime à plaider quand vous prenez en main sa cause; il n'en démordra pas, je connais sa tête.

Mes anges, il me paraît que Catherine fournit de grands sujets de tragédie. Un feseur de drames aurait beaucoup à apprendre chez Catherine et chez Frédéric; mais je ne veux pas croire tout ce qu'on dit.

Quelque chose qui se passe dans le Nord, renvoyez-nous nos roués du Midi; notre jeune homme vous en renverra d'autres; c'est sa consolation. Il est venu quatre-vingts personnes dans sa chaumière avec MM. les ducs de Randan, de La Trimouille, non pas le La Trimouille de Dorothée[1], etc., etc. Madame

---
[1] Chant VIII de *la Pucelle*. B.

Denis leur a joué *Mérope*, leur a donné une fête; et moi, je me suis mis au lit.

Vous ne m'avez pas seulement parlé du décès de M. d'Argenson, mon contemporain; vous ne vous souvenez pas que nous l'appelions *la chèvre*[1]; vous ne vous souvenez de rien, pas même du prince Ivan.

Cependant je baise le bout de vos ailes.

4199. A M. DALEMBERT.

7 septembre.

Mon cher philosophe, vos lettres sont comme vous au-dessus de notre siècle, et n'ont assurément rien de welche. Je voudrais pouvoir vous écrire souvent pour m'en attirer quelques unes. C'est donc de votre estomac, et non pas de votre cœur, que vous vous plaignez! Vos calomniateurs se sont mépris. Il semble qu'on vous injurie, vous autres philosophes, quand on vous soupçonne d'avoir des sentiments. Il paraît que vous en avez en amitié, puisque vous avez été fidèle à M. d'Argenson après sa disgrace et après sa mort. Vous avez assisté à son enterrement comme son confrère; mais Simon Le Franc, qui n'est le confrère de personne, a prétendu y être comme parent: il fesait par vanité ce que vous fesiez par reconnaissance.

Vous me parlez souvent d'un certain homme[2]. S'il avait voulu faire ce qu'il m'avait autrefois tant promis, prêter vigoureusement la main pour écraser

---

[1] Voyez tome XIX, page 158; et LVII, 122. B.
[2] Le roi de Prusse. B.

l'*inf...*, je pourrais lui pardonner; mais j'ai renoncé aux vanités du monde, et je crois qu'il faut un peu modérer notre enthousiasme pour le Nord; il produit d'étranges philosophes. Vous savez bien ce qui s'est passé [1], et vous avez fait vos réflexions : Dieu merci, je ne connais plus que la retraite. Je laisse madame Denis donner des repas de vingt-six couverts, et jouer la comédie pour ducs et présidents, intendants et passe-volants, qu'on ne reverra plus. Je me mets dans mon lit au milieu de ce fracas, et je ferme ma porte. *Omnia fert ætas* [2].

Vraiment j'ai lu ce *Dictionnaire* diabolique; il m'a effrayé comme vous; mais le comble de mon affliction est qu'il y ait des chrétiens assez indignes de ce beau nom pour me soupçonner d'être l'auteur d'un ouvrage aussi anti-chrétien. Hélas! à peine ai-je pu parvenir à en attraper un exemplaire. On dit que frère Damilaville en a quatre, et qu'il y en a un pour vous. Je suis consolé quand je vois que cette abominable production ne tombe qu'en si bonnes mains. Qui est plus capable que vous de réfuter en deux mots tous ces vains sophismes? Vous en direz au moins votre avis avec cette force et cette énergie que vous mettez dans vos raisonnements et dans vos bons mots; et si vous ne daignez pas écrire en faveur de la bonne cause, du moins vous écraserez la mauvaise, en disant ce que vous pensez. Votre conversation vaut au moins tous les écrits des saints Pères. En vérité le cœur saigne quand on voit les progrès des

---

[1] L'assassinat du prince Ivan. B.

[2] Virgile, *Ecl.* ix, 52. B.

mécréants. Figurez-vous que neuf ou dix prétendus philosophes, qui à peine se connaissent, vinrent ces jours passés souper chez moi. L'un d'eux, en regardant la compagnie, dit : Messieurs, je crois que le Christ se trouvera mal de cette séance. Ils saisirent tous ce texte. Je les prenais pour des conseillers du prétoire de Pilate; et cette scène se passait devant un jésuite, à la porte de Calvin ! je vous avoue que les cheveux me dressaient à la tête. J'eus beau leur représenter les prophéties accomplies, les miracles opérés, et les raisons convaincantes d'Augustin, de l'abbé Houteville, et du P. Garasse, on me traita d'imbécile. Enfin la perversité est venue au point qu'il y a dans Genève une assemblée qu'ils appellent *cercle*, où l'on ne reçoit pas un seul homme qui croie en Christ; et quand ils en voient passer un, ils font des exclamations à la fenêtre, comme les petits enfants quand ils voient un capucin pour la première fois. J'ai le cœur serré en vous mandant ces horreurs : elles enflammeront peut-être votre zèle; mais vous aimez mieux rire que sévir. Conservez-moi votre amitié, elle me servira à finir doucement ma carrière. Je me flatte que votre d'Argenson, mon contemporain, est mort avec componction et avec extrême-onction. C'est là un des grands agréments de ceux qui ont le bonheur de mourir chez vous; on ne leur épargne, Dieu merci, aucune des consolations qui rendent la mort si aimable. Toutes ces choses-là sont si sages, qu'on les croirait inventées par des Welches, s'ils avaient jamais inventé quelque chose. *Vale*. Je vous conjure de crier que je n'ai nulle part au *Portatif*.

4200. A M. DAMILAVILLE.

7 septembre.

Mon cher frère, ne donnerez-vous pas un de ces quatre volumes diaboliques à frère Protagoras? Il me semble qu'il n'a pas mal fait de refuser les honneurs qui l'attendaient dans le Nord. Il aurait eu beau se vêtir de peaux de martre, il y aurait laissé la sienne, car sa santé n'est pas digne de ce beau climat; et, tout bon géomètre qu'il est, il aurait eu peine à résoudre le problème de ce qui vient de se passer au bord de la mer Baltique[1]. On conte cet événement avec des circonstances si atroces, qu'on croirait que ce sont des dévots qui ont conduit toute l'aventure. Après tout, cette barbarie n'est pas bien tirée au clair.

Mais les horreurs de ce monde ne doivent pas vous dégoûter de la philosophie. Au contraire, nos philosophes devraient tous sentir qu'ils passent leur vie entre des renards et des tigres, et par conséquent s'unir ensemble et se tenir serrés.

Vous[2] avez sans doute reçu le paquet que je vous envoyai, il y a quelques jours, pour M. Blin de Sainmore. Il se dévoue courageusement[3] à la défense de la vérité, au sujet des *Commentaires*.

---

[1] L'assassinat du prince Ivan; voyez ma note, tome LXI, page 95. B.

[2] Dans la *Correspondance de Grimm*, la fin de cette lettre fait partie de celle du 19 septembre, n° 4205. B.

[3] Voyez ma note sur la lettre 4183, tome LXI, page 538. B.

Bonsoir, mon cher philosophe; il y a peu de vrais frères.

Voudriez-vous bien faire passer cette lettre à frère Protagoras?

4201. A MADEMOISELLE CLAIRON.

10 septembre.

Votre estampe est digne de vous et de M. Vanloo, mademoiselle; c'est un très beau tableau qui passera à la postérité, ainsi que votre nom. La grace que le roi vous a faite[1] montre que les arts ne sont pas entièrement abandonnés. Je me flatte que le roi ne fera pas la même grace au curé de Saint-Sulpice[2]. J'ai vu, dans quelques papiers publics, que ce prêtre avait fait banqueroute, et j'en ai été très édifié. Ce qui est bien sûr, c'est que ce maraud-là ne m'enterrera pas. Je souhaite que vous enterriez tous ceux de Paris, et que vous ayez autant de bons acteurs qu'il y a de curés et de vicaires. Comptez, mademoiselle, sur le véritable attachement de celui qui a l'honneur de vous écrire.

4202. A M. LE MARQUIS ALBERGATI CAPACELLI.

12 septembre.

Je ne vois pas trop, monsieur, quel rapport ce pauvre Algarotti avait avec Ovide, sinon qu'ils avaient

---

[1] La princesse de Gallitzin, admiratrice de mademoiselle Clairon, avait fait peindre cette actrice par Carle Vanloo, dans le rôle de Médée. Ce tableau étant en la possession de mademoiselle Clairon, le roi Louis XV ordonna qu'il fût gravé à ses frais, et fit présent à l'actrice de la planche. B.

[2] Dulau d'Allemant. B.

tous deux un grand nez. M. N...., qui a, je crois, tous ses papiers, peut donner un beau démenti à la dame dont vous me parlez. Il faut en effet que cette dame soit un peu méchante; j'ajouterais même, si j'osais, un peu folle. A propos de dame, je suis bien étonné que vous n'en ayez pas pour jouer la comédie. Comment peut-on s'en passer, et qui peut les remplacer? Nous en avons, nous autres, et d'excellentes, en comique et en tragique. Sans les femmes, point de plaisir en aucun genre; j'en parle en homme très désintéressé; car à soixante et onze ans on n'est pas soupçonné d'être subjugué par elles. Je ne connais que l'amitié, et vous m'en faites éprouver le charme.

4203. A M. LE COMTE D'ARGENTAL.

12 septembre.

Anges conjurés, protecteurs des roués, j'ai fait lire, sans tarder, votre lettre du 3 de septembre au petit frère ex-jésuite; je lui ai donné votre mémoire. Vos anges, m'a-t-il dit, ne sont pas des sots; et sur-le-champ il s'est mis à refaire ce que je vous envoie, et ce que je vous supplie de me renvoyer enrichi de vos observations. Il a changé, en conséquence, le commencement du cinquième acte, et il me charge de mettre ces deux esquisses dans mon paquet. Il est convenu que les discours d'Octave et d'Antoine n'étaient que raisonnables, et ne pouvaient intéresser. J'avoue, me disait ce jeune homme avec candeur, que tout ce qui ne concerne pas le péril de Pompée et le cœur de Julie doit indisposer les spectateurs. Il faut toujours faire paraître les tyrans le moins qu'on peut. Les malheureux qu'ils oppriment, et ceux qui veulent se venger, ne peuvent trop paraître. J'avais manqué à cette règle, en m'attachant trop à développer le caractère d'Auguste : mais ce qui est bon dans un livre n'est pas bon dans une tragédie. Ces dissertations d'Octave et d'Antoine étouffaient toute l'action ; elle semble marcher à présent avec rapidité et avec intérêt, grace aux belles idées des anges. Il ne s'agira plus que de lui donner du coloris. J'espère que les anges renverront le tout, c'est-à-dire les cinq actes, le nouveau troisième acte, et le nouveau commencement du cinquième ; après quoi le petit jésuite, aidé de leurs lumières, travaillera à son aise.

Les anges sont constants dans leur bonne volonté, et ils ont trouvé un petit drôle qui a mis son opiniâtreté à leur obéir.

Si je pouvais parler d'affaires, je remercierais tendrement des bontés qu'on a pour mes dîmes [1]; je ne conçois pas trop comment on peut séparer la cause de Genève de la mienne. Je suis trop occupé de Pompée pour raisonner juste sur les traités faits avec les Suisses.

Respect, tendresse, reconnaissance.

4204. A M. LE COMTE D'ARGENTAL.

14 septembre.

Divins anges, vous devez avoir reçu des fatras tragiques. Permettez que je vous parle d'un fatras de

[1] Toujours son procès pour les dîmes ecclésiastiques. B.

prose; c'est un *Dictionnaire philosophique portatif*[1], qu'on m'attribue, et que jamais je n'aurais fait. Cela est rempli de vérités hardies que je serais bien fâché d'avoir écrites. M. Marin peut aisément empêcher que ce diabolique ouvrage n'entre chez les Welches. Si vous daignez lui dire ou lui faire dire un mot, je vous serai très obligé. Il faut surtout qu'il soit persuadé que cette œuvre infernale n'est point de moi. Si j'étais l'auteur de tout ce qu'on met sur mon compte, j'aurais à me reprocher plus de volumes que tous les Pères de l'Église ensemble. Le petit ex-jésuite est toujours au bout de vos ailes. Il attend les cinq, plus les trois, plus la première page du cinq. Cet opiniâtre candidat dit qu'il n'en démordra pas, dût-il travailler deux ans de suite; c'est bien dommage que cela soit si jeune. On a de la peine à le former; mais sa docilité et sa patience lui tiendront lieu de talent. Vous ne sauriez croire, mes anges, combien il vous aime.

4205. A M. DAMILAVILLE.

19 septembre.

Mon cher frère, je reçois votre lettre du 13, dans laquelle vous trouvez le procédé de la philosophe du Nord bien peu philosophe[2]; et en même temps un de nos confrères me demande un *Dictionnaire philosophique* pour elle: mais je ne l'enverrai certainement pas, à moins que je n'y mette un chapitre contre des actions si cruelles. Ce dictionnaire effarouche cruel-

---

[1] Voyez ma Préface du tome XXVI. B.
[2] L'assassinat du prince Ivan; voyez tome LXI, page 95. B.

lement d'autres criminels appelés les dévots. Je ne veux jamais qu'il soit de moi; j'en écris sur ce ton à M. Marin qui m'en avait parlé dans sa dernière lettre, et je me flatte que les véritables frères me seconderont. On doit regarder cet ouvrage comme un recueil de plusieurs auteurs fait par un éditeur de Hollande. Il est bien cruel qu'on me nomme; c'est m'ôter désormais la liberté de rendre service. Les philosophes doivent rendre la vérité publique, et cacher leur personne. Je crains surtout que quelque libraire affamé n'imprime l'ouvrage sous mon nom; il faut espérer que M. Marin empêchera ce brigandage.

[1] J'ai fait acheter *le Portatif* à Genève; il n'y en avait alors que deux exemplaires. Le consistoire des prêtres pédants, sociniens, l'a déféré aux magistrats; alors les libraires en ont fait venir beaucoup. Les magistrats l'ont lu avec édification, et les prêtres ont été tout étonnés de voir que ce qui eût été brûlé il y a trente ans est aujourd'hui très bien reçu dans le monde. Il me paraît qu'on est beaucoup plus avancé à Genève qu'à Paris. Votre parlement n'est pas encore philosophe.

Je voudrais bien avoir les factums des capucins[2]. Mais pourquoi faut-il qu'il y ait des capucins? Courage! le royaume de Dieu n'est pas loin: les esprits s'éclairent d'un bout de l'Europe à l'autre. Quel dom-

---

[1] Dans la *Correspondance de Grimm*, au lieu de ce qui termine cette lettre, on lit ce qui est à la fin de celle du 7 septembre, n° 4200. B.

[2] Il y avait discorde dans le couvent des capucins à Paris, entre les pères gardiens et définiteurs d'un côté, et les frères quêteurs de l'autre : ces derniers avaient publié un mémoire rempli de détails scandaleux. B.

mage, encore une fois, que ceux qui pensent de la même manière ne soient pas tous frères! que ne suis-je à Paris! que ne puis-je rassembler le saint troupeau! que ne puis-je mourir dans les bras des véritables frères! *Interim, écr. l'inf....*

4206. A M. DALEMBERT.

19 septembre.

On dit, mon cher philosophe, que vous perfectionnez les lunettes [1]. Ceux qui ont de mauvais yeux vous béniront; mais moi, qui perds la vue dès qu'il fait froid et qu'il y a un peu de neige sur la terre, je ne profiterai pas de votre belle invention. Après avoir rendu hommage à votre physique, il faut que je vous parle morale. Il y en a tant dans ce diabolique *Dictionnaire*, que je tremble que l'ouvrage et l'auteur ne soient brûlés par les ennemis de la morale et de la littérature.

Ce recueil est de plusieurs mains, comme vous vous en serez aisément aperçu. Je ne sais par quelle fureur on s'obstine à m'en croire l'auteur. Le plus grand service que vous puissiez me rendre est de bien assurer, sur votre part du paradis, que je n'ai nulle part à cette œuvre d'enfer, qui d'ailleurs est très mal imprimée et pleine de fautes ridicules. Il y a trois ou quatre personnes qui crient que j'ai soutenu la bonne cause, que je combats dans l'arène jusqu'à la mort contre les bêtes féroces. Ces bonnes ames me bénissent

[1] Dans les *Opuscules mathématiques* de Dalembert (voyez la note, tome LIX, page 3), on trouve un *Essai sur les moyens de perfectionner les verres optiques*, et deux autres morceaux sur le même sujet. B.

et me perdent. C'est trahir ses frères que de les louer en pareille occasion ; il faut agir en conjurés, et non pas en zélés. On ne sert assurément ni la vérité ni moi, en m'attribuant cet ouvrage. Si jamais vous rencontrez quelques pédants à grand rabat ou à petit rabat, dites-leur bien, je vous en prie, que jamais ils n'auront ce plaisir de me condamner en mon propre et privé nom, et que je renie tout *Dictionnaire*, jusqu'à celui de la *Bible* par dom Calmet. Je crois qu'il y a dans Paris très peu d'exemplaires de cette abomination alphabétique, et qu'ils ne sont pas dans des mains dangereuses ; mais, dès qu'il y aura le moindre danger, je vous demande en grace de m'avertir, afin que je désavoue l'ouvrage dans tous les papiers publics avec ma candeur et mon innocence ordinaires.

Il se répand des bruits fâcheux sur l'impératrice de toutes les Russies. On prétend qu'à son retour elle a trouvé un violent parti contre elle, et que le sang du prince Ivan ou Jean a crié vengeance. Je ne garantis rien, pas même la mort de ce prince, qui est trop avérée. Portez-vous bien, digérez, et aimez un peu qui vous aime beaucoup.

4207. A MADAME DU BOCCAGE[1].

Ferney, 19 septembre.

Je n'ai point voulu vous remercier, madame, sans avoir joui de vos bienfaits. C'est en connaissance de cause que je vous réitère les sentiments d'estime et de reconnaissance que je vous avais voués dès long-temps.

[1] Voyez tome LV, page 315. B.

J'ai lu la très jolie édition dont vous avez voulu me gratifier. Je ne connaissais point vos agréables *Lettres sur l'Italie*[1]; elles sont supérieures à celles de madame de Montaigu[2]. Je connais Constantinople par elle, et Rome par vous; et, grace à votre style, je donne la préférence à Rome. Je ne m'attendais pas, madame, de voir mon petit ermitage[3] auprès de Genève célébré par la main brillante qui a si bien peint les vignes des cardinaux. Les grands peintres savent également exercer leurs talents sur les palais et sur les chaumières.

Soyez bien sûre, madame, que je suis aussi reconnaissant qu'étonné de l'extrême bonté avec laquelle vous avez bien voulu parler de moi. Je ne nie pas que je ne sois infiniment flatté de voir mon nom dans vos Lettres, qui passeront à la postérité; mais mon cœur, j'ose le dire, est encore plus sensiblement touché de recevoir ces marques d'amitié de la première personne de son sexe et de son siècle. J'ose dire, madame, que personne n'a plus senti votre mérite que moi; mais je ne me bornerai pas à vous admirer; j'aimais votre caractère autant que votre esprit, et l'éloignement des lieux n'a point diminué ces sentiments. Madame Denis les partage; elle est pénétrée, comme moi, de ce que vous valez. Recevez les hom-

---

[1] Elles sont dans le tome III du *Recueil des OEuvres de madame Du Boccage*, 1764, trois volumes in-12. E.

[2] Voyez l'article de Voltaire sur les lettres de milady Montague, t. XLI, p. 441. B.

[3] Madame Du Boccage terminait ses voyages par le récit de la réception que lui avait faite Voltaire, et dont Grimm avait été témoin; voyez sa *Correspondance*, 1er novembre 1764. B.

mages de l'oncle et de la nièce. Vous êtes au-dessus des éloges, vous devez en être fatiguée. On est bien plus sûr de vous plaire quand on vous dit qu'on vous est très tendrement attaché, et c'est bien certainement ce que je suis avec le plus sincère respect.

4208. A MADAME LA MARQUISE DU DEFFAND.

21 septembre.

Eh bien! oui, madame, il serait tout aussi bon, pour le moins, de n'être pas né. L'*Évangile* ne l'a dit que de Judas [1], mais l'*Ecclésiaste* l'a dit de tous les hommes [2]; et si Salomon a fait l'*Ecclésiaste,* vous êtes de l'avis du plus sage et du plus voluptueux de tous les rois. Remarquez seulement que Salomon ne parlait ainsi que quand il digérait mal. L'abbé de Chaulieu, qui valait bien Salomon, dit [3] :

> Bonne ou mauvaise santé
> Fait notre philosophie.

Je suis donc volontiers de votre avis quand je souffre, et nous n'aurons plus de querelles sur cet article. Je croirai avec vous qu'il eût beaucoup mieux valu au prince Ivan de n'être pas né, que d'être empereur au berceau pour vivre vingt-quatre ans dans un cachot, et pour y mourir de huit coups de poignard. Je serais homme à souhaiter de n'être pas né, si on m'accusait d'avoir fait le *Dictionnaire philosophique;*

---

[1] Marc, xiv, 21. B.

[2] On lit dans l'*Ecclésiaste*, iv, 3 : « Laudavi magis mortuos quam viventes. » B.

[3] Vers sur sa première attaque de goutte. B.

car, quoique cet ouvrage me paraisse aussi vrai que hardi, quoiqu'il respire la morale la plus pure, les hommes sont si sots, si méchants, les dévots sont si fanatiques, que je serais sûrement persécuté.

Cet ouvrage, que je crois très utile, ne sera jamais de moi; je n'en ai envoyé à personne; j'ai même de la peine à en faire venir quelques exemplaires pour moi-même. Dès que j'en aurai, je vous en ferai parvenir; mais par quelle voie? je n'en sais rien. Tous les gros paquets sont saisis à la poste. Les ministres n'aiment pas qu'on envoie sous leur nom des choses dont on peut leur faire des reproches; il faut attendre l'occasion de quelques voyageurs.

Je suis indigné qu'un homme qui avait le sens commun[1] ait passé les cinq dernières heures de sa vie avec un prêtre; deux minutes suffisaient. S'il faut payer chez vous ce tribut à l'usage, on doit acquitter cette dette le plus vite qu'il est possible. Je vous prie de dire à M. le président Hénault combien je regrette son ami.

Mais si nous avions eu le malheur de perdre M. Hénault, aurait-il fallu écrire à M. d'Argenson? Je n'ai point écrit à son fils, parceque son fils ne m'écrirait pas sur la mort de son père.

Savez-vous, madame, qu'il m'en coûte infiniment d'écrire? Je vois à peine mon papier, et je suis très malade. Je vous écris parceque vous vous croyez très malheureuse, et que vous avez une ame forte à qui je dis quelquefois des vérités fortes; parceque vous m'avez dit quelquefois que mes lettres vous conso-

[1] M. P. d'Argenson; voyez lettres 4196 et 4221. B.

laient un moment; parceque j'aime à vous parler des malheurs de la vie humaine, des préjugés qui l'empoisonnent, et des horreurs ridicules dont on accompagne la mort.

Soyons philosophes au moins dans nos derniers jours; ne les employons pas à nous sacrifier aux vanités du monde, à suivre des fantômes, à nous éviter nous-mêmes, à nous prodiguer au dehors, à nous repaître de vent. Vivez, philosophez avec vos amis; qu'ils trompent le temps avec vous; qu'ils égaient avec vous le chagrin secret de la vieillesse; qu'ils vivent pour eux et pour vous.

Adieu, madame; je vous aime de loin, et je vous aimerais encore plus de près.

4209. A M. LE MARQUIS DE CHAUVELIN.

A Ferney, 21 septembre.

J'ai été si occupé de mon petit ex-jésuite, et ensuite si malingre, que je n'ai pas remercié votre excellence de l'extrême bonté qu'elle a eue de daigner s'intéresser pour un gentilhomme savoyard. Ce Savoyard, nommé M. de La Balme, fera tout ce qui lui plaira; il suivra, s'il veut, les bons conseils de votre excellence. Je vous présente mes très humbles remerciements et les siens, et reviens à mon défroqué. Il veut absolument justifier la bonne opinion que vous avez eue de son entreprise; il veut que son drame soit aussi intéressant que politique. Ces deux avantages se trouvent rarement ensemble, témoin les douze ou treize dernières pièces du grand Corneille, qui raisonne, qui disserte, et qui est bien loin de toucher. Notre petit drôle ajoute encore qu'il faut que le style soit de la plus grande pureté, sans rien perdre de la force qui doit l'animer, ce qui est extrêmement difficile; que toute tragédie doit être remplie d'action, mais que cette action doit toujours produire dans l'ame de grands mouvements, et servir à développer des sentiments qui aient toute leur étendue; car c'est le sentiment qui doit régner, et sans lui une pièce n'est qu'une aventure froide, récitée en dialogues. Enfin il veut vous plaire, et il vous enverra sa pièce, que vous ne reconnaîtrez pas.

Malheureusement il n'y a point de rôle ni pour mademoiselle Clairon de Paris ni pour celle de Turin[1]. Je me mets aux pieds de madame Chauvelin-Clairon, dont il faut adorer les talents et les graces. Que l'une et l'autre excellence conservent leurs bontés au vieux laboureur de Ferney, qui a quitté le cothurne pour le semoir, et qui fait des infidélités à Melpomène en faveur de Cérès, mais qui ne vous en fera jamais.

4210. A M. LE COMTE D'ARGENTAL.

25 septembre.

Je ne manque jamais de faire lire au petit prêtre les ordres célestes des anges; il a dévoré le dernier mandat, et voici comme il m'a parlé:

J'avais déjà travaillé conformément à leurs idées, de sorte que les derniers ordres ne sont arrivés qu'a-

---

[1] Madame de Chauvelin. B.

près l'exécution des premiers. On trouvera des prêtres plus savants, mais non de plus dociles.

J'ai fait tout ce qui était en mon pouvoir; et si je n'ai pas réussi, je suis un juste à qui la grace a manqué.

J'ai ôté toutes les dissertations cornéliennes qui anéantissent l'intérêt. Je respecte fort ce Corneille; mais on est sûr d'une lourde chute quand on l'imite.

Il me paraît qu'à présent toutes les scènes sont nécessaires, et ce qui est nécessaire n'ennuie point.

Il paraît qu'on s'est trompé quand on a dit que la pièce manquait d'action : il fallait dire que l'action était refroidie par les discours qu'Octave et Antoine tenaient sur l'amour, et sur le danger qu'ils ont couru.

L'action, dans une tragédie, ne consiste pas à agir sur le théâtre, mais à dire et apprendre quelque chose de nouveau, à sortir d'un danger pour retomber dans un autre; à préparer un événement, et à y mettre des obstacles. Je crois qu'il y a beaucoup de cette action théâtrale dans mon drame, de l'intérêt, des caractères, de grands tableaux de la situation de la république romaine; que le style en est assez pur et assez vif; et qu'enfin tous les ordres de vos divins anges ayant été exécutés, je dois m'attendre à une réparation d'honneur, si la pièce est bien jouée.

Je présume qu'il faut obtenir qu'on la représente à Fontainebleau, et que, si elle réussit, on sera sûr de Paris; ce n'est pas la première fois qu'on a gagné un procès perdu en première instance, témoin *Brutus*, *Oreste*, *Sémiramis*.

Il n'est ni de l'intérêt de Lekain, ni de celui de l'auteur, ni de celui des comédiens, qu'on commence par imprimer ce qui, étant tombé à la représentation, n'engagerait pas les lecteurs à jeter les yeux sur l'ouvrage.

Ainsi a parlé le jeune prêtre, et il a fini par chanter une antienne à l'honneur des anges.

J'ai commencé, comme de raison, par le *tripot*; je passe aux dîmes.

Je n'ai point de termes, ni en prose ni en vers, pour exprimer ma reconnaissance. J'écrirai donc à ce M. de Fontette.

Passons aux seigneurs Cramer. On a un peu gâté les Genevois; ils n'ont pas daigné seulement faire prendre les armes à leur garnison pour MM. les ducs de Randan, de La Trimouille, et de Lorges, tandis qu'elle les prend pour un conseiller des Vingt-Cinq, lequel, en parlant au peuple assemblé, l'appelle mes souverains seigneurs. Ce pays-ci est l'antipode du vôtre.

Tout ce que je peux vous dire des princes en question [1], c'est que quand j'arrivai ils n'avaient pas de chausses, et qu'ils sont à présent fort à leur aise.

Ils m'avaient toujours fait accroire qu'ils avaient écrit à un libraire de Florence pour me faire avoir les livres italiens nouveaux. M. de Lorenzi [2] m'a mandé que ce libraire n'avait pas reçu de leurs nouvelles; c'est ce qui fait que j'ai si mal servi votre *Gazette littéraire*.

[1] Les frères Cramer, imprimeurs-libraires à Genève. B.
[2] Frère du comte de Lorenzi; voyez la note, t. LVIII, p. 361. B.

Il n'y a pas, je crois, d'autre voie que celle de M. le duc de Praslin pour vous faire tenir le livre infernal. Je mettrai sur votre enveloppe, *Mémoire aux anges;* mais donnez-moi vos ordres.

4211. A MADAME D'ÉPINAI.

25 septembre.

Un de nos frères, madame, que je soupçonne être le prophète bohémien [1], m'a écrit une belle lettre, par laquelle il veut quelques exemplaires d'un livre diabolique [2], auquel je serais bien fâché d'avoir la moindre part. Ma conscience même serait alarmée de contribuer au débit de ces œuvres de Satan; mais comme il est très doux de se damner pour vous, madame, et surtout avec vous, il n'y a rien que je ne fasse pour votre service. Je fais chercher quelques exemplaires à Genève : ces hérétiques les ont tous fait enlever avec avidité. La ville de Calvin est devenue la ville des philosophes; il ne s'est jamais fait une si grande révolution dans l'esprit humain qu'aujourd'hui. C'est une chose étonnante, que presque tout le monde commence à croire qu'on peut être honnête homme sans être absurde; cela me fait saigner le cœur.

Je vous prie, madame, de me recommander aux prières des frères. Je prie Dieu continuellement pour eux comme pour vous, et pour la propagation du saint Évangile. Vous savez qu'*Esculape*-Tronchin

---

[1] Grimm, auteur du *Petit Prophète de Boemischbroda*, 1753, in-8°. B.
[2] Le *Dictionnaire philosophique.* B.

va inoculer les parlements[1], tandis que vos Welches condamnent l'inoculation. Il n'y a, révérence parler, parmi les Welches que nos frères qui aient le sens commun. Vous, madame, qui joignez à ce sens commun les graces et l'esprit, vous êtes Française et nullement Welche; et moi, madame, je suis à vos pieds pour toute ma vie.

4212. A M. DUPONT.

Au château de Ferney, 25 septembre.

Voici, mon cher ami, de quoi il s'agit : j'ai donné déjà 100,000 liv. ces jours-ci au sieur Jean Maire sur son simple billet. Monseigneur le duc de Wurtemberg doit être content de ce procédé. Je vous envoie une lettre de change de 79,995 liv., que je vous prie de faire remettre audit sieur Jean Maire quand vous aurez la bonté de lui faire passer l'acte. Je lui envoie encore 20,005 liv.; ainsi il aura 200,000 liv. net.

Je joins ici un croquis d'acte qui n'est pas prolixe, mais qui dit tout, et que je soumets à vos lumières et à vos bontés. Vous serez peut-être étonné de ma confiance dans les princes; mais il y a long-temps que je sais qu'il vaut mieux placer sur eux que sur les particuliers. M. le duc de Wurtemberg a 600,000 liv. de rente en France de biens libres.

M. Jean Maire est chargé de vous présenter vos honoraires. Voilà en peu de mots ce qui regarde cette affaire pécuniaire, sur laquelle je vous demande le

---

[1] Tronchin devait sans doute inoculer quelque personne d'une famille parlementaire. B.

secret. J'ai été bien tenté de venir vous voir, mais il aurait fallu aller chez le duc de Wurtemberg et l'électeur palatin; je ferais volontiers quatre-vingts lieues pour voir un ami. Vous vous apercevez par ma petite écriture que mes yeux sont en meilleur état; mais gare les neiges! c'est alors que je suis aveugle. Je vous embrasse très tendrement; madame Denis en fait autant. V.

4213. A M. DE LA CHALOTAIS.

A Ferney, le 26 septembre.

Agréez, monsieur, que M. de La Vabre, qui vous présenta l'an passé une lettre de ma part, et que vous reçûtes avec tant de bonté, ait encore l'honneur de vous en présenter une. Il vous parlera de son affaire; mais moi je ne peux vous parler que de vous-même, de votre éloquence, des excellentes méthodes que vous avez daigné donner pour élever des jeunes gens en citoyens [1], et pour cultiver leur raison, qu'on a si long-temps pervertie dans les écoles. Vous me paraissez le procureur général de la France entière.

J'ai relu plusieurs fois tout ce que vous avez bien voulu rendre public, et toujours avec un nouveau plaisir. Vous ne vous contentez pas d'éclairer les hommes, vous les secourez. J'ai vu dans des mémoires d'agriculture combien vous l'encouragez dans votre patrie. Je me suis mis au rang de vos disciples; j'ai semé du fromental à votre exemple, et j'ai forcé les terres les plus ingrates à rapporter quelque

[1] *Essai d'Éducation nationale;* voyez tome LX, page 581. B.

chose. Je trouve que Virgile avait autant de raison de dire :

O fortunatos nimium, sua si bona norint,
VIRG., *Georg.*, lib. II, v. 458.

qu'il avait de tort de quitter la vie dont il fesait l'éloge. Il renonça à la charrue pour la cour ; j'ai eu le bonheur de quitter les rois pour la charrue. Plût à Dieu que mes petites terres fussent voisines des vôtres! Les hommes qui pensent sont trop dispersés, et le nombre des philosophes est encore bien petit, quoiqu'il soit beaucoup plus grand que dans notre jeunesse. J'ai vu l'empire de la raison s'étendre, ou plutôt ses fers devenus plus légers. Encore quelques hommes comme vous, monsieur, et le genre humain en vaudra mieux.

Je vous supplie d'être bien persuadé du respect infini avec lequel je serai toute ma vie, etc.

4214. DE LOUIS-EUGÈNE,

DUC DE WURTEMBERG.

A La Chablières, ce 28 septembre.

Il est bien naturel, monsieur, que je seconde le juste empressement que M. le comte de Sinzendorf m'a témoigné avoir de rendre ses hommages à cet homme illustre qui a enchanté l'Europe par ses écrits immortels, et qui remplit l'univers du bruit de son nom.

Ce comte de Sinzendorf, frère de celui qui est à la tête des finances de sa majesté l'impératrice, est un jeune homme plein d'esprit et de connaissances, et je ne doute pas que vous n'en soyez très content. Il voyage en philosophe, et je puis dire avec vérité qu'il a beaucoup vu, et très bien vu.

Il vous a réservé pour la bonne bouche, monsieur; et certes il ne pouvait pas mieux couronner la fin de ses voyages. Veuillez donc l'admettre au bonheur de vous voir, et daignez croire que je vous serai infiniment obligé de tous les moments délicieux que vous lui ferez passer.

Je saisis cette occasion pour vous renouveler les assurances sincères de l'attachement inviolable avec lequel j'ai l'honneur d'être, etc., Louis-Eugène, duc de Wurtemberg.

4215. A M. DAMILAVILLE.

29 septembre.

Mon cher frère, la tempête gronde de tous côtés contre *le Portatif*[1]. Quelle barbarie de m'attribuer un livre farci de citations de saint Jérôme, d'Ambroise, d'Augustin, de Clément d'Alexandrie, de Tatien, de Tertullien, d'Origène, etc.! N'y a-t-il pas de l'absurdité de soupçonner un pauvre homme de lettres d'avoir seulement lu aucun de ces auteurs? Le livre est reconnu pour être d'un nommé Dubut, petit apprenti théologien de Hollande. Hélas! je m'occupais tranquillement de la tragédie de *Pierre-le-Cruel*, dont j'avais déjà fait quatre actes, quand cette funeste nouvelle est venue troubler mon repos. J'ai jeté dans le feu et ce malheureux *Portatif* que je venais d'acheter, et la tragédie de *Pierre*, et tous mes papiers; et j'ai bien résolu de ne me mêler que d'agriculture le reste de ma vie.

Je vous le dis, je vous le répète, ce maudit livre sera funeste aux frères, si on persévère dans l'injus-

---

[1] Le *Dictionnaire philosophique portatif*, qui n'avait alors qu'un petit volume; voyez ma Préface du tome XXVI. B.

tice de me l'attribuer. On sait comment la calomnie est faite. Voilà son style, dit-elle ; ne le reconnaissez-vous pas à ce tour de phrase ? Eh ! madame l'impudente, qui vous a dit que M. Dubut [1] n'a pas le même style ? est-il donc si rare de trouver deux auteurs qui écrivent dans le même goût ? est-il donc permis de persécuter un pauvre innocent, parcequ'on a cru reconnaître sa manière d'écrire ? La calomnie répond à cela qu'elle n'entend point raison, qu'il faut venger Pompignan et maître Aliboron, et qu'elle poursuivra les philosophes tant qu'elle pourra.

Opposez donc, mon cher frère, votre éloquence à ses fureurs. En vérité, les philosophes sont intéressés à repousser des accusations de cette nature. Non seulement il faut crier, mais il faut faire crier les criailleurs en faveur de la vérité. Rien ne serait d'ailleurs plus dangereux pour l'*Encyclopédie* que l'imputation d'un *Dictionnaire philosophique* à un homme qui a travaillé quelquefois pour l'*Encyclopédie* même ; cela réveillerait la fureur des Chaumeix, et le *Journal chrétien* ferait beau bruit.

Je vous prie de m'envoyer des *Remarques* imprimées depuis peu sur l'*Encyclopédie*, en forme de lettres [2]. C'est apparemment le secrétaire de l'envie qui a fait cet ouvrage. Mandez-moi si on daigne y répondre, et s'il serait à propos que les héritiers de Guillaume Vadé s'égayassent sur cet animal, quand ils n'auront rien à faire ?

[1] C'était le nom que Voltaire voulait donner à l'auteur du *Dictionnaire philosophique*. B.
[2] Par l'abbé Saas. Voyez ma note sur la lettre 4233. B.

Je ne peux avoir si tôt le recueil que je vous ai promis; mais est-il possible qu'il ne vienne rien de Paris dans ce goût? Vos prophètes sont muets, les oracles ont cessé. Il y a trop peu de *Mesliers*[1], trop peu de *Sermons*[2], et trop de fripons.

Est-il vrai que l'archevêque de Paris revient[3] à Conflans? il fera peut-être un mandement contre *le Portatif* pour s'amuser; mais il n'amusera pas le public.

Je vous embrasse tendrement, mon cher frère.

4216. DE CHARLES-THÉODORE,
ÉLECTEUR PALATIN.

Schwetzingen, 1er octobre.

Un œil poché et une cuisse en compote m'ont empêché de répondre à votre dernière lettre au sujet du curé, et avec laquelle vous m'avez envoyé le *Supplément au Discours aux Welches*. Je reçois à ce moment votre seconde lettre touchant votre association à mon académie. Quoique je lui aie abandonné le choix de ses membres, je sais sûrement que les académiciens sont trop éclairés pour ne pas sentir le prix de vous voir de leur nombre. Je ne peux que vous témoigner ma reconnaissance de vouloir bien mêler votre nom avec le leur.

Soyez persuadé, mon cher vieux Suisse, que tous les Frérons du monde ne pourront jamais diminuer la vraie estime que j'ai toujours eue pour la personne et le génie d'un homme tel que vous. La critique âpre et amère n'atteignit jamais Virgile, Salluste, et Newton; et tel qui critique l'église de Saint-Pierre à Rome n'eût peut-être pas été en état de dessiner une église de village.

---

[1] *Extrait des Sentiments de J. Meslier;* tome XL, page 389. B.
[2] *Sermon des Cinquante*, tome XL, page 601. B.
[3] Il revenait de la Trappe; voyez ma note, tome LXI, page 291. B.

C'est avec ces sentiments et l'espoir de vous revoir encore que je serai toujours votre bien affectionné,

CHARLES-THÉODORE, électeur.

4217. A M. LE COMTE D'ARGENTAL.

1ᵉʳ octobre.

Le petit ex-jésuite qui me vient voir souvent m'a dit aujourd'hui : Je ne suis point content du monologue¹ qui finit le troisième acte; je deviens tous les jours plus difficile, à mesure que j'avance en âge et que j'approche de la majorité. Voici donc une nouvelle scène que je vous supplie de présenter à vos anges; il est aisé de la substituer à l'autre. Je suis un peu guéri des illusions de l'amour-propre, tout jeune que je suis; mais je m'imagine qu'on pourrait facilement obtenir de messieurs les premiers gentilshommes de la chambre que le drame fût joué à Fontainebleau. Une de mes craintes est qu'il ne soit mal joué; mais il faut se servir de ce qu'on a.

O mes anges! j'avoue que je n'ai prêté qu'une attention légère au discours de notre prêtre. J'avais la cervelle tout entreprise d'une requête de nos petits états au roi, pour obtenir la confirmation des lettres-patentes de Henri IV, enregistrées au parlement de Dijon, en faveur des dîmes de notre pays. Je me conforme en cela aux vues et aux bontés de M. le duc de Praslin, et je me flatte qu'un curé ne tiendra pas contre Henri IV et Louis XV.

¹ On n'a aucune variante de cette scène 7 du troisième acte du *Triumvirat*. B.

Je gémis toujours devant Dieu de l'injustice criante qu'on me fait de m'attribuer un *Portatif;* vous savez quelle est mon innocence. Je me suis avisé d'écrire, il y a quelques jours, une lettre à frère Marin [1], adressée tout ouverte chez monsieur le lieutenant général de police. Dans cette lettre je le priais d'empêcher un scélérat de libraire, nommé Besongne, natif de Normandie, d'imprimer l'infernal *Portatif;* je ne sais si frère Marin a reçu cette lettre. En attendant, je trouve vos conseils divins, et je vais engager l'auteur à vous envoyer un *Portatif* raisonnable, décent, irréprochable, et même un peu pédantesque; et si frère Marin n'était pas riche, si on pouvait lui proposer de tirer quelque avantage de l'impression, cela ne serait peut-être pas mal avisé. J'en ai parlé à l'auteur, qui est proche parent de l'ex-jésuite; en vérité ils sont tout-à-fait dociles dans cette famille-là; il lui a dit qu'il s'allait mettre à travailler, tout malade qu'il est. Cet auteur s'appelle Dubut; mais il a encore un autre nom; il a étudié en théologie, et possède Tertullien sur le bout du doigt. Ce serait bien là le cas de donner les roués [2]; il est bon de faire des diversions.

Je baise le bout des ailes de mes anges en toute humilité, avec la plus vive reconnaissance.

4218. A M. DALEMBERT.

2 octobre.

Premièrement, mon cher et grand philosophe, je

[1] Elle manque. B.
[2] *Le Triumvirat.* B.

vous conjure encore d'affirmer, sur votre part de paradis, que votre frère n'a nulle part au *Portatif*: car votre frère jure et ne parie pas que jamais il n'a composé cette infamie, et il faut l'en croire, et il ne faut pas que les frères soient persécutés. Ce n'est point le mensonge officieux que je propose à mon frère, c'est la clameur officieuse, le service essentiel de bien dire que ce livre renié par moi n'est point de moi; c'est de ne pas armer la langue de la calomnie et la main de la persécution. Ce livre est divin, à deux ou trois bêtises près qui s'y sont glissées :

> ....Quas aut incuria fudit,
> Aut humana parum cavit natura.
> HOR., *de Art. poet.*, v. 352.

Mais je jure par Sabaoth et Adonaï, *quia*[1] *non sum auctor hujus libri.* Il ne peut avoir été écrit que par un saint inspiré du diable; car il y a du moral et de l'infernal.

Mon second point, c'est que je suis tombé aujourd'hui sur l'article *Dictionnaire* en votre *Encyclopédie*. J'ai vu avec horreur ce que vous dites de Bayle : « Heureux s'il avait plus respecté la religion et les « mœurs! » ou quelque chose d'approchant[2]. Ah! que vous m'avez contristé! Il faut que le démon de Ju-

---

[1] Locution de la Bible : on lit dans Matthieu, v, 22 : « Ego autem dico « vobis, quia omnis qui irascitur, etc. » B.

[2] Le *Dictionnaire de Bayle* y était appelé *un ouvrage que l'auteur aurait rendu infiniment estimable en supprimant ce qui peut blesser la religion et les mœurs.* Dalembert, en reproduisant son article dans les *Mélanges de littérature*, etc., y supprima ce qu'il disait de Bayle. B.

rieu¹ vous ait possédé dans ce moment-là. Vous devez faire pénitence toute votre vie de ces deux lignes. Qu'auriez-vous dit de plus de Spinosa et de La Fontaine? Que ces lignes soient baignées de vos larmes! Ah, monstres! ah, tyrans des esprits! quel despotisme affreux vous exercez, si vous avez contraint mon frère à parler ainsi de notre père.

Ut ut est, je vous demande en grace, mon cher philosophe, que je ne sois jamais l'auteur de ce *Portatif*²; c'est une rapsodie, un recueil de plusieurs morceaux détachés de plusieurs auteurs. Je sais à quel point on est irrité contre ce livre. Les Fréron et les Pompignan crient qu'il est de moi, et par conséquent les gens de bien doivent crier qu'il n'en est pas. On ne peut ni vous estimer ni vous aimer plus que je fais.

N. B. J'apprends dans ce moment que les orages s'élèvent contre *le Portatif*. La chose est très sérieuse. L'ouvrage est d'un nommé Dubut, proposant, lequel n'a jamais existé; mais pourquoi me l'imputer?

4219. — A M. LE COMTE D'ARGENTAL.

3 octobre.

Divins anges, vous avez à étendre vos ailes sur deux hommes assez singuliers; c'est le petit ex-jésuite en vers³ et le petit huguenot Dubut en prose. Ce

¹ Ennemi de Bayle; voyez tome XIX, pages 56-57; XXXI, 396; et, tome XII, le troisième des *Discours sur l'Homme*. B.
² Le *Dictionnaire philosophique portatif*. B.
³ Auteur supposé du *Triumvirat*. B.

Dubut, auteur du *Dictionnaire*, trouve vos idées et vos conseils tout aussi bons que le jésuite, et il y défère tout aussi vite. Il m'apporta hier un gros cahier d'articles nouveaux [1] et d'anciens articles corrigés. Je les ai lus, je les ai trouvés à-la-fois plus circonspects et plus intéressants que les anciens. C'est un travailleur qui ne laisse pas d'avoir quelque érudition orientale, et qui cependant a quelquefois dans l'esprit une plaisanterie qui ressemble à celle de votre pays. S'il n'était pas si vieux et si malade, vous pourriez en faire quelque chose.

Ce serait un grand coup d'engager frère Marin à faire imprimer les nouveaux cahiers de frère Dubut. Il y aurait assurément du bénéfice; et si on n'ose pas proposer à frère Marin cette rétribution, il peut en gratifier quelque ami. Il peut surtout adoucir quelques teintes un peu trop fortes, s'il y en a; ce que je ne crois pas, car Dubut s'est tenu par les cordons.

Dans quelques jours on enverrait le reste de l'ouvrage; il pourrait aisément être répandu dans Paris, avant que son diabolique prédécesseur fût connu. Tout ce que je puis dire sur ce livre, c'est qu'il n'est point de moi, et que ceux qui me l'attribuent sont des malavisés, des gens sans pitié, des Welches.

Je voudrais que mon ami le défroqué servît son ami Dubut; qu'il pût faire jouer le drame des roués pour faire diversion, comme Alcibiade fesait couper la queue à son chien, pour empêcher les Athéniens

---

[1] Huit articles furent ajoutés dans l'édition du *Dictionnaire philosophique portatif* qui parut à la fin de 1764, sous le millésime 1765. B.

de remarquer certaine frasque dont on commençait à parler.

Voici Dubut qui entre chez moi; il ne me donne aucun repos. Il faut donc que je vous en donne, et que je finisse.

Le paquet du huguenot est adressé à M. le duc de Praslin.

Respect et tendresse.

4220. A MADAME LA MARQUISE DU DEFFAND.

Aux Délices, 3 octobre.

Il y a huit jours que je suis dans mon lit, madame. J'ai envoyé chercher à Genève le livre que vous voulez avoir[1], et qui n'est qu'un recueil de plusieurs pièces dont quelques unes étaient déjà connues. L'auteur est un nommé Dubut, petit apprenti prêtre huguenot. Je n'ai pu en trouver à Genève; j'ai écrit à madame de Florian[2]. Cet ouvrage est regardé par les dévots comme un livre très audacieux et très dangereux. Il ne m'a pas paru tout-à-fait si méchant; mais vous savez que j'ai beaucoup d'indulgence.

Je n'ai pas moins d'indignation que vous de voir qu'on m'impute ce petit livre, farci de citations des Pères du second et du troisième siècle. Il y est question du Targum[3] des Juifs: la calomnie me prend

[1] Le *Dictionnaire philosophique portatif*, attribué par Voltaire à *Dubut, proposant, lequel* (dit-il, voyez ci-dessus, page 32) *n'a jamais existé*. B.

[2] Cette lettre est perdue. B.

[3] Dans la première édition du *Dictionnaire philosophique*, le *Talmud* est nommé dans l'article SALOMON (voyez tome XXXII, page 172), et les tal-

donc pour un rabbin; mais la calomnie est absurde de son naturel; et, tout absurde qu'elle est, elle fait souvent beaucoup de mal. Elle m'a attribué ce livre auprès du roi, et cela trouble ma vieillesse, qui devrait être tranquille. La nature nous fait déjà assez de mal, sans que les hommes nous en fassent encore.

Cette vie est un combat perpétuel; et la philosophie est le seul emplâtre qu'on puisse mettre sur les blessures qu'on reçoit de tous côtés : elle ne guérit pas, mais elle console, et c'est beaucoup.

Il y a encore un autre secret, c'est de lire les gazettes. Quand on voit, par exemple, que le prince Ivan a été empereur à l'âge d'un an, qu'il a été vingt-quatre ans en prison, et qu'au bout de ce temps il est mort de huit coups de poignard, la philosophie trouve là de très bonnes réflexions à faire, et elle nous dit alors que nous devons être heureux de tous les maux qui ne nous arrivent pas, comme la maîtresse de l'avare est riche de ce qu'elle ne dépense point.

Je cherche encore un autre secret, c'est celui de digérer. Vous voyez, madame, que je me bats les flancs pour trouver la façon d'être le moins malheureux qu'il me soit possible; car, pour le mot d'heureux, il ne me paraît guère fait que pour les romans. Je souhaiterais passionnément que ce mot vous convînt.

Il y a peut-être un état assez agréable dans le monde, c'est celui d'imbécile; mais il n'y a pas moyen

---

mudistes le sont à l'article MESSIE (voyez tome XXXI, page 193). Il y est souvent question des divers livres du *Pentateuque;* mais je ne crois pas que le mot de *Targum* y soit une seule fois. B.

de vous proposer cette manière d'être; vous êtes trop éloignée de cette espèce de félicité. C'est une chose assez plaisante qu'aucune personne d'esprit ne voudrait d'un bonheur fondé sur la sottise; il est clair pourtant qu'on ferait un très bon marché.

Faites donc comme vous pourrez, madame, avec vos lumières, avec votre belle imagination et votre bon goût; et quand vous n'aurez rien à faire, mandez-moi si tout cela contribue à vous faire mieux supporter le fardeau de la vie.

4221. DE M. DALEMBERT.

A Paris, ce 4 octobre.

Vous ne voulez donc pas absolument, mon cher maître, être l'auteur de cette abomination alphabétique qui court le monde, au grand scandale des Garasses de notre siècle? Vous avez assurément bien raison de ne vouloir pas être soupçonné de cette production d'enfer; et je ne vois pas d'ailleurs sur quel fondement on pourrait vous l'imputer. Il est évident, comme vous dites, que l'ouvrage est de différentes mains; pour moi, j'en ai reconnu au moins quatre, celles de Belzébuth, d'Astaroth, de Lucifer, et d'Asmodée; car le docteur angélique[1], dans son *Traité des anges et des diables*, a très bien prouvé que ce sont quatre personnes différentes, et qu'Asmodée n'est pas consubstantiel à Belzébuth et aux autres. Après tout, puisqu'il faut bien trois pauvres chrétiens[2] pour faire le *Journal chrétien* (car ils sont tout autant à cette édifiante besogne), je ne vois pas pourquoi il faudrait moins de trois ou quatre pauvres diables pour faire un *Dictionnaire diabolique*. Il n'y a pas jusqu'à l'imprimeur qui ne soit aussi

---

[1] Saint Thomas d'Aquin. B.
[2] Les abbés Trublet, Joannet, et Dinouart. B.

un pauvre diable, car assurément il n'a su ce qu'il fesait, tant l'ouvrage est misérablement imprimé. Soyez donc tranquille, mon cher et illustre confrère, et surtout n'allez pas faire comme Léonard de Pourceaugnac, qui crie[1] : *Ce n'est pas moi*, avant qu'on songe à l'accuser. Il me paraît d'ailleurs que l'auteur, quel qu'il soit, n'a rien à craindre; les pédants à petit rabat n'ont pas le haut du pavé; les pédants à grand rabat sont allés planter leurs choux[2]. L'ouvrage, quoique peu commun, passe de main en main sans bruit et sans scandale; on le lit, on a du plaisir, et on fait le signe de la croix pour empêcher que le plaisir ne soit trop grand, et tout se passe fort en douceur. Il y a pourtant une femme de par le monde qui, se trouvant offensée de ce que l'auteur ne lui a pas envoyé cet ouvrage, assure que c'est un chiffon posthume de Fontenelle, parceque l'auteur, en parlant de l'amour, dit (avec beaucoup de justesse, selon moi) que c'est l'*étoffe de la nature que l'imagination a brodée*[3]. Pour moi, je trouverais cette phrase très bien, quand même l'abbé Trublet serait de mon avis. Je ne vous nomme point cette femme; mais vous la connaissez de reste, et vous êtes, après Fréron, la personne qu'elle estime le plus[4]. Les lettres que vous avez la bonté de lui écrire ne l'empêchent pas de prendre grand plaisir à celles de l'*Année littéraire*, dont elle goûte fort les gentillesses, qui à la vérité ne sont pas du Fontenelle. Ah, mon cher maître! que les lettres et la philosophie ont d'ennemis! Les ennemis publics et découverts ne sont rien; ceux-là on les secoue et on les écrase : ce sont les ennemis cachés et puissants, ce sont les faux amis qui sont à craindre. Je me pique de savoir démêler un peu les uns et les autres, et assurément ils ne peuvent pas se vanter de m'avoir pris pour dupe. Votre contemporain d'Argenson est mort assez joliment[5] : une heure

---

[1] *M. de Pourceaugnac*, acte II, scène 5. B.

[2] Les membres du parlement allaient passer dans leurs terres le temps des vacances. B.

[3] Voyez tome XXVI, page 265. B.

[4] C'était la marquise du Deffand. B.

[5] On avait fait d'autres rapports à Voltaire; voyez lettre 4208. B.

avant que d'expirer, il disait à son curé, qui lui parlait de sacrements : *Cela ne presse pas*. On dit pourtant qu'il a eu l'extrême-onction ; grand bien lui fasse ! C'est un homme que les gens de lettres doivent regretter, du moins il ne les haïssait pas.

Ma bonne amie de Russie[1] vient de faire imprimer un grand manifeste sur l'aventure du prince Ivan, qui était en effet, comme elle le dit, une espèce de bête féroce. *Il vaut mieux*, dit le proverbe, *tuer le diable, que le diable ne nous tue*. Si les princes prenaient des devises comme autrefois, il me semble que celle-là devrait être la sienne. Cependant il est un peu fâcheux d'être obligé de se défaire de tant de gens, et d'imprimer ensuite qu'on en est bien fâché, mais que ce n'est pas sa faute. Il ne faut pas faire trop souvent de ces sortes d'excuses au public. Je conviens avec vous[2] que la philosophie ne doit pas trop se vanter de pareils élèves ; mais que voulez-vous ? il faut aimer ses amis avec leurs défauts. Adieu, mon cher et illustre philosophe ; c'est dommage que le papier me manque, car je suis en train de bien dire ; aussi mon estomac va-t-il mieux. On cherche le siége de l'ame, c'est à l'estomac qu'il est.

P. S. A propos, j'oublie de vous dire que vous n'avez point écrit au président Hénault, qui vous a envoyé son portrait ; cela est assez mal, surtout quand on a eu le temps d'écrire à madame du Deffand.

4222. A M. BORDES.

Aux Délices, 6 octobre.

Madame Cramer m'a parlé, monsieur, d'une comédie[3] remplie d'esprit et de bonnes plaisanteries.

---

[1] Catherine II ; son manifeste est dans le *Journal encyclopédique* du 1ᵉʳ octobre 1764. B.

[2] Voyez lettre 4206. B.

[3] Les œuvres de Bordes contiennent six comédies. C'est peut-être de celle qui est intitulée *le Retour de Paris* que parle Voltaire. B.

Si vous voulez quelque jour en gratifier le petit théâtre de Ferney, les acteurs et actrices tâcheront de ne point gâter un si joli ouvrage. Je serai spectateur; car, à mon âge de soixante et onze ans, j'ai demandé mon congé, comme le vieux bon homme Sarrazin [1]. Il me paraît impossible qu'avec l'esprit que vous avez, vous n'ayez pas fait une très bonne pièce; j'ai vu de vous des choses charmantes dans plus d'un genre. Nous vous promettons le secret, et nous remplirons, madame Denis et moi, toutes les conditions que vous nous imposerez.

Permettez-moi de vous parler d'un livre nouveau qu'on m'attribue très mal-à-propos; il est intitulé *Dictionnaire philosophique*. L'auteur est un jeune homme assez instruit, nommé Dubut. C'était un apprenti prêtre qui a renoncé au métier, et qui paraît assez philosophe. Comme on prétend qu'il n'est plus permis en France de l'être, je serais très fâché qu'on imprimât cet ouvrage à Lyon; car je m'intéresse fort à ce pauvre M. Dubut. Pourriez-vous avoir la bonté de me dire si en effet on imprime le *Dictionnaire philosophique* dans votre ville? au moins Dubut enverrait un *errata*. Il dit qu'il s'est glissé des fautes intolérables dans l'édition qui se débite. Il serait mieux qu'on n'imprimât pas ce livre; mais si on s'obstine à en faire une seconde édition, Dubut souhaite qu'elle soit correcte. Il implore votre médiation, et je me joins à lui.

Le marquis d'Argens vient d'imprimer à Berlin le

---

[1] Acteur de la Comédie-Française; voyez tome LII, page 205. B.

Discours de l'empereur Julien contre les Galiléens[1], discours à la vérité un peu faible, mais beaucoup plus faiblement réfuté par saint Cyrille.

Vous voyez qu'on ose dire aujourd'hui bien des choses auxquelles on n'aurait osé penser il y a trente années. Des amis du genre humain font aujourd'hui des efforts de tous côtés pour inspirer aux hommes la tolérance, tandis qu'à Toulouse on roue un homme pour plaire à Dieu, qu'on brûle des Juifs en Portugal, et qu'on persécute en France des philosophes.

Adieu, monsieur; n'aurai-je donc jamais le plaisir de vous revoir? je vous avertis que, si vous ne venez point à Ferney, je me traînerai à Lyon avec toute ma famille. Je vous embrasse en philosophe, sans cérémonie, et de bon cœur.

4223. A M. DAMILAVILLE.

8 octobre.

Cher frère, vous me ravissez. Comment pouvez-vous écrire des lettres de quatre pages, étant malade et chargé d'affaires? moi, qui ne suis chargé de rien, j'ai bien de la peine à écrire un petit mot. Je deviens aussi paresseux que frère Thieriot; mais je ne change pas de patron[2] comme lui. Apparemment qu'il sert la messe de son archevêque. Pour moi, qui ne la sers ni ne l'entends, je suis toujours fidèle aux philosophes.

---

[1] Voyez tome XLV, page 194; et XLI, 464. B.

[2] Thieriot était allé successivement demeurer et s'établir chez madame de Fontaine-Martel (voyez tome LI, page 255), chez le comte de Montmorency, chez le marquis de Paulmy (voyez tome LVIII, page 30), et chez le médecin Baron (voyez tome LVIII, page 548). B.

J'espère que le petit recueil fait par M. Dubut ne fera de tort ni à la philosophie ni à moi. Je voudrais que chacun de nos frères lançât tous les ans les flèches de son carquois contre le monstre, sans qu'on sût de quelle main les coups partent. Pourquoi faut-il que l'on nomme les gens? il s'agit de blesser ce monstre, et non pas de savoir le nom de ceux qui l'ont blessé. Les noms nuisent à la cause, ils réveillent le préjugé. Il n'y a que le nom de Jean Meslier qui puisse faire du bien, parceque le repentir d'un bon prêtre, à l'article de la mort, doit faire une grande impression. Ce *Meslier* devrait être entre les mains de tout le monde.

Nous avons converti depuis peu un grand seigneur attaché à monsieur le dauphin; c'est un grand coup pour la bonne cause. Il y a dans la province des gens zélés qui commencent à combattre avec succès.

J'aurais bien voulu que des Cahusac, des Desmahis[1], n'eussent pas travaillé à l'*Encyclopédie;* qu'on se fût associé de vrais savants, et non pas de petits freluquets; et qu'on n'eût pas eu la malheureuse complaisance d'insérer, à côté des articles des Diderot et des Dalembert, je ne sais quelles puériles déclamations qui déshonorent un si bel ouvrage. Je suis si attaché à cette belle entreprise, que je voudrais que tout en fût parfait; mais le bon y domine à tel point, qu'elle fera l'honneur de la nation, et qu'assurément on doit à M. Diderot des récompenses.

On dit qu'on a donné des lettres de noblesse et

---

[1] Voyez tome XLIII, page 536. B.

une grosse pension au sieur Outrequin[1], pour avoir arrosé le boulevard. Si je travaillais à *l'Encyclopédie*, je dirais, à l'article *Pension*: M. Outrequin en a reçu une très forte, et M. Diderot a été persécuté.

Bonsoir, belle ame, qui gémissez comme moi sur le sort de la philosophie. *Écr. l'inf....*

4224. A M. LE CLERC DE MONTMERCI.

8 octobre.

L'amitié d'un philosophe comme vous, monsieur, peut consoler de toutes les sottises qu'on fait et qu'on dit chez les Welches. Je ne connaissais point ce M. Robinet[2], et je ne savais pas qu'il fût l'auteur du Traité de la Nature[3]. Il me semble que c'est un ouvrage de métaphysique, et je suis bien étonné qu'un philosophe s'amuse à faire imprimer deux volumes de mes lettres. Où aurait-il pris de quoi faire ces deux volumes?

A l'égard des six commentateurs, il faut que ce soit la troupe qui travaille au *Journal chrétien*. Elle ne donnera sans doute que des avis charitables et fraternels; elle priera Dieu pour moi, et cela me fera beaucoup de bien.

On dit que tous les musiciens ont été à l'enterrement de Rameau, et qu'ils ont fait chanter un très

---

[1] Voltaire lui a donné des lettres d'immortalité en le nommant dans un vers du *Pauvre Diable;* voyez tome XIV. B.

[2] J.-B. Robinet, né à Rennes en 1735, mort dans la même ville le 24 mars 1820, ne publia qu'un volume de lettres de Voltaire à la fin de 1764, sous le titre de *Lettres secrètes* (voyez tome XLII, page 661): il en publia un second, sous un autre titre, en 1766 (voyez t. XLII, p. 478). B.

[3] Voyez ma note, tome LX, page 87. B.

ANNÉE 1764. 43

beau *De profundis*. Quand je mourrai, les poëtes feront contre moi des épigrammes que les dévots larderont de maudissons. En attendant, je me recommandé à vous et aux philosophes.

4225. A MADAME LA MARQUISE DU DEFFAND.

8 octobre.

Madame de Florian vous remettra, madame, le livre que vous demandez, presque aussitôt que vous aurez reçu cette lettre. Vous verrez bien aisément quelle injustice l'on me fait de m'attribuer cet ouvrage; vous connaîtrez que c'est un recueil de pièces écrites par des mains différentes. Il est d'ailleurs rempli de fautes d'impression et de calculs erronés qui peuvent faire quelque peine au lecteur. Il y a quelques chapitres qui vous amuseront, et d'autres qui demandent un peu d'attention. Si vous lisez le *Catéchisme des Japonais*[1], vous y reconnaîtrez aisément les Anglais; vous y verrez d'un coup d'œil que les Breuxhé sont les Hébreux; les pipastes[2], les papistes; Therlu et Vincal, Calvin et Luther; et ainsi du reste.

Je vous exhorte surtout à lire le *Catéchisme chinois*[3], qui est celui de tout esprit bien fait. En général, le livre inspire la vertu, et rend toutes les superstitions détestables.

C'est toujours beaucoup, dans les amertumes dont

---

[1] Voyez tome XXVII, page 495. B.
[2] Dans le *Dictionnaire philosophique* il y avait et il y a *pispates*; voyez tome XXVII, page 498. B.
[3] Voyez tome XXVII, page 463. B.

cette vie est remplie, d'être guéri d'une maladie affreuse qui ronge le cœur de la plupart des hommes, et qui conduit au tombeau par des chemins bordés de monstres.

J'ai été si malade depuis deux mois, madame, que je n'ai pu aller une seule fois chez madame de Jaucourt. Je crois vous avoir déjà mandé[1] que j'avais renoncé à tout ce qu'on appelle devoirs, comme à tout ce qu'on nomme plaisirs.

Je prie M. le président Hénault de souffrir que je ne le sépare point de vous dans cette lettre, et que je lui dise ici que je lui serai attaché jusqu'au dernier moment de ma vie. Il voit mourir tous ses amis les uns après les autres; cela doit lui porter la tristesse dans l'ame, et vous devez vous servir l'un à l'autre de consolation.

Un redoublement de mes maux, qui me prend actuellement, me remet dans mon lit, et m'empêche de dicter plus long-temps combien je suis dévoué à tous deux. Recevez ensemble les protestations bien sincères de mes tendres sentiments, et conservez-moi des bontés qui me sont bien précieuses.

4226. A M. LE MARQUIS DE CHAUVELIN.

Ferney, 9 octobre.

Quand la faiblesse et les maladies augmentent, on est un mauvais correspondant, et votre excellence est très indulgente, sans doute, pour les gens de mon

[1] Je ne crois pas qu'il l'ait déjà mandé à madame du Deffand, à moins que ce ne soit dans une lettre qui ne nous est pas parvenue. B.

espèce. Vous ne devez point d'ailleurs regretter que je ne vous aie pas instruit de ce que madame de Was peut être. Elle est venue chez moi, mais je ne l'ai point vue. Je me mets rarement à table quand il y a du monde; ma pauvre santé ne me le permet pas. On dit qu'elle est fort aimable, ce qui est assez indifférent à un pauvre malade.

Vous devriez bien engager les anges à vous faire copier les roués de la fournée nouvelle; ils vous l'enverraient par le premier courrier que M. le duc de Praslin ferait passer par Turin. Vous jugeriez si, en supprimant quelques morceaux de politique, on a pu jeter plus d'intérêt dans l'ouvrage. La politique est une fort bonne chose, mais elle ne réussit guère dans les tragédies : c'est, je crois, une des raisons pour lesquelles on ne joue plus la plupart des pièces de ce grand Corneille. Il faut parler au cœur plus qu'à l'esprit. Tacite est fort bon au coin du feu, mais ne serait guère à sa place sur la scène.

Au reste, je suis d'autant plus fâché d'avoir renoncé au théâtre, que c'est quitter un temple où madame l'ambassadrice est adorée. Je ne peux plus être un de ses prêtres, la vieillesse et la faiblesse m'ont fait réformer. J'ai pris mon congé au même âge que Sarrazin, et j'ai poussé la carrière aussi loin que je l'ai pu. A combien de choses n'est-on pas obligé de renoncer! L'âge amène chaque jour une privation : il faut bien s'y accoutumer, et n'en pas murmurer, puisqu'on n'est né qu'à ce prix. Il y a une chose qui m'étonnera toujours; c'est comment le cardinal de Fleury a eu la rage d'être premier ministre à l'âge de soixante et quatorze ans; cela est plus extraordinaire que de faire des enfants à cent années. Je vous souhaite ces deux ministères, et je voudrais alors faire votre panégyrique.

J'ai vu votre petit Anglais, qui a une maîtresse, et point de précepteur. Ils sont tous dans ce goût-là. Nous avons eu long-temps le fils de M. Fox[1]. Il voyageait, à quinze ans, sur sa bonne foi, et dépensait mille guinées par mois: les Welches n'en sont pas encore là.

Je présente mes respects à leurs excellences, et je les prie très instamment de me conserver leurs bontés.

4227. A M. LE MARQUIS D'ARGENCE DE DIRAC.

10 octobre.

Mon cher frère en Bayle, en Descartes, Lucrèce, etc., continuez à faire tout le bien que vous pourrez dans votre province; soyez le digne vicaire du curé Meslier. Si vous aviez pu distribuer à vos voisins les trois cents jambons qu'il a laissés à sa mort, vous leur auriez fait faire une excellente chère. Il est bon de manger des truites, mais vous savez qu'il faut aussi une autre nourriture.

Il est venu des adeptes immédiatement après votre départ; ils cultiveront la vigne du Seigneur d'un côté, tandis que vous la provignerez de l'autre, et Dieu bénira vos soins. Ma santé s'affaiblit tous les

---

[1] Ce jeune Fox était Charles-Joseph, né en 1748, qui fut orateur célèbre au parlement d'Angleterre, et même ministre. Il est mort le 13 septembre 1806. B.

jours; mais je mourrai content si j'apprends que vous servez tous les jours sur votre table de ces bons jambons du curé. Cette nouvelle cuisine est très saine; elle ne donne point d'indigestion, elle ne porte point au cerveau des nuages comme l'ancienne cuisine. Je suis persuadé que vous aurez toujours beaucoup de convives, et que vous n'admettrez pas les sots à vos festins.

Mille respects à tout ce qui vous environne; je mets à la tête madame votre femme et monsieur votre frère.

4228. DE M. DALEMBERT.

A Paris, ce 10 octobre.

Vous me paraissez, mon illustre maître, bien alarmé pour peu de chose; j'ai déjà tâché de vous rassurer par ma lettre précédente [1], et je vous répète que je ne vois pas jusqu'ici de raison de vous inquiéter. Et quelle preuve a-t-on que vous soyez l'auteur de cette production diabolique? et quelle preuve peut-on en avoir? et sur quel fondement peut-on vous l'attribuer? Vous me mandez [2] que c'est un petit ministre postulant, nommé Dubut, qui est l'auteur de cette abomination; au lieu du petit ministre Dubut, j'avais imaginé le grand diable Belzébuth: je me doutais bien qu'il y avait du Buth à ce nom-là, et je vois que je ne me trompais guère. S'il ne tient qu'à crier que l'ouvrage n'est pas de vous, ne vous mettez pas en peine; *je vous réponds*, comme Crispin [3], *d'une bouche aussi large* qu'il est possible de le desirer. Il est évident, comme je vous l'ai dit, que cette production de ténèbres est l'ouvrage ou d'un diable en trois personnes, ou d'une personne en trois diables. A vous parler sérieusement, je ne m'aperçois

---

[1] Lettre 4221. B.
[2] Voyez lettre 4218. B.
[3] Dans *le Deuil*, comédie d'Hauteroche, scène 1. B.

pas, comme je vous l'ai dit, que cette abomination alphabétique cause autant de scandale que vous l'imaginez, et je ne vois personne tenté de s'arracher l'œil à cette occasion, comme l'Évangile[1] le prescrit en pareil cas. D'ailleurs les pédants à grand rabat[2], les seuls à craindre en cette circonstance, sont allés voir leurs confrères les dindons; et quand ils reviendront de leurs chaumières, le mal sera trop vieux pour s'en occuper. Ils n'ont rien dit à *Saül*[3], que diantre voulez-vous qu'ils disent à Dubut?

Vous me faites une querelle de Suisse, que vous êtes, au sujet du *Dictionnaire* de Bayle; premièrement, je n'ai point dit: *Heureux s'il eût plus respecté la religion et les mœurs!* ma phrase est beaucoup plus modeste[4]; mais d'ailleurs qui ne sait que, dans le maudit pays où nous écrivons, ces sortes de phrases sont style de notaire, et ne servent que de passe-port aux vérités qu'on veut établir d'ailleurs? Personne au monde n'y est trompé, et vous me cherchez là une mauvaise chicane. Je trouverais, si je voulais, à peu près l'équivalent de ce que vous me reprochez dans plusieurs ouvrages où assurément vous ne le désapprouvez pas, et jusque dans le *Dictionnaire* même Dubut, quelque infernal qu'il vous paraisse ainsi qu'à moi. Adieu, mon cher confrère, soyez tranquille; comptez que je vais braire comme un âne, mais à condition que vous ne me reprocherez pas d'avoir pris des précautions pour empêcher les ânes de braire après moi. *Vale.*

4229. A M. DALEMBERT.

12 octobre.

Mon cher philosophe, on ne peut pas toujours rire; il faut cette fois-ci que je vous écrive sérieusement. Il est très certain que la persécution s'arme-

---

[1] Matthieu, v, 29; Marc, ix, 116. B.
[2] Voyez ma note, page 37. B.
[3] Publié en 1763; voyez tome VII, page 325. B.
[4] Voyez ci-dessus, page 31. B.

rait de ses feux et de ses poignards, si le livre en question lui était déféré. On en a déjà parlé au roi comme d'un livre dangereux, et le roi en a parlé sur ce ton au président Hénault. On me l'attribue; et on peut agir contre moi-même aussi bien que contre le livre.

Il est très vrai que cet ouvrage est de plusieurs mains. L'article *Apocalypse* est tout entier d'un M. Abauzit[1], si vanté par Jean-Jacques; je crois vous l'avoir déjà dit[2]. Je crois aussi vous avoir mandé, et que vous savez d'ailleurs, que M. Abauzit est le patriarche des ariens de Genève. Son *Traité sur l'Apocalypse* court depuis long-temps en manuscrit chez tous les adeptes de l'arianisme. En un mot, il est public que l'article *Apocalypse* est de lui.

Messie est tout entier de M. Polier[3], premier pasteur de Lausanne. Il envoya ce morceau avec plusieurs autres à Briasson, qui doit avoir encore l'original; il était destiné à l'*Encyclopédie*.

Enfer est en partie de l'évêque de Glocester, Warburton.

Idolâtrie doit encore être chez Briasson ou entre les mains de Diderot, et fut envoyé pour l'*Encyclopédie*.

Il y a des pages entières copiées presque mot pour mot des *Mélanges de littérature* qu'on a imprimés sous mon nom.

---

[1] Voyez ma note, tome XLIII, page 618. B.
[2] Il ne l'avait pas encore dit. B.
[3] Voyez ma note, tome XXXI, page 184. B.

Il est donc évident que le *Dictionnaire philosophique* est de plusieurs mains. Quelques personnes ont rassemblé ces matériaux, et je puis y avoir eu quelque part; c'était uniquement dans la vue de tirer une famille nombreuse de la plus affreuse misère. Le père avait une mauvaise imprimerie; il a imprimé détestablement: mais on fait en Hollande une édition très jolie qu'on dit fort augmentée, et qu'on espère qui sera correcte. Si vous vouliez fournir un ou deux articles, vous embelliriez le recueil, vous le rendriez utile, et on vous garderait un profond secret.

Une main comme la vôtre doit servir à écraser les monstres de la superstition et du fanatisme; et quand on peut rendre ce service aux hommes sans se compromettre, je crois qu'on y est obligé en conscience. J'ose vous demander ce petit travail comme une grande grace, et je vous demande le reste comme une justice. Rien n'est plus vrai que tout ce que je vous ai dit sur le *Dictionnaire philosophique*. Votre voix est écoutée; et quand vous direz que ce recueil est de plusieurs mains différentes, non seulement on vous croira, mais on verra que ce n'est pas un seul homme qui attaque l'hydre du fanatisme; que des philosophes de différents pays et de différentes sectes se réunissent pour le combattre. Cette réflexion même sera utile à la cause de la raison, si indignement persécutée par des fripons ignorants, si lâchement abandonnée par la plupart de ses partisans, mais qui à la fin doit triompher.

Dites-moi, je vous en prie, si ce n'est pas Diderot

qui est l'auteur d'un livre singulier, intitulé *De la Nature*[1]. Adieu, mon cher philosophe; défendez la cause de la vérité et celle de votre ami. Quelle plus belle et plus juste pénitence pouvez-vous faire de ces deux cruelles lignes qui vous sont échappées contre Pierre Bayle? et de qui attendrons-nous quelque consolation, si ce n'est de nos frères, et d'un frère tel que vous?

4230. A M. DAMILAVILLE.

12 octobre.

Voici, mon cher frère, un petit mot pour frère Protagoras[2].

Je ne sais si je vous ai mandé que l'article *Messie*, du *Portatif*, était du premier pasteur de l'église de Lausanne[3]. L'original est encore entre mes mains, et on en avait envoyé une copie, il y a cinq à six ans, aux libraires de l'*Encyclopédie*. Ce morceau me parut assez bien fait : vous pouvez voir si on en a fait usage. Il me semble que le même ministre, qui se nomme Polier de Bottens, en avait envoyé plusieurs autres.

L'article *Apocalypse* est fait par un homme d'un très grand mérite, nommé M. Abauzit[4]; et l'article *Enfer* est traduit en grande partie de M. Warburton, évêque de Glocester.

Vous voyez que l'ouvrage est incontestablement de

---

[1] Voyez ma note, page 42. B.
[2] Dalembert : c'est la lettre précédente. B.
[3] Voyez ma note, tome XXXI, page 184. B.
[4] Voyez ma note, page 49. B.

plusieurs mains, et qu'ainsi on a très grand tort de me l'attribuer. On m'a véritablement alarmé sur cet ouvrage; ainsi ne soyez point étonné de la fréquence de mes lettres.

Informez-vous de ce qu'est devenu le *Messie* de Polier; vous verrez la vérité de vos propres yeux, et vous serez en droit de le persuader aux autres; vous verrez surtout, par le détail [1] que je vous fais, qu'il y a dans toute l'Europe d'honnêtes gens très instruits, qui pensent et qui écrivent librement. Chacun, de son côté, combat le monstre de la superstition fanatique; les uns lui mordent les oreilles, d'autres le ventre, et quelques uns aboient de loin. Je vous invite à la curée; mais il ne faut pas que le tonnerre tombe sur les chasseurs.

Lisez, je vous prie, les *Questions proposées à qui pourra les résoudre*, page 117, dans le *Journal encyclopédique*, du 15 de septembre [2]. L'auteur a mis partout, à la vérité, le mot de *bête* à la place de celui d'*homme*; mais on voit assez qu'il entend toujours les bêtes à deux pieds, sans plumes. Il n'y a rien de plus fort que ce petit morceau; il ne sera remarqué que par les adeptes; mais la vérité n'est pas faite pour tout le monde; le gros du genre humain en est indigne. Quelle pitié que les philosophes ne puissent pas vivre ensemble!

J'apprends dans le moment une nouvelle que je ne veux pas croire, parcequ'elle m'afflige trop pour vous. On dit qu'on supprime tous les emplois concernant

---

[1] Voyez lettre 4232. B.

[2] Voyez tome XLI, page 578. B.

le vingtième. Je ne puis croire qu'on laisse inutile un homme de votre mérite. Mandez-moi, je vous prie, ce qui en est, et comptez, mon cher frère, que je m'intéresse plus encore à votre bien-être qu'à *écr. l'inf....*

4231. A M. DUPONT.

12 octobre.

Vous avez dû recevoir, mon cher ami, la lettre de change payable à Lyon au 12 octobre préfix; nous sommes aujourd'hui à ce 12. M. Jean Maire [1] m'avait promis en partant de chez moi, le 22 septembre, que j'aurais de ses nouvelles les premiers jours d'octobre, qu'il serait alors à Colmar, et qu'il finirait tout avec vous : je n'entends point parler de lui, je suppose que les affaires de M. le duc de Wurtemberg l'ont arrêté. Vous êtes au fait de tout, je ne crois pas qu'il y ait le moindre risque à courir; j'ai en main une procuration spéciale de M. le duc de Wurtemberg au sieur Jean Maire, qui suffirait en cas de besoin pour constater tous mes droits. M. Jean Maire m'a paru le plus honnête homme du monde; ma créance est établie sur des terres qui sont en France, et qu'on m'assure n'être hypothéquées à personne qu'à moi; ainsi j'ai tout lieu de croire qu'il ne s'agit que d'une simple formalité que M. Jean Maire remplira dès qu'il aura conféré un moment avec vous; je vous assure que je voudrais bien être à sa place, et avoir la consolation de vous revoir encore. Je vous embrasse tendrement, vous et toute votre famille.

[1] Homme d'affaires du duc de Wurtemberg. B,

Je vous prie de présenter mes respects à monsieur le premier président. V.

C'est par madame Du Fresney que je vous écris, et c'est par elle que je vous ai envoyé la lettre de change.

4232. A M. DAMILAVILLE[1].

Un jeune homme destiné à former une grande bibliothèque ramassa il y a quelques années en Suisse quelques manuscrits, dont quelques uns étaient pour le *Dictionnaire des sciences et des arts*[2].

Entre autres l'article *Messie*, d'un célèbre pasteur de Lausanne, homme de condition et de beaucoup de mérite; article très savant et très orthodoxe dans toutes les communions chrétiennes, et qui fut envoyé en 1760, de la part de M. Polier de Bottens, aux libraires de l'*Encyclopédie*;

Un extrait de l'article *Apocalypse*, manuscrit très connu de M. Abauzit, l'un des plus savants hommes de l'Europe, et des plus connus, malgré sa modestie;

L'article *Baptême*, traduit tout entier des œuvres du docteur Middleton;

Amour, Amitié, Guerre, Gloire, destinés à l'*Encyclopédie*, mais qui n'avaient pu être envoyés;

Christianisme et *Enfer*, tirés de la *Légation* de

---

[1] Ce morceau, qui paraît être le *détail* dont il est question dans la lettre 4230, et qui sans doute y était joint, aurait dû être imprimé à sa suite, sans former une lettre particulière; Voltaire lui-même l'appelle un *Mémoire :* mais j'ai fait comme mes prédécesseurs. B.

[2] C'est l'*Encyclopédie*. B.

Moïse, de milord Warburton, évêque de Glocester;

Enfin plusieurs autres morceaux imités de Bayle, de Le Clerc, du marquis d'Argens, et de plusieurs auteurs.

Il en fit un recueil qu'il imprima à Bâle. Ce recueil paraît très informe, et plein de fautes grossières. On y trouve Warburton, évêque de Worchester [1], pour évêque de Glocester.

On y dit que les Juifs eurent des rois huit cents ans après Moïse, et c'est environ cinq cents ans [2].

On compte huit cent soixante-sept ans depuis Moïse à Josias : il en faut compter plus de onze cents [3].

Il dit que plus de soixante millions font la deux cent trentième partie de seize cents millions : c'est environ la vingt-sixième.

L'ouvrage est d'ailleurs imprimé sur le papier le plus grossier et avec les plus mauvais caractères : ce qui prouve assez qu'il n'a point été mis sous presse par un libraire de profession.

On voit assez par cet exposé combien il est injuste d'attribuer cet ouvrage et cette édition aux personnes connues auxquelles la calomnie l'impute.

On est prié de communiquer ce mémoire aux personnes bien intentionnées qui peuvent élever leur voix contre la calomnie.

---

[1] Voyez tome XXXII, page 105 : j'ai laissé cette faute, que j'ai corrigée ou signalée ailleurs : voyez tome XLI, pages 207 et 417. B.

[2] La faute a été corrigée dès 1765; voyez tome XXXI, page 242. B.

[3] Cette faute est aussi corrigée dans les éditions de 1765; voyez t. XXXI, p. 240. B.

4233. A M. DAMILAVILLE.

15 octobre.

J'ai parcouru, mon cher frère, la *Critique* des sept volumes de l'*Encyclopédie* [1]. Je voudrais bien savoir qui sont les gadouards qui se sont efforcés de vider le privé d'un vaste palais dans lequel ils ne peuvent être reçus ; je leur appliquerais ce que l'électeur palatin me fesait l'honneur de m'écrire [2] au sujet de maître Aliboron : « Tel qui critique l'église de Saint-« Pierre de Rome n'est pas en état de dessiner une « église de village. » Belles paroles, et bien sensées, et qui prouvent que la raison a encore des protecteurs dans ce monde.

Je crois que le public ne se souciera guère qu'une des îles Mariannes s'appelle *Agrignon* ou *Agrigan*, ni qu'il faille prononcer *Barassa* ou *Bossera* ; mais je crains que les ennemis de la philosophie ne regardent cette critique comme un triomphe pour eux.

Je suis surtout indigné de la manière dont on traite M. Dalembert, pages 172 et 178 [3]. Pour M. Diderot, il est maltraité dans tout l'ouvrage. Ce qu'il y a de

---

[1] *Lettres sur l'Encyclopédie, pour servir de supplément aux sept volumes de ce dictionnaire* (par l'abbé Saas), 1764, in-8°. Ces lettres sont au nombre de sept. B.

[2] Voyez lettre 4216. B.

[3] On dit, page 172, qu'il y a loin des *Mélanges de littérature* de Dalembert, homme du monde, à ceux de Vigneul-Marville, c'est-à-dire dom d'Argonne, chartreux ; page 178, on reproche à Dalembert d'avoir, dans son article GENÈVE, accusé de socinianisme les théologiens de cette ville ; ce qui, dit-on, est les déclarer brûlables comme Servet, qui *fut brûlé à Genève à l'instigation de Calvin, en* 1553, *plutôt pour socinianisme que pour athéisme*. B.

pis, c'est que ces misérables sonnent le tocsin. Ils sont bien moins critiques que délateurs; ils rappellent, à la fin du livre, quatre articles des arrêts du conseil et du parlement contre l'*Encyclopédie;* ils ressemblent à des inquisiteurs qui livrent des philosophes au bras séculier.

Voilà donc la persécution visiblement établie; et si on ne rend pas ces satellites de l'envie aussi odieux et aussi méprisables qu'ils doivent l'être, les pauvres amis de la raison courent grand risque. Je ne conçois pas que, parmi tant de gens de lettres qui ont tous le même intérêt, il n'y en ait pas un qui s'empresse à porter au moins un peu d'eau, quand il voit la maison de ses voisins en flamme. La sienne sera bientôt embrasée, et alors il ne sera plus temps de chercher du secours.

Je voudrais bien que M. Dalembert suspendît pour quelques jours ses autres occupations, et que, sans se faire connaître, sans se compromettre, il fît, selon son usage, quelque ouvrage agréable et utile, dans lequel il daignerait faire voir, en passant, l'insolence, la mauvaise foi, et la petitesse de ces messieurs. Il est comme Achille qui a quitté le camp des Grecs; mais il est temps qu'il s'arme et qu'il reprenne sa lance. Je l'en prie comme le bon homme Phœnix[1], et je vous prie de vous joindre à moi.

Il est triste que le *Dictionnaire philosophique* paraisse dans ce temps-ci, et il est bien essentiel qu'on sache que je n'ai nulle part à cet ouvrage, dont la

---

[1] *Iliade,* chant IX, vers 434. B.

plupart des articles sont faits par des gens d'une autre religion et d'un autre pays.

Avez-vous à Paris la *Traduction du plaidoyer de l'empereur Julien contre les Galiléens* [1], par le marquis d'Argens? Il serait à souhaiter que tous les fidèles eussent ce bréviaire dans leur poche.

Adieu, mon cher frère; recommandez-moi aux prières des fidèles, et surtout *écr. l'inf....*

4234. A MADAME LA COMTESSE D'ARGENTAL.

Aux Délices, 19 octobre.

Vous avez écrit, madame, une lettre charmante à madame Denis; j'y ai vu la beauté de votre ame et la bienfesance de votre caractère: tous les Corneille seront heureux. Il ne m'appartient pas de l'être à mon âge de soixante-onze ans, malingre et presque aveugle au pied des Alpes; cependant je le serais, je conserverais encore ma gaîté, et je travaillerais avec l'ex-jésuite pour vous plaire, si je n'étais un peu assommé par la persécution. La clique Fréron, la clique Pompignan crie que je suis l'auteur de je ne sais quel *Dictionnaire philosophique portatif,* tout farci de citations des Pères de l'Église, et des rêveries des rabbins. On sait très bien, dans le pays que j'habite, que c'est un recueil de plusieurs auteurs, rassemblés par un libraire ignorant qui a fait des fautes absurdes; mais, à la cour, on n'est pas si bien informé. La calomnie y arrive en poste, et la vérité, qui ne

---

[1] Voyez tome XLI, page 464; et XLV, 193. B.

marche qu'à pas comptés, a la réputation de n'y être pas trop bien reçue.

Cependant, comme M. d'Argental est à Fontainebleau, la vérité a là un bon appui. Je compte sur les bontés de M. le duc de Praslin. Pourquoi m'attribuer un livre que je renie? un recueil de dix ou douze mains différentes? condamne-t-on les gens sans preuve, et sur des soupçons aussi mal fondés? Le roi est juste; il ne me jugera pas sans doute sur des présomptions si légères; et puisqu'il fait élever une statue[1] à Crébillon, il ne me fera pas brûler au pied de la statue; car enfin ce Crébillon a fait cinq tragédies, et j'en ai fait environ trente, et sûrement je n'ai point fait *le Portatif*.

Il est si vrai que le livre est de plusieurs auteurs, que j'ai en main l'original d'un des articles connus depuis quelques années.

On dit qu'un nommé l'abbé d'Étrée[2], autrefois associé avec Fréron, depuis généalogiste et faussaire, et qui a un petit prieuré dans mon voisinage, a donné *le Portatif* au procureur général, lequel instrumente. Je vous supplie, madame, de communiquer cette lettre à M. d'Argental, qui est à Fontainebleau.

Je n'ai pas un moment à moi; mais tous les moments de ma vie vous sont consacrés à tous deux avec le plus tendre respect.

[1] C'était un mausolée qu'on lui fesait ériger dans l'église Saint-Gervais. B.
[2] Voyez tome XLII, pages 662-65. B.

4235. A M. DALEMBERT.

19 octobre.

Non, vous ne brairez point, mon cher et grand philosophe, mais vous frapperez rudement les Welches qui braient. Je vous défie d'être plus indigné que moi de la maligne insolence de ces malheureux qui, dans leurs *Lettres sur l'Encyclopédie* [1], vous ont attaqué si mal-à-propos, si indignement, et si mal. Je voudrais bien savoir le nom de ces ennemis du sens commun et de la probité. Ils sont assez lâches pour réimprimer à la fin de leur livre les arrêts du conseil contre l'*Encyclopédie*. Par-là ils invitent le parlement à donner de nouveaux arrêts; ils embouchent la trompette de la persécution; et s'ils étaient les maîtres, il est sûr qu'ils verseraient le sang des philosophes sur les échafauds.

Vous souvenez-vous en quels termes s'exprima Omer dans son réquisitoire? On l'aurait pris pour l'avocat général de Dioclétien et de Galérius : on n'a jamais joint tant de violence à tant de sottises. Il prétendait que s'il n'y avait pas de venin dans certains articles de l'*Encyclopédie*, il y en aurait sûrement dans les articles qui n'étaient pas encore faits [2]. Les renvois indiquaient visiblement les impiétés des derniers volumes; au mot *Arithmétique*, voyez *Fraction*; au mot *Astre*, voyez *Lune*; il était clair qu'aux mots *Lune* et *Fraction* la religion chrétienne serait renversée : voilà la logique d'Omer.

---

[1] Voyez page 56. B.
[2] Voyez mes notes, tome VI, page 535; et XL, 167. B.

Votre intérêt, celui de la vérité, celui de vos frères ne demande-t-il pas que vous mettiez dans tout leur jour ces turpitudes, et que vous fassiez rougir notre siècle en l'éclairant?

Il vous serait bien aisé de faire quelque bon ouvrage sur des points de philosophie intéressants par eux-mêmes, et qui n'auraient point l'air d'être une apologie; car vous êtes au-dessus d'une apologie. Vous exposeriez au public l'infamie de ces persécuteurs; vous ne mettriez point votre nom, mais ils sentiraient votre main, et ils ne s'en relèveraient pas. Permettez-moi de vous parler encore de ce *Dictionnaire portatif*; je sais bien qu'il y en a peu d'exemplaires à Paris, et qu'ils ne sont guère qu'entre les mains des adeptes. J'ai empêché jusqu'ici qu'il n'en entrât davantage, et qu'on ne le réimprimât à Rouen; mais je ne pourrai pas l'empêcher toujours. On le réimprime en Hollande. Vous me demandez pourquoi je m'inquiète tant sur un livre auquel je n'ai nulle part: c'est qu'on me l'attribue; c'est que, par ordre du roi, le procureur général prépare actuellement un réquisitoire; c'est qu'à l'âge de soixante-onze ans, malade, et presque aveugle, je suis prêt à essuyer la persécution la plus violente; c'est qu'enfin je ne veux pas mourir martyr d'un livre que je n'ai pas fait. J'ai la preuve en main que M. Polier, premier pasteur de Lausanne, est l'auteur de l'article *Messie*; ainsi c'est la pure vérité que ce livre est de plusieurs mains, et que c'est un recueil fait par un libraire ignorant.

Par quelle cruauté a-t-on fait courir sous mon nom, dans Paris, quelques lignes de cet ouvrage? Enfin, mon cher maître, je vous remercie tendrement d'élever votre belle voix contre celle des méchants. Je vous avertis que je serai très fâché de mourir sans vous revoir.

N. B. Un abbé d'Étrée[1], jadis confrère de Fréron, a donné un *Portatif* au procureur général.

4236. A M. COLINI.

19 octobre.

Mon cher ami, si le zèle peut donner des forces, je viendrai assurément vous embrasser avant de mourir. Je vous adresse cette lettre[2] pour votre adorable maître. Avez-vous encore Fréron chez vous? nous ne devons pas paraître lui et moi sur le même hémisphère. *Addio, mio caro!*

4237. A M. BAZIRE[3],

CHEZ M. DE MONTAGNIER, MAIRE DE SEISSEL.

Au château de Ferney, 20 octobre.

Monsieur de Voltaire était très malade lorsqu'il a reçu la lettre obligeante et les vers encore plus agréables de M. Bazire. Madame Denis était auprès de lui, et ni l'un ni l'autre n'ont pu le remercier encore. Ils l'assurent tous deux de leur reconnaissance, et de l'extrême envie qu'ils auraient de la lui témoigner.

J'ai l'honneur d'être son très humble et très obéissant serviteur, VOLTAIRE.

[1] Voyez tome XLII, pages 662-65. B.
[2] Elle manque. B.
[3] Né près de Livarot, arrondissement de Lisieux, département du Calvados. B.

4238. A M. DUPONT.

20 octobre.

Oui, mon cher ami, vous serez avocat de monseigneur le duc de Wurtemberg, ou je mourrai à la peine; je ferais plutôt le voyage de Stuttgard. Je vais écrire à M. le comte de Montmartin[1], que j'ai l'honneur de connaître, et qui m'honore de ses bontés. Monseigneur le duc de Wurtemberg et monseigneur l'électeur palatin ont daigné m'inviter à venir chez eux; mais en vérité j'ai plus d'envie de vous embrasser que de faire ma cour à des princes. Si je ne m'étais pas fait une famille aussi considérable que celle à la tête de laquelle je me trouve; si je n'avais pas chez moi la nièce de Corneille, son mari et leur fille, et le P. Adam, et un architecte et sa femme, et trente ou quarante domestiques de campagne à conduire, et un assez grand terrain à cultiver sans pouvoir trouver de fermier, je vous jure que j'accepterais bien vite votre proposition de m'établir à Montbéliard; je serais votre voisin, nous philosopherions ensemble. Présentez, je vous prie, mes respects à monsieur le premier président et à madame; embrassez pour moi madame votre femme et vos enfants. Madame Denis vous fait les plus tendres compliments. V.

4239. A M. LE COMTE D'ARGENTAL.

Aux Délices, 20 octobre.

Mon divin ange, je vous ai écrit[2] un petit mot par M. le duc de Praslin; j'ai écrit à madame d'Argental,

[1] La lettre est perdue. B.
[2] Lettre 4219. B.

qui vous communiquera ma lettre [1]. Le petit ex-jésuite est toujours plein de zèle et d'ardeur; et quand il reverra ses roués, il attendra quelque moment d'enthousiasme pour faire réussir votre conspiration. Vous connaissez l'opiniâtreté de sa docilité.

Pour moi, vieux ex-Parisien et vieux excommunié, je suis toujours occupé de ce malheureux *Portatif*, qu'on s'obstine à m'imputer. Un petit abbé d'Étrée, dont je vous ai, je crois, parlé dans mon billet [2], qui a travaillé autrefois avec Fréron, qui s'est fait généalogiste et faussaire, qui, à ce dernier métier, a obtenu un petit prieuré dans le voisinage de Ferney, et qui a tous les vices d'un fréronien et d'un prieur; ce petit monstre, dis-je, est celui qui a eu la charité de se rendre mon dénonciateur.

Il faut que vous sachiez que ce polisson vint, l'année passée, prendre possession de son prieuré dans une grange, en se disant de la maison d'Étrée, promettant sa protection à tout le monde, et se fesant donner des fêtes par tous les gentilshommes du pays. Je n'eus pas l'honneur de lui aller faire ma cour; il m'écrivit que j'étais son vassal pour un pré qui relevait de lui; que mes gens étaient allés chasser une fouine auprès de sa grange épiscopale; qu'il voulait bien me donner à moi personnellement permission de chasser sur ses terres, mais qu'il procéderait, par voie d'excommunication, contre mes gens qui tueraient des fouines sur les siennes.

Comme je suis fort négligent, je ne lui fis point

---

2 N° 4234. B.
3 C'est dans la lettre à madame d'Argental, n° 4234. B.

de réponse. Il jura qu'il s'en vengerait devant Dieu et devant les hommes, et il clabaude aujourd'hui contre moi chez monsieur l'évêque d'Orléans [1] et chez monsieur le procureur général. Un fripon armé des armes de la calomnie et de la vraisemblance peut faire beaucoup de mal.

On m'impute *le Portatif*, parcequ'en effet il y a quelques articles que j'avais destinés autrefois à l'*Encyclopédie*, comme *Amour*, *Amour-propre*, *Amour socratique*, *Amitié*, etc.; mais il est démontré que le reste n'en est pas. J'ai heureusement obtenu qu'on remît entre mes mains l'article *Messie*, écrit tout entier de la main de l'auteur. Je ne vois pas ce qu'on peut répondre à une preuve aussi évidente. Tout le reste est pris de plusieurs auteurs connus de tous les savants.

En un mot, je n'ai nulle part à cette édition, je n'ai envoyé le livre à personne, je n'ai d'autres imprimeurs que les Cramer, qui certainement n'ont point imprimé cet ouvrage. Le roi est trop juste et trop bon pour me condamner sur des calomnies aussi frivoles, qui renaissent tous les jours, et pour vouloir accabler, sur une accusation aussi vague et aussi fausse, un vieillard chargé d'infirmités.

Je finis, mon cher ange, parceque cette idée m'attriste; et je ne veux songer qu'à vos bontés, qui me rendent ma gaîté.

N. Non, je ne finis pas. Le roi a chargé quelqu'un d'examiner le livre, et de lui en rendre compte;

---

[1] L. S. de Jarente; voyez ma note, tome LVIII, page 485. B.

c'est ou le président Hénault, ou M. Daguesseau. Je soupçonne que l'illustre abbé d'Étrée a dîné, avec le président, chez le procureur général, dont il fait sans doute la généalogie. Cet abbé d'Étrée a mandé à son fermier qu'il me perdrait; il a toujours sa fouine sur le cœur. Dieu le bénisse!

J'ai actuellement les yeux dans un pitoyable état; cela peut passer, mais les méchants ne passeront point.

Malgré mes yeux, j'ajoute que Montpéroux, résident à Genève, aurait mieux fait de me payer l'argent que je lui ai prêté, que d'écrire ce qu'il a écrit à M. le duc de Praslin[1].

Sub umbra alarum tuarum[2].

4240. A M. LE PRÉSIDENT HÉNAULT.

Aux Délices, 20 octobre.

A la mort de M. d'Argenson je ne pouvais écrire à personne, mon cher et respectable confrère; j'étais très malade, ce qui m'arrive souvent; et je suis toujours prêt à faire l'éternel voyage qu'a fait votre ami, que nous ferons tous, et qui n'est que la fin d'un rôle ou pénible, ou insipide, ou frivole, que nous jouons pour un moment sur ce petit globe. Je ne pus alors écrire ni à vous, son illustre ami, ni à MM. de Paulmy et de Voyer.

Quelque temps après, dans une lettre que je fus

---

[1] Montpéroux avait écrit que Voltaire était l'auteur du *Dictionnaire philosophique portatif.* B.

[2] Psaume XVI, verset 8. B.

obligé d'écrire, tout malade que j'étais, à madame du Deffand¹, pour une commission qu'elle m'avait donnée, je vous adressai sept ou huit lignes un peu à la hâte, mais c'était mon cœur qui les dictait. J'étais d'ailleurs très embarrassé de l'exécution des ordres de madame du Deffand. Il s'agissait de lui procurer un exemplaire d'un petit livre intitulé *Dictionnaire philosophique portatif*, imprimé à Liége ou à Bâle. C'est un recueil de pièces déjà connues, tirées de différents auteurs. Il y a trois ou quatre articles assez hardis, et je vous avoue que j'étais au désespoir qu'on me les imputât. Ce qui a donné lieu à cette calomnie, c'est que l'éditeur a mis dans l'ouvrage une demi-douzaine de morceaux que j'avais destinés autrefois au *Dictionnaire encyclopédique*, comme *Amour*, *Amour-propre*, *Amour socratique*, *Amitié*, *Gloire*, etc.

Les autres articles² sont pris partout. *Baptême* est du docteur Middleton, traduit mot pour mot. *Enfer*, *Christianisme*, sont traduits de milord Warburton, évêque de Glocester. *Apocalypse* est un extrait du manuscrit curieux de M. Abauzit, l'un des plus savants hommes de l'Europe, et des plus modestes; mais l'extrait est très mal fait. *Messie* est tout entier du premier pasteur de l'église de Lausanne, nommé M. Polier de Bottens, homme de condition et de beaucoup de mérite, qui envoya cet article aux encyclopédistes il y a quelques années. Cet article me paraît

---

¹ Voyez n° 4225. B.
² Voyez aussi lettre 4232. B.

savant et bien fait. J'ai obtenu depuis peu qu'on m'envoyât l'original écrit de sa main, que je possède.

Ainsi vous voyez, mon cher et illustre confrère, que l'ouvrage n'est pas de moi; mais il faudra toujours que les gens de lettres soient persécutés par la calomnie; c'est leur partage, c'est leur récompense.

Je pourrais, si je voulais, me plaindre qu'à l'âge de soixante-onze ans, accablé d'infirmités, et presque aveugle, on ne veuille pas me laisser achever ma carrière en paix; mais je ne suis pas assez sot pour me plaindre, et j'aime mieux rire jusqu'au bout des vains efforts de la clique des Patouillet et des Fréron. Vos bontés me les font oublier, mon aimable et illustre confrère; et quand je suis toujours un peu aimé du seul homme qui ait appris aux Français leur histoire, je me rengorge, et je suis toujours fier dans mes déserts.

Vivez, poussez votre carrière aussi loin que Fontenelle; et quand je serai mort, dites: J'ai perdu un admirateur.

4241. A M. DUCLOS.

Aux Délices, 20 octobre.

Mon cher et illustre confrère, la calomnie persécutera donc toujours ces malheureux philosophes! On s'obstine à m'imputer dans Paris et à Versailles je ne sais quelle rapsodie, intitulée *Dictionnaire philosophique portatif*, qu'assurément on ne m'attribue pas dans Genève. On sait assez que c'est un recueil de diverses pièces, dont quelques unes sont du rabbinisme. On y connaît les auteurs de divers articles : on m'a même communiqué depuis peu les originaux de quelques unes de ces dissertations écrites de la main de leurs auteurs. On ne peut avoir une justification plus complète. Je crois devoir à l'académie cette protestation que je fais entre vos mains. Je me flatte que mes confrères me rendront justice. Je pourrais me lamenter sur la persécution qu'on suscite à un solitaire âgé de soixante-onze ans, accablé d'infirmités et presque aveugle; mais il faut que les philosophes aient un peu de courage, et ne se lamentent jamais. J'embrasse de tout mon cœur notre illustre secrétaire.

4242. A M. LE MARÉCHAL DUC DE RICHELIEU.

Aux Délices, 22 octobre.

Monseigneur, mon héros, je ne sais où vous êtes; je ne sais où est madame la duchesse d'Aiguillon, qui m'a honoré de deux gros volumes et d'un très joli petit billet. Permettez que je m'adresse à vous pour lui présenter mes remerciements. Souffrez que je vous parle du tripot de la Comédie, qui tombe en décadence comme tant d'autres tripots. Il y a un acteur excellent, à ce qu'on dit, nommé Aufresne, garçon d'esprit, belle figure, bel organe, plein de sentiment. Il est actuellement à La Haye. Auteurs et acteurs, tout est en pays étranger.

Je me souviens d'avoir vu chez moi cet Aufresne, qui me parut fait pour valoir mieux que Dufresne; je vous en donne avis. Monsieur le premier gentilhomme de la chambre fera ce qu'il lui plaira.

Il y a dans le monde quelques exemplaires d'un

livre infernal, intitulé *Dictionnaire philosophique portatif.* Ce livre affreux enseigne, d'un bout à l'autre, à s'anéantir devant Dieu, à pratiquer la vertu, et à croire que deux et deux font quatre. Quelques dévots, comme les Pompignan, me l'attribuent; mais ils me font trop d'honneur. Il n'est point de moi; et si je suis un geai, je ne me pare point des plumes des paons. Il y a un autre livre bien plus diabolique, et fort difficile à trouver; c'est le célèbre *Discours de l'empereur Julien contre les Galiléens ou chrétiens,* très bien traduit à Berlin par le marquis d'Argens [1], et enrichi de commentaires curieux. Et, comme vous êtes curieux de ces abominations pour les réfuter, je tâcherai de concourir à vos bonnes œuvres, en fesant venir de Berlin un exemplaire pour vous l'envoyer, si vous me l'ordonnez.

Je conçois à présent que c'est au printemps que mon héros conduira sa très aimable fille sur le chemin d'Italie; et si je ne suis pas mort dans ce temps-là, je me ranimerai pour me mettre à leurs pieds. Le soussigné V. n'est pas dans un moment heureux pour ses yeux; il présente son respect à tâtons.

4243. A M. LE COMTE D'ARGENTAL.

22 octobre.

Divin ange, laissons un moment les roués, et parlons des brûlés. Deux conseillers du conseil de Genève sont venus dîner aujourd'hui chez moi; ils ont constaté que le *Dictionnaire philosophique* qu'on

[1] Voyez tome XLI, page 464; et XLV, 193. B.

m'impute est de plusieurs mains; ils ont reconnu l'écriture et la signature de l'auteur de l'article *Messie*, qui est, comme vous savez, un prêtre. Ils ont reconnu mot pour mot l'extrait de l'article *Apocalypse*, de M. Abauzit, Français réfugié depuis la révocation de l'édit de Nantes, et aussi plein d'esprit et de mérite que d'années. Ils certifient à tout le monde que l'ouvrage est de plusieurs mains. Ils sont d'avis seulement qu'il ne faut pas compromettre les auteurs d'une douzaine d'articles répandus dans cet ouvrage. Tout le monde sait que c'est un pauvre libraire de Lausanne, chargé d'une nombreuse famille et accablé de misère, à qui un homme de lettres de ce pays-là donna le recueil, il y a quelques années, par une compassion peut-être imprudente. En un mot, on est persuadé ici que je n'ai nulle part à cette édition.

Il serait donc bien triste qu'on m'accusât en France d'une chose dont on ne me soupçonne pas à Genève.

D'ailleurs, dès que j'ai vu que l'imprudence de quelques gens de lettres m'attribuait à Paris cet ouvrage, j'ai été le premier à le dénoncer dans une lettre ostensible[1] écrite à M. Marin, et envoyée tout ouverte dans une adresse à M. de Sartine.

J'ai écrit à monsieur le vice-chancelier[2], à M. de Saint-Florentin[3]; en un mot, j'ai fait ce que j'ai pu pour prévenir les progrès de la calomnie auprès du roi. Je sais que le roi en avait parlé au président Hénault d'une manière un peu inquiétante.

Je suis pressé de faire un voyage dans le Wurtem-

---

[1] Elle manque. B. — [2] Id. B. — [3] Id. B.

berg et dans le Palatinat pour l'arrangement de mes affaires, ayant presque tout mon bien dans ce pays-là; mais je ne veux point partir que je n'aie détruit auparavant une imposture qui peut me perdre.

Vous me direz peut-être que j'aurais dû m'adresser à M. de Montpéroux, qui est résident à Genève; mais il est tombé en apoplexie, et il a même tellement perdu la mémoire, qu'il oublie l'argent qu'on lui a prêté. Il s'enferme chez lui avec un vicaire de village qu'il a pris pour aumônier, lequel vicaire, par parenthèse, n'est pas l'ami des possesseurs de dîmes, et excite violemment les curés contre les seigneurs. Ce pauvre M. de Montpéroux a été piqué, je ne sais pas pourquoi, que les articles pour la *Gazette littéraire* n'aient pas passé par ses mains. C'est une étrange chose que cette petite jalousie! mais que faire? il faut passer aux hommes leurs faiblesses. Nous nous flattons, madame Denis et moi, que ni M. de Montpéroux ni son vicaire turbulent n'empêcheront l'effet des bontés de M. le duc de Praslin pour madame Denis contre le concile de Latran.

Le grand point est que le roi soit détrompé sur ce petit *Dictionnaire*, qu'il ne lira assurément pas. Des beaux esprits de Paris pourront dire: C'est lui, messieurs; voilà son style. Il a fait l'article *Amour* et *Amitié* il y a cinq ou six ans, donc il a fait *Apocalypse* et *Messie*. Le roi est trop bon et trop équitable pour me condamner sur les discours de M. de Pompignan.

Croyez-vous qu'il soit nécessaire que j'écrive à M. le prince de Soubise pour détromper sa majesté?

Le petit abbé d'Étrée¹, qui n'est pas assurément descendant de Gabrielle, emploie toutes les ressources de son métier de généalogiste pour prouver que le diable engendra Voltaire, et que Voltaire a engendré le *Dictionnaire philosophique*.

Vraiment, le marquis d'Argens est bien autrement engendré du diable; il a traduit l'admirable *Discours de l'empereur Julien contre les chrétiens*², il l'a enrichi de remarques très curieuses, et d'un discours préliminaire plus curieux encore. C'est un ouvrage diabolique: on est forcé de regarder Julien comme le premier des hommes de son temps. Il est bien triste qu'un apostat comme lui ait eu plus de vertu dans le cœur, et plus de justesse dans l'esprit, que tous les Pères de l'Église. Le marquis d'Argens s'est surpassé en commentant cet ouvrage.

A l'ombre de vos ailes.

4244. A M. COLINI.

Ferney, 27 octobre.

Mon cher ami, j'étais tout prêt à partir, j'allais venir en poste vous embrasser, me mettre aux pieds de LL. AA. EE., et passer avec elles le reste de l'automne. Mes maux, et surtout ma fluxion sur les yeux, ont tellement redoublé, que je suis actuellement privé de la vue, et que tout ce que je peux faire, c'est de signer mon nom au hasard. Me voilà entre quatre rideaux : ma vieillesse est devenue bien mal-

---

¹ Voyez lettre 4239. B.
² Voyez tome XLI, page 464 ; et XLV, 193. B.

heureuse. Je perds avec ma santé plus d'une consolation de ma vie; mais si les bontés de monseigneur l'électeur me restent, je ne me croirai point à plaindre.

Avez-vous entendu parler d'un *Dictionnaire philosophique portatif* qu'on débite en Hollande? Je me le suis fait lire : il est détestablement imprimé, et plein de fautes absurdes; mais il y a des choses très singulières et très intéressantes. C'est un recueil de pièces de plusieurs auteurs. On en a déterré quelques unes de moi, qui ne sont pas les meilleures. Le reste est fort bon. Adieu; je vous embrasse de tout mon cœur.

4245. A M. BERTRAND.

Ferney, 29 octobre.

Mon cher philosophe, j'aurai bien de la peine à vous trouver le livre que vous demandez. C'est un recueil de plusieurs mains. Il y a des pièces déjà connues. Il est détestablement imprimé, il fourmille de fautes. J'en fais venir un exemplaire de Francfort; je vous l'enverrai dès que je l'aurai reçu; je l'attends après-demain. On m'assure qu'on en fait une édition beaucoup plus correcte et plus ample à La Haye. Dieu le veuille, car la mauvaise édition que j'ai vue a achevé de me perdre les yeux.

Votre neveu me paraît un vrai philosophe; s'il l'est toujours, il sera assez riche, et la liberté vaut mieux que le métier de courtisan.

L'accident de monsieur et de madame de Freudenreich me fait frémir : je remercie Dieu qu'ils en soient quittes pour des contusions, encore ces contusions me paraissent de trop; personne ne s'intéresse plus tendrement que moi à leur conservation. Je vous supplie de les en assurer; je leur serai attaché, comme à vous, jusqu'au dernier moment de ma vie.

4246. A M. LE COMTE D'ARGENTAL.

Aux Délices, 29 octobre.

J'écris aujourd'hui à mon ange comme un ange de paix. Nous sommes voisins d'un commandeur de Malte, Savoyard de nation, chicaneur de profession. Une partie des terres de la commanderie est enclavée dans celle de notre gendre Dupuits. Le père de notre gendre, par convenance, s'était chargé de l'administration de la commanderie. Le bail est rompu; le commandeur assigne notre gendre par-devant le grand-conseil à Paris.

J'ai écrit à monsieur l'ambassadeur de Malte[1], pour le supplier d'engager le commandeur savoyard à s'en remettre à des arbitres. Nous avons M. le bailli de Groslier, dans le voisinage, qui peut être arbitre au nom de l'ordre; et M. le marquis de Billac, l'un des plus honnêtes hommes du monde, serait nommé par notre gendre, qui a promis d'en passer par leur sentence.

M. le bailli de Froulai m'a mandé qu'il consulterait mon ange, et certainement il ne peut pas mieux faire; quel autre consulterait-on quand il s'agit de faire du bien?

Je crois que j'ai pris trop d'alarmes sur ce livre

[1] L.-G. de Froulay; voyez tome LII, page 40. B.

misérablement imprimé, qu'on sait bien ici être de plusieurs mains; mais le pauvre Montpéroux n'a pas joué un beau rôle dans cette affaire [1].

On dit Lekain malade. On m'a parlé d'un acteur, nommé Aufresne [2], qu'on dit très bon; il est à La Haye. Je l'ai entendu il y a six ou sept ans; il me parut alors n'avoir de défaut que celui de jouer tout. On dit qu'il s'en est corrigé. En ce cas, ce serait une bonne acquisition pour le *tripot*, que Dieu bénisse! et que je ne peux plus servir.

Je me mets bien humblement à l'ombre des ailes de mon ange.

4247. A M. LE MARQUIS ALBERGATI CAPACELLI.

29 octobre.

Le Barretti dont vous me parlez, monsieur, m'a bien l'air d'être de la secte de ces flagellants qui, dans leurs processions, donnaient cent coups d'étrivières à ceux qui marchaient devant eux, et en recevaient de ceux qui étaient derrière. Si vous voulez m'envoyer une poignée de ses verges [3], on pourra le payer avec usure.

J'ai reçu la traduction de *Tancrède* par M. Claudio Zucchi, qui me paraît avoir la politesse d'un homme de qualité, et ne point ressembler du tout au sieur Barretti. Heureux ceux qui cultivent comme vous les lettres par goût et par grandeur d'ame! les

---

[1] Voyez page 66. B.
[2] Voyez tome LIX, page 386. B.
[3] Voyez lettre 4286. B.

autres sont des laquais qui médisent de leurs maîtres dans l'antichambre.

Comptez toujours, monsieur, sur mon très tendre respect.

4248. A M. DUCLOS.

Aux Délices, 2 novembre.

Je vous supplie, mon cher confrère, de recevoir mes remerciements, et de vouloir bien présenter à M. le duc de Nivernais ce que je lui dois. Vous avez dû recevoir de moi un petit mot[1] concernant *le Portatif*, qu'on m'imputait. Je sais combien vous êtes persuadé que les gens de lettres se doivent des secours mutuels. J'ai toujours pris hautement le parti de ceux qui étaient attaqués par l'envie, par l'imposture, et même par l'autorité. Si les véritables gens de lettres étaient unis, ils donneraient des lois à tous les êtres qui veulent penser. Si vous voyez M. Helvétius, je vous prie de lui dire combien je suis fâché qu'il n'ait pas fait le voyage de Genève. Je redeviens toujours aveugle dès que les neiges tombent sur nos montagnes. Mon cœur vous dit combien il vous est attaché; mon esprit, combien il vous estime; mais ma main ne peut l'écrire.

4249. A M. LE COMTE D'ARGENTAL.

2 novembre.

Les neiges sont sur nos montagnes, et me voilà redevenu aveugle; Dieu soit béni!

[1] Lettre 4241. B.

Mon divin ange me parle de mademoiselle Doligny[1] et de mademoiselle Luzy[2]; je le supplie de mander quels rôles il faut donner à l'une et à l'autre; j'exécuterai vos ordres sur-le-champ. En attendant, elles peuvent apprendre ceux que vous leur destinez.

Monsieur le maréchal de Richelieu aura peut-être oublié qu'il m'a écrit que je pouvais disposer de tous ces rôles; mais heureusement j'ai sa lettre, ainsi que j'ai des preuves convaincantes que le *Testament politique* n'est point du cardinal de Richelieu. Je brave monsieur le maréchal, et madame la duchesse d'Aiguillon, et M. de Foncemagne, et le dépôt des affaires étrangères. Je leur réponds à tous[3], et vous croyez bien que ce n'est pas pour leur dire des choses qui leur déplaisent. Ma réponse est bien respectueuse, bien flatteuse, mais, à mon gré, bien curieuse. J'espère qu'elle vous amusera, et que M. le duc de Praslin n'en sera pas mécontent. J'y dis un petit mot sur les livres qu'on impute à de pauvres innocents[4]. Au reste, mon cher ange, je n'ai point prétendu que M. le duc de Praslin débutât, dans une séance du conseil, en disant: *Le Portatif n'est pas de V.*; mais il est indubitable, il est démontré, que *le Portatif* est de plusieurs mains; et si vous en doutez, je vous en-

---

[1] Mademoiselle Doligny, née le 30 octobre 1746, débuta le 3 mai 1763, et se retira en 1783. Elle avait épousé Dudoyer, auteur du *Vindicatif*, et est morte en 1823. B.

[2] Mademoiselle Luzy débuta le 26 mai 1763, et se retira en 1781; elle est morte il y a quelques années. B.

[3] Voyez *Doutes nouveaux sur le Testament attribué au cardinal de Richelieu;* voyez tome XLII, page 26. B.

[4] Voyez tome XLII, page 67. B.

verrai l'original de *Messie*, avec la lettre de l'auteur, tous deux de la même écriture. Alors, étant convaincu de la vérité, vous la ferez mieux valoir; et M. le duc de Praslin, convaincu par ses yeux, serait plus en droit de dire dans l'occasion : V. n'a point fait *le Portatif*; il est de plusieurs mains.

Je sais qu'on fait actuellement une très belle édition de ce *Portatif* en Hollande, revue, corrigée, et térriblement augmentée. C'est un ouvrage très édifiant, et qui sera fort utile aux ames bien nées.

Au reste, que peut-on dire à V. quand V. n'a donné cet ouvrage à personne, et quand il a crié le premier au voleur, comme Arlequin dévaliseur de maisons? V. est intact, V. s'enveloppe dans son innocence [1]; V. reprendra les roués en considération, quand il pourra avoir au moins la moitié d'un œil. V. remercie tendrement son ange pour notre gendre, lequel est assigné à comparoir au grand-conseil, et à plaider contre les religieux corsaires de Malte. Nous sommes très disposés à en passer par ce que monsieur l'ambassadeur de Malte voudra. Je suis persuadé que l'ordre dépenserait beaucoup d'argent à cette affaire, et y gagnerait très peu de chose. V. remercie surtout pour la grande affaire des dîmes, dans laquelle heureusement son nom ne sera point prononcé; ce nom fait un assez mauvais effet quand il s'agit de la sainte Église.

Sub umbra alarum tuarum [2].

[1] Horace a dit, livre III, ode XXIX, vers 54-55 :

.............Mea
Me virtute involvo.   B.

[2] Psaume XVI; verset 8. B.

4250. A M. LE COMTE D'ARGENTAL.

Aux Délices, 5 novembre.

Voici, mon cher ange, un autre procès[1]; jugez-moi avec M. le duc de Praslin, et jugez le cardinal de Richelieu. Ce petit procès peut amuser, et faire diversion. Je crois que M. le maréchal de Richelieu et madame la duchesse d'Aiguillon, tout opiniâtres qu'ils sont, m'accorderont liberté de conscience sur le *Testament* de leur grand-oncle; et je me flatte que M. de Foncemagne, leur avocat, ne sera pas mécontent de la discrétion avec laquelle je plaide contre lui.

Dès que mes fluxions sur mes yeux me permettront d'entrevoir le jour, je reprendrai les roués en sous-œuvre; et dès que vous m'aurez marqué quels rôles il faut donner à mesdemoiselles Doligny et Luzy, je leur enverrai les provisions de leurs charges.

Je vous supplie de remarquer que c'est une vérité certaine que *le Portatif* est de plusieurs mains; et ce n'est pas un petit avantage pour l'affermissement du règne de la raison, que plusieurs personnes, parmi lesquelles il y a même des prêtres, aient contribué à cet ouvrage. Des conseillers de Genève en ont vu de leurs yeux des preuves démonstratives, et doivent même l'avoir mandé à M. Cromelin; c'est une vérité dont personne ne doute ici. La sottise qu'on a faite à Genève[2] n'a été qu'un sacrifice au parti de Jean-

---

[1] Voltaire envoyait à d'Argental les *Doutes nouveaux sur le Testament attribué au cardinal de Richelieu;* voyez tome XLII, page 26. B.

[2] Le *Dictionnaire philosophique* avait été proscrit à Genève. B.

acques, qui a toujours crié qu'il fallait brûler l'*É-vangile*, puisqu'on avait brûlé *Émile*. Où serait donc le mal, où serait l'inconvenance, si M. le duc de Praslin, convaincu de la vérité que *le Portatif* est de plusieurs mains, disait dans l'occasion: Il est de plusieurs mains? en quoi cela pourrait-il le compromettre? J'ai su que les Omer se trémoussaient beaucoup; cette famille n'est pas philosophe. Le règne de la raison avance; mais plus elle fait de progrès, plus le fanatisme s'arme contre elle. On ne laisse pas d'avoir quelque obligation à ceux qui combattent pour la bonne cause; mais il ne faut pas qu'ils soient martyrs. Le fanatisme, qui a tant désolé le monde, ne peut être adouci que par la tolérance, et la tolérance ne peut être amenée que par l'indifférence. Voilà ce qui fait que les Anglais sont heureux, riches, et triomphants, depuis environ quatre-vingts ans. J'en souhaite autant aux Welches.

Mes yeux en compote m'obligent à remettre mon voyage de Wurtemberg et du Palatinat. Je crierai toujours sur *le Portatif* comme un aveugle qui a perdu son bâton, pour peu que maître Omer instrumente.

Respect et tendresse.

4251. A M. DUTENS[1].

Au château de Ferney, par Genève, 6 novembre.

Monsieur,

Vous rendez un grand service à tous les amateurs des sciences, en faisant une collection complète des

---

[1] Celui dont il est parlé tome XXV, page 385; XXXII, 295; XLVI, 603-4. B.

œuvres du célèbre Leibnitz. Près de la moitié étaient éparses comme les feuilles de la sibylle, et il y a même bien des choses qui ressemblent assez aux oracles de cette vieille, c'est-à-dire qu'on ne les entend guère; vous les enrichirez sans doute, monsieur, de vos judicieuses remarques. Je suis malheureusement peu à portée de vous servir; je commence même à désespérer de pouvoir lire ce recueil intéressant, car je suis en train de perdre entièrement la vue. L'état où je suis ne me permet pas de vous écrire de ma main: je n'en suis pas moins sensible à l'honneur que vous me faites, j'en sens tout le prix. J'ai l'honneur d'être, avec la plus respectueuse estime, monsieur, votre très humble et très obéissant serviteur, VOLTAIRE.

4252. A M. COLINI.

7 novembre.

Le pauvre aveugle vous prie, mon cher Colini, de présenter le paquet à S. A. E., et d'assurer M. Schœpflin de mes très humbles et très tendres obéissances. Vous devriez bien me dire comment mon ami Fréron a été reçu; s'il a mangé avec l'électeur; et me dire entièrement ce que vous ne m'avez dit qu'à moitié dans votre avant-dernière lettre. Je vous embrasse de loin, et certainement je vous embrasserai de près l'été prochain, si j'ai des yeux.

4253. A M. DAMILAVILLE.

7 novembre.

Mon cher frère, comptez que je ne me suis pas alarmé mal-à-propos sur ce *Portatif* qu'on m'imputait, et qu'il a été nécessaire de prendre à la cour des précautions qui ont coûté beaucoup à ma philosophie. Le mal vient de ce que les frères zélés m'ont nommé d'abord. Il faudrait que les ouvrages utiles n'appartinssent à personne. On doute encore de l'auteur de l'*Imitation de Jésus-Christ*[1]. Qu'importe l'auteur d'un livre, pourvu qu'il fasse du bien aux bonnes ames? Je sais, à n'en pouvoir pas douter, que le procureur général a ordre d'examiner le livre, et d'en poursuivre la condamnation. C'est un nommé l'abbé d'Étrée, petit généalogiste, et un peu faussaire de son métier, qui a donné l'ouvrage au procureur général. On trouve partout des monstres.

Il a fallu toute la protection que j'ai à la cour, pour affaiblir seulement un peu l'opinion où était le roi que j'étais l'auteur de ce *Portatif*. Il sera plus difficile d'arrêter la fureur des Omer. L'un d'eux a fait venir l'ouvrage, et j'ai vu des lettres de lui qui ne sont pas d'un homme modéré. On ne pourra empêcher ces persécuteurs de suivre leurs infames usages, dont on se moque depuis assez long-temps. Tout ri-

---

[1] On l'a long-temps attribué à Thomas A-Kempis. Les *Nouvelles Considérations*, publiées en 1832 par M. Gence, donnent le précis et résumé des faits et des motifs qui ont déterminé la restitution de ce livre à Jean Gerson, chancelier de l'église de Paris. Quelques personnes donnent l'ouvrage à un Gersen des environs de Verceil. B.

dicules qu'ils sont, ils ne laisseront pas de faire impression, et même sur l'esprit du souverain, qui, en voyant l'ouvrage condamné, le trouvera encore plus condamnable.

Je vous supplie, mon cher frère, de continuer à réparer le mal. Si quelque chose peut arrêter la fureur des barbares, c'est que le public soit instruit que le livre est un recueil de pièces de différents auteurs, dès long-temps publiées, et que je n'ai nulle part à cette édition. L'effet des premiers bruits ne se répare presque jamais; il faut cent efforts pour détruire l'impression d'un moment.

Admirons cependant la Providence, qui a suscité jusqu'à un prêtre, qui est le premier de son église, pour faire un des articles *Messie*; et le fameux Middleton, auteur de la *Vie de Cicéron*, pour un autre article[1]. Frère Protagoras dit qu'il ne veut rien écrire; mais si tous les sages en avaient dit autant, dans quel état serait le genre humain? et dans quelle horrible superstition ne serions-nous pas plongés? La superstition est, immédiatement après la peste, le plus horrible des fléaux qui puissent affliger le genre humain. Il y a encore des sorciers à six lieues de chez moi, sur les frontières de la Franche-Comté, à Saint-Claude, pays où les citoyens sont esclaves. Et de qui esclaves? de l'évêque et des moines. Il y a quelques années que deux jeunes gens furent accusés d'être sorciers : ils furent absous, je ne sais comment, par le juge. Leur père, qui était dévot, et que son confesseur avait persuadé du prétendu crime

---

[1] L'article Baptême; voyez lettre 4232. B.

de ses enfants, mit le feu dans la grange auprès de laquelle ils couchaient, et les brûla tous deux, pour réparer auprès de Dieu l'injustice du juge qui les avait absous. Cela s'est passé dans un gros bourg appelé Longchaumois; et cela se passerait dans Paris, s'il n'y avait eu des Descartes, des Gassendi, des Baylé, etc., etc.

On a donc plus d'obligation aux philosophes qu'on ne pense; eux seuls ont changé les bêtes en hommes. Le *Julien* du marquis d'Argens [1] réussit beaucoup chez tous les savants de l'Europe; mais il n'est pas connu à Paris : on y craint trop pour l'erreur, qui est encore chère à tant de gens.

Avez-vous entendu parler de la nouvelle édition du *Testament du cardinal de Richelieu*[2]? On croit m'avoir démontré que ce testament est authentique; mais je me sens de la pâte des hérésiarques : je n'ai jamais été plus ferme dans mon opinion, et vous entendrez bientôt parler de moi. Cela vous amusera; je m'en rapporterai entièrement à votre jugement.

Je ne sais pourquoi frère Protagoras ne m'écrit point; je n'en compte pas moins sur son zèle fraternel. Hélas! si les philosophes s'entendaient, ils deviendraient tout doucement les précepteurs du genre humain.

4254. A M. DALEMBERT.

9 novembre.

J'ai su par M. Duclos, mon cher et grand philo-

---

[1] Voyez l'article de Voltaire sur ce livre, tome XLI, page 464. B.
[2] Voyez ma note, tome XLII, page 26. B.

sophe, qu'il s'était dit un petit mot à l'académie touchant *le Portatif.* C'est vous, sans doute, qui m'avez rendu justice, et qui avez certifié que cet ouvrage est de plusieurs mains : recevez mes remerciements. Il est plus difficile quelquefois de faire connaître la vérité au roi qu'aux académies; cependant je crois être parvenu à détromper un peu sa majesté, et à lui faire au moins approuver ma conduite dans cette petite affaire. Je crois qu'il a lu une partie du livre. Il y a dans le monde des Omer qui ont l'esprit moins juste et le cœur moins bienfesant. Je ne sais si je vous ai mandé qu'un de ces Omer disait qu'il ne serait point content, s'il ne voyait pendre quelques philosophes. Je vois par vos lettres que vous n'avez nulle envie d'être pendu, et je ne crois pas les philosophes si pendables. Il me semble qu'eux seuls ont un peu adouci les mœurs des hommes, et que sans eux nous aurions deux ou trois Saint-Barthélemi de siècle en siècle. Eux seuls ont prêché la tolérance dans le temps que toutes les sectes sont intolérantes autant qu'elles le peuvent. Les philosophes sont les médecins des ames, dont les fanatiques sont les empoisonneurs.

En vérité, mon cher maître, vous devriez bien donner quelques aphorismes de médecine, en préférant le bonheur de servir les hommes à la gloire de vous faire connaître. En attendant, je vous prie de juger le procès sur le *Testament* prétendu *du cardinal de Richelieu*, qui n'est pas plus philosophique que les autres testaments.

Je vous prie de me dire votre avis, qui me tiendra

lieu de décision. Que dites-vous du nouveau roi de Pologne¹, qui m'invite à l'aller voir, comme on va passer quinze jours à la campagne? C'est un homme plein d'esprit et de goût.

Je ne sais qui est le plus philosophe de lui, du roi de Prusse, et de la czarine. On est étonné des progrès que la raison fait dans le Nord, et il faut espérer qu'elle rendra les hommes très heureux, puisque sa rivale les a rendus si misérables.

Je vous envoie un ouvrage honnête ² qui ne fera pendre personne.

4255. A M. DE BRENLES.

Ferney, 9 novembre.

Mon dessein, mon cher philosophe, était de m'aller aboucher avec la chambre des finances de Montbéliard pour quelques affaires assez considérables; je me fesais une fête de vous revoir et de vous embrasser à Lausanne, j'aurais voulu y passer quelques jours pour y revoir mes anciens amis. Une fluxion sur les yeux, qui m'ôte presque l'usage de la vue, s'est opposée à tous mes projets. Le mauvais temps et la maladie me retiennent au coin du feu; mais si la saison devenait tolérable, je pourrais bien reprendre mes premières idées.

Madame d'Hacqueville quitte sa maison; elle me doit environ deux ans d'arrérages. Oboussier mande que M. le colonel de Chandieu veut prendre le reste

---

¹ Voyez lettre 4191. B.
² Les *Doutes nouveaux sur le Testament attribué au cardinal de Richelieu*; voyez tome XLII, page 26. B.

du bail; mais il mande, en même temps, que je dois rendre à M. de Chandieu la maison dans le même état que je l'ai prise : c'est ce que je ne puis comprendre, car j'ai pris la maison dégarnie de tout. J'y ai fait pour environ vingt mille francs de dépense, et Oboussier n'entend pas sans doute que je reprenne les boiseries, les fourneaux, les cheminées, les portes, les croisées, que j'ai faites.

Si madame d'Hacqueville n'a pas fait les réparations que doivent les locataires, elle les doit faire. On pourrait s'accommoder de ses meubles pour le paiement de son loyer et de ses réparations; et je viendrais très volontiers m'arranger avec M. de Chandieu, si je pouvais loger dans la maison du Chêne[1], ou bien si je pouvais trouver ailleurs un appartement bien chaud et un bon lit, avec une petite chambre pour Wagnière[2], et de quoi loger seulement deux domestiques; mais je crois que cela est fort difficile à trouver, et je pense que vos cabarets sont détestables. Je suis un peu sybarite par le corps, quoique je sois assez stoïcien par l'ame; j'aime fort la Suisse, mais je ne puis avoir les mêmes sentiments pour son climat. Je suis surtout très fâché actuellement contre M. Saint-Martin, qui ne paie pas plus l'été qu'il nous doit, que madame d'Hacqueville ne paie le loyer de sa maison. Quoi qu'il en soit, mon cher philosophe, aimez-moi. Je présente mes respects à madame votre femme. V.

---

[1] Maison que Voltaire avait à Lausanne; voyez tome LVII, pages 271, 322. B.

[2] Secrétaire de Voltaire; voyez tome XLI, page 412. B.

4256. A M. LE MARQUIS D'ARGENCE DE DIRAC.

12 novembre.

Si vous avez été malade, mon cher monsieur, je suis devenu aveugle depuis que les neiges ont couvert nos montagnes ; c'est ce qui m'arrive tous les ans, et bientôt je perdrai entièrement la vue. Il aurait été bien à souhaiter, en effet, que les trois cents petits pâtés dont vous m'avez parlé tant de fois eussent été mangés à Bordeaux ; mais un gourmand, qui arrive de cette ville, m'assure qu'il n'a pu en trouver chez aucun pâtissier, et c'est de quoi on m'avait déjà assuré plus d'une fois. M. le maréchal de Richelieu, qui aime les petits pâtés plus que personne, en aurait fait servir à sa table ; il faut assurément qu'il soit arrivé malheur à votre four, et qu'il n'ait pas été assez chaud. Je ne sais pas pourquoi vous m'attribuez une pièce de Grécourt[1], qui n'est que grivoise, et dont vous citez ce vers,

L'Amour me dresse son pupitre.

Vous devez bien sentir que la belle chose dont il est question ne ressemble point du tout à un pupitre. Ce n'est pas là le ton de la bonne compagnie.

Tous les habitants de notre petit ermitage vous font, monsieur, les compliments les plus sincères, ainsi qu'à monsieur votre frère. Vous savez avec quelle tendresse inaltérable je vous suis attaché pour toute ma vie.

[1] Elle commence par ce vers :
Belle maman, soyez l'arbitre. B.

4257. A M. DUPONT.

Au château de Ferney, 13 novembre.

Je vous fais mon compliment, mon cher ami, sur la place d'adjoint à M. de Bruge au conseil de M. le duc de Wurtemberg. M. le comte de Montmartin me mande qu'on vous la donne avec grand plaisir. J'aurais bien envie de venir à tâtons vous embrasser à Colmar; ma santé ne me le permet pas, et je me suis donné des chaînes; je me suis fait une assez nombreuse famille d'adoption; les Turcs appellent cela les enfants de l'ame. Père Adam, que vous connaissez, est encore un de mes enfants; comment transporter tant de monde? ce serait trop d'embarras pour un aveugle. Vous savez que Tobie envoya son fils chez Gabélus[1], et que le bon homme resta chez lui.

Je crois vous avoir déjà mandé que les neiges me rendent aveugle quatre ou cinq mois de l'année dans le plus beau lieu de la nature. M. le duc de Wurtemberg a la bonté de m'accorder le château de Montbéliard; je pourrais y aller passer les hivers avec tout mon train; mais j'ai bien peur de trouver des neiges partout. Je voudrais savoir ce que c'est que ce Montbéliard; vous savez combien il me plairait, puisqu'il n'est pas loin de Colmar. Vous pouvez aisément vous informer de tout ce qui concerne cette habitation; M. Jean Maire pourrait vous dire s'il n'y a point quelque autre demeure dans le voisinage où je serais commodément; il me faut bien peu de

---

[1] *Tobie*, chap. 4. B.

chose pour moi, mais il en faut beaucoup pour tout ce qui m'entoure. Je suis honteux de ne pouvoir marcher qu'avec vingt-cinq ou trente personnes. Je puis faciliter mes transmigrations par une nouvelle négociation entamée avec M. le duc de Wurtemberg; elle se consommera dans les premiers jours de janvier au plus tard, et nous pourrons faire ce nouveau contrat dans peu de temps, comme nous avons fait le premier; je trouve ces emplacements très convenables et très sûrs.

Tâchez, je vous prie, mon cher ami, de savoir de M. Jean Maire s'il loge quelqu'un dans le château de Montbéliard, et si je l'aurais tout entier à ma disposition.

Présentez mes respects à monsieur et à madame de Klinglin; je vous embrasse tendrement, vous et toute votre famille. V.

4258. A M. LE COMTE D'ARGENTAL.

14 novembre.

Mon gendre et moi, nous sommes aux pieds des anges; et, avant que j'aie fermé ma lettre, je compte bien que M. Dupuits aura écrit celle de remerciements qu'il vous doit[1]; après quoi il fera de point en point tout ce que vous avez la bonté de lui conseiller.

Je ne suis pas aussi heureux que lui dans la petite guerre avec M. le maréchal de Richelieu, puisque je

---

[1] Pour les démarches relatives au procès dont il est parlé dans la lettre 4246. B.

lui ai déjà envoyé [1] les choses que vous voulez que je supprime. Il me permet depuis quarante ans de disputer contre lui, et je ne me souviens pas d'avoir jamais été de son avis; mais heureusement il m'a donné toujours liberté de conscience.

Je conçois bien, mon cher ange, qu'on oublie aisément les anciennes petites brochures écrites à propos du testament: il y était question du capucin Joseph, et de sa prétendue lettre à Louis XIII. Je répondis, en 1750, ce que je dis aujourd'hui avoir répondu en 1750, parceque je l'ai trouvé dans mes manuscrits reliés, écrits de la main du clerc que j'avais en ce temps-là [2]. Comment avez-vous pu imaginer que j'eusse voulu antidater cette réponse? quel bien cette antidate aurait-elle pu faire à ma cause? Croyez que je dis aussi vrai sur cette petite brochure que sur *le Portatif*; croyez que M. Abauzit, auteur de l'article *Apocalypse* et d'une partie de *Christianisme*, est non seulement un des plus savants hommes de l'Europe, mais, à mon gré, le mieux savant.

Croyez que M. Polier, premier pasteur de l'église de Lausanne, auteur de *Messie*, entend très bien sa matière, et ne ressemble en rien à vos évêques, qui n'en savent pas un mot.

Croyez que Middleton, ce même Middleton qui a fait cette belle *Vie de Cicéron*, a fait un excellent ouvrage sur les miracles, qu'il nie tous, excepté ceux de notre Seigneur Jésus-Christ. C'est de cet illustre

---

[1] Les *Doutes nouveaux sur le Testament attribué au cardinal de Richelieu*; voyez tome XLII, page 26. B.

[2] Voyez, tome XLII, page 26, le début des *Doutes nouveaux*. B.

Middleton qu'on a traduit le conte du miracle de Gervais et de Protais, et celui du savetier de la ville d'Hippone. Remerciez Dieu de ce qu'il s'est trouvé à-la-fois tant de savants personnages qui tous ont contribué à démolir le trône de l'erreur, et à rendre les hommes plus raisonnables et plus gens de bien.

Enfin, mon cher ange, soyez bien convaincu que je suis trop idolâtre et trop enthousiaste de la vérité pour l'altérer le moins du monde.

A l'égard du testament relié en maroquin rouge [1], la faute en est faite. Cette petite et innocente plaisanterie pourrait-elle blesser M. de Foncemagne, surtout quand ce n'est pas une viande sans sauce, et quand j'assaisonne la raillerie d'un correctif et d'un éloge? J'ai envoyé l'ouvrage à M. de Foncemagne, l'estimant trop pour croire qu'il en fût offensé.

Enfin pourquoi voudriez-vous que je supprimasse le trait de l'hostie [2] et du marquis Dupuis, duc de La Vieuville, quand cette aventure est rapportée mot pour mot dans mon *Essai sur l'Histoire générale*, tome V, pag. 29, édition de 1761 [3]? Supprimer un tel article dans ma réponse, après l'avoir imprimé dans mon histoire, et après l'avoir envoyé à M. le maréchal de Richelieu lui-même; ôter d'une édition ce qui est dans une autre, ce serait me décréditer sans aucune raison.

Vous voyez donc bien, mon cher ange, que la vérité et la convenance exigent que l'ouvrage paraisse

---

[1] Voyez tome XLII, page 39. B.
[2] Voyez tome XLII, page 44. B.
[3] Dans la présente édition, tome XVIII, pages 197-98. B.

dans Paris dans le même état où je soupçonne que le roi l'a déjà vu; sans quoi je paraîtrais désavouer les faits sur lesquels je me suis fondé.

Pardonnez, je vous prie, à mes petites remontrances. L'histoire deviendrait un beau recueil de mensonges, si l'on n'osait rapporter ce qu'ont fait les rois et les ministres il y a cent cinquante années, de peur de blesser la délicatesse de leurs arrière-cousins. Je vous supplie donc instamment de vouloir bien agréer la bonté de M. Marin, qui veut bien faire imprimer ma réponse à M. de Foncemagne, avec les dernières additions que j'ai envoyées nouvellement.

Au reste, il résultera de toute cette dispute, ou que le *Testament du cardinal de Richelieu* n'est point de lui; ou que, s'il en est, il a fait là un bien détestable ouvrage. Je sais, à n'en pouvoir douter, que le roi a lu deux fois ce testament il y a environ vingt ans; et je crois qu'il est bien important pour le royaume que le roi perde l'opinion où il peut avoir été que cet ouvrage doit être la règle de la conduite d'un prince.

Quand on m'a mandé que vous aviez bien voulu corriger quelques passages, j'avais cru que c'était la faute qu'on a faite d'oublier les *jeunes magistrats*, et de dire que *les avocats instruisent les magistrats*[1], en oubliant *jeunes*; que cette expression, *la France est le seul pays souillé de cet opprobre*[2], vous avait paru

---

[1] Voyez tome XLII, page 64. B.
[2] Cette expression, retranchée par d'Argental en 1764, a été reprise plus tard par Voltaire; voyez tome XXXI, page 366. B.

trop forte, et que c'était là qu'il fallait ménager les termes. Je me soumets à vos lumières et à vos bontés; et, en même temps, je vous demande grace pour l'hostie de La Vieuville, pour le maroquin rouge de l'abbé de Rothelin, et pour l'histoire du capucin Joseph. Je vous supplie de vouloir bien faciliter et d'approuver la bienveillance de M. Marin, à qui je renouvelle mes instances de laisser imprimer l'ouvrage tel que je l'ai envoyé en dernier lieu à vous et à lui.

4259. A MADAME D'ÉPINAI.

16 novembre.

Il me paraît, madame, que vous avez un curé digne de vous; c'est vous, sans doute, qui nommez à la cure; c'est l'homme du monde dont, après vous, j'ambitionne plus le suffrage. M. Dubut[1] ou Desbuttes (car je ne sais pas précisément son nom) le remercie bien fort de ses cerisiers. Il est bien vieux ce M. Desbuttes; mais s'il a le bonheur de manger des cerises de votre curé, il en jettera les noyaux au nez des superstitieux et des fanatiques, qui, je crois, n'approchent jamais de votre paroisse.

Je vois que tous les climats se ressemblent, quoique les esprits ne se ressemblent pas : si vous avez froid, nous sommes gelés; si vous avez un pouce de neige, nous en avons deux pieds; si vous perdez quelques uns de vos poulets, tous les nôtres meurent; mais vous avez des Frérons, des Pompignans, un *Journal chrétien*, et nous n'avons rien de tout cela.

[1] C'était le nom que Voltaire voulait donner à l'auteur du *Dictionnaire philosophique portatif;* voyez lettres 4218 et 4220. B.

Vous vivez, madame, dans votre belle retraite avec vos philosophes; moquez-vous des sottises de toutes les espèces. Que ne puis-je en rire avec vous! mais il n'y a pas moyen de rire quand on souffre tant de votre absence.

Je crois comme vous, madame, que la scène française expire aux pieds de l'Opéra-Comique; il n'y a que les femmes qui la soutiennent, comme il n'y a qu'elles qui fassent les agréments de la société. Les hommes sont pitoyables au théâtre, et je ne sais s'ils valent beaucoup mieux ailleurs.

Je ne peux avoir l'honneur de vous écrire et de vous remercier de ma main; je deviens toujours aveugle avec les neiges; je crois que je suis le premier qui ait éprouvé un aveuglement périodique. Il n'en est pas de même de mes sentiments : mon estime et mon tendre respect pour vous ne souffrent jamais d'altération.

4260. A M. P. ROUSSEAU,

AUTEUR DU JOURNAL ENCYCLOPÉDIQUE.

Aux Délices, près de Genève, 19 novembre.

Il est vrai, monsieur, comme vous le dites dans votre lettre du 4 du courant, qu'on débite toujours quelque chose sous mon nom, comme on donne quelquefois du vin du cru pour des vins étrangers. Ceux qui font ce négoce se trompent encore plus qu'ils ne trompent le public; mon vin a toujours été fort médiocre; et ceux qui débitent le leur sous mon nom ne feront pas fortune.

J'apprends que, pour surcroît, on vient d'imprimer en Hollande mes *Lettres secrètes*[1] ; je crois qu'en effet ce recueil sera très secret, et que le public n'en saura rien du tout. Il me semble que c'est à-la-fois offenser ce public et violer tous les droits de la société que de publier les lettres d'un homme avant sa mort sans son consentement ; mais lui imputer des lettres qu'il n'a point écrites, c'est le métier d'un faussaire. Ce recueil n'est point parvenu dans ma retraite ; on m'assure qu'il est fort mauvais, et j'en suis très bien aise.

Je présume au reste que, dans ces lettres familières qu'on débite sous mon nom, il n'y en aura aucune qui commence comme celles de Cicéron : « Si vous « vous portez bien, j'en suis bien aise ; pour moi, je « me porte bien. » Ce serait là trop clairement un mensonge imprimé.

Je conçois qu'on imprime les lettres d'Henri IV, du cardinal d'Ossat, de madame de Sévigné ; Racine le fils a même donné au public quelques lettres de son illustre père, dont on pardonne l'inutilité en faveur de son grand nom ; mais il n'est permis d'imprimer les lettres des hommes obscurs que quand elles sont aussi plaisantes que celles que vous connaissez sous le titre de *Epistolæ obscurorum virorum*[2].

Ne voilà-t-il pas un beau présent à faire au public que de lui présenter de prétendues lettres très inutiles et très insipides, écrites par un homme retiré du monde à des gens que le monde ne connaît pas du

[1] Voyez ma note, tome XLII, page 661. B.
[2] Voyez ma note, tome XLIII, page 476. B.

tout! il faut être aussi malavisé pour imprimer de telles fadaises que frivole pour les lire : aussi toutes ces paperasses tombent-elles au bout de quinze jours dans un éternel oubli ; et presque toutes les brochures de nos jours ressemblent à cette foule innombrable de moucherons qui meurent après avoir bourdonné un jour ou deux, pour faire place à d'autres qui ont la même destinée.

La plupart de nos occupations ne valent guère mieux ; et ce n'était pas un sot que celui qui dit le premier que tout était vanité[1], excepté la jouissance paisible de soi-même.

La substance de tout ce que je vous dis, monsieur, mériterait une place dans votre journal, si elle était ornée par votre plume. V........

4261. A M. DUPONT.

Ferney, 20 novembre.

Vous voilà, mon cher ami, du conseil de M. le duc de Wurtemberg ; mais songez que vous êtes aussi à la tête du mien. Soyez arbitre entre lui et moi, entre la grandeur et l'amitié.

Il me semble que quelques publicistes allemands prétendent que toutes les terres dépendantes du comté de Montbéliard sont substituées à perpétuité par des pactes de famille. Si cela était, comme je le présume, ma famille risquerait beaucoup ; ma nièce surtout aurait à se plaindre, et il se trouverait que je l'aurais dépouillée de mon bien en voulant le lui assurer. Je

---

[1] *Ecclésiaste*, II, 1. B.

sais que M. le duc de Wurtemberg s'oblige pour lui et pour ses hoirs; mais ces hoirs pourront fort bien ne se point croire obligés. M. le prince Louis-Eugène de Wurtemberg [1], frère du duc régnant, semble même refuser de s'engager par une simple parole d'honnêteté et de générosité qu'on lui demandait: peut-être avec le temps pourrait-on obtenir de lui cette démarche, que l'ame noble d'un prince ne doit pas refuser. Mais enfin nous n'avons fait jusqu'ici, auprès de lui, que de vains efforts.

Vous sentez bien, mon cher ami, que ce n'est pas mon intérêt qui me guide. Je tombe dans une décrépitude infirme, et le duc régnant me survivra sans doute; mais madame Denis peut lui survivre, et vous savez que j'étais près de passer un autre contrat avec lui, en faveur de mon autre nièce et de mes neveux. La difficulté qui se présente arrête la conclusion de cette affaire, et fait trembler pour les précédentes.

Vous êtes à portée de savoir si en effet le duc régnant a pu stipuler pour ses hoirs, si les domaines de Franche-Comté et d'Alsace répondent de la dette, et quelles mesures on pourrait prendre pour nous donner toutes les sûretés nécessaires. J'avoue que je n'avais jamais douté que M. le prince Louis, qui m'a honoré de ses bontés depuis son enfance, et qui est aujourd'hui mon voisin, pût faire la moindre difficulté d'acquitter un jour une dette si légitime, en cas qu'on eût le malheur de perdre son frère aîné. Je compte encore sur l'honneur qui dirige toutes ses

---

[1] Voyez la note, tome LV, page 428. B.

actions, et qui ne lui permettra pas de faire une chose si contraire à l'élévation de son ame et à la noblesse de son rang; mais enfin il vaut mieux dépendre de la sanction des lois que de la volonté des hommes.

Je m'en remets à vous, mon cher ami; je vous prie de conduire ce pauvre aveugle, qui l'est surtout en affaires, et qui vous aime de tout son cœur. V.

N. B. Je présume que les terres du duc de Wurtemberg qui sont en France sont régies selon les lois de la France; et il me semble que nos lois ne permettent plus les substitutions perpétuelles, excepté sur les duchés-pairies; mais j'ai cherché en vain ces réglements dans les conférences de Bornier. Il est rare de trouver dans les livres ce qu'on y cherche. Je vous supplie de conférer de tout cela avec M. de Bruge, qui doit être depuis long-temps au fait des affaires de la maison de Wurtemberg. V.

4262. A M. LE COMTE D'ARGENTAL.

20 novembre.

Vous êtes les anges des Corneille, comme vous êtes les miens; ainsi je compte que madame Dupuits n'est pas trop téméraire en suppliant M. d'Argental de vouloir bien faire rendre le paquet ci-joint à M. Corneille. Le marquis[1] est arrivé, et il a bien promis d'envoyer les feuilles qu'on demande; et je ne doute pas que le prince et le marquis n'ordonnent à leurs

---

[1] Surnom donné à l'un des Cramer. B.

principaux officiers de faire les recherches nécessaires dans leur chancellerie; moyennant quoi l'héritière du nom de Corneille peut se flatter de recevoir dans quelques mois un paquet scellé du grand sceau.

Mes anges m'avaient tenu le cas secret sur les *Lettres secrètes*[1]; je ne les ai point lues. C'est un nommé Robinet, qui est allé exprès à Amsterdam. Je ne crois pas que son entreprise lui paie son voyage. Il prétend aussi faire imprimer ma correspondance avec le roi de Prusse; en ce cas, il publiera de bien mauvais vers. Vous croyez bien que j'entends les miens, car ceux d'un roi sont toujours bons.

Il me paraît que je ressemble assez à un homme dont le bien est à l'encan. On vend tous mes effets, comme si j'étais décédé insolvable; et on fourre dans l'inventaire bien des choses qui ne m'appartiennent pas: mais, comme je suis mort, ce n'est pas la peine de me plaindre.

Dieu bénisse les vivants, et qu'il accorde à mes anges la vie sempiternelle le plus tard qu'il pourra!

4263. A M. BERTRAND.

A Ferney, 21 novembre.

Mon cher philosophe, vous êtes un homme charmant, un bon ami, un philosophe véritable. L'article dont vous me parlez était d'un fripon, d'un délateur[2], et non pas d'un nouvelliste. Depuis quand est-il permis d'accuser les particuliers, de son autorité

---

[1] Voyez tome XLII, pages 478 et 661. B.
[2] L'abbé d'Étrée; voyez tome XLII, page 663. B.

privée, dans des papiers publics? Un tel abus est punissable.

Je n'ai nul commerce avec les auteurs de l'ouvrage[1] dont vous me parlez; mais, quels qu'ils soient, ils seront pénétrés pour vous de reconnaissance. Présentez mes respects, je vous en prie, à MM. les comtes de Mnizek. J'ai l'honneur de faire réponse à monsieur le banneret[2] qui a eu la bonté de m'écrire.

Il vint dîner hier un damné avec moi, qui me soutint que la morale était une chose divine, et que la *Somme* de saint Thomas était ridicule. Le scélérat ajoutait que les dogmes avaient amené la discorde sur la terre, et que la morale amènerait la paix: je vous avoue que j'eus peine à me contenir en entendant ces blasphèmes. Je n'aurais pas manqué de le déférer au consistoire de Genève, si j'avais été dans le territoire immense de cette fameuse république.

Un homme aussi intolérant que moi ne souffre pas une telle hardiesse, qui serait capable, à la fin, de porter les hommes à se pardonner les uns les autres leurs sottises. Ce serait porter l'abomination de la désolation[3] dans le lieu saint.

Je crains bien, monsieur, que dans le fond vous ne soyez entiché de cette horrible doctrine: en ce cas, je romprai avec vous tout net; cependant je vous aime de tout mon cœur.

---

[1] Le *Dictionnaire philosophique portatif.* B.
[2] La lettre est perdue. B.
[3] *Daniel,* ix, 27. B.

4264. A M. DAMILAVILLE.

23 novembre.

Les hommes seraient trop heureux, mon cher frère, s'ils n'avaient à combattre que des erreurs semblables à celle qui impute au cardinal de Richelieu un très ennuyeux et très détestable testament. Je ne crois pas qu'on ait jamais débité une morale plus pernicieuse, ni proposé de plus extravagants systèmes.

M. Marin s'est chargé de faire imprimer, avec permission, ma réponse à M. de Foncemagne[1], réponse que je crois polie et honnête. Si quelque considération particulière dont je ne puis avoir connaissance l'empêchait de faire sur cela ce qu'il m'a promis, je vous serais, en ce cas, très obligé de donner à Merlin l'exemplaire corrigé que je vous fais tenir; et je crois que M. Marin y donnerait volontiers son aveu. On ne pourrait lui reprocher d'être éditeur; il n'aurait fait que ce que sa place exige de lui. Il me semble nécessaire que l'ouvrage paraisse, je suis dans le cas d'une défense légitime; il ne serait pas bien à moi d'abandonner sur la fin de ma vie une opinion que j'ai soutenue pendant trente années. Je vous jure que je me rétracterais publiquement, si on me donnait de bonnes raisons; mais il me semble qu'on en est bien loin.

Montrez, je vous en prie, cette double copie à votre ami M. de Beaumont. Je crois que l'article qui regarde les avocats[2] ne lui déplaira pas; je voudrais

---

[1] Les *Doutes nouveaux*; voyez tome XLII, page 26. B.
[2] Voyez tome XLII, page 64. B.

d'ailleurs avoir son avis sur le fond du procès. Je vous avoue que je serais tenté de proposer à M. de Foncemagne de prendre une demi-douzaine d'avocats pour arbitres. Il me paraît qu'on ne peut former que deux opinions sur cette affaire : l'une, que le testament attribué au cardinal n'est point de lui ; l'autre, que, s'il en est, il a fait un ouvrage impertinent. Il y a plus d'un livre respecté dont on pourrait en dire autant.

Tâchez, mon cher frère, d'animer frère Protagoras[1] : c'est l'homme du monde qui peut rendre les plus grands services à la cause de la vérité. Les mathématiques sont fort belles ; mais, hors une vingtaine de théorèmes utiles pour la mécanique et pour l'astronomie, tout le reste n'est qu'une curiosité fatigante. Plût à Dieu que notre Archimède pût trouver un point fixe pour y pendre le fanatisme !

4265. A M. DE BRENLES.

Ferney, 23 novembre.

Mon cher philosophe, je serais bien tenté de venir chez vous avec mon bâton d'aveugle ou avec mon chien. Vous n'auriez pas dans votre maison un philosophe cynique ennemi des hommes : mais malheureusement il faudra que j'attende que ma fluxion soit passée ; peut-être durera-t-elle tout l'hiver, et alors il faudra attendre le printemps. Je suis pénétré de vos offres charmantes ; il faut que vous ajoutiez une bonté nouvelle à toutes celles que vous me témoi-

---

[1] Dalembert. B.

gnez; que cela soit entre nous deux seuls, je vous en prie.

Il s'agit de savoir s'il y a quelqu'un à Lausanne qui ait un peu de crédit sur l'esprit du prince de Wurtemberg, et qui pût seconder la noblesse de ses sentiments, en le portant à faire une action digne de lui, action juste et honnête, et qui n'exige de sa part qu'un seul mot qui ne peut le compromettre.

Mille respects à madame la philosophe. V.

4266. A M. MARIN.

24 novembre.

Si jamais, monsieur, quelque homme de lettres vient vous dire que son métier n'est pas le plus ridicule, le plus dangereux, le plus misérable des métiers, ayez la bonté de m'envoyer ce pauvre homme. Il y a tantôt cinquante ans que je puis rendre bon témoignage de ce que vaut la profession. Un de ses revenant-bons est que chaque année on m'a imputé quelque ouvrage ou bien impertinent ou bien scandaleux. Je suis dans le cas du célèbre M. Arnoult et de l'illustre M. Le Lièvre, deux braves apothicaires, dont on contrefait tous les jours les sachets et le baume de vie. On débite continuellement sous mon nom de plus mauvaises drogues. On a fabriqué une *Histoire de la guerre de* 1741[1], avec mon nom à la tête. Je ne sais quel fripier prétend avoir trouvé mon portefeuille; il a donné hardiment un recueil de vers tirés

---

[1] Voyez ma note, tome LV, page 55, et ma Préface du tome XXI. B.

du *Mercure*, et cela est intitulé *Mon Portefeuille retrouvé* [1].

M. Robinet, que je n'ai pas l'honneur de connaître, a fait imprimer mes *Lettres secrètes*, qui, si elles sont secrètes, ne devraient pas être publiques; et M. Robinet ne fera pas assurément fortune avec mes prétendus secrets.

En voici un autre qui donne mes *OEuvres philosophiques* [2]; et ces *œuvres* sont d'abominables rogatons imputés autrefois à La Métrie, et indignes même de lui.

Quel remède à tout cela, s'il vous plaît? je n'y vois que celui de la patience; autrefois je m'en fâchais, j'ai pris le parti d'en rire. Je ne puis imiter les charlatans, qui avertissent le public de se donner de garde de ceux qui contrefont leur élixir. Il faut subir cette destinée attachée à la littérature. Il est très inutile de se plaindre au public, qui n'a jamais plaint personne, et qui ne songe qu'à s'amuser de tout.

Il faut qu'un homme de lettres se prépare à passer sa vie entre la calomnie et les sifflets. Si vous vous plaignez à votre ami d'un libelle fait contre vous, il

---

[1] Voyez ma note, tome VIII, page 278. B.

[2] Il parut à la fin de 1764, sous la date de 1765, un volume intitulé *Collection complète des OEuvres de M. de Voltaire; ouvrages philosophiques pour servir de preuves à la religion de l'auteur; l'Évangile de la raison, ouvrage posthume de M. D. M...y.* Ce volume contient *Saül et David*, le *Testament de J. Meslier*, le *Catéchisme de l'Honnête Homme*, le *Sermon des Cinquante*, qu'on y attribue à diverses personnes et entre autres à La Métrie; et l'*Examen de la religion*, attribué à Saint-Évremont (et qui est l'*Analyse de la religion chrétienne*, dont il a souvent été question : voyez entre autres tome XXVIII, page 211, et XLIII, 504). B.

vous demande vite où on le vend; si vous êtes affligé qu'on vous impute un mauvais ouvrage, il ne vous répond pas, et il court à l'Opéra-Comique; si vous lui dites qu'on n'a pas rendu justice à vos derniers vers, il vous rit au nez : ainsi le mieux est toujours de rire aussi.

Je ne sais si votre Duchesne s'appelle André ou Gui, mais, soit Gui, soit André, il a impitoyablement massacré mes tragédies; il les a imprimées comme je les ai faites, avec des fautes innombrables de sa part, comme moi de la mienne. De toutes les républiques, celle des lettres est sans contredit la plus ridicule.

4267. A M. LE COMTE D'ARGENTAL.

27 novembre.

A L'UN DE MES ANGES, OU AUX DEUX ENSEMBLE.

Les lettres se croisent, et le fil s'embrouille. La lettre du 21 novembre m'apprend ou qu'on n'avait pas encore reçu les lettres-patentes de mesdemoiselles Doligny et Luzy, ou qu'elles ont été perdues avec un paquet adressé, autant qu'on peut s'en souvenir, à M. de Courteilles. Tous mes paquets ont été envoyés depuis un mois à cette adresse, excepté un ou deux à l'abbé Arnaud ou à Marin. Il serait triste qu'il y eût un paquet d'égaré. Dans ce doute, voici de nouvelles patentes.

Je vous avais mandé [1] que M. de Richelieu m'avait donné toute liberté sur la distribution de ces bénéfices.

[1] Voyez page 78. B.

Si M. de Richelieu change d'avis, je n'en changerai point ; je crois son goût pour mademoiselle d'Épinai [1] passé, et j'imagine que sa fureur de vous contrecarrer sur les affaires du *tripot* est aussi fort diminuée.

Je vous supplie, mes divins anges, d'assurer M. Marin de ma très vive reconnaissance. Je voudrais bien pouvoir la lui marquer, et vous me feriez grand plaisir de me dire comment je pourrais m'y prendre.

Il est très vrai que j'avais fait une balourdise énorme, en ajoutant, à la réponse faite à M. de Foncemagne en 1750, les noms du cardinal Albéroni et du maréchal de Belle-Ile [2]; je fis cette sottise en corrigeant l'épreuve à la hâte. On est bien heureux d'avoir des anges gardiens qui réparent si bien de pareilles fautes. Mais je jure encore, par les ailes de mes anges, que j'ai retrouvé parmi mes paperasses cette lettre [3] de 1750, écrite de la main du clerc qui griffonnait alors mes pensées; je ne trompe jamais mes anges.

On m'a mandé qu'un honnête homme, qui a approfondi la matière du testament, et qui ne laisse rien échapper, a porté une sentence d'arbitre entre M. de Foncemagne et moi. On la dit sage, polie, instructive, et très bien motivée [4].

---

[1] Voyez ma note, tome LX, page 471. B.

[2] Le *Testament du cardinal Albéroni* est de 1753 (voyez tome XXXIX, page 520); celui du *maréchal de Belle-Ile* est de 1761 (voyez t. XXXIV, p. 40). C'est une balourdise énorme de les avoir cités dans un morceau que Voltaire disait avoir été écrit en 1750 (voyez t. XLII, p. 30). B.

[3] C'est le passage guillemeté tome XLII, pages 27-32. B.

[4] L'*Arbitrage entre M. de Voltaire et M. de Foncemagne* est de Voltaire lui-même : voyez tome XLII, page 92. B.

Il paraît tous les mois sous mon nom, en Angleterre ou en Hollande, quelques livres édifiants. Ce n'est pas ma faute; je ne dois m'en prendre qu'à ma réputation de bon chrétien, et mettre tout aux pieds du crucifix.

J'ai bien peur que maître Omer ne veuille me procurer la couronne du martyre. Ces Omer sont très capables de joindre au *Portatif* la tragédie sainte de *Saül et David*, que le scélérat de Besongne, libraire de Rouen, a imprimée sous mon nom; *messieurs* pourraient bien me décréter; et quoique je ne fasse cas que des décrets éternels de la Providence, cette aventure serait aussi embarrassante que désagréable. Je connais toute la mauvaise volonté des Omer; je n'ai jamais été content d'aucun Fleury, pas même du cardinal, pas même du confesseur du roi, auteur de l'*Histoire ecclésiastique*; je ne conçois pas comment il a pu faire de si excellents discours, et une histoire si puérile.

Au reste, je ne me porte pas assez bien pour me fâcher, et mes yeux sont dans un trop triste état pour que je revoie les roués. Je me sers d'une drogue qui me rendra ou qui m'ôtera la vue tout-à-fait; je n'aime pas les partis mitoyens.

Mes chers anges, conservez-moi vos célestes bontés. Toute ma famille se prosterne à l'ombre de vos ailes.

On nous parle aussi d'une petite assignation de notre curé[1]. La robe de tous côtés me persécute;

---

[1] Le curé avec qui il était en procès pour les dîmes. B.

mais je ne m'épouvante de rien. Je trouve que plus on est vieux, plus on doit être hardi. Je suis du sentiment du vieux Renaud [1], qui disait qu'il n'appartenait qu'aux gens de quatre-vingts ans de conspirer.

4268. A M. L'ABBÉ D'OLIVET.

Aux Délices, 27 novembre.

Mon cher maître, *non agitur de verbis, sed rebus*. Je veux que vous me disiez nettement si vous avez rien vu de plus mauvais que ce testament tant vanté par La Bruyère [2]. Je sais très bien qu'un grand ministre peut faire un détestable ouvrage, même en politique. Il ne faut pas être un grand génie pour faire couper le cou au maréchal de Marillac, après l'avoir fait juger à Ruel par des fripons en robe vendus à la faveur. Cartouche en aurait fait autant. Mais pour écrire sur les finances et sur le commerce, on a besoin de connaissances que le cardinal de Richelieu ne pouvait avoir. Je tiens qu'il n'en savait pas assez pour débiter toutes les bêtises qu'on lui attribue.

Au reste, mon cher maître, condamnez-moi si vous voulez sur *inconvenance* et *marginer* [3]; j'aime ces deux mots, qui sont expressifs, et qui nous sauvent d'une circonlocution. *Inconvenance* n'est pas *disconvenance;* on entend par *disconvenance* des

---

[1] Probablement Nicolas de Renault, dont il est parlé dans la *Conjuration contre Venise*. B.

[2] Discours prononcé à l'académie française le 15 juin 1693, deuxième alinéa. B.

[3] Voyez tome XLII, pages 57 et 42. B.

choses qui ne se conviennent pas l'une avec l'autre ; et j'entends par *inconvenance* des choses qu'il ne convient pas de faire. Vous direz que je suis bien hardi ; je vous répondrai qu'il faut l'être quelquefois.

Vivez, vous dis-je ; moquez-vous de tout ; vous êtes plus jeune que moi, car vous avez des yeux, et je n'en ai plus. Madame Denis se souvient toujours de vous avec bien de l'amitié ; elle vous fait mille compliments. Nous menons une vie agréable et tranquille avec l'héritière du nom de Corneille et un de vos jésuites défroqués, nommé Adam, qui nous dit tous les dimanches la messe, que je n'entends jamais, et à laquelle il n'entend rien, non plus que vous. Vivent Cicéron et Virgile ! *Vive, vale.*

4269. A M. LE MARQUIS DE FLORIAN.

29 novembre.

Vraiment vous serez très bien reçu, monsieur, vous et les vôtres, dans le petit château de Ferney ; et je vous réponds que, si j'étais jeune, je viendrais prendre madame de Florian à Hornoy, pour la conduire chez nous ; mais je ne lui conseille pas d'aller en litière. Le chemin de Lyon à Genève est actuellement un des plus beaux du royaume ; et il faut toujours choisir les routes les plus fréquentées et les plus longues, parcequ'on y trouve toujours plus de ressources et plus de secours dans les accidents.

Nous ne nous flattons pas de vous donner la comédie ; il est trop difficile de trouver des acteurs.

Pour moi, j'ai fait comme Sarrazin[1]; j'ai demandé mon congé dès que j'ai eu soixante et dix ans.

Si mes fluxions sur les yeux continuent, je deviendrai bientôt aveugle, et je ne pourrai jouer que le rôle de Tirésie. Nous avons un jésuite qui peut fort bien jouer le rôle de grand-prêtre dans l'occasion; mais cela composerait, ce me semble, une troupe assez lugubre.

Il faudra, je crois, se réduire aux plaisirs simples de la société. Genève n'en fournit guère; nous les trouverons dans nous-mêmes. Vous serez contents de M. Dupuits et de sa petite femme. Il a très bien fait de l'épouser. S'il avait eu le malheur de n'être pas réformé, il était ruiné sans ressource; ses tuteurs avaient bouleversé toute sa petite fortune.

Si vous comptez aller en Languedoc, vous abrégerez beaucoup votre chemin en passant par Lyon, et nous irons au-devant de madame de Florian. J'espère que je serai en état de la mieux recevoir qu'à son premier voyage. Mes affaires ont été un peu dérangées depuis quelque temps; mais je me flatte qu'elles seront incessamment rétablies avec des avantages nouveaux.

Je vois avec grand plaisir que vous avez embelli Hornoy. Je répète toujours qu'on n'est véritablement bien que chez soi; et que quand on sait se préserver un peu du poison mortel de l'ennui, on se trouve bien plus à son aise dans son château que dans le tumulte de Paris et dans le misérable usage de passer

---

[1] Voyez ma note, tome LII, page 205. B.

une partie de son temps dans les rues, de sortir pour ne rien faire, et de parler pour ne rien dire. Cette vie doit être insupportable pour quiconque a quarante ans passés.

Tout Ferney fait mille tendres compliments à tout Hornoy. Autrefois les seigneurs châtelains de Picardie n'allaient guère voir les seigneurs châtelains du pays des Allobroges; mais à présent que la société est perfectionnée, on peut sans risque faire de ces longs voyages. Vous serez attendus avec impatience, et reçus avec transport.

4270. A M. DAMILAVILLE.
30 novembre.

Mon cher frère, les auteurs du *Portatif*, dont la plupart sont à Lausanne, sont un peu étonnés du bruit qu'a fait leur livre; ils ne s'y attendaient pas. Je m'attendais encore moins à en être soupçonné; mais, dès que je fus certain qu'on en avait parlé au roi en termes très forts, et qu'on avait voulu exciter contre moi l'évêque d'Orléans, je fus obligé d'aller au-devant des coups qu'on me portait. Je me trouvais précisément alors dans des circonstances très épineuses, j'y suis encore; mais c'est déjà beaucoup que l'on ait dit en pleine académie la vérité dont j'ai besoin. On m'avertit que les Omer se préparent à faire incendier ce *Portatif* au bas de l'escalier, et qu'ils veulent absolument me l'attribuer; je ne sais pas même si la chose n'est pas déjà faite[1].

Je me résigne, mon cher frère, à la volonté divine,

---

[1] La condamnation du *Dictionnaire philosophique* par le parlement de Paris est du 19 mars 1765. Voyez ma Préface du tome XXVI. B.

et je m'enveloppe dans mon innocence[1]. Le parlement welche ne voit pas plus loin que son nez. Il devrait sentir combien il est de son intérêt de favoriser la liberté de la presse, et que plus les prêtres seront décrédités, plus il aura de considération. Le sénat romain se garda bien de condamner le livre de Lucrèce, et le parlement d'Angleterre ne soutient la liberté d'écrire que pour affermir la sienne.

Je n'ai point vu les *Lettres de Jean-Jacques*[2]; on ne les connaît point encore dans notre Suisse. On a aussi imprimé sous mon nom des *Lettres secrètes*[3]. On dit que c'est un M. Robinet qui m'a joué ce beau tour. Si ces lettres sont secrètes, il ne fallait donc pas les mettre au jour; mais on croit que ce secret restera entre M. Robinet et son imprimeur. On m'a mandé que c'est un recueil aussi insipide que si on avait imprimé les mémoires de mon tailleur et de mon boucher. Vous voyez qu'on me regarde comme un homme mort, et qu'on vend tous mes effets à l'encan. Robinet s'est chargé de mon pot de chambre.

J'attends toujours des *Du Marsais*, des *Saint-Évremont*[4], des *Meslier*[5]; j'ai reçu des *Énochs*[6] : cela n'est pas *publici saporis*[7]. On ne trouve pas un seul

---

[1] Horace, livre III, ode XXXIX, v. 54-55. B.

[2] *Lettres écrites de la montagne*; voyez tome XLII, page 76. B.

[3] Voyez tome XLII, pages 478 et 661. B.

[4] Il s'agit de l'*Analyse de la religion chrétienne*, que Voltaire attribue tantôt à Du Marsais, tantôt à Saint-Évremont. B.

[5] *Extrait du Testament de J. Meslier*, tome XL, page 389. B.

[6] *Dissertation sur Élie et Énoch* (fesant suite aux *Recherches sur l'origine du despotisme oriental*), in-8° sans date; cet ouvrage est de Boulanger. B.

[7] Horace a dit (*Art poét.*, vers 131):
   Publica materies privati juris erit.   B.

Dictionnaire philosophique actuellement dans toute la Suisse. Personne ne m'attribue cet ouvrage dans le pays où je vis; il n'y a que des Frérons qui puissent m'accuser à Paris; mais je ne crains ni les Frérons ni les Pompignans : ces malheureux ne m'empêcheront jamais de vivre et de mourir libre.

Sur ce je vous embrasse; je ris des Welches, et je plains les philosophes. *Écr. l'inf....*

4271. A M. LE MARQUIS D'ARGENCE DE DIRAC.

30 novembre.

Je vois, mon cher philosophe, que vous avez perdu un adepte qui sera difficile à remplacer. Ce que vous me mandez de lui, et le petit billet qu'il écrivit avant sa mort, me donnent bien des regrets. On dit que vous avez aussi perdu monsieur votre père; il était d'un âge à ne devoir s'attendre à vivre plus longtemps. Il n'aura pas sans doute écrit un billet semblable à celui de votre ami. Les choses se tournent bien différemment dans les têtes des hommes. Il y a l'infini entre celui qui a lu avec fruit, et celui qui n'a rien lu : le premier foule à ses pieds les préjugés, et le second en est la victime. Songez à rétablir votre santé. Pour peu que vous joigniez la sobriété à vos autres mérites, vous n'aurez pas plus besoin des médecins du corps que de ceux de l'ame. Je vous embrasse de tout mon cœur; je vous serai attaché pour le reste de ma vie, qui ne peut être bien longue.

4272. A MADAME LA COMTESSE D'ARGENTAL.

Aux Délices, novembre.

Madame l'ange est suppliée d'être arbitre [1] entre M. de Foncemagne et moi; si elle me condamne, je me tiens pour très bien condamné. Je sais bien que j'ai affaire à forte partie; car c'est plutôt contre madame la duchesse d'Aiguillon et M. le maréchal de Richelieu que contre M. de Foncemagne que je plaide. Il me semble que le procès est assez curieux.

Quant au *Portatif*, je ne plaide point, et je décline toute juridiction. Il est très avéré que cet ouvrage (horriblement imprimé, quoiqu'il ne l'ait pas été chez les Cramer) est fait depuis plusieurs années, ce qui est très aisé à voir, puisqu'à l'article *Chaîne des événements* [2], page 70, il est parlé de soixante mille Russes en Poméranie.

Il n'est pas moins certain que la plupart des articles étaient destinés à l'*Encyclopédie* par quelques gens de lettres, dont les originaux sont encore entre les mains de Briasson. S'il y a quelques articles de moi, comme *Amitié*, *Amour*, *Anthropophages*, *Caractère*, *Chine*, *Fraude*, *Gloire*, *Guerre*, *Lois*, *Luxe*, *Vertu*, je ne dois répondre en aucune façon des autres. L'ouvrage n'a été imprimé que pour tirer de la misère une famille entière. Il me paraît fort bon, fort utile, il détruit des erreurs superstitieuses que j'ai en horreur; et il faut bénir le siècle où nous

---

[1] Voltaire fait allusion à son *Arbitrage entre M. de Voltaire et M. de Foncemagne*; voyez tome XLII, page 92. B.

[2] Ce passage a été changé. B.

vivons qu'il se soit trouvé une société de gens de lettres, et dans cette société des prêtres qui prêchent le sens commun. Mais enfin je ne dois pas m'approprier ce qui n'est pas de moi. L'empressement très inconsidéré de deux ou trois philosophes de Paris de donner de la vogue à cet ouvrage, au lieu de ne le mettre qu'en des mains sûres, m'a beaucoup nui. Enfin la chose a été jusqu'au roi, qu'il fallait détromper; et vous n'imagineriez jamais de qui je me suis servi pour lui faire connaître la vérité. Je n'ai pas les mêmes facilités auprès de M⁰ Omer, mon ennemi, qui me désigna indignement et très mal-à-propos, il y a quelques années [1], dans son réquisitoire contre Helvétius. Son frère, l'ancien intendant de Bourgogne [2], a fait venir le livre pour le lui remettre, et pour en faire l'usage ordinaire.

Cet usage ne me paraît que ridicule; mais il est pour moi de la dernière importance qu'on sache bien qu'en effet l'ouvrage est de plusieurs mains, et que je le désavoue entièrement; c'est le sentiment de toute l'académie; je lui en ai écrit par le secrétaire perpétuel [3]. Quelques académiciens, qui avaient vu les originaux chez Briasson, ont certifié une vérité qui m'est si essentielle. Au reste, j'ai pris toutes mes mesures depuis long-temps pour vivre et mourir libre, et je n'aurai certainement pas la bassesse de demander, comme M. d'Argenson, la permission de venir

[1] Le 29 janvier 1759. L'arrêt du parlement est du 6 février; voyez tome LVIII, page 29. B.
[2] Joly de Fleury de La Valette; voyez ma note, t. LVI, p. 673. B.
[3] Voyez lettre 4248. B.

expirer à Paris entre les mains d'un vicaire. Un des Omer disait qu'il ne mourrait pas content qu'il n'ait vu pendre un philosophe; je peux l'assurer que ce ne sera pas moi qui lui donnerai ce plaisir.

Soyez bien persuadée, madame, que d'ailleurs toutes ces misères ne troublent pas plus mon repos que la lecture de l'*Alcoran* ou celle des *Pères de l'Église*, et soyez encore plus persuadée de mon tendre et inviolable respect.

Voulez-vous bien, madame, donner à M. de Foncemagne ma réponse, dans laquelle je ne crois avoir manqué à aucun des égards que je lui dois?

Nota. Je reçois la petite lettre de M. le duc de Praslin. C'était, ne vous déplaise, monsieur l'évêque d'Orléans qui avait déjà parlé; mais je préfère la protection de M. le duc de Praslin à celle de tout le clergé. Pour M. le duc de Choiseul, il m'a écrit: « Vieux « Suisse, vieille marmotte, vous vous agitez comme « si vous étiez dans un bénitier, et vous vous tour- « mentez pour bien peu de chose. »

Je ne suis pas tout-à-fait de son avis.

4273. A M. COLINI.

Ferney, 4 décembre.

Vous recevez donc aussi les aveugles dans votre académie! C'est une bonne œuvre, mon cher confrère, dont Dieu vous bénira. Je vous prie de présenter ma lettre de remerciements à M. de Hohenhausen [1], et de faire bien mes compliments à M. Schœpflin, quand vous le verrez.

[1] La lettre au baron de Hohenhausen, qui était président de l'académie

Je vois qu'on m'avait bien trompé quand on m'avait dit qu'on citait en faveur de Fréron ce vers de Virgile :

......Tu das epulis accumbere divum.
Virg., *Æneid.*, lib. I, v. 79.

Il faut dire de lui, au contraire :

Nec deus hunc mensa, dea nec dignata cubili est.
Virg., ecl. iv, dernier vers.

Je crains bien de mourir cet hiver; mais je vous promets de ressusciter dans les beaux jours, pour aller faire ma cour à S. A. E., et pour vous embrasser. Bonsoir, mon cher ami et mon cher confrère.

4274. A M. DUPONT.

A Ferney, 7 décembre.

Je suppose, mon cher ami, que vous avez reçu il y a environ trois semaines une lettre[1] que je vous ai envoyée par madame Du Fresney. Il était question de votre arbitrage entre M. le duc de Wurtemberg et moi chétif. J'essuie de très grandes difficultés par rapport à ma famille. Je sais bien qu'à mon âge je ne risque rien pour moi ; mais mes héritiers, en faveur de qui j'ai stipulé, peuvent survivre au duc régnant. Je suis très sûr à présent que les terres sont substituées. Les successeurs de monsieur le duc seront en droit de refuser l'exécution d'un contrat auquel ils n'ont pas consenti. Ils auraient pour prétexte que

---

de Manheim, est perdue. Schœpflin, professeur de l'université de Strasbourg, était président honoraire. B.

[1] Lettre 4261. B.

cette dette n'a pas été acceptée par les états de Wurtemberg : mes héritiers n'auraient pour ressource que la loi de l'honneur et de la bienséance. Je suis bien sûr que les princes frères du duc régnant ne manqueraient pas à cette loi sacrée; mais par malheur cette loi de l'honneur qui est dans leur cœur ne peut entrer dans un contrat, et il faut d'autres sûretés dans une affaire aussi importante.

J'ignore si les états de Wurtemberg voudraient accepter le nouveau contrat proposé, et ratifier en même temps les autres.

J'attends votre sentence d'arbitrage, et je voudrais bien pouvoir vous la demander moi-même. Je vous embrasse de tout mon cœur. V.

4275. A M. DUPONT.

A Ferney, 8 décembre.

Votre lettre du 1er décembre, mon cher ami, doit entièrement dissiper les alarmes de ma famille. J'en avais fait part à M. le comte de Montmartin, parcequ'en affaires je ne connais d'habileté que la franchise. Je mande aujourd'hui [1] à M. de Montmartin que c'est vous qui avez dissipé tous mes doutes, et qui consommez la nouvelle négociation que j'ai l'honneur de faire avec monseigneur le duc de Wurtemberg. Je crois que cette nouvelle ne lui déplaira pas, et que ce nouveau contrat que nous allons faire sera l'époque de la confiance du prince en vous, et de votre considération dans sa cour. Il vous regardera

---

[1] La lettre est perdue. B.

comme un homme dont l'intelligence et la probité lui auront été utiles. Je vous prie donc, mon cher ami, de faire le contrat en vertu de la nouvelle procuration donnée par monseigneur le duc de Wurtemberg à M. Jean Maire, et de le faire dresser avec toutes les clauses qui peuvent en assurer la stabilité. M. Jean Maire se charge de payer vos honoraires, en attendant que je puisse venir vous marquer ma reconnaissance à Colmar, où je serai certainement au printemps prochain, si je suis en vie. Je vous embrasse de tout mon cœur avec la tendresse de la plus inviolable amitié.

4276. A M. DE CHABANON [1].

A Ferney, 9 décembre.

Si l'on était sûr, monsieur, d'avoir après sa mort des panégyristes [2] tels que vous, il y aurait bien du plaisir à mourir. Vous faites de toutes façons honneur aux beaux-arts. Je vois une belle ame dans tout ce que vous faites. Si tous les gens de lettres pensaient comme vous, leur état deviendrait le premier du royaume, et leurs persécuteurs seraient dans la fange. Continuez à rendre honorable un mérite personnel que l'insolence des pédants et la fureur des fanatiques voudront en vain avilir. Les grands artistes doivent être tous frères; et si la famille de ces frères est unie, la famille des sots sera confondue. Nos pères, ignorants, légers, et barbares, ne connaissaient

[1] Michel-Paul-Gui de Chabanon, né à Saint-Domingue en 1730, membre de l'académie française en 1780, mort le 10 juillet 1792. B.
[2] Chabanon venait de publier son *Éloge de M. Rameau*, 1764, in-8° B.

avant Lulli que les vingt-quatre violons du roi; et avant Corneille, le cardinal de Richelieu avait à ses gages quatre poëtes du Pont-Neuf[1], dignes de travailler sous ses ordres. Il n'y a que les cœurs sensibles et les esprits philosophes qui rendent justice aux vrais talents. Puisse cet esprit philosophique germer dans la nation! Après l'éloge que vous avez fait de Rameau, je ferai toujours le vôtre; vous m'inspirez un sentiment d'estime qui approche bien de l'amitié; j'ose vous demander la vôtre : les sentiments que j'ai pour vous la méritent. Comptez que c'est du meilleur de mon cœur, et sans compliments, que j'ai l'honneur d'être, etc.

4277. A M. LE COMTE D'ARGENTAL.

10 décembre.

Je vous écrivis, le samedi 8, par M. l'abbé Arnaud[2]. De nouvelles provisions pour les emplois comiques étaient dans ma lettre. Je soupçonne violemment monsieur l'abbé d'avoir égaré les premières. Il doit être si occupé de ses deux gazettes[3], et si entouré de paperasses, qu'on peut sans injustice le soupçonner d'égarer des paquets. Il a négligé deux paquets qu'on lui avait adressés pour moi. Je vous supplie de lui redemander non seulement la lettre du 8 décembre, mais celle de novembre, qu'il pourra retrouver.

Vous savez sans doute que vous avez perdu l'abbé

---

[1] Rotrou, Lestoile, Colletet, Boisrobert; voyez t. XXXV, p. 42. B.
[2] La lettre à d'Argental du 8 est perdue. B.
[3] La *Gazette littéraire* et la *Gazette de France.* B.

de Condillac [1], mort de la petite-vérole naturelle et des médecins de l'Italie, tandis que l'Esculape de Genève [2] assurait les jours du prince de Parme par l'inoculation. Nous perdons là un bon philosophe, un bon ennemi de la superstition : l'abbé de Condillac meurt, et Omer est en vie ! Je me flatte qu'il n'aura pas l'impudence de faire de nouveaux réquisitoires contre l'inoculation, après ce qui vient de se passer à Parme. La plupart de vos médecins ne savent que cabaler. Votre Sorbonne est toujours la Sorbonne; je ne dis rien de votre parlement, car je suis trop sage.

J'ignore ce qui s'est fait à votre assemblée de pairs, s'il s'est agi des jésuites dont personne ne se soucie, ou d'affaires d'argent après lesquelles tout le monde court,

<blockquote>Grands yeux ouverts, bouche béante [3].</blockquote>

Le marquis [4] demande quelles feuilles il faut envoyer à M. Pierre pour le prince. Je vous ai déjà dit que cela est au-dessous de lui ; et *quod de minimis non curat princeps* [5].

On m'a envoyé un *Arbitrage* fort honnête *entre M. de Foncemagne* [6], le défenseur du préjugé, *et moi*, pauvre avocat de la raison. Cet arbitrage me donne un peu gain de cause. Je ne serais pas fâché d'avoir cassé quelques doigts à une idole qu'on admirait sans savoir pourquoi.

---

[1] La nouvelle était fausse. Condillac n'est mort qu'en 1780. B.
[2] Tronchin. B.
[3] Vers de J.-B. Rousseau, dans son couplet contre Danchet. B.
[4] Cramer (voyez page 100); il s'agissait de quelques défets. B.
[5] La maxime est : « De minimis non curat prætor. » B.
[6] Voyez ma note, page 108. B.

Mes divins anges, conservez-moi vos bontés, qui font le charme de ma vie.

4278. A M. DAMILAVILLE.

11 décembre.

Ceci est une réponse du 5 de décembre, reçue aujourd'hui. Il est bon de vérifier les dates. Je vous parlerai d'abord de l'objet le plus intéressant de votre lettre. Frère Cramer viendra chez moi dans deux jours, et je conclurai probablement avec lui la petite affaire recommandée par vous et par la philosophie. Je ne suis point surpris que les Welches fassent des difficultés sur cet ouvrage[1]; il n'est plus permis d'imprimer chez eux que des almanachs et des arrêts du parlement.

Il est très bon qu'on se soit défait des jésuites, mais il ne faut pas aussi persécuter la raison, dans la crainte chimérique d'essuyer des reproches d'avoir sacrifié les jésuites à l'introduction de la raison en France. La fureur d'écraser les jésuites d'une main et la philosophie de l'autre n'est plus l'ouvrage de la justice; c'est celui d'un parti violent, également ennemi des jésuites et des gens raisonnables.

Je sais tout ce que les oméristes projettent, et je crois même qu'ils iront plus loin que vous ne dites; mais celui que ces monstres persécutent est et sera à l'abri de leurs coups.

Un voyageur s'est chargé, mon cher frère, de vous apporter, dans huit ou dix jours, deux petits recueils

---

[1] *Sur la destruction des jésuites* (par Dalembert). B.

assez curieux, et on trouvera le moyen de vous en faire avoir d'autres; mais il faut attendre quelque temps. La raison est une étoffe étrangère et défendue qui ne peut entrer que par contrebande. Je me servirais de la voie que vous m'indiquez, si le paquet n'était entre les mains d'un médecin anglais que vous verrez incessamment à Paris.

Vous savez que l'abbé de Condillac, un de nos frères, est mort de la petite-vérole naturelle[1], immédiatement après que l'Esculape de Genève avait donné des lettres de vie au prince de Parme en l'inoculant. Vous remarquerez qu'il y avait alors une épidémie mortelle de petite-vérole en Italie; elle y est très fréquente; la mère du prince en était morte. Quelle terrible réponse aux sottises de votre faculté et au réquisitoire d'Omer! Ce malheureux veut-il donc que la famille royale périsse! L'abbé de Condillac revenait en France avec une pension de dix mille livres, et l'assurance d'une grosse abbaye; il allait jouir du repos et de la fortune; il meurt, et Omer est en vie! Je connais un impie qui trouve en cette occasion la Providence en défaut.

Je voulais écrire à Archimède-Protagoras tout ce que je vous mande, mais je ne me porte pas assez bien pour dicter deux lettres de suite. Trouvez bon que celle-ci soit pour vous et pour lui. Dites-lui qu'il sera servi avec le plus profond secret. Vous n'avez qu'à m'envoyer incessamment l'histoire de la décadence, et sur-le-champ on travaillera.

Je prie instamment tous les frères de bien crier,

[1] Voyez ma note, page 123. B.

dans l'occasion, que *le Portatif*[1] est d'une société de gens de lettres; c'est sous ce titre qu'il vient d'être imprimé en Hollande. Je prie le philosophe Archimède-Protagoras de considérer combien il m'était nécessaire de combattre l'erreur où l'on était à la cour sur *le Portatif*. Je n'ai fait que ce que des gens bien instruits m'ont conseillé; j'ai prévenu, par un antidote, le poison qu'on me préparait. Je sais très bien de quoi on est capable. La notoriété publique aurait suffi pour opérer certaines petites formalités qui ont fort déplu à Jean-Jacques, et qui l'ont conduit par le plus court à la petite vallée de Motiers-Travers.

Avouons pourtant, mes chers frères, que notre siècle est plus raisonnable que le beau siècle de Louis XIV. Un homme qui aurait osé alors écrire contre le *Testament politique du cardinal de Richelieu* aurait été chassé de l'académie, et aurait passé pour le descendant d'un laquais d'Érostrate. Nous avons fait quelques pas dans le vestibule de la raison. Courage, mes frères; ouvrez les portes à deux battants, et assommez les monstres qui en défendent l'entrée. *Écr. l'inf....*

4279. A M. LE CLERC DE MONTMERCI.

12 décembre.

Tout ce que vous me dites, mon cher monsieur, sur le *Testament du cardinal de Richelieu*, est d'un vrai philosophe, et ceux qui ont pris parti pour ce testament ne le sont guère; ceux qui poursuivent *le Portatif* le sont encore moins. C'est assez d'ailleurs qu'on m'ait imputé cet ouvrage, pour que certaines

---

[1] Le *Dictionnaire philosophique portatif.* B.

gens le persécutent. Il est de plusieurs mains. On l'a imprimé d'abord à Liége, ensuite à Amsterdam, et ces deux éditions sont très différentes; je n'ai pas plus de part à l'une qu'à l'autre. Si on me désigne dans un réquisitoire, l'orateur méritera la peine des calomniateurs. Je suis consolé en voyant que je n'ai d'ennemis que ceux de la raison; il est digne d'eux de persécuter un vieillard presque aveugle, qui passe ses derniers jours à défricher des déserts, à bannir la pauvreté d'un canton qui n'avait que des pauvres, et qui, par les services qu'il a rendus à la famille de Corneille, méritait peut-être que ceux qui veulent se piquer d'éloquence ne s'armassent pas si indignement contre lui: mais tel est le sort des gens de lettres. Le plus dangereux des métiers de ce monde est donc celui d'aimer la vérité! encore s'ils étaient unis ensemble, ils imposeraient silence aux méchants! mais ils se dévorent les uns les autres; et les monstres à réquisitoire avalent les carcasses qui restent.

Écrivez-moi, je vous prie, ce qu'on fait et ce que vous pensez. Vous m'apprendrez bien des sottises, et je profiterai de vos bonnes réflexions. J'ose compter sur votre amitié, et vous pouvez être sûr de la mienne.

4280. A M. DUPONT.

A Ferney, 14 décembre.

....

Comment fera dorénavant votre insolent frère Kroust[1] et les autres maroufles qui fesaient accroire

---
[1] Voyez tome LVIII, page 61. B.

au conseil souverain qu'ils avaient tout crédit à Versailles, et que frère Kroust minor, confesseur de la dauphine, gouvernait le royaume?

Je n'ai nulle nouvelle certaine des autres édits concernant les finances; je ne me mêle que des miennes, qui étaient en assez mauvais ordre, et que je cherche à rétablir par les contrats que vous voulez bien faire. M. le prince Louis de Wurtemberg, qui est à Lausanne, persiste à ne pas même écrire un mot de bonté et d'honnêteté sur cette affaire. Je veux respecter ses motifs, et croire que si malheureusement on perdait un jour monsieur le duc régnant, le prince Louis, son successeur, ne manquerait pas de faire justice à mes héritiers; il a trop d'honneur pour ne pas acquitter des dettes si légitimes.

Adieu, mon cher ami. Madame Denis et moi nous vous embrassons tendrement. VOLTAIRE.

4281. A M. DAMILAVILLE.

15 décembre.

Frère Cramer est d'accord, mon cher frère; ainsi envoyez au plus tôt l'histoire de MM. de Loyola[1]; mais n'oubliez pas de me parler des nouveaux édits. Tous mes correspondants me mandent d'ordinaire, quand il s'agit d'une chose bien intéressante : Je ne vous la mande pas, car vous la savez. Gardez-vous bien de les imiter; dites-moi tout, car je ne sais rien.

On parle de la suppression de tous les receveurs

[1] *Sur la destruction des jésuites* (par Dalembert). B.

et contrôleurs du dixième. Je crois encore[1] que cela ne vous regarde pas, et que votre emploi est à l'abri d'un nouveau réglement. Je vous prie de m'en instruire; je suis un vrai frère, je m'intéresse à vous spirituellement et temporellement.

Je crois que, dans le moment présent, on ne s'intéresse guère aux rêveries du *Testament du cardinal de Richelieu*. Les sottises présentes occupent toujours tout le monde, et les sottises passées n'amusent qu'un très petit nombre de gens oisifs.

Les nouveaux édits retarderont probablement le beau morceau d'éloquence qu'Omer prépare; s'il est encore aidé par Chaumeix, cela sera divin. Continuez à échauffer le génie de Protagoras; Dieu le destine sans doute à un grand apostolat; il faut qu'il écrase le monstre. N'est-ce pas une chose honteuse qu'on ait tant reproché aux philosophes de s'unir pour faire triompher la raison, et qu'aucun d'eux n'écrive en sa faveur? Il faudrait au moins qu'ils méritassent les reproches qu'on leur fait. Mourrai-je sans avoir vu les derniers coups portés à l'hydre abominable qui empeste et qui tue?

Je vous embrasse bien tendrement. *Écr. l'inf....*

4282. A MADAME LA MARQUISE DE BOUFFLERS[2].

Ferney, 15 décembre.

J'ai l'honneur, madame, d'avoir actuellement dans

---

[1] Voyez page 52. B.

[2] Voyez tome LV, page 311. Cette lettre, imprimée en 1820 dans le tome V du *Lycée français*, page 39, a été réimprimée, en 1822, dans le

mon taudis le peintre [1] que vous protégez. Vous avez bien raison d'aimer ce jeune homme; il peint à merveille les ridicules de ce monde, et il n'en a point; on dit qu'il ressemble en cela à madame sa mère. Je crois qu'il ira loin. J'ai vu des jeunes gens de Paris et de Versailles, mais ils n'étaient que des barbouilleurs auprès de lui. Je ne doute pas qu'il n'aille exercer ses talents à Lunéville [2]. Je suis persuadé que vous ne pourrez vous empêcher de l'aimer de tout votre cœur quand vous le connaîtrez. Il a fort réussi en Suisse. Un mauvais plaisant a dit qu'il était là comme Orphée, qu'il enchantait les animaux; mais le mauvais plaisant avait tort. Il y a actuellement en Suisse beaucoup d'esprit; on a senti très finement tout ce que valait votre peintre. S'il va à Lunéville, comme il le dit, je vous assure, madame, que je suis bien fâché de ne pas l'y suivre. J'aurais été bien aise de ne pas mourir sans avoir eu l'honneur de faire encore ma cour à madame sa mère. Tout vieux que je suis, j'ai encore des sentiments; je me mets à ses pieds, et, si elle veut me le permettre, aux pieds du roi. J'aurais préféré les Vosges aux Alpes; mais Dieu et les dévots n'ont pas voulu que je fusse votre voisin. Goûtez, madame, la sorte de bonheur que vous pouvez avoir; ayez tout autant de plaisir que vous le pourrez; vous savez qu'il n'y

---

Journal anecdotique et feuille d'affiches de la ville de Castelnaudary, 2ᵉ semestre, n° 9, du 10 avril; et en 1827, à la page 114 du *Voyage à Saint-Léger*, par M. Aug. de Labouisse. B.

[1] Le chevalier de Boufflers, fils de la marquise. B.
[2] Où était la cour de Stanislas. B.

a que cela de bon, de sage, et d'honnête. Conservez-moi un peu de bonté, et agréez mon sincère respect.

Le vieux Suisse, VOLTAIRE.

4283. A M. LE MARÉCHAL DUC DE RICHELIEU.

A Ferney, 19 décembre.

Remontre très humblement François de V. l'aveugle à son héros :

1° Que son héros n'a pas autant de mémoire que d'imagination et de graces; qu'il daigna mander le 1er de septembre à son vieux courtisan : « Vous êtes « et serez toujours le maître des rôles de toutes vos « pièces; c'est un droit qui vous serait moins disputé « qu'à personne, et une loi où l'on obéira en vous « battant des mains; je le veux absolument. »

Voilà les propres paroles de monseigneur le maréchal.

2° Que ces propres paroles étaient en réponse d'un placet présenté par l'aveugle[1], dans lequel ledit aveugle avait supplié son héros de lui permettre de faire une nouvelle distribution de ces rôles;

3° Que ledit suppliant a été, depuis environ quarante ans en çà, berné par sondit héros, lequel lui a donné force ridicules le plus gaîment du monde;

4° Que ledit pauvre diable ne mérite point du tout le ridicule d'être accusé d'avoir entrepris quelque chose de sa tête dans cette importante affaire, et qu'il n'a rien fait, rien écrit, que muni de la per-

[1] Ce placet ou billet manque. B.

mission expresse de son héros, et de son ordre positif, qu'il garde soigneusement;

5° Qu'il écrivit en conséquence au grasseyeur Grandval [1]; qu'il instruisît ledit grasseyeur de la permission de monseigneur le maréchal, et que, partant, il est clair que le berné n'a manqué à aucun de ses devoirs envers son héros le berneur;

6° Qu'il n'a consulté en aucune manière Parme et Plaisance [2] sur les acteurs et actrices du *tripot* de Paris; mais que, sur le rapport de plusieurs farceurs, grands connaisseurs, barbouilleurs de papier, et autres grands personnages, il a distribué ses rôles, selon toute justice, selon le bon plaisir de monseigneur le maréchal et des autres gentilshommes de la chambre; ce qu'il a expressément recommandé dans toutes ses lettres aux connaisseurs représentant le parterre;

7° Qu'il n'a envoyé au grasseyeur ses dernières dispositions sous une enveloppe parmesane que pour éviter les frais de la poste au grasseyeur, et pour faire parvenir la lettre plus sûrement, une première ayant été perdue.

Ces sept raisons péremptoires étant clairement exposées, le suppliant espère en la miséricorde de son héros et en ses plaisanteries.

Il supplie son héros d'examiner la chose un moment de sang-froid, sans humeur et sans bons mots, et de lui rendre justice.

---

[1] Cette lettre manque. B.

[2] C'est-à-dire le comte d'Argental, qui était ministre plénipotentiaire de la cour de Parme en France. B.

Il y a plus de quinze jours que j'ai écrit pour faire venir quatre exemplaires de ce cher Julien l'apostat[1], pour vous en faire parvenir un par la voie que vous m'avez ordonnée.

Vous croyez bien que j'ai reçu de mon mieux l'ambassadeur de madame d'Egmont. Je vois que votre voyage dans mon pays des neiges est assez éloigné encore; mais si jamais madame d'Egmont veut passer le mont Cenis et aller à Naples, je me ferai prêtre pour l'accompagner en qualité de son aumônier Poussatin[2].

Je suis honteux de mourir sans avoir vu le tombeau de Virgile, la ville souterraine, Saint-Pierre de Rome, et les facéties papales.

Je me mets aux pieds de mon héros avec une extrême colère, un profond respect, et un attachement sans bornes.

4284. A M. DALEMBERT.

19 décembre.

Mon cher philosophe, à la réception de votre billet, j'écris à Gabriel Cramer, et je lui remontre son devoir. Il aurait dû commencer par envoyer des exemplaires à l'académie. Je ne me suis mêlé en aucune manière du temporel : j'ai eu beaucoup de peine avec le spirituel, et je me repentirai toute ma vie d'avoir été trop indulgent. Je respecte fort Pierre Corneille, j'aime sa nièce; mais je suis pour ses tra-

---

[1] *La Défense du paganisme, par l'empereur Julien* (traduit par le marquis d'Argens); voyez tome XLI, page 464. B.
[2] Personnage des *Mémoires de Grammont*. B.

gédies ce que Lacouture était pour les sermons: il disait qu'il n'aimait pas le *brailler*, et qu'il n'entendait pas le *raisonner*.

J'attends certains papiers[1] dont vous ne me parlez pas, et dont je vous rendrai bon compte quand ils me seront parvenus. On gardera le secret comme chez des initiés et des conjurés.

Je crois que les malins et les gens à réquisitoires sont trop occupés de finances pour brûler de la philosophie: c'était, comme je vous l'avais dit[2], cet honnête abbé d'Étrée qui avait été le premier délateur. Vous savez qu'il est généalogiste; c'est une belle science, et dans laquelle on met souvent du génie. Il était à la campagne, en qualité de généalogiste et de polisson, chez M. de La Roche-Aymon, dont la terre touche à celle du procureur général.

C'est là qu'il fit sa belle manœuvre. Il a un petit bénéfice auprès de Ferney; il vint se faire recevoir prieur, il y a un an, en grande pompe, monté sur une haridelle; il se donna pour un descendant de Gabrielle d'Estrées. Je n'allai pas au-devant de lui, parceque je ne suis pas bon généalogiste; il me sut fort mauvais gré de mon peu de respect: si on me brûle, je lui en aurai l'obligation; mais, pourvu que j'évite les décrets éternels de Dieu et ceux du parlement, je bénirai ma destinée.

Je vous embrasse, mon grand philosophe, avec bien de la tendresse. *Écr. l'inf....*

[1] Le manuscrit de l'ouvrage de Dalembert: *Sur la destruction des jésuites.* B.
[2] Page 62. B.

4285. A M. LE COMTE D'ARGENTAL.

19 décembre.

Vous saurez, mes divins anges, que M. le maréchal de Richelieu m'a écrit une lettre fulminante sur la distribution des bénéfices du *tripot*. Il m'accuse d'avoir conspiré avec vous contre les quatre premiers gentilshommes de la chambre : je viens de le confondre[1] par des raisons auxquelles on ne peut répondre que par humeur et par autorité. Je lui ai envoyé la copie de sa lettre, par laquelle il m'avait non seulement permis de disposer des dignités comiques, mais dans laquelle même il m'assurait que c'était mon droit; qu'on ne me l'ôterait jamais, et qu'il voulait que j'en usasse.

Je lui ai certifié que vous n'aviez nulle part aux résolutions que j'ai prises, en conséquence de ses ordres. Je ne sais ce qui arrivera de cette grande affaire, mais je n'ai pas voulu que vous souffrissiez pour ma cause. Il serait injuste qu'on vous fît une affaire d'état, dans le temps présent, pour les héros du temps passé. Je vous supplie de me mander en quel état est cette tracasserie théâtrale.

Je soupçonne *le Portatif* d'avoir été noyé dans les flots d'édits portés en parlement; et quand on voudra le mettre en *lumière*, après l'aventure des édits, ce ne sera que du réchauffé. On ne saura pas seulement de quoi il est question, et maître Omer en sera pour son réquisitoire.

[1] Voyez, page 131, la lettre 4283. B.

On dit que quelques philosophes ont ajouté plusieurs chapitres insolents au *Portatif*, qu'on l'a imprimé en Hollande avec ces additions[1] irréligieuses, qu'il s'en est débité quatre mille en huit jours, et que la sacrosainte baisse à vue d'œil dans toute l'Europe. Dieu bénisse ces bonnes gens! ils ont rendu un service essentiel à l'esprit humain. On ne peut établir la tolérance et la liberté qu'en rendant la persécution ridicule. Il faut avoir les yeux crevés pour ne pas voir que l'Angleterre n'est heureuse et triomphante que depuis que la philosophie a pris le dessus chez elle; auparavant elle était aussi sotte et aussi malheureuse que nous.

Il fait un temps assez doux dans notre grand bassin entre les Alpes et le mont Jura; si cela continue, je pourrai bientôt relire les roués. Daignez me mander, je vous prie, si l'on a reçu au *tripot* quelque héros qui ait une voix sonore, la mine fière, la contenance assurée, la poitrine large et remplie de sentiment, avec des yeux pleins de feu qui sachent parler plus d'un langage.

J'ai lu mes *Lettres secrètes*[2]. Voilà de plaisants secrets! Le polisson qui a fait ce recueil n'y fera pas une grande fortune.

Je baise le bout de vos ailes avec une effusion de cœur remplie d'onction et de la plus respectueuse tendresse.

---

[1] Ces additions consistaient en huit articles: *Catéchisme du jardinier, Enthousiasme, Liberté de penser, Nécessaire, Persécution, Philosophie, Sens commun*, et *Tolérance* (seconde section). B.

[2] Voyez mes notes, tome XLII, pages 478 et 661. B.

Comme cette lettre allait partir, je reçois celle de mon ange, du 11 de décembre. On doit avoir reçu ma réponse[1] au sujet de Luc[2], envoyée sous l'enveloppe de M. le duc de Praslin. J'ai vu depuis un des meurtriers appartenants à Luc; il confirme sa bonne santé; mais je crois qu'il ne sait rien ni pour ni contre. J'espère savoir dans peu quelque chose de plus positif.

Je suis très fâché de la mort de madame de La Marche, car on dit qu'elle était très aimable.

J'aurai bien de la peine avec les roués. La scène du troisième acte, étant toute en mines et en gestes, pourrait devenir comique, si les personnages exprimaient en vers la crainte qu'ils ont d'être reconnus. Je crains l'arlequinade. D'ailleurs je ferai ce que je pourrai, et non pas ce que je voudrai. Tout ce que je puis dire, c'est qu'il faut des hommes à la Comédie, et que nous en manquons.

4286. A M. LE MARQUIS ALBERGATI CAPACELLI.

A Ferney, 21 décembre.

J'ai reçu, par la poste, monsieur, l'énorme poignée de verges de l'Aristarque et du Zoïle d'Italie[3]; mais, dans l'état où sont mes yeux, il leur est impossible de lire cet ouvrage : mes fluxions me sauvent de *la frusta*. C'est une chose prodigieuse que le nombre de journaux dont l'Europe est inondée. La

---
[1] Elle manque. B.
[2] Le roi de Prusse; voyez ma note, tome LVII, page 293. B.
[3] Barretti : voyez lettre 4247. B.

rage d'imprimer des livres, et d'imprimer son avis sur les livres, est montée à un tel point, qu'il faudrait une douzaine de bibliothèques du Vatican pour contenir tout ce fatras. Les belles-lettres sont devenues un fléau public. Il n'y a d'autre parti à prendre que d'en user avec les livres comme avec les hommes; de choisir quelques amis dans la foule, de vivre avec eux, et de se soucier très peu du reste.

Mon malheur sera toujours d'avoir vécu loin d'un ami aussi respectable que vous. Ce qui me fait le plus regretter la perte de mes yeux, c'est de ne pouvoir plus lire l'Arioste; mais je regrette votre société bien davantage.

4287. A M. LE COMTE D'ARGENTAL.

23 décembre.

Je commence, mon cher ange, et je dois commencer toutes mes lettres par le mot de reconnaissance. Nous vous demandons en grace, madame Denis et moi, de répéter à M. le duc de Praslin ce mot, qui est gravé dans nos cœurs pour vous et pour lui. Tandis que vous prenez des mesures politiques avec le tripot de la Comédie, il y a vraiment de belles querelles dans le tripot de Genève.

Quelques conseillers ont voulu que je vous en prévinsse, comptant que, dans l'occasion, vous serez leur médiateur auprès de M. le duc de Praslin. M. Cromelin doit vous en parler; mais je ne crois pas que la querelle devienne jamais assez violente pour que la France s'en mêle. Le fond en est excessivement ridicule. Permettez-moi de vous ennuyer, en vous disant de quoi il s'agit.

La république de Genève est un petit état moitié démo, moitié aristo-cratique. Le conseil du peuple, qu'on appelle le conseil des quinze-cents, est en droit de destituer les premiers magistrats, qu'on appelle syndics. Jean-Jacques Rousseau (afin que vous le sachiez) était du conseil des quinze-cents. Les magistrats qui exercent la justice s'étant divertis à faire brûler les livres de Jean-Jacques, Jean-Jacques, du haut de sa montagne[1] ou du fond de sa vallée, excita les chefs de la populace à demander raison aux magistrats de l'insolence qu'ils avaient eue d'incendier les pensées d'un bourgeois de Genève. Ils allèrent deux à deux, au nombre d'environ six cents, représenter l'énormité du cas; et Jean-Jacques ne manqua pas de leur faire dire que, si on rôtissait les écrits d'un Genevois, il était bien triste qu'on n'en fît pas autant à ceux d'un Français. Un magistrat vint me demander poliment la permission de brûler un certain *Portatif*; je lui dis que ses confrères étaient bien les maîtres, pourvu qu'ils ne brûlassent pas ma personne, et que je ne prenais nul intérêt à aucun *Portatif*.

Pendant ce temps Jean-Jacques faisait imprimer, dans Amsterdam, un gros livre bien ennuyeux pour toutes les monarchies, et qui ne peut guère être lu que par des Genevois : cela s'appelle les *Lettres de la montagne*. Il y souffle le feu de la discorde, il

---

[1] *Lettres écrites de la montagne, par J.-J. Rousseau;* voyez tome XLII, page 76. B.

excite tous les petits ordres de ce petit état les uns contre les autres ; et, à la première lecture, on a cru qu'il y aurait une guerre civile. Pour moi, je crois qu'il n'y aura rien, et que le tocsin de Rousseau ne fera pas un bruit dangereux. S'il y a quelques coups de poing donnés, je ne manquerai pas de vous en avertir, soit pour vous amuser, soit pour vous prier d'engager M. le duc de Praslin à mettre le holà.

Je ne sais quel ministre de je ne sais quelle puissance, ou quelle faiblesse chrétienne à la Porte ottomane, demanda un jour audience au grand-vizir, pour lui apprendre que les troupes de son maître chrétien avaient battu les troupes d'un autre prince chrétien. Que m'importe, lui dit le vizir, que le chien ait mordu le porc, ou que le porc ait mordu le chien?

Vous ne serez point le vizir dans une occasion pareille; vous serez un médiateur bienfaisant.

Si M. Cromelin vous parle de toutes ces tracasseries, je vous prie de lui dire que je vous en ai parlé comme je le devais.

Madame d'Argental m'inquiète beaucoup plus que Genève. Je ne sais rien de pis que de n'avoir point de santé. Ma mie Fournier[1] n'a-t-elle pas d'elle un soin extrême? — Respect et tendresse.

4288. AUX AUTEURS DE LA GAZETTE LITTÉRAIRE.

24 décembre.

Vous rendez tant de justice, messieurs, aux ouvrages qu'on fait, que j'ose vous prier de la rendre

---

[1] Médecin de monsieur et madame d'Argental. B.

à ceux qu'on ne fait point. J'ai appris dans ma retraite que depuis plus d'un an on imprime sous mon nom, dans les pays étrangers, des écrits auxquels je n'ai pas la moindre part. J'ignore si je dois cet honneur à la malignité d'un éditeur, ou à l'intérêt très mal entendu d'un libraire. Tout ce que je puis déclarer, c'est que je regarde comme des faussaires[1] tous ceux qui se servent ainsi d'un nom connu pour débiter des livres qui ne sont pas faits pour l'être. N'étant pas à portée de réprimer une pareille licence, je puis et je dois au moins m'en plaindre, et je m'adresse à vous, messieurs, comme à des hommes à qui l'honneur de la littérature doit être plus cher qu'à personne.

J'ai l'honneur d'être, etc.

4289. A M. P. ROUSSEAU[2].

25 décembre.

Quelque mépris qu'on ait pour la calomnie, il est quelquefois nécessaire de la réfuter. Un libraire d'Amsterdam a cru qu'il était de son intérêt d'imprimer

---

[1] C'est peut-être cette phrase et la lettre dont elle fait partie qui sont rappelées dans la note suivante, insérée dans le *Journal encyclopédique* du 15 janvier 1765, page 191 :

« L'abus qu'on fait du nom de M. de Voltaire, en le plaçant à la tête de certains ouvrages impies et scandaleux auxquels il n'a pas la moindre part, oblige ce célèbre auteur à faire déclarer publiquement qu'il « n'a aucune « correspondance avec aucun libraire de l'Europe ; que quiconque se sert « de son nom est un faussaire ; et qu'il s'en remet aux magistrats pour pu-« nir un tel brigandage. » B.

[2] Cette lettre a été imprimée dans le *Journal encyclopédique*, 1765, janvier, II, 145-46 ; et dans le *Mercure*, 1765, janvier, II, 125-26. B.

sous mon nom des bêtises hardies [1]. Il a débité une brochure intitulée *Ouvrage posthume de M. de M. Y;* le *Testament de Jean Meslier,* autre brochure, etc.; et il a donné à ce petit recueil le titre de *Collection complète des ouvrages de M. de V.* Comment un si petit livre peut-il être intitulé *Collection complète,* et comment une œuvre posthume de M. Y., et un testament d'un homme mort il y a trente ans, peuvent-ils être de moi? Je ferai encore une autre question : Comment ne punit-on pas un tel délit, qui est celui d'un calomniateur et d'un faussaire? Un autre libraire s'est avisé d'imprimer l'*Arétin* [2] sous mon nom. Un autre donne mes prétendues *Lettres secrètes;* mais, mon ami, si elles sont secrètes, elles ne doivent donc pas être publiques. Il ne se passe guère de mois où l'on ne m'attribue quelques ouvrages dans ce goût.

Je ne les lis point, et c'est ce qui me console d'avoir presque entièrement perdu la vue : mais je ne me consolerais pas de ces impertinentes imputations, si je ne savais que les honnêtes gens voient avec indignation cet abus de la presse, et que les hommes en place ne jugent pas sur des brochures de Hollande et sur des gazettes. Il faut pardonner cet abus de l'imprimerie en faveur du bien qu'elle a fait aux hommes.

[1] Voyez ma note, page 106. B.
[2] L'*Arétin* parut pour la première fois en 1763, in-12. Il a été réimprimé plusieurs fois sous le titre de l'*Arétin moderne.* Je n'ai point vu l'édition avec le nom de Voltaire. L'auteur est l'abbé Dulaurens, auteur du *Compère Matthieu,* etc.; né en 1719, mort en 1797. P.

4290. A M. DAMILAVILLE.

26 décembre.

J'ai reçu, mon cher frère, l'histoire de *la Destruction*[1], qui est l'ouvrage de la raison et de l'esprit, mais qui ne sera pas enregistré. J'ai reçu aussi l'autre ouvrage[2] qui l'a été, mais qui, ce me semble, ne vaut pas l'autre. Cramer va faire, avec grand plaisir, tout ce que vous avez recommandé. Vous me paraissez juger aussi bien de la déraison en finances, que du galimatias en théologie. Une des grandes consolations de ma vie, c'est que j'ai retrouvé toujours ma façon de penser dans *tout ce que vous m'avez écrit*; cela est assez à l'honneur de la philosophie. Le bon sens parle le même langage. Les géomètres font dans tout l'univers les mêmes démonstrations, sans s'être donné le mot.

Voici un petit mot de lettre pour Archimède-Protagoras[3], dont l'ouvrage m'a enchanté. Que j'aime sa précision, sa force, et sa plaisanterie ! qu'il est sage et hardi ! qu'il est le contraire de Jean-Jacques !

Ce Jean-Jacques vient de traiter le conseil de Genève comme il a traité Christophe de Beaumont. Il veut mettre le feu dans sa patrie[4] avec les étincelles du bûcher sur lequel on a brûlé son *Émile*. Je crois qu'il s'attirera quelque méchante affaire. Il n'est ni philosophe ni honnête homme; s'il l'avait été, il aurait rendu de grands services à la bonne cause.

[1] Voyez ma note, page 134. B.
[2] Les édits royaux. B.
[3] Dalembert : la lettre manque. B.
[4] Voyez la lettre 4287. B.

Je suis étonné que le médecin anglais ne soit pas encore arrivé à Paris, et qu'il ne vous ait pas rendu le petit paquet; apparemment qu'il s'amuse à tuer des Français en chemin. Savez-vous que Marc-Michel Rey, imprimeur de Jean-Jacques, a eu l'abominable impudence de mettre sous mon nom[1] le *Jean Meslier*, ouvrage connu de tout Paris pour être de ce pauvre prêtre; le *Sermon des Cinquante*, de La Métrie; l'*Examen de la Religion*, attribué à Saint-Évremont, etc.? Tout a été incendié à La Haye, avec *le Portatif;* voilà une bombe à laquelle on ne s'attendait point.

Je prends toutes les mesures nécessaires pour détruire tant de calomnies; mais j'ai grand'peur qu'Omer ne se réveille au bruit de la bombe. Il serait triste qu'on vînt m'enfumer dans mon terrier à l'âge de soixante-onze ans. Madame Denis, ma nièce, a écrit à d'Hornoy, son neveu, conseiller au parlement, et lui a insinué d'elle-même qu'il devait aller, si cela était nécessaire, parler à Omer au Palais, et lui dire que, s'il fait une sottise, il ne doit pas au moins me nommer dans sa sottise; qu'il offenserait sans raison une famille nombreuse qui sert le roi dans la robe et dans l'épée; qu'il est sûr que *le Portatif* n'est point de moi, et que cet ouvrage est d'une société de gens de lettres très connus dans les pays étrangers.

Vous avez vu mon d'Hornoy à l'occasion d'une certaine *Olympie;* seriez-vous homme à le voir à l'occasion d'un certain *Portatif?* pourriez-vous l'encourager, s'il a besoin qu'on l'encourage? Vous êtes un

[1] Voyez ma note, page 106. B.

vrai frère, qui secourez dans l'occasion les frères opprimés.

On doit avoir actuellement les édits; j'en suis curieux comme d'une pièce nouvelle. Mandez-moi, je vous prie, si cette pièce réussit, ou si elle est sifflée. L'*Arbitrage*[1] ne fera pas une grande sensation; on est las de toutes ces disputes; et quand il s'agit de sottises présentes, on se soucie fort peu de celles qui sont attribuées au cardinal de Richelieu.

Il y a d'autres sottises qui doivent être l'objet éternel de l'attention des frères; partant, *écr. l'inf....*

4291. A M. L'ABBÉ DE SADE.

A Ferney, 26 décembre.

Vous avez écrit à un aveugle, monsieur, et j'espère que je ne serai que borgne quand j'aurai l'honneur de vous revoir. Soyez sûr que je vous verrai de très bon œil, s'il m'en reste un. Les neiges du mont Jura et des Alpes m'ont donné d'abominables fluxions, que votre présence guérira. Mais serez-vous en effet assez bon pour venir habiter une petite cellule dans mon petit couvent? Il me semble que Dieu a daigné me pétrir d'un petit morceau de la pâte dont il vous a façonné. Nous aimons tous deux la campagne et les lettres: embarquez-vous sur notre fleuve; je vous recevrai à la descente du bateau, et je dirai: *Benedictus qui venit in nomine* Apollinis[2]!

---

[1] *Arbitrage entre M. de Voltaire et M. de Foncemagne*, tome XLII, page 92. B.

[2] Psaume CXVII, 26; et Luc, XIII, 35. B.

Je n'ai point encore entendu parler de votre second tome [1]; mais quand il viendra, je ne saurai comment faire pour le lire. Il y a trois mois que je suis obligé de me servir des yeux d'autrui. Jugez s'il y a quelque apparence au beau conte qu'on vous a fait que j'avais mis quelques observations dans la *Gazette littéraire*. Je ne lis depuis long-temps aucune gazette, pas même l'*ecclésiastique*.

Il est juste que vous ayez beaucoup de jésuites dans Avignon; d'Assouci et eux sont sauvés en terre papale. Les parlements ont fait du mal à l'ordre, mais du bien aux particuliers; ils ne sont heureux que depuis qu'ils sont chassés. Mon jésuite Adam était mal couché, mal vêtu, mal nourri; il n'avait pas un sou, et toute sa perspective était la vie éternelle. Il a chez moi une vie temporelle qui vaut un peu mieux. Peut-être que dans un an il n'y aura pas un seul de ces pauvres gens qui voulût retourner dans leurs colléges, s'ils étaient ouverts. Du reste, nous ignorons, Dieu merci, tout ce qui se passe dans le monde, et nous nous trouvons fort bien de notre ignorance. Le meilleur parti qu'on puisse prendre avec les hommes, c'est d'être loin d'eux, pourvu qu'on soit avec un homme comme vous. Mon indifférence pour le genre humain augmentera quand je jouirai du bonheur que vous me faites espérer. Je prends la liberté d'embrasser de tout mon cœur le parent de Laure et l'historien de Pétrarque, qui est de meilleure compagnie que son héros.

[1] Des *Mémoires pour la Vie de François Pétrarque :* voyez t. XLI, p. 476; l'article est de Voltaire, quoiqu'il le désavoue ici. B.

4292. A M. DALEMBERT.

26 décembre.

J'ai lu, mon cher philosophe, l'histoire de *la Destruction* avec autant de rapidité que vous l'avez écrite, et avec un plaisir que je n'avais pas connu depuis la première lecture des *Lettres Provinciales*. Je vous demanderai, comme à Pascal : Comment avez-vous fait pour mettre tant d'intérêt et tant de grace dans un sujet si aride? Je ne connais rien de plus sage et de plus fort; vous êtes le prêtre de la raison, qui enterrez le fanatisme. Ce monstre expire dans les maisons de tous les honnêtes gens de l'Europe; il ne végète plus, et ne fait entendre ses sifflements que dans les galetas des auteurs du *Journal chrétien* et de la *Gazette ecclésiastique*. Dieu vous bénisse! Dieu vous le rende! Vous écrasez, en vous jouant, les molinistes, les jansénistes; vous faites le bien de l'état en rendant également méprisables les deux partis qui l'ont troublé. On va se mettre dans deux jours à l'impression. Cramer vous enverra incessamment ce que vous savez [1]. On a lapidé les jésuites avec les pierres des décombres de Port-Royal; vous lapidez les convulsionnaires avec les ruines du tombeau du diacre Pâris, et la fronde dont vous lancez vos cailloux va jusqu'à Rome frapper le nez du pape.

Cher défenseur de la raison, *macte animo* [2], et passez joyeusement votre vie à écraser de votre main

---

[1] Le prix de l'ouvrage *Sur la destruction des jésuites*. B.
[2] *Æneid.*, IX, 641. B.

les têtes de l'hydre, sans qu'elle puisse en expirant nommer celui qui l'assomme. *Écr. l'inf....*

4293. A M. DUPONT.

A Ferney, 29 décembre.

J'ai donc, mon cher ami, lâché mes filets en votre nom; et quoique je n'aie point reçu de vos nouvelles, j'envoie aujourd'hui le complément des quatre-vingt mille livres en or, à l'adresse de M. Jean Maire, par le coche de Genève et de Berne, à Strasbourg.

Je suppose, mon cher ami, que vous avez fait faire à M. Jean Maire le contrat en la meilleure forme possible, et que jamais les héritiers de M. le duc de Wurtemberg ne pourront inquiéter les miens. Je crois même que M. le prince Louis de Wurtemberg, malgré tous ses refus formels et réitérés d'accéder au traité, le ratifierait s'il était jamais souverain; il ne voudrait pas sans doute trahir l'honneur de sa maison pour un si petit objet. D'ailleurs, il me paraît que la dette est très assurée sur les terres de France qui ne sont point sujettes à substitution. Je m'imagine que le contrat est en chemin, tandis que mon argent est au coche.

Je crois que vos jésuites voyagent par le coche aussi, mais avec moins d'argent. J'ai besoin de deux ou trois bouviers dans ma terre; si vous pouvez m'envoyer le P. Kroust et deux de ses compagnons, je leur donnerai de bons gages; et si au lieu du métier de bouvier ils veulent servir de bœufs, cela serait égal. Je trouve les parlements très avisés d'avoir su enfin employer les gens aux fonctions qui leur conviennent. Je me souviendrai toute ma vie que vous m'avez dit qu'un maraud de jésuite, nommé Aubert, fit brûler Bayle dans le marché de Colmar. Ne sauriez-vous point où cet Aubert est enterré? il faudrait au moins exhumer et pendre son cadavre. Il faut espérer que la philosophie reprendra un peu le dessus, puisqu'elle est délivrée de ses plus grands ennemis. Je sais bien qu'elle en a encore, mais ils sont dispersés et désunis; rien n'était si dangereux qu'une société de fanatiques gouvernés par des fripons, et s'étendant de Rome à la Chine.

Vous avez vu sans doute les derniers édits; ils sont un peu obscurs; le parlement, en les enregistrant, donne de bons avis au roi, et lui recommande d'être économe. Je prie le conseil souverain d'Alsace d'en dire autant à M. le duc de Wurtemberg. Me voilà intéressé à le voir le prince le plus sage de l'Allemagne.

Je vous embrasse bien tendrement, mon cher ami.

VOLTAIRE.

4294. A M. LE COMTE D'ARGENTAL.

MÉMOIRE POUR PIERRE CORNEILLE DU PONT-MARIE,
AU SUJET DE PIERRE CORNEILLE, AUTEUR DE CINNA.

Mes anges, protecteurs des deux Pierre, sont priés humblement de considérer

Que le roi ayant souscrit pour deux cents exemplaires, M. de La Borde ayant favorisé cette entreprise avec toute la générosité possible, et ayant payé d'avance la moitié de la souscription de sa majesté, il demande aujourd'hui la délivrance de ces deux cents exemplaires, après nous avoir flattés que le roi n'en prendrait qu'une douzaine.

Il est certain que le roi n'a que faire de ces deux mille quatre cents volumes qui composent les deux cents exemplaires souscrits par sa majesté.

Si le roi en prend cinquante, c'est beaucoup. Ne pourrait-on pas engager le roi, ou ses ayants cause, à faire présent de ces cent cinquante exemplaires restants à Pierre Corneille du Pont-Marie? cela pourrait composer une somme de trois cents louis d'or pour ledit Pierre. Mais, pour lui procurer cet avantage, il ne faudrait pas baisser le prix. On pourrait déposer les volumes entre les mains de quelque homme intelligent et fidèle, qui, moyennant un profit honnête, se chargerait de la vente. On pourrait même, du produit, faire une petite rente sur la tête de M. Pierre et de sa femme. Je soumets ma proposition aux lumières et aux bontés de mes anges, et je leur demande bien pardon de ne leur envoyer aujourd'hui que trois mémoires.

N. B. Les exemplaires sont en chemin.

4295. A M. GILLI.

Monsieur, je crois que le mot d'*administration* signifie *manutention, gestion*. Les directeurs de la compagnie des Indes, demeurant à Paris, ne peuvent gérer dans l'Inde; et il est impossible qu'un conseil qui donne des ordres de si loin puisse être responsable à Paris des malversations, des négligences, et des démarches inconsidérées qu'on peut faire dans la province de Carnate.

En ouvrant le mémoire de la compagnie des Indes contre M. Dupleix, je trouve ces mots à la page 161 des pièces justificatives : DALMÈDE; *compte de ses friponneries*.

Je trouve à la page 153 : Compte des révérends pères jésuites pour 67,490 livres; plus, 6,000 livres; et si j'étais janséniste, je pourrais demander où saint Ignace a pris cette somme.

La page 95 du mémoire m'apprend qu'un domestique d'un conseiller de Pondichéri, qui était devenu receveur général de la province, a commis une infinité de *brigandages*.

Je me flatte que, quand je lirai le reste du mémoire, je trouverai quelques autres articles aussi délicats. En attendant, si vous savez l'anglais, je vous exhorte à lire, dans Pope, l'histoire de sir Balaam. Le diable voulait absolument acquérir l'ame de sir Balaam; il ne trouva point de meilleur secret pour s'en assurer que de le faire supercargo [1] de la compagnie des Indes de Londres.

Que voulez-vous qu'on pense lorsque l'on voit la faction de M. Dupleix accuser le conquérant de Madras d'infames rapines, le faire enfermer à la Bastille avant qu'il ait été entendu, et faire perdre à la France tout le fruit de la conquête?

Enfin il est évident que M. Dupleix lui-même est accusé de malversation dans le mémoire de la com-

---

[1] Mot anglais qui signifie subrécargue. B.

pagnie des Indes, tandis qu'il redemande une somme de treize millions. Je ne connais point M. Dupleix, je n'ai point connu M. de La Bourdonnais; je sais seulement que l'un a pris Madras, et que l'autre a sauvé Pondichéri.

Il est bien vrai, monsieur, comme vous le dites, que l'un n'aurait pu défendre Pondichéri, ni l'autre prendre Madras, si on ne leur avait fourni des forces suffisantes; mais, en vérité, aucun historien, depuis Hérodote jusqu'à Hume, ne s'est avisé d'observer que ceux qui ont pris ou défendu des villes aient reçu des soldats et des munitions des puissances pour lesquelles ils combattaient : la chose parle d'elle-même; on ne fait ni on ne soutient de siéges sans quelques dépenses et quelques secours préalables.

J'ajoute encore qu'on peut prendre et sauver des villes et des provinces, et faire de très grandes fautes. Vous en reprochez d'importantes à M. Dupleix, qui en a reproché à M. de La Bourdonnais, lequel en a reproché à d'autres. Le sieur Amat est accusé de ne s'être pas oublié à Madras, et le sieur Amat a accusé plusieurs personnes de ne s'être pas oubliées ailleurs. Enfin votre général[1] est à la Bastille; c'est donc vous, bien plus que moi, qui vous plaignez de *brigandages*.

Il y en a donc eu; les lois divines et humaines permettent donc de le dire. Ces brigandages ne peuvent avoir été commis que dans l'Inde, où vos nababs donnent des exemples peu chrétiens, et où les jésuites font des lettres de change.

[1] Lally. B.

Il résulte de tout cela que l'administration dans l'Inde a été extrêmement malheureuse; et je pense que notre malheur vient en partie de ce qu'une compagnie de commerce dans l'Inde doit être nécessairement une compagnie guerrière. C'est ainsi que les Européans y ont fait le commerce depuis les Albuquerque. Les Hollandais n'y ont été puissants que parcequ'ils ont été conquérants. Les Anglais, en dernier lieu, ont gagné, les armes à la main, des sommes immenses, que nous avons perdues; et j'ai peur qu'on ne soit malheureusement réduit à être oppresseur ou opprimé. Une des causes principales de nos désastres est encore d'être venus les derniers en tout, à l'occident comme à l'orient, dans le commerce comme dans les arts; de n'avoir jamais fait les choses qu'à demi. Nous avons perdu nos possessions et notre argent dans les deux Indes, précisément de la même manière dont nous perdîmes autrefois Milan et Naples.

Nous avons été toujours infortunés au-dehors. On nous a pris Pondichéri deux fois, Québec quatre; et je ne crois pas que de long-temps nous puissions tenir tête, en Asie et en Amérique, aux nations nos rivales.

Je ne sais, monsieur, comment l'éditeur du livre dont vous me faites l'honneur de me parler a mis huit lieues au lieu de vingt-huit, pour marquer la distance de Pondichéri à Madras. Pour moi, je voudrais qu'il y en eût deux cents; nous serions plus loin des Anglais.

Je vous avoue, monsieur, que je n'ai jamais conçu

comment la compagnie d'occident avait prêté réellement cent millions au roi en 1717. Il faudrait qu'elle eût trouvé la pierre philosophale. Je sais qu'elle donna du papier; et je vous avoue que j'ai toujours regardé l'assignation de neuf millions que le roi nous donne par an comme un bienfait. Je ne suis pas directeur, mais je suis intéressé à la chose, et je dois au roi ma part de la reconnaissance.

Je suis fâché que nous ayons eu quatre cent cinquante canons à Pondichéri, puisqu'on nous les a pris. Les Hollandais en ont davantage, et on ne les leur prend point, et ils prospèrent, et leurs actionnaires sont payés sur le gain réel de la compagnie. Je souhaite que nous en fassions beaucoup, que nous dépensions moins, et que nous ne nous mêlions de faire des nababs que quand nous aurons assez de troupes pour conquérir l'Inde.

Au reste, monsieur, ne vous comparez point aux Juifs. On peut faire des compliments à un honnête et estimable Juif, sans être extrêmement attaché à la semence d'Abraham; mais quand je vous dirai que je suis très attaché à votre personne, et que je regarde tous les directeurs de notre compagnie comme des hommes dignes de la plus grande considération, je ne vous ferai pas un vain compliment.

Je sais qu'on travaille actuellement à des recherches historiques assez curieuses. On doit y insérer un chapitre sur la compagnie des Indes[1]. On m'assure que vous en serez content; et si vous voulez avoir la

---

[1] Le trente-quatrième chapitre du *Précis du Siècle de Louis XV*, ouvrage qui ne fut publié qu'en 1768. Voyez ma Préface du tome XXI. B.

bonté de fournir quelques mémoires curieux à la même personne à qui vous avez bien voulu envoyer votre paquet, on ne manquera pas d'en faire usage. Celui qui y travaille n'a pour objet que la vérité et son plaisir; il vous aura double obligation.

J'ai l'honneur d'être, avec tous les sentiments que je vous dois, etc.

4296. A M. DAMILAVILLE.

31 décembre.

Les gens de bien, et surtout mon cher frère, doivent savoir que Jean-Jacques a fait un gros libelle[1] contre la parvulissime république de Genève, dans l'intention de soulever le peuple contre les magistrats. Le conseil de Genève est occupé à examiner le livre, et à voir quel parti il convient de prendre.

Dans ce libelle, Jean-Jacques, fâché qu'on ait brûlé *Émile*, m'accuse d'être l'auteur du *Sermon des Cinquante*[2]. Ce procédé n'est pas assurément d'un philosophe ni d'un honnête homme. Je voudrais bien savoir ce qu'en pense M. Diderot, et s'il ne se repent pas un peu des louanges prodiguées à Jean-Jacques dans l'*Encyclopédie*[3]. Vous remarquerez que pendant que Jean-Jacques fesait cette belle manœuvre à Genève, il fesait imprimer le *Sermon des Cinquante*, et d'autres brochures, par son libraire d'Amsterdam, Marc-Michel Rey, sous le titre de *Collection com-*

---

[1] *Lettres écrites de la montagne;* voyez tome XLII, page 76. B.
[2] Voyez la cinquième des *Lettres écrites de la montagne*. B.
[3] Article ENCYCLOPÉDIE. B.

plète des OEuvres de M. de V. Cela peut être adroit, mais cela n'est pas honnête.

Mon cher frère avait bien raison de me dire, quand Jean-Jacques maltraita si fort les philosophes dans son roman d'*Émile*, que cet homme était l'opprobre du parti. Je prie mon cher frère de me mander s'il a reçu le paquet du médecin anglais. Ce médecin aurait dû faire l'opération de la transfusion à Jean-Jacques, et lui mettre d'autre sang dans les veines; celui qu'il a est un composé de vitriol et d'arsenic. Je le crois un des plus malheureux hommes qui soient au monde, parcequ'il est un des plus méchants.

Omer travaille à un réquisitoire[1] pour le *Dictionnaire philosophique*. On continue toujours à m'attribuer cet ouvrage, auquel je n'ai point de part. Je crois que mon neveu, qui est conseiller au parlement, l'empêchera de me désigner.

Voilà, mon cher frère, toutes les nouvelles que je sais. La philosophie est comme l'ancienne Église, il faut qu'elle sache souffrir pour s'affermir et pour s'étendre.

Je crois qu'on commence aujourd'hui l'édition de *la Destruction*. C'est un livre qui ne sera point brûlé, mais qui fera autant de bien que s'il l'avait été.

J'embrasse tendrement mon cher frère, et je me recommande à ses prières, dans les tribulations où les méchants m'ont mis. Les orages sont venus des quatre coins du monde, et ont fondu sur ma petite barque, que j'ai bien de la peine à sauver.

[1] Il ne fut prononcé que le 9 mars 1765. B.

4297. A M. LE DUC DE PRASLIN.

Ferney, décembre.

Monseigneur, je défie mes trente-neuf confrères de l'académie de trouver des termes pour vous exprimer ma reconnaissance : ma nièce est dans le même embarras que moi. J'ai fait parvenir à mon ingrat curé les nouvelles de la protection que vous me donnez. On lui a dit que le roi entendait garder ses traités avec ses voisins; il a répondu qu'il se... moquait des traités; qu'il aurait mes dîmes; qu'il plaidait au parlement de Dijon; que son affaire y était entamée depuis long-temps; qu'il m'enterrerait au plus tôt, et qu'il ne prierait point Dieu pour moi. Je sens bien, monseigneur, que je serai damné de cette affaire-là; mais il est si doux d'avoir votre protection dans ce monde, qu'on prend gaîment son parti pour l'autre. Je suis bien sûr que vous soutiendrez votre dire avec le parlement de Bourgogne, s'il a la rage de juger comme Perrin Dandin[1], s'il prétend que l'affaire étant déjà entamée au parlement, elle doit y rester. Vous nous permettrez bien alors de recourir à vos bontés, n'est-ce pas, monseigneur?

Vous voulez des assassinats, en voici une paire dans le paquet de M. d'Argental. Pendant que je vous envoie des tragédies, M. de Montpéroux vous fait sans doute le récit de la farce de Genève; vous verrez comme les enfants de Calvin ont changé. Il est assez plaisant de voir tout un peuple demander

---

[1] Personnage de la comédie des *Plaideurs*. B.

réparation pour Jean-Jacques Rousseau. Ils disent qu'il est vrai qu'il a écrit contre la religion chrétienne; mais que ce n'est pas une raison assez forte pour oser donner une espèce d'assigné pour être ouï à un citoyen de Genève; que si un citoyen de Genève trouve la religion chrétienne mauvaise, il faut discuter ses raisons modestement avec lui, et ne pas le juger sans l'avoir entendu, etc.

Vous entendrez parler bientôt de la cité de Genève, et je crois que vous serez obligé d'être arbitre entre le peuple et le magistrat; car vous êtes garant des lois de cette petite ville comme du traité de Westphalie. Cela vous amusera, et vous aurez le plaisir d'exercer vos talents de pacificateur de l'Europe.

A propos, monseigneur, ceci n'est pas une dépêche de Rome moderne; ce n'est pas un mémoire sur les diètes de Pologne; ce ne sont pas des nouvelles des deux frères qui se disputent la Perse; ce n'est pas un détail des sottises de ce pauvre Grand-Mogol; c'est votre conjuration [1], ce sont vos roués, c'est une attrape qui vous amusera. Je ne vous dirai point que cela fera fondre en larmes, je mentirais; mais cela peut attacher, cela fera raisonner, et vous serez amusé; et un ministre a souvent besoin de l'être.

Vous pèserez, quand il en sera temps, l'importance extrême dont il est de mettre la conspiration sous le nom d'un jeune novice jésuite qui, grace à la bonté du parlement, est rentré dans le monde, et qui, comme Colletet et tant d'autres, attend son dîner du succès de son ouvrage. Je m'imagine que les girouettes

---

[1] *Le Triumvirat.* B.

françaises tournent actuellement du côté des jésuites ; on commence à les plaindre; les jansénistes ne font point de pièces de théâtre, ils sont durs, ils sont fanatiques, ils seront persécuteurs, on les détestera; on aimera passionnément un pauvre petit diable de jésuite qui donnera l'espérance d'être un jour un Le Mierre, un Colardeau, un Dorat. Je persisterai toujours à croire qu'il faut donner un nom à ce jeune jésuite; le public aime à se fixer. Si on ne nomme personne, on me nommera, et tout sera perdu.

Mais pourquoi ne faites-vous pas faire une tragédie à M. Thomas? Quel homme a écrit avec plus de force que lui? quel homme a plus d'idées? Il est jeune, et j'ai besoin d'un coadjuteur.

Enfin, monseigneur, vous ne nous abandonnerez pas, madame Denis et moi, dans notre querelle avec la sainte Église. Nous espérons que vous voudrez bien vous damner pour nous; rien n'est plus beau que d'aller au diable pour faire du bien aux gens qu'on protége.

Agréez, je vous en conjure, mon attachement, ma reconnaissance, et mon profond respect.

Le Vieux de la montagne.

4298. A M. BERTRAND.

A Ferney, 1ᵉʳ janvier 1765.

Mon cher philosophe, je vous assure que je ne prends aucun intérêt au livre [1] dont vous me parlez. Je cultive mes champs, et je m'embarrasse fort peu

[1] Le *Dictionnaire philosophique.* B.

de ce qu'on écrit et de ce qu'on fait ailleurs. Je suis assez embarrassé de mes affaires sérieuses, et je n'ai guère le temps de me mêler des petits amusements dont vous me faites part. Tout ce que je sais bien certainement, c'est que le livre en question est de plusieurs mains. Il y a plus de deux mois que le hasard a fait tomber entre les miennes quelques manuscrits de l'ouvrage.

Un de ces articles est écrit de la propre main d'un des premiers pasteurs de votre religion réformée, ou prétendue réformée. Tout cela vous regarde, et non pas moi : je ne suis qu'un pauvre cultivateur qui vous aime tendrement, et qui ne dispute jamais. Quand vous serez Turc, je chanterai *Allah!* avec vous; quand vous serez païen, je sacrifierai avec vous aux Muses : tous les hommes sont frères, et les meilleurs frères sont ceux qui cultivent les lettres.

Je suis très fraternellement à vous pour ma vie.

4299. DE FRÉDÉRIC II, ROI DE PRUSSE.

A Berlin, le 1er janvier.

Je vous ai cru si occupé à écraser l'*inf...*, que je n'ai pu présumer que vous pensiez à autre chose. Les coups que vous lui avez portés l'auraient terrassée il y a long-temps, si cette hydre ne renaissait sans cesse du fond de la superstition répandue sur toute la face de la terre. Pour moi, détrompé dès long-temps des charlataneries qui séduisent les hommes, je range le théologien, l'astrologue, l'adepte, et le médecin, dans la même catégorie.

J'ai des infirmités et des maladies : je me guéris moi-même par le régime et par la patience. La nature a voulu que notre espèce payât à la mort un tribut de deux et demi pour cent.

C'est une loi immuable contre laquelle la faculté s'opposera vainement : et quoique j'aie très grande opinion de l'habileté du sieur Tronchin, il ne pourra cependant pas disconvenir qu'il y a peu de remèdes spécifiques, et qu'après tout, des herbes et des minéraux pilés ne peuvent ni refaire ni redresser des ressorts usés et à demi détruits par le temps.

Les plus habiles médecins droguent le malade pour tranquilliser son imagination, et le guérissent par le régime : et comme je ne trouve pas que des élixirs et des potions puissent me donner la moindre consolation, dès que je suis malade, je me mets à un régime rigoureux ; et jusqu'ici je m'en suis bien trouvé.

Vous pouvez donc consoler l'Europe de la perte importante qu'elle croyait faire de mon individu (quoique je la trouve des plus minces); car, quoique je ne jouisse pas d'une santé bien ferme ni bien brillante, cependant je vis; et je ne suis pas du sentiment que mon existence vaille qu'on se donne la peine de la prolonger, quand même on le pourrait.

D'ailleurs, je vous suis fort obligé de la part que vous prenez à ma santé, et des choses obligeantes que vous me dites. Je regrette que votre âge donne de justes appréhensions de voir finir avec vous cette pépinière de grands hommes et de beaux génies qui ont signalé le siècle de Louis XIV. Sur ce, je prie Dieu qu'il vous ait en sa sainte et digne garde.

FÉDÉRIC.

4300. DE M. D'ALEMBERT.

Paris, 3 janvier.

Je ne vous le dissimule point, mon cher maître ; vous me comblez de satisfaction par tout ce que vous me dites de mon ouvrage. Je le recommande à votre protection, et je crois qu'en effet il pourra être utile à la cause commune, et que *l'infame*, avec toutes les révérences que je fais semblant de lui faire, ne s'en trouvera pas mieux. Si j'étais, comme vous, assez loin de Paris pour lui donner des coups de bâton, assûrement ce serait de tout mon cœur, de tout mon esprit, et de toutes mes forces, comme on prétend qu'il faut aimer Dieu; mais je ne suis posté que pour lui donner des croquignoles, en lui demandant pardon de la liberté grande[1], et il me semble que je ne m'en suis pas mal acquitté. Puisque vous voulez bien veiller à l'impression, je vous prie de faire main basse sur tout ce qui vous paraîtra long ou de mauvais goût; je vous en aurai une véritable obligation. Je vous prie aussi d'engager M. Cramer à hâter l'impression; je desirerais que le caractère en fût un peu gros, afin que l'ouvrage pût être lu plus aisément, et aussi pour ses intérêts. A l'égard des miens, je les remets entre vos mains et entre celles de frère Damilaville. J'espère qu'il obtiendra sans peine la permission de faire entrer l'ouvrage.

Dites-moi un peu, je vous prie, si vous le savez, ce que c'est qu'une histoire qu'on fait courir d'une lettre des Corses à Jean-Jacques[2], pour le prier d'être leur législateur. Vous avez écrit à quelqu'un que les Corses l'avaient seulement prié de mettre leurs lois en *bon français* : cela me paraît un persiflage ou de leur part, ou de la vôtre. C'est comme si *nosseigneurs* écrivaient à Paoli de mettre leurs arrêts en *bon corse*, ou aux sauvages du Canada de les mettre en *bon iroquois*. J'avoue que cette dernière traduction conviendrait assez aux réquisitoires d'Omer. Quoi qu'il en soit, dites-moi, je vous prie, ce que vous savez là-dessus de certain. On assure qu'il a écrit une lettre à M. Abauzit (que peut-être vous serez à portée de voir), dans laquelle il se félicite beaucoup de l'honneur que les Corses lui font; et en même temps on assure qu'il a écrit, il y a peu de temps, à Duchesne, son libraire

---

[1] *Mémoires de Grammont*, chap. 3. B.

[2] Buttafuoco, gentilhomme corse et capitaine au service de France, avait, d'accord avec Paoli, chef des insurgés contre les Génois, écrit à J.-J. Rousseau pour lui demander un plan de législation pour leur pays. Rousseau écrivit à Buttafuoco quatre lettres (22 septembre et 15 octobre 1764, 24 mars et 26 mai 1765), qui sont dans les *OEuvres de J.-J. Rousseau*, mais qui ont été placées hors de sa correspondance. B.

à Paris, pour lui dire que cette prétendue lettre des Corses est fausse, et que c'est un nouveau tour que lui jouent ses ennemis. On ajoute que c'est vous qui lui avez joué ce tour-là, mais sans en apporter la moindre preuve. Je sais que Jean-Jacques a des torts avec vous, et qu'il vous a écrit des folies au sujet des comédies que vous fesiez jouer auprès de Genève; mais je ne puis croire que vous cherchiez à le tourmenter dans sa solitude, où il est déjà assez malheureux par sa santé, par sa pauvreté, et surtout par son caractère. Il vient de faire des *Lettres de la montagne*[1], qui mettent, dit-on, tout Genève en combustion; mais qui vraisemblablement, si j'en crois ses plus zélés partisans, ne feront pas grande sensation ailleurs. On dit qu'il y chante la palinodie à mon égard sur le socinianisme qu'il me reprochait d'avoir imputé aux Genevois. Ce n'est pas la première fois qu'il se contredit; mais il souffre, il est malheureux, il faut bien lui passer quelque chose. Il faut dire de lui comme le Régent disait d'un homme qui prenait force lavements à la Bastille : *Il n'a que ce plaisir-là*. Vous avez cru comme moi, sans fondement, que l'abbé de Condillac était mort; heureusement il est tiré d'affaire, et reviendra bientôt chez nous jouir de la fortune et de la réputation qu'il mérite. La philosophie aurait fait en lui une grande perte. En mon particulier, j'en aurais été inconsolable. Adieu, mon cher et illustre confrère; n'oubliez pas votre *Commentaire de Corneille* pour l'académie. Duclos m'a dit que vous veniez de lui écrire à ce sujet[2]. Je lui avais fait part de votre lettre[3]; et je ne doute point que l'oubli ne vienne de Cramer : tout cela sera bien aisé à réparer; c'est un petit mal.

Si vous voulez savoir la généalogie du descendant de Gabrielle d'Estrées[4], adressez-vous à l'abbé d'Olivet, qui vous en dira des nouvelles. Son père était laquais de feu M. de

---

[1] Voyez page 139. B.

[2] Cette lettre à Duclos manque. B.

[3] Lettre 4292. B.

[4] L'abbé d'Estrées ou d'Étrée; voyez tome XLII, page 663. B.

Maucroix; ce ne serait pas un tort, si le fils n'était pas un maraud; *mais ce n'est pas le tout d'être laquais, il faut être honnête homme.*

Dites-moi un peu, je vous prie, sous le sceau de la confession, ce que vous pensez d'un M. le chevalier de La Tremblaye[1] qui a été vous voir, qui fait, dit-on, de *petits vers innocents*, et à qui vous écrivez, à ce qu'on prétend, des lettres qui lui tournent la tête de vanité. Des personnes très considérables desireraient de savoir le jugement que vous en portez, et m'ont prié de vous le demander.

4301. A M. BORDES.

A Ferney, 4 janvier.

Vous savez à présent, mon cher monsieur, que l'abbé de Condillac est ressuscité; et ce qui fait qu'il est ressuscité, c'est qu'il n'était pas mort. On ne pouvait s'empêcher de le croire mort, puisque M. Tronchin l'assurait. On peut douter, à toute force, des décisions d'un médecin, quand il assure qu'un homme est vivant; mais quand il le dit mort, il n'y a pas moyen de douter : ainsi nous avons regretté l'abbé de Condillac de la meilleure foi du monde. On avait désespéré de sa vie à Parme avec beaucoup de raison, puisque M. Tronchin n'avait pu le voir dans sa maladie. Dieu merci, voilà un philosophe que la nature nous a conservé. Il est bon d'avoir un loquiste de plus dans le monde, lorsqu'il y a tant d'asinistes, de jansénistes, etc., etc.

Je suis bien aise que vous ayez lu l'*Apocalypse*[2]

---

[1] Voyez la note sur la lettre 4193. B.
[2] Formant aujourd'hui la première section de l'article, tome XXVI, page 437. B.

d'Abauzit. On ne doutera plus, après cette épreuve, que le *Dictionnaire philosophique* ne soit de plusieurs mains. Les articles *Christianisme* et *Messie*[1] sont faits par deux prêtres. L'arche est abandonnée par les lévites.

Vous ne me parlez plus de votre comédie[2]; elle aurait fait la clôture de mon théâtre, que je vais détruire. Je suis trop vieux pour être acteur, et les Genevois ne méritent guère qu'on leur donne du plaisir. Jean-Jacques, que vous avez si bien réfuté[3], met tout en combustion dans sa petite république; il traite le petit conseil de Genève comme il avait traité l'Opéra de Paris. Il avait voulu persuader au parterre que nous n'avions point de musique, et il veut persuader à la ville de Genève qu'elle n'a que des lois ridicules. Je n'ai point encore lu son livre[4], que les magistrats trouvent très séditieux, et que le peuple trouve très bon. Diogène fut chassé de la ville de Sinope, mais il ne la troubla pas.

Adieu, monsieur; s'il vous prend jamais envie de venir passer quelques jours sur les bords du lac, vous nous comblerez de joie. Vous savez que mes yeux ne me permettent pas d'écrire de ma main.

[1] Voyez lettre 4232. B.

[2] Dont Voltaire parle déjà dans sa lettre 4222. B.

[3] *Discours sur les avantages des sciences et arts.* C'est une réponse au discours de Rousseau couronné à Dijon en 1750. Voyez ma note, tome XXXIX, page 365. B.

[4] *Lettres écrites de la montagne;* voyez page 139. Non seulement Voltaire les avait déjà lues, mais il avait déjà publié le *Sentiment des citoyens;* voyez tome XLII, page 75. B.

4302. A M. DAMILAVILLE.

4 janvier.

Vraiment, mon cher frère, la lettre dont vous m'avez envoyé copie n'est pas une lettre de Pline, et les vers qui la paraphrasent ne sont pas de Catulle. Tout cela, en vérité, est de même parure, et digne du siècle.

Il est vrai que Jean-Jacques écrit mieux; mais, en vérité, c'est un homme d'esprit qui se conduit comme un sot. Toutes les apparences sont qu'on le fera repentir d'avoir voulu mettre le feu dans la parvulissime qu'il a quittée. Vous avez vu, par ma dernière lettre[1], combien il est méchant. Je ne reviens point de mon étonnement qu'un homme, qui s'est dit philosophe, joue publiquement le rôle d'un délateur et d'un calomniateur. Vous m'avez incendié, dit-il; incendiez donc aussi mon confrère. J'ai fait mal, mais il a fait pis. Ce n'est pas ainsi, ce me semble, que Socrate parlait aux Athéniens. Je vois que le grand défaut de Jean-Jacques est d'être enragé contre le genre humain : il a là une bien vilaine passion.

Je suis toujours bien surpris que vous n'ayez pas reçu encore le paquet du médecin anglais. J'espère qu'il ne tardera pas, et que vous en aurez d'autres incessamment. Omer est long-temps à s'échafauder : je ne désespère pas que Jean-Jacques ne lui écrive pour le prier de se hâter un peu.

Vous devez à présent avoir reçu des nouvelles de

[1] N° 4296. B.

la *Destruction de Jérusalem*¹, avec une petite lettre²
pour Archimède-Protagoras.

Je vous embrasse en 1765 comme en 1764.

4303. A M. DE LA FARGUE³.

A Ferney, 9 janvier.

Je n'ai jamais tant souhaité de lire, monsieur, que depuis que vous avez bien voulu m'envoyer vos ouvrages. Je perds la vue; mais on me fait espérer que je ne serai pas aveugle, et alors je vous verrai de très bon œil. Ce que je connais déjà de vous me prévient favorablement pour le reste; et vos vers auraient des charmes pour moi, quand vous ne m'auriez pas loué si délicatement. Vous êtes dans une maison⁴ où l'esprit, la science, et la vertu, sont héréditaires; et vous n'avez pas peu contribué à les y perpétuer. L'état où je suis ne me permet pas de longues lettres, mais ne m'empêche pas de sentir tout votre mérite. Recevez mes remerciements, et les sentiments d'estime et d'attachement avec lesquels j'ai l'honneur d'être, etc.

4304. A M. DALEMBERT.

9 janvier.

Mon cher et grand philosophe, en réponse à votre lettre du 3, je vous dirai d'abord qu'il y a plus de

---

¹ Voltaire désigne ainsi l'écrit de Dalembert, *Sur la destruction des jésuites*. B.

² La lettre 4292. B.

³ Voyez tome LIX, page 548; La Fargue avait envoyé à Voltaire une seconde épître en vers. B.

⁴ La maison d'Ormesson. B.

huit jours que j'ai donné à frère Cramer *la Destruction*; il m'assura qu'il édifierait dès le lendemain, et vous enverrait ce que vous savez[1]. Or ce que vous savez est bien peu pour un si bon ouvrage. Depuis ce temps, je n'ai pas entendu parler de frère Gabriel. Je lui écris dans le moment, pour le sommer de sa parole; il donne beaucoup de promesses, ce Gabriel, et les tient rarement; il avait promis de remplir son devoir envers l'académie, et il ne l'a pas fait. Il faut lui pardonner cette fois-ci; il est un peu intrigué, ainsi que tous les autres bourdons de la ruche de Genève. Ils ont tous les ans des tracasseries pour étrennes au sujet des élections; elles ont été très fortes cette année. Il y a beaucoup de dissensions entre le conseil et le peuple, qui se croient tous deux souverains. Jean-Jacques a un peu attisé le feu de la discorde. La députation des Corses à Jean-Jacques est une fable absurde, mais les querelles genevoises sont une vérité. C'est dommage pour la philosophie que Jean-Jacques soit un fou, mais il est encore plus triste que ce soit un malhonnête homme. La lettre insolente et absurde qu'il m'écrivit[2] au sujet des spectacles de Ferney était à-la-fois d'un insensé et d'un brouillon. Il voulait se faire valoir alors auprès des pédants de Genève, qui prêchaient contre la comédie par jalousie de métier[3]; il prétendait engager avec moi une querelle. Le petit magot, boursoufflé

---

[1] Le prix de l'ouvrage *Sur la destruction des jésuites*. B.

[2] Le 17 juin 1760; voyez lettre 3022, tome LVIII, page 444. B.

[3] Car le monologue fut en tout temps jaloux du dialogue, avait dit Voltaire; voyez tome XL, page 285. B.

d'orgueil, fut piqué de mon silence. Il manda au docteur Tronchin qu'il ne reviendrait jamais dans Genève, tant que je serais possesseur des Délices; et, huit jours après, il se brouilla avec Tronchin pour jamais.

A peine arrivé dans sa montagne, il fait un livre qui met le trouble dans sa patrie; il excite les citoyens contre le magistrat; il se plaint, dans ce livre, qu'on l'a condamné sans l'entendre; il m'y donne formellement comme l'auteur du *Sermon des Cinquante*[1]; il joue le rôle de délateur et de calomniateur : voilà, je vous avoue, un plaisant philosophe; il est comme les diables dans Quinault :

> Goûtons l'unique bien des cœurs infortunés,
> Ne soyons pas seuls misérables.
> *Thésée*, acte III, scène 7.

Et savez-vous dans quel temps ce malheureux fesait ces belles manœuvres? C'était lorsque je prenais vivement son parti, au hasard même de passer pour mauvais chrétien; c'était en disant aux magistrats de Genève, quand par hasard je les voyais, qu'ils avaient fait une vilaine action en brûlant *Émile* et en décrétant Jean-Jacques : mais le babouin, m'ayant offensé, s'imaginait que je devais le haïr, et écrivait partout que je le persécutais, dans le temps que je le servais et que j'étais persécuté moi-même.

Tout cela est d'un prodigieux ridicule, ainsi que la plupart des choses de ce monde; mais je pardonne tout, pourvu que l'infame soit décriée comme il faut

---

[1] Dans la cinquième des *Lettres écrites de la montagne*. B.

chez les honnêtes gens, et qu'elle soit abandonnée aux laquais et aux servantes, comme de raison.

Je croyais vous avoir mandé que l'abbé de Condillac était ressuscité : Tronchin le croyait mort avec raison, puisqu'il ne l'avait pas traité. Pour M. le chevalier de La Tremblaye, tout ce que je sais, c'est qu'il doit réussir auprès des hommes par la douceur de ses mœurs, et auprès des dames par sa figure.

Vous voilà instruit de tout, mon cher maître; je vous ferai part de la réponse de Gabriel, s'il m'en fait une.

4305. A MADAME LA MARÉCHALE DE LUXEMBOURG.

9 janvier.

Madame, l'honneur que j'ai eu de vous faire ma cour plusieurs années, vos bontés, mon respectueux attachement, me mettent en droit d'attendre de vous autant de justice que vous accordez de protection à M. Rousseau de Genève.

Il publie un livre [1] qui jette un peu de trouble dans sa patrie; mais qui croirait que dans ce livre il excite le conseil de Genève contre moi? Il se plaint que ce conseil condamne ses ouvrages, et ne condamne pas les miens; comme si ce conseil de Genève était mon juge. Il me dénonce publiquement, ainsi qu'un accusé en défère un autre. Il dit que je suis l'auteur d'un libelle intitulé *Sermon des Cinquante*, libelle le plus violent qu'on ait jamais fait contre la religion chrétienne, libelle imprimé, depuis plus de

---

[1] *Lettres écrites de la montagne;* voyez page 139. B.

quinze ans[1], à la suite de *l'Homme machine*, de La Métrie.

Est-il possible, madame, qu'un homme qui se vante de votre protection joue ainsi le rôle de délateur et de calomniateur? Il n'est point d'excuses, sans doute, pour une action si coupable et si lâche; mais quelle peut en être la cause? la voici, madame:

Il y a cinq ans que quelques Genevois venaient chez moi représenter des pièces de théâtre; c'est un exercice qui apprend à-la-fois à bien parler et à bien prononcer, et qui donne même de la grace au corps comme à l'esprit. La déclamation est au rang des beaux-arts. M. Dalembert alors fit imprimer dans le *Dictionnaire encyclopédique* un article sur GENÈVE, dans lequel il conseillait à cette ville opulente d'établir chez elle des spectacles. Plusieurs citoyens se récrièrent contre cette idée; on disputa, la ville se partagea. M. Rousseau, qui venait de donner un opéra et des comédies à Paris, écrivit de Montmorency contre les spectacles.

Je fus bien surpris de recevoir alors une lettre de lui conçue en ces termes[2] : « Monsieur, je ne vous « aime point; vous corrompez ma république, en « donnant chez vous des spectacles : est-ce là le prix « de l'asile qu'elle vous a donné? »

Plusieurs personnes virent cette lettre singulière;

---

[1] Ceci est une supposition; il existe, il est vrai, une édition du *Sermon des Cinquante* sous le millésime 1749, mais que je crois de 1762; voyez tome XL, page 602. B.

[2] Voyez les termes mêmes de J.-J. Rousseau, dans sa lettre du 17 juin 1760, tome LVIII, page 446. B.

elle l'était trop pour que j'y répondisse; je me contentai de le plaindre; et même en dernier lieu, quand il fut obligé de quitter la France, je lui fis offrir pour asile cette même campagne qu'il me reprochait d'avoir choisie près de Genève. Le même esprit qui l'avait porté, madame, à m'écrire une lettre si outrageante l'avait brouillé en ce temps-là avec le célèbre médecin M. Tronchin, comme avec les autres personnes qui avaient eu quelques liaisons avec lui.

Il crut qu'ayant offensé M. Tronchin et moi, nous devions le haïr; c'est en quoi il se trompait beaucoup. Je pris publiquement son parti quand il fut condamné à Genève; je dis hautement qu'en jugeant son roman d'*Émile*, on ne fesait pas assez d'attention que les discours du Vicaire savoyard, regardés comme si coupables, n'étaient que des doutes auxquels ce prêtre même répondait par une résignation qui devait désarmer ses adversaires; je dis que les objections de l'abbé Houteville contre la religion chrétienne sont beaucoup plus fortes, et ses réponses beaucoup plus faibles; enfin je pris la défense de M. Rousseau. Cependant M. Rousseau vous dit [1], madame, et fit même imprimer [2], que M. Tronchin et moi nous étions ses persécuteurs. Quels persécuteurs qu'un malade de soixante et onze ans, persécuté lui-même jusque dans sa retraite, et un médecin consulté par l'Europe entière, uniquement occupé de soulager les maux des

---

[1] Lettre de J.-J. Rousseau à madame de Luxembourg, du 21 juillet 1762. B.

[2] Lettre de J.-J. Rousseau à ***, du 28 mai 1764. B.

hommes, et qui certainement n'a pas le temps de se mêler dans leurs misérables querelles!

Il y a plus de dix ans que je suis retiré à la campagne auprès de Genève, sans être entré quatre fois dans cette ville; j'ai toujours ignoré ce qui se passe dans cette république; je n'ai jamais parlé de M. Rousseau que pour le plaindre. Je fus très fâché que M. le marquis de Ximenès l'eût tourné en ridicule[1]. J'ai été outragé par lui, sans lui jamais répondre; et aujourd'hui il me dénonce juridiquement, il me calomnie dans le temps même que je prends publiquement son parti. Je suis bien sûr que vous condamnez un tel procédé, et qu'il ne s'en serait pas rendu coupable s'il avait voulu mériter votre protection. Je finis, madame, par vous demander pardon de vous importuner de mes plaintes; mais voyez si elles sont justes, et daignez juger entre la conduite de M. Rousseau et la mienne.

Agréez le profond respect et l'attachement inviolable avec lequel je serai toute ma vie, madame, etc.

Je ne peux avoir l'honneur de vous écrire de ma main, étant presque entièrement aveugle.

4306. A M. LE COMTE D'ARGENTAL

10 janvier.

Je suis affligé que le tyran du *tripot* se brouille avec vous. Voilà un beau sujet de guerre; cela est bien ridicule, bien petit. Ah! que de faiblesses chez

---

[1] C'est sous le nom de Ximenès que Voltaire donna les *Lettres sur la Nouvelle Héloïse;* voyez tome XL, page 203 et suiv. B.

nous autres humains! Mais existe-t-il un *tripot?* On dit qu'il n'y a plus que celui de l'Opéra-Comique, et que c'est là que tout l'honneur de la France s'est réfugié.

Autre sujet d'affliction, mais légère : la discorde est toujours à Genève. Rousseau a trouvé le secret d'allumer le flambeau du haut de sa montagne, sans qu'en vérité il y ait le moindre fondement à la querelle. Le peuple est insolent, et le conseil faible; voilà tout le sujet de la guerre. Le plaisant de l'affaire c'est, comme je l'ai déjà dit, que le peuple de Calvin prétend qu'un citoyen de Genève a le droit d'écrire tant qu'il veut contre le christianisme, sans que le conseil soit en droit de le trouver mauvais; et, pour rendre la farce complète, les ministres du saint Évangile sont du parti de Jean-Jacques, après qu'il s'est bien moqué d'eux. Cela paraît incompréhensible, mais cela est très vrai. Il faudrait cette fois recourir à la médiation de Spinosa. Ce petit magot de Rousseau a écrit un gros livre contre le gouvernement, et son livre enchante la moitié de la ville. Il dit, en termes formels, qu'il faut avoir perdu le bon sens pour croire les miracles de Jésus-Christ[1]. Malheureusement il m'a fourré là très mal à propos. Il dit[2] au conseil que j'ai fait le *Sermon des Cinquante.* Ah! Jean-Jacques, cela n'est pas du philosophe : il est infame d'être délateur, il est abominable de dénoncer son confrère, et de le calomnier aussi injustement.

---

[1] *Lettres de la montagne*, partie Ire, lettre 3 (édition Musset, tome VI, page 249, note a). B.

[2] Partie Ire, lettre 5 (édition Musset, tome VI, page 328). B.

En un mot, mon cher ange, vous pouvez compter qu'on est aussi ridicule dans mon voisinage qu'on l'était à Paris du temps des billets de confession ; mais le ridicule est d'une espèce toute contraire.

4307. A M. DAMILAVILLE.

12 janvier.

Quelle horreur ! quelle abomination, mon cher frère ! il y a donc en effet des diables ! vraiment je ne le croyais pas. Comment peut-on imaginer une telle absurdité ? Suis-je un prêtre ? suis-je un ministre ? En vérité cela fait pitié. Mais ce qui fait plus de pitié encore, c'est l'affreuse conduite de Jean-Jacques ; on ne connaît pas ce monstre.

Tenez, voilà deux feuillets de ses *Lettres de la montagne*, et voilà la lettre que j'ai été forcé d'écrire à madame la maréchale de Luxembourg[1], qu'il a eu l'adresse de prévenir contre moi. Je vous prie de n'en point tirer de copie, mais de la faire lire à M. d'Argental ; c'est toute la vengeance que je tirerai de ce malheureux. Quel temps, grand Dieu, a-t-il pris pour rendre la philosophie odieuse ! le temps même où elle allait triompher.

Je me flatte que vous montrerez à Protagoras-Archimède la copie que je vous envoie. Je vous avoue que tous ces attentats contre la philosophie par un homme qui se disait philosophe me désespèrent.

Frère Gabriel doit avoir envoyé une petite lettre

---

[1] La lettre du 9 janvier, n° 4305. B.

de change payable à Archimède¹. Je verrai lundi les premières épreuves, il sera servi comme il mérite de l'être. Si vous voulez être informé de toutes les horreurs de Jean-Jacques, écrivez à Gabriel, il vous en dira des nouvelles. Le nom de Rousseau n'est pas heureux pour la bonne morale et la bonne conduite.

Au reste, mon cher frère, je serais très fâché que mes *Lettres* prétendues *secrètes*² fussent débitées à Paris. Quelle rage de publier des lettres secrètes! J'ai prié instamment M. Marin de renvoyer ces rogatons en Hollande, d'où ils sont venus. Je suis bien las d'être homme public, et de me voir condamné aux bêtes comme les anciens gladiateurs et les anciens chrétiens. L'état où je suis ne demande que le repos et la retraite. Il faut mourir en paix ; mais, afin que je meure gaîment, *écr. l'inf....*

4308. A M. LE COMTE D'ARGENTAL.

A Ferney, 12 janvier.

Mes divins anges, j'ai oublié, dans ma requête à M. le duc de Praslin, de spécifier que ce vieux de Moultou, qui veut promener sa vieille vessie à Montpellier, a un fils qu'on appelle prêtre, ministre du saint Évangile, pasteur d'ouailles calvinistes, et qui n'est rien de tout cela ; c'est un philosophe des plus décidés et des plus aimables. J'ignore si sa qualité de ministre évangélique s'oppose aux bontés d'un ministre d'état ; j'ignore s'il est nécessaire que M. le duc

---

¹ Dalembert, pour son ouvrage *Sur la destruction des jésuites.* B.
² Voyez tome XLII, pages 478 et 661. B.

de Praslin ait la bonté de faire mettre, dans le passe-port, le sieur Moultou et son fils le prêtre. Je m'en rapporte uniquement à la protection et à la complaisance de M. le duc de Praslin ; les maux que souffre Moultou le père sont dignes de sa pitié. Il n'y a pas un moment à perdre, si on veut lui sauver la vie. Tronchin inocule, mais il ne taille point la pierre.

4309. A M. BESSIN[1],

CURÉ DE PLAINVILLE, EN NORMANDIE.

Ferney, 13 janvier.

Vous m'avez envoyé, monsieur, des vers bien faits et bien agréables, et vous m'apprenez en même temps que vous êtes curé ; vous méritez d'avoir la première cure du Parnasse ; vous ne chanterez jamais d'antienne qui vaille vos vers. Si je ne vous ai pas répondu plus tôt, c'est que je suis vieux, malade, et aveugle. Je ne serai pas enterré dans votre paroisse, mais c'est vous que je choisirais pour faire mon épitaphe.

J'ai l'honneur d'être, etc.

4310. A MADAME LA DUCHESSE DE GRAMMONT.

Au château de Ferney, par Genève, 14 janvier.

MADAME,

Vous êtes ma protectrice : je vous supplie de me donner mes étrennes. Je ne peux vous demander un

---

[1] Bessin (Alexandre-Jacques), né à Glos-la-Ferrière, près de l'Aigle, en 1734, après avoir été professeur au collége d'Orléans à Versailles, devint curé de Plainville près de Bernay ; il est mort en 1810 ; il fit à Voltaire une réponse assez longue, dans laquelle il y a quatre vers. Il publia, en 1767, *l'École du Sage,* poëme. B.

regard de vos yeux, attendu que je suis aveugle. Je vous demande une compagnie de cavalerie ou de dragons. Vous me direz peut-être que cette compagnie n'est point faite pour un quinze-vingt de soixante et onze ans; aussi n'est-ce pas pour moi, madame, que je la demande, c'est pour un jeune gentilhomme de vingt-quatre ans et demi, qui fait des enfants à mademoiselle Corneille votre protégée. Ce jeune homme était cornette dans la Colonelle-générale; il a commencé par être mousquetaire, et actuellement il a neuf ans de service. Son colonel, monsieur le duc de Chevreuse, a rendu de lui les meilleurs témoignages; il a été compris dans la réforme, et il est très digne de servir: actif, sage, appliqué, brave, et doux, voilà son caractère. Son nom est Dupuits; il demeure chez moi, et sa femme et moi nous le verrons partir avec regret pour aller escadronner.

Monseigneur le duc votre frère, quand je pris la liberté de lui représenter la rage que ce jeune homme avait de continuer le service, daigna m'écrire: *Adressez-vous à ma sœur, c'est à elle que je remets tout ce qui regarde votre petit Dupuits.*

C'est donc vous, madame, dont je réclame la protection, en vous assurant sur ma pauvre vie qu'on ne sera jamais mécontent de Pierre Dupuits, mari de Françoise Corneille. Je vous demande cette grace au nom du *Cid* et de *Cinna*. Pierre Corneille eut deux fils tués au service du roi; Pierre Dupuits demande le même honneur en qualité de gendre.

Je suis avec un profond respect, madame, votre très humble et très obéissant serviteur, VOLTAIRE.

ANNÉE 1765.

4311. A M. DALEMBERT.

15 janvier.

Mon cher philosophe, j'ai vu aujourd'hui le commencement de *la Destruction* en gros caractère, comme vous le souhaitez. C'est une charmante édification que cette *Destruction*; on n'y changera pas une virgule, on n'omettra pas un iota de la loi, jusqu'à ce que toutes choses soient accomplies[1]. J'aurai plus de soin de cette besogne que des *Commentaires* de Pierre, qui m'ennuyaient prodigieusement. Frère Cramer, afin que vous le sachiez, est très actif pour son plaisir, et très paresseux pour son métier. Tel était Philibert Cramer son frère, qui a renoncé à la typographie. Gabriel et Philibert peuvent mettre au rang de leurs négligences de n'avoir pas fait présenter à l'académie un exemplaire de mes fatras sur les fatras de Pierre Corneille. Gabriel dit pour excuse que la Brunet, votre imprimeuse, était chargée de cette cérémonie, et qu'elle ne s'en est pas acquittée. J'ai grondé Gabriel, Gabriel a grondé la Brunet, et vous m'avez grondé, moi qui ne me mêle de rien, et qui suis tout ébaubi.

Gabriel dit qu'il a écrit à l'enchanteur Merlin, et que ce Merlin doit présenter un fatras cornélien à monsieur le secrétaire perpétuel. Si cela n'est pas fait, je vous supplie de m'en instruire, parceque sur-le-champ je ferai partir par la diligence de Lyon le seul exemplaire que j'aie, lequel je supplierai l'académie de mettre dans ses archives.

[1] Matthieu, v, 18. B.

Ce malheureux Jean-Jacques a fait un tort effroyable à la bonne cause. C'est le premier fou qui ait été malhonnête homme; d'ordinaire les fous sont bonnes gens. Il a trouvé en dernier lieu dans son livre[1] le secret d'être ennuyeux et méchant. On peut écrire plus mal que lui, mais on ne peut se conduire plus mal. N'importe, Peregrinus est content, pourvu qu'on parle de Peregrinus. Jean-Jacques sera charmé d'être pendu, pourvu qu'on mette son nom dans la sentence. J'espère cependant que la bonne cause pourra bien se soutenir sans lui. Jean-Jacques a beau être un misérable, cela n'empêche pas qu'Ézéchiel ne soit un homme à mettre aux Petites-Maisons, ainsi que tous ses confrères. Il faut avouer, quoi qu'on en dise, que la raison a fait de terribles progrès depuis environ trente ans. Elle en fera tous les jours; il se trouvera toujours quelque bonne ame qui dira son mot en passant, et qui *écr. l'inf...*; ce que je vous souhaite, au nom du père et du fils.

4312. A M. DAMILAVILLE.

15 janvier.

Mon cher frère, Jean-Jacques est en horreur dans sa patrie, chez tous les honnêtes gens; et ce qu'il y a de pis, c'est que son livre est ennuyeux.

Je croyais vous avoir mandé que la petite brochure est d'un nommé Vernes ou Vernet[2]. On dit que ce n'est qu'une seule feuille oubliée presque en naissant.

---

[1] *Lettres écrites de la montagne;* voyez page 139. B.
[2] Il s'agit des *Sentiments des citoyens*, qui sont de Voltaire; voyez tome XLII, page 75. B.

Ce ministre Vernes a écrit une autre brochure contre Jean-Jacques, oubliée tout de même. Je n'ai vu ni l'un ni l'autre écrit, Dieu merci, et n'ai fait que parcourir les livres ennuyeux faits à cette occasion.

J'ai été bien aise de détromper madame la maréchale de Luxembourg[1], à qui Jean-Jacques avait fait accroire que je le persécutais, parcequ'il m'avait offensé ridiculement. Je lui avais offert, malgré ses sottises, un sort aussi heureux que celui de mademoiselle Corneille; et si, au lieu d'un quintal d'orgueil, il avait eu un grain de bon sens, il aurait accepté ce parti. Il s'est cru outragé par l'offre de mes bienfaits. Il n'est pas Diogène, mais le chien de Diogène, qui mord la main de celui qui lui offre du pain.

Tout ce que vous me dites dans votre lettre du 10 de janvier est la raison même. Je me suis tenu à Ferney pendant tous ces troubles; je ne me suis mêlé de rien. Quand les abeilles se battent dans une ruche, il ne faut pas en approcher. Tout s'arrangera, et ce malheureux Rousseau restera l'exécration des bons citoyens.

Il est fort difficile d'avoir des *Évangiles*[2]; il sera peut-être plus aisé d'avoir des *Portatifs*. Je me servirai de la voie que vous m'avez indiquée.

Ma santé est fort mauvaise; j'ai été malade soixante et onze ans, et je ne cesserai de souffrir qu'en cessant de vivre; mais, en mourant, je vous dirai: O

---

[1] Voyez lettre 4305. B.

[2] *L'Évangile de la raison* (voyez page 106): Voltaire se plaignait de ce qu'on avait mis aussi à ce volume le titre de *Collection complète des OEuvres de M. de Voltaire;* mais il était loin, comme on voit, de blâmer le recueil. B.

vous, que j'aime! persévérez malgré les transfuges et les traîtres, et *écr. l'inf*....

4313. A M. DUPONT.

A Ferney, 15 janvier.

J'ai suivi vos conseils, mon cher ami; j'ai demandé une belle ratification du traité, avec une expédition des registres de la chambre de Montbéliard. On aime tant à se flatter, que j'ose toujours espérer, malgré mon triste état, de vous voir au printemps, et d'examiner ce Montbéliard. Il y a des gens devers la Franche-Comté qui prétendent que la créance n'est nullement assurée; mais je m'en rapporte plus à vous, qui êtes instruit du fond de l'affaire, qu'à ces messieurs, qui n'ont que des doutes vagues, et fondés seulement sur la défiance qu'on a toujours des princes. Cette défiance est encore fortifiée par les querelles de M. le duc de Wurtemberg avec ses états. On dit que ces querelles sont plus vives que jamais; elles n'ont heureusement rien de commun avec les terres d'Alsace et de Franche-Comté. M. de Montmartin est un brave et honnête gentilhomme qui n'aurait pas voulu me tromper; ainsi je crois que je puis me livrer à une douce sécurité. Nous avons à Ferney un de vos compatriotes; c'est M. le chevalier de Boufflers, un des plus aimables enfants de ce monde, tout plein d'esprit et de talents. Si vous étiez ici, il ne nous manquerait rien. Madame Denis qui n'écrit point, mais qui vous aime beaucoup, vous fait les plus tendres compliments. V.

4314. A M. DAMILAVILLE.

16 janvier.

Mon cher frère est prié de vouloir bien faire rendre cette lettre à M. Élie de Beaumont [1]. Je me flatte qu'il lui aura fait lire les *Doutes* sur cet impertinent *Testament*, tant loué et si peu lu. Je suis bien curieux de savoir ce que pense mon frère du délateur Jean-Jacques. Je ne me consolerai jamais qu'un philosophe ait été un malhonnête homme.

4315. A M. LE COMTE D'ARGENTAL.

17 janvier.

Mon cher ange, d'abord comment se porte madame d'Argental? ensuite comment êtes-vous avec le tyran du *tripot*[2]? J'ai bien peur, par tout ce qu'il m'écrit, qu'il ne soit très fâché contre vous : c'est une de ses grandes injustices; car je l'ai bien assuré [3] que vous n'aviez ni ne pouviez avoir aucune part à la distribution des dignités comiques; et il doit savoir que c'est en conséquence de sa permission expresse, datée du 17 de septembre 1764, que je disposais des rôles. Son grand chagrin, son grand cheval de bataille est que les provisions par moi données au *tripot* ont passé par vos aimables mains; en ce cas, vous auriez donc été trahi, les tripotiers vous auraient compromis. Voilà une grande tracasserie pour un mince sujet. Cela ressemble à la guerre des Anglais,

---

[1] La lettre est perdue. B.
[2] Richelieu. B.
[3] Lettre 4283. B.

qui commença pour quatre arpents de neige; mais je m'en remets à votre prudence.

Je vous avoue que je suis un peu dégoûté de tous les tripots possibles; je vois évidemment que celui de *Cinna* et d'*Andromaque* est tombé pour long-temps. Quand une nation a eu un certain nombre de bons ouvrages, tout ce qu'on lui donne au-delà fait l'effet d'un second service qu'on présente à des convives rassasiés. Je vous le répète, l'opéra comique fera tout tomber. Une musique agréable, de jolies danses, des scènes comiques, et beaucoup d'ordures, forment un spectacle si convenable à la nation, que le *Petit Carême* de Massillon ne tiendrait pas contre lui. Je crois fermement qu'il faut que les comédiens ordinaires du roi aillent jouer dans les provinces trois ou quatre ans : s'ils restent à Paris, ils seront ruinés.

J'ai eu, par contre-coup, ma petite dose de tracasserie au sujet de ce fou de Jean-Jacques; sa conduite est inouïe. Saint Paul n'en usa pas plus mal avec saint Pierre, en annonçant le même Évangile. Je vois qu'on a très bien fait de supposer que la Trinité ne compose qu'un seul Dieu; car si elle en avait eu trois, ils se seraient coupé la gorge pour quelques querelles de bibus.

A l'ombre de vos ailes.

4316. DE M. DALEMBERT.

A Paris, ce 17 janvier.

Je commence, mon cher et illustre maître, par vous remercier des soins que vous voulez bien vous donner pour moi. Voici une lettre où je prie M. Cramer de hâter l'impression.

Je ne lui parle qu'en passant de ce qui concerne mes intérêts; c'est votre affaire de lui dire là-dessus ce qui convient; cela devrait être fait de sa part. Je desirerais beaucoup d'avoir à me louer de lui, parceque j'aurai vraisemblablement dans le courant de cette année d'autres ouvrages à lui donner, étant comme résolu de ne plus rien imprimer en France. Assurément je n'ai point envie de me faire d'affaire avec les pédants à long et à petit rabat; mais c'est bien assez de me couper les ongles moi-même de bien près, sans qu'un censeur vienne encore me les couper jusqu'au sang. M. Cramer peut compter, si j'ai lieu d'être content de lui en cette occasion, qu'il imprimera désormais tout ce que je ne voudrai pas soumettre à l'inquisition de nos Midas en soutane ou en robe.

Je suis bien fâché, pour la philosophie et pour les lettres, du parti que prend Jean-Jacques, et en particulier de ce qu'il a dit contre vous dans son dernier livre [1], que je n'ai pu lire, tant la matière est peu intéressante pour qui n'est pas bourdon ou guêpe de la ruche de Genève. Il a couru un bruit que vous lui aviez fait une réponse injurieuse; je ne l'ai pas cru, et des gens en état d'en juger, qui ont lu cette réponse, m'ont assuré qu'elle n'était pas de vous [2]. Au nom de Dieu, si vous lui répondez, ce qui n'est peut-être pas nécessaire (du moins c'est le parti que je prendrais à votre place), répondez-lui avec le sang-froid et la dignité qui vous conviennent. Il me semble que vous avez beau jeu, ne fût-ce qu'en opposant aux horreurs qu'il dit aujourd'hui de sa patrie tous les éloges qu'il en a faits, il y a quatre ou cinq ans, dans la dédicace d'un de ses ouvrages [3], sans compter son petit procédé avec moi, à qui il a donné tort et raison, selon que ses intérêts l'exigeaient. Il est bien fâcheux que la discorde soit au camp de la philo-

---

[1] *Lettres écrites de la montagne;* voyez page 139. B.

[2] *Le Sentiment des citoyens* est bien de Voltaire; voyez tome XLII, page 75. B.

[3] La dédicace que Rousseau fit *A la république de Genève* de son *Discours sur l'origine de l'inégalité parmi les hommes* est datée du 12 juin 1754. B.

sophie, lorsqu'elle est au moment de prendre Troie. Tâchons du moins de n'avoir rien à nous reprocher de ce qui peut nuire à la cause commune.

4317. A M. LE MARÉCHAL DUC DE RICHELIEU.

A Ferney, 21 janvier.

Mon héros, si vous prenez goût à *l'empereur Julien*, j'aurai l'honneur de vous envoyer quelque infamie de cette espèce pour éprouver votre foi et pour l'affermir.

Je suis dans mon lit depuis un mois, fort peu instruit de ce qui se passe dans ce monde-ci et dans l'autre. La faiblesse du corps diminue toutes les passions de l'ame. Je ne me sens aucun zèle pour le tripot de la Comédie française. Je sens que, si j'étais jeune, j'aurais beaucoup de goût pour celui de l'Opéra-Comique. On y danse, on y chante, on y dit des ordures; tous les contes de La Fontaine y sont mis sur la scène, et on m'assure qu'on y jouera incessamment *le Portier des Chartreux*, mis en vers par l'abbé Grizel.

Vous croyez bien, monseigneur le maréchal, que je ne serai pas assez imbécile pour disputer contre vous sur la tracasserie concernant les dignités de la troupe du faubourg Saint-Germain. Si j'étais un malavisé et un opiniâtre, je vous dirais que votre lettre du 17 de septembre, qui me donnait toute permission, était une réponse à mes requêtes; je vous dirais que ces requêtes étaient fondées sur des représentations du *tripot* même, et je vous jurerais que Parme et

Plaisance¹ n'y avaient aucune part. Mais Dieu me garde d'oser disputer avec vous! vous auriez trop d'avantage, non seulement comme mon héros et comme mon premier gentilhomme de la chambre, mais comme un homme sain, frais, gaillard, et dispos, vis-à-vis d'un vieux quinze-vingt malade, qui radote dans son lit au pied des Alpes.

Le chevalier de Boufflers est une des singulières créatures qui soient au monde. Il peint en pastel fort joliment. Tantôt il monte à cheval tout seul à cinq heures du matin, et s'en va peindre des femmes à Lausanne; il exploite ses modèles²; de là il court en faire autant à Genève, et de là il revient chez moi se reposer des fatigues qu'il a essuyées avec des huguenotes.

J'aurai l'honneur de vous dire que je suis si dégoûté des *tripots*, que je me suis défait du mien. J'ai démoli mon théâtre, j'en fais des chambres à coucher et à repasser le linge. Je me suis trouvé si vieux, que je renonce aux vanités du monde. Il ne me manque plus que de me faire dévot pour mourir avec toutes les bienséances possibles. J'ai chez moi, comme vous savez, je pense, un jésuite³ à qui on a ôté ses pouvoirs, dès qu'on a su qu'il était dans mon profane

---

¹ Le comte d'Argental, qui était ministre plénipotentiaire de Parme auprès de la cour de France; voyez tome LVIII, page 107. B.

² Expression de l'épigramme de J.-B. Rousseau, intitulée *Remède contre la chair,* et qui commence par
        Un Guillaumet mâtinait à confesse
        Un sectateur de l'art du Titien.   B.

³ Le P. Adam; voyez tome XLV, page 150. B.

taudis. Son évêque savoyard [1] est un homme bien mal-avisé, car il risque de me faire mourir sans confession, malheur dont je ne me consolerais jamais. En attendant, je me prosterne devant vous.

4318. A M. DE MAIRAN.

A Ferney, 21 janvier.

Il faut, monsieur, que vous ayez eu la bonté de m'envoyer, il y a six mois, votre horoscope d'Auguste; car M. Thieriot me l'a fait tenir depuis huit jours. Souffrez que je vous remercie en droiture; si je m'adressais à lui, ma lettre ne vous parviendrait qu'en 1766. J'aurais, si je voulais, un peu de vanité, car j'ai toujours été de votre avis sur tout ce que vous avez écrit. Souvenez-vous, je vous prie, de la dispute sur la masse multipliée par le carré de la vitesse. Je soutins votre opinion [2] contre la mauvaise foi de Maupertuis, qui avait séduit madame du Châtelet. Vous m'avez éclairé de même sur plusieurs points de physique. Je vous trouve partout aussi exact qu'ingénieux. Il n'y a que les Égyptiens sur lesquels je ne me suis pas rendu. J'aime tant les Chinois et Confucius, que je ne peux croire qu'ils tiennent rien du peuple frivole et superstitieux d'Égypte.

De toutes les anciennes nations, l'Égyptienne me paraît la plus nouvelle; il me semble impossible que l'Égypte, inondée tous les ans par le Nil, ait pu être un peu florissante avant qu'on eût employé dix ou

---

[1] Biord, évêque d'Annecy; voyez tome LVIII, page 277. B.
[2] Voyez tome XXXVIII, page 490. B.

douze siècles à préparer le terrain. La plupart des régions de l'Asie, au contraire, se prêtaient naturellement à tous les besoins des hommes. Le pays le plus aisément cultivable est toujours le premier habité. Les pyramides sont fort anciennes pour nous; mais, par rapport au reste de la terre, elles sont d'hier; et à l'égard de nous autres Gaulois ou Welches, il y a deux minutes que nous existons : c'est peut-être ce qui fait que nous sommes si enfants.

Adieu, monsieur; vous mériteriez d'exister toujours. Agréez, avec votre bonté ordinaire, la très tendre et très respectueuse reconnaissance de votre, etc.

4319. A M. COLLENOT[1].

A Ferney, 21 janvier.

La personne que M. Collenot a consultée sent très bien qu'elle ne mérite pas de l'être. Elle croit qu'il ne faut consulter sur l'éducation de ses enfants que leurs talents et leurs goûts. Le travail et la bonne compagnie sont les deux meilleurs précepteurs que l'on puisse avoir. L'éducation des colléges et des couvents a toujours été mauvaise, en ce qu'on y enseigne la même chose à cent enfants qui ont tous des talents différents. La meilleure éducation est sans doute celle que peut donner un père qui a autant de mérite que M. Collenot. Voilà tout ce qu'un vieux malade peut avoir l'honneur de lui répondre.

[1] Ce négociant d'Abbeville avait consulté Voltaire sur l'éducation qu'il devait donner à ses enfants. B.

4320. A M. DE FLEURIEU,

ANCIEN COMMANDANT, ET PRÉVÔT DES MARCHANDS DE LYON.

Au château de Ferney, 21 janvier.

Monsieur, je vous supplie de vouloir bien présenter mes respects à l'académie; j'y ajoute mes regrets de n'avoir pu assister à ses séances depuis dix ans : mais un vieux malade ne peut guère se transplanter. Si vous êtes mon doyen académique, je crois que j'ai l'honneur d'être le vôtre dans l'ordre de la nature. Je crois qu'elle vous a mieux traité que moi : vous écrivez de votre main, et c'est ce que je ne puis faire. Vous voyez toute votre aimable famille prospérer sous vos yeux, et moi je n'ai pas l'honneur d'avoir des enfants : madame Denis, qui m'en tient lieu, vous fait les plus sincères compliments.

Il y a bien des fautes dans le *Corneille* que j'ai eu l'honneur de présenter à l'académie. Cet ouvrage aurait dû être imprimé à Lyon plutôt qu'à Genève. Corneille aurait été une des meilleures étoffes de vos manufactures; elle durera, quoique ancienne, et quoique j'y aie mis une bordure. Pour moi, je ne m'occupe qu'à planter des arbres dont je ne verrai pas l'ombrage; j'ai trouvé que c'était là le sûr moyen de travailler pour la postérité.

J'ai eu l'honneur de voir quelquefois messieurs vos fils dans la petite chaumière que j'ai bâtie, et dans les petites allées que j'ai alignées. Mon bonheur eût été complet si j'y avais vu le père.

J'ai l'honneur d'être très respectueusement, monsieur, votre très humble, etc. VOLTAIRE.

4321. A M. L'ABBÉ DE SADE.

Au château de Ferney, 23 janvier.

Le second volume m'est arrivé, monsieur : je vous en remercie de tout mon cœur ; mais M. Fréron vous doit encore plus de remerciements que moi. Il doit être bien glorieux : vous l'avez cité [1], et c'est assurément la première fois de sa vie qu'on l'a cru sur sa parole. Mais, comme je suis plus instruit que lui de ce qui me regarde, je puis vous assurer que je n'ai pas seulement lu cet extrait de Pétrarque dont vous me parlez. Il faut que ce Fréron soit un bien bon chrétien, puisqu'il a tant de crédit en terre papale. Vous m'avez traité comme un excommunié. Si la seconde édition de l'*Histoire générale* était tombée entre vos mains, vous auriez vu mes remords et ma pénitence d'avoir pris la rime quaternaire [2] pour des

---

[1] En tête du second volume de ses *Mémoires pour la vie de François Pétrarque*, est un préambule de vingt-quatre pages, intitulé *aux Littérateurs français, italiens, etc.* A la page v de ce préambule, l'abbé de Sade rappelle que Fréron, dans son *Année littéraire* (année 1764, t. V, p. 65), assure que Voltaire est l'auteur de l'article inséré dans la *Gazette littéraire* (et qui est dans la présente édition, tome XLI, page 476). Il rapporte aussi les expressions de la note ajoutée tome LXI par l'abbé Arnaud, et dont j'ai parlé page 491-92 ; et avoue qu'il serait, sur un tel témoignage, assez porté à croire que l'article est de Voltaire, s'il n'avait des raisons très fortes de penser le contraire. B.

[2] Au lieu de ce qu'on lit aujourd'hui tome XVI, page 425, il y avait encore dans l'édition de 1761-63 de l'*Essai sur l'Histoire générale :* « Sa « belle ode à la fontaine de Vaucluse, ode irrégulière à la vérité, et qu'il « composa en vers blancs, sans se gêner par la rime, mais qu'on estime « plus que ses vers rimés. »

L'abbé de Sade citait ce passage dans ses *Notes*, pages 17-18, sans faire aucune critique. B.

vers blancs. Ces rimes de quatre en quatre n'avaient pas d'abord frappé mon oreille, qui n'est point accoutumée à cette espèce d'harmonie. Je prends d'ailleurs actuellement peu d'intérêt aux vers, soit anciens, soit modernes : je suis vieux, faible, malade.

Nunc itaque et versus et cætera ludicra pono.
Hor., lib. I, ep. 1, v. 10.

Je n'en dis pas de même de votre amitié et de l'envie de vous voir : ce sont deux choses pour lesquelles je me sens toute la vivacité de la jeunesse.

J'ai l'honneur d'être, monsieur, du meilleur de mon cœur, et sans cérémonie, votre très humble et très obéissant serviteur.

4322. A M. DALEMBERT.

25 janvier.

Vous devez, mon cher philosophe, avoir reçu une lettre satisfesante de ce joufflu de Gabriel Cramer. Il est bien heureux d'imprimer *la Destruction :* cette *Destruction* suffirait pour bien établir un libraire de Paris. La quatrième feuille est déjà imprimée. Je vous remercie de m'avoir fourré là [1], j'en suis tout glorieux. Je me trouve enchâssé avec des diamants que vous avez répandus sur le fumier des jansénistes et des molinistes.

---

[1] Dans la première édition de l'ouvrage de Dalembert, *Sur la destruction des jésuites en France,* c'est dans la quatrième feuille, page 84, que se trouve le passage où est loué « le chapitre sur le jansénisme dans l'ex-« cellent *Essai sur l'Histoire générale,* par le plus agréable de nos écrivains « philosophes. » Ce chapitre est le xxxviie du *Siècle de Louis XIV;* voyez tome XX, page 402. B.

Votre ami le roi de Prusse, à qui j'ai été obligé d'écrire, m'a félicité [1] d'être toujours occupé à écraser l'*inf*.... Hélas! je ne l'écrase pas, mais vous la percez de cent petits traits dont elle ne se relèvera jamais chez les honnêtes gens. Le bon de l'affaire, c'est qu'étant percée à jour de votre main forte et adroite, elle n'osera pas seulement se plaindre.

Je vais faire partir mon exemplaire de *Corneille* pour l'académie. Gabriel m'en rendra un de la seconde édition.

Vous voilà en train de détruire, amusez-vous à détruire successivement toutes nos sottises welches; un destructeur tel que vous sera un fondateur de la raison.

4323. A M. DAMILAVILLE.

25 janvier.

Mon cher frère, chaque feuille imprimée qu'on m'apporte de *la Destruction* m'édifie de plus en plus. Ce petit ouvrage fera beaucoup de bien, ou je suis fort trompé. Voilà de ces choses que tout le monde entend. Vous devriez engager vos autres amis à écrire dans ce goût. Déchaînez des dogues d'Angleterre contre le monstre qu'il faut assaillir de tous côtés.

Avez-vous reçu quelque chose de Besançon? Je vous embrasse bien tendrement.

---

[1] Lettre 4299. B.

4324. A M. LE MARQUIS DE FRAIGNE[1].

Ferney, 25 janvier.

. . . .

Nous avons, dans ce moment-ci, une petite esquisse à Genève de ce qu'on nomme liberté, qui me fait aimer passionnément mes chaînes. La république est dans une combustion violente. Le peuple, qui se croit le souverain, veut culbuter le pauvre petit gouvernement, qui assurément mérite à peine ce nom. Cela fait, de Ferney, un spectacle assez agréable. Ce qui le rend plus piquant, c'est de comparer la différente façon de penser des hommes, et les motifs qui les font agir : souvent ces motifs ne font pas honneur à l'humanité. Le peuple veut une démocratie décidée; le parti qui s'y oppose n'est point uni, parceque l'envie est le vice dominant de cette petite ruche, où l'on distille du fiel au lieu de miel. Cette querelle n'est pas prête à finir, la démocratie ne pouvant subsister quand les fortunes sont trop inégales. Ainsi je prédis que la ruche bourdonnera jusqu'à ce qu'on vienne manger le miel.

[1] Cette adresse est celle que donne à cette lettre la *Correspondance de Grimm* (15 mars). Dans les *Lettres curieuses et intéressantes de M. de Voltaire et de plusieurs autres personnes* (Dublin, 1781, in-8°), on dit que c'est un fragment d'une lettre au duc de Choiseul. La version du volume de 1781 est terminée par cet alinéa :

« Ma réponse aurait suivi votre lettre de plus près, si je n'avais pas attendu que je pusse vous envoyer tous les écrits qui ont animé cette petite république, qui veut aussi être quelque chose. Je souhaite, que vous soyez meilleur prophète que moi. Je suis, avec toute la reconnaissance et le respect, monseigneur, etc. » B.

C'est Rousseau qui a fait tout ce tapage. Il trouve plaisant, du haut de sa montagne [1], de bouleverser une ville, comme la trompette du Seigneur qui renversa les murs de Jéricho [2].....

4325. A M. LE MARÉCHAL DUC DE RICHELIEU.

A Ferney, 27 janvier.

Mon héros, permettez que je prenne la liberté de me vanter auprès de vous de l'honneur que j'ai d'être ami de M. d'Hermenches, fils d'un gros diable de général au service de Hollande, qui s'est battu pendant quarante ans contre les Français; le fils a mieux aimé se battre pour vous. Il est actuellement dans votre service, et il a desiré, comme de raison, d'être présenté au général qui a le mieux soutenu la gloire de la France. Vous pouvez d'ailleurs le faire votre aide-de-camp auprès de mademoiselle d'Épinai, ou de mademoiselle Doligny, ou de mademoiselle Luzy, attendu que vous ne pouvez pas tout faire par vous-même. De plus, je dois vous certifier que c'est l'homme du monde qui se connaît le mieux en bonne déclamation. J'ai eu l'honneur de jouer le vieux bon homme Lusignan avec lui. Il fesait Orosmane à mon grand contentement, et je le prends pour arbitre quand on m'accusera injustement d'avoir donné des préférences à des filles. Il sait plus que personne avec quel enthousiasme je vous suis attaché. Il sait que vous êtes

---

[1] Par ses *Lettres écrites de la montagne :* voyez page 139. B.
[2] *Josué*, chap. VI, v. 20. B.

la première de toutes mes passions, et combien je lui envie le bonheur qu'il a de vous faire sa cour.

Agréez, monseigneur, le tendre et profond respect de votre vieux courtisan.

4326. A M. LE COMTE D'ARGENTAL.

28 janvier.

Mon cher ange, d'abord comment va la toux de madame d'Argental, et pourquoi tousse-t-elle? ensuite je remercie très humblement M. le duc de Praslin du passe-port [1].

Ensuite vous saurez que je bataille toujours avec le tyran du *tripot* [2]; mais vous sentez bien que je serai battu. Il y a de l'aigreur; on ne m'en a jamais dit la raison.

Il me semble, au sujet des roués, qu'il ne serait pas mal d'attendre Pâques. Peut-être l'acteur dont vous me parlez [3] aura déployé alors des talents qui encourageront le petit ex-jésuite.

Voulez-vous que je vous envoie un *Portatif* sous le couvert de M. le duc de Praslin? Je ne m'aviserais pas de prendre ces libertés sans vos ordres précis. Les auteurs de cet ouvrage n'ont pas été assez loin; ils n'ont fait qu'effleurer les premiers temps du christianisme. Vous savez bien que Paul était une tête chaude; mais savez-vous qu'il était amoureux de la

---

[1] Pour Moultou et son fils. B.

[2] Richelieu. B.

[3] Du Villiers avait débuté le 29 novembre 1764; Marsan, le 19 décembre : il serait difficile de dire duquel veut parler Voltaire, si même il parle de l'un des deux. B.

fille de Gamaliel? Ce Gamaliel était fort sage; il ne voulut point d'un fou pour son gendre. Il[1] avait à la vérité de larges épaules, mais il était chauve, et avait les jambes torses; son grand vilain nez ne plaisait point du tout à mademoiselle Gamaliel. Il se tourna du côté de sainte Thècle, dont il fut directeur : mais en voilà trop sur cet animal.

Mon cher ange, vivez gaîment, aimez le plus que borgne.

4327. A M. DAMILAVILLE.

28 janvier.

Mon cher frère, mon cher philosophe, en vérité Jean-Jacques ne ressemble pas plus à Thémistocle que Genève ne ressemble à Athènes, et un rhéteur à Démosthène. Jean-Jacques est un méchant fou qu'il faut oublier; c'est un chien qui a mordu ceux qui lui ont présenté du pain. Tout ce que j'ai craint, c'est que son infame conduite n'ait fait tort au nom de philosophe, dont il affectait de se parer. Les vrais sages ne doivent songer qu'à être plus unis et plus fermes; mais je crains leur tiédeur autant que les persécutions. Si nous avions une douzaine d'ames aussi zélées que la vôtre, nous ne laisserions pas de faire du bien au monde; mais les philosophes demeurent tranquilles quand les fanatiques remuent; c'est là l'éternel sujet de nos saintes afflictions.

Il sera difficile de vous faire parvenir des *Évangiles*; j'ai ouï dire qu'il n'y en avait plus. Les auteurs du *Portatif*, qui sont très cachés, et qu'on ne con-

---

[1] Paul. B.

naît pas, vous enverront incessamment un exemplaire de la nouvelle édition d'Amsterdam; mais ils veulent savoir auparavant si vous avez reçu un paquet de Besançon.

Mandez-moi, je vous prie, si vous avez fait voir à M. d'Argental ma lettre à madame la duchesse de Luxembourg [1].

On m'a parlé d'un livre intitulé *le Fatalisme*[2], qui a paru il y a deux ans, et qu'on attribue à un abbé Pluquet. Je vous supplie de vouloir bien le faire chercher par l'enchanteur Merlin, et de l'adresser par la diligence de Lyon à M. Camp, banquier à Lyon, pour celui qui vous chérira tendrement jusqu'au dernier moment de sa vie.

4328. A M. LE MARQUIS D'ARGENCE DE DIRAC.

A Ferney, 29 janvier.

Je ne suis point étonné, mon cher et aimable philosophe militaire, qu'un brave homme devienne poltron quand il est superstitieux et ignorant. On est brave à la guerre par vanité, parcequ'on ne veut pas essuyer de ses camarades le reproche d'avoir baissé sa tête devant une batterie de canons; mais on n'a point de vanité avec la fièvre double tierce. On s'abandonne alors à toute sa misère, on laisse paraître des frayeurs dont on ne rougit point, et un prêtre insolent fait plus de peur qu'une compagnie de cuiras-

---

[1] N° 4305. B.

[2] L'ouvrage anonyme de l'abbé Pluquet avait paru en 1757; il est intitulé *Examen du fatalisme, ou Exposition et réfutation des différents systèmes de fatalisme*, et a trois volumes in-12. B.

siers. Nous recevons dans le moment votre pâté. Le pâtissier aura beaucoup d'honneur, si ses perdrix sont arrivées sans barbe par le temps pourri que nous essuyons depuis un mois : nous en serons instruits dans quelques heures, et je vous en dirai des nouvelles à la fin de ma lettre.

Mon cher philosophe guerrier, n'envoyez plus de pâtés, il y a trop loin d'Angoulême à Ferney.

4329. A M. LE COMTE D'ARGENTAL.

30 janvier.

Mon divin ange, vous êtes donc aussi l'ange gardien de M. de Moultou; je parle du fils, car, pour le père, je crois que sa vessie lui jouera bientôt un mauvais tour, et qu'il comparaîtra devant les anges de là-haut. Le fils a le malheur d'être ministre du saint Évangile dans le tripot de Genève; c'est son seul défaut. Madame la duchesse d'Enville doit certifier à M. le duc de Praslin que mon petit Moultou est très philosophe et très aimable, et point du tout prêtre. Il compte même, en partant de Genève, remercier les pédants ses confrères, et renoncer au plus sot des ministères.

Il craint toujours, et à mon avis très mal-à-propos, qu'on ne lui fasse des chicanes en Languedoc, pour avoir prêché la doctrine de Calvin sur les bords du lac Léman. Il supplie très humblement M. le duc de Praslin de vouloir bien mettre dans le passe-port :

« Pour le sieur de Moultou et son fils, bourgeois
« de Genève, avec sa femme et ses enfants. »

Permettez qu'aujourd'hui je ne vous parle que des Moultou, et que je réserve les roués pour une autre occasion. Vous me feriez grand plaisir de me dire si madame d'Argental ne tousse plus. Voulez-vous bien faire agréer à M. le duc de Praslin mes tendres et profonds respects?

4330. A M. DAMILAVILLE.

1er février.

Mon cher frère, voici une grace temporelle que je vous demande; c'est de faire parvenir à M. De Laleu ce paquet, qui est essentiel aux affaires de ma famille. Les philosophes ne laissent pas d'avoir des affaires mondaines à régler. Jean-Jacques n'est chargé que de sa seule personne, et moi je suis chargé d'en nourrir soixante-dix : cela fait que quelquefois je suis obligé d'écrire à M. De Laleu des mémoires qui ne sont pas du tout philosophiques. Vous ne savez pas ce que c'est que la manutention d'une terre qu'on fait valoir. Je rends service à l'état sans qu'on en sache rien. Je défriche des terrains incultes; je bâtis des maisons pour attirer les étrangers; je borde les grands chemins d'arbres à mes dépens, en vertu des ordonnances du roi, que personne n'exécute : cette espèce de philosophie vaut bien, à mon gré, celle de Diogène.

Est-il possible que vous n'ayez pas encore reçu le petit paquet qui doit vous être venu par Besançon? Je prendrai mes mesures pour vous faire parvenir ceux que je vous destine par le premier Anglais qui partira de Genève pour Paris.

Vous m'avez parlé des Délices : je deviens si vieux et si infirme, que je ne peux plus avoir deux maisons de plaisance; et l'état de mes affaires ne me permet plus cette dépense, qui est très grande dans un pays où il faut combattre sans cesse contre les éléments. Je me déferai donc des Délices, si je peux parvenir à un arrangement raisonnable, ce qui est encore très difficile.

Je vous ai prié, mon cher frère, de me faire avoir *le Fatalisme*, par l'enchanteur Merlin. S'il y peut ajouter le *Judicium Franciscorum*[1], il me fera grand plaisir; mais me laissera-t-on mourir sans avoir le *Dictionnaire philosophique* complet?

J'envoie votre lettre à Esculape-Tronchin, qui vous exhortera sans doute à la persévérance. On commence aujourd'hui[2] la *Destruction* du petit théologien : je voudrais bien savoir quel est ce maraud-là.

Je crois que c'est un prêtre janséniste qui est l'auteur d'une des pièces d'éloquence que vous m'avez envoyées; et je soupçonne, non sans raison, le petit abbé d'Étrée, qui ferait bien mieux de servir à boire de bon vin de Champagne, comme son père, que de succéder au ministère d'Abraham Chaumeix[3]. Il n'y a pas, Dieu merci, l'ombre du sens commun dans ce ridicule chiffon.

Adieu, mon cher philosophe, mon cher frère.

---

[1] Voltaire veut probablement parler de l'ouvrage dont j'ai donné le titre dans ma note tome XLVI, page 513. B.

[2] Dans sa lettre à Dalembert, du 25 janvier, n° 4322, Voltaire dit qu'on avait déjà imprimé la quatrième feuille. B.

[3] Abraham Chaumeix avait été le premier dénonciateur de *l'Encyclopédie*; voyez ma note, tome XLII, page 322. B.

4331. A M. DE CIDEVILLE.

4 février.

J'ai été quelque temps aveugle, mon cher et ancien ami, et à présent j'ai le quart de mes deux yeux. C'est avec ce quart que mon cœur tout entier vous écrit. Vous faites un bel éloge du jour de l'an, mais je vous aime toute l'année, et tous les jours sont pour moi les calendes de janvier.

Il est très vrai que le gâteau des Rois est une cérémonie païenne; mais quel usage ne l'est pas? Processions, images, encens, cierges, mystères, tout, jusqu'à la confession, est pris dans l'antiquité. Les Welches n'ont rien à eux en propre, pas même *le Cid*, qui est tout entier de deux auteurs espagnols[1]; pas même le *Soyons amis, Cinna*[2], qui est de Sénèque. Je ne connais guère que le *Qu'il mourût* et le cinquième acte de *Rodogune* qui soient de l'invention du grand Corneille. Ni les *Fables*, ni les *Contes* de La Fontaine, ni *l'Art poétique*, ne sont nés chez nous; presque toutes nos beautés et nos sottises sont d'après l'antique. Nous sommes venus trop tard en tout. A peine commençons-nous à ouvrir les yeux en physique, en finance, en jurisprudence, et même dans la discipline militaire: aussi avons-nous été battus et ruinés; mais l'opéra comique console de tout.

Vous renoncez donc à Paris pour cet hiver, mon cher ami; et moi j'y ai renoncé depuis quinze ans

---

[1] Voyez tome XXXV, page 40. B.
[2] Voyez tome XXXV, page 199. B.

pour le reste de ma vie, et je compte n'avoir véritablement vécu que dans la retraite. On parle à Paris, et on ne pense guère; la journée se passe en futilités : on ne vit point pour soi, on y meurt oublié sans avoir vécu. Peut-être, du temps d'*Andromaque*, d'*Iphigénie*, de *Phèdre*, des belles fêtes de Louis XIV, d'*Armide*, et du passage du Rhin, Paris méritait la curiosité d'un honnête homme. Mais les temps sont un peu changés : les billets de confession, le *Serrurier*, le *Maréchal*[1], les deux vingtièmes, le réquisitoire sur l'inoculation, ne méritent pas le voyage.

Dalembert a fait un petit livre sur la destruction des jésuites ; c'est presque le seul ouvrage marqué au bon coin depuis trente ans. Il est plus philosophe que *les Provinciales*, et peut-être aussi ingénieux. Ce Dalembert n'est pas Welche, c'est un vrai Français.

Vivez, mon cher ami, et comptez que vous n'êtes pas plus aimé vers la rivière de Seine que vers les Alpes. V.

4332. A M. DALEMBERT.

5 février.

Mon adorable philosophe, nous en sommes à H^2. Vous me rendez les lettres de l'alphabet bien précieuses. Vous me comblez de joie en me fesant espérer[3] que vous ne vous en tiendrez pas aux jésuites. Un homme qui a des terres près de Cîteaux me mande

---

[1] *Le Serrurier*, opéra comique, dont les paroles sont de Quétant, Laribardière, et Kohault, fut joué le 20 décembre 1764. *Le Maréchal ferrant*, par Quétant, joué sur le théâtre de la Foire le 22 auguste 1761, était passé au répertoire de la Comédie italienne. B.

[2] C'est-à-dire à la huitième feuille. B.

[3] Voyez lettre 4316. B.

que le chapitre général va s'assembler. Ce chapitre est composé de quatre cents élus; on donne à chacun six bouteilles de vin pour sa nuit; cela s'appelle le vin du chevet, et vous savez que ce vin est le meilleur de France. Ces moines-là ne vous paraissent-ils pas plus habiles que les jésuites? Cîteaux jouit de deux cent mille livres de rente, et Clairvaux en a davantage; mais il est juste de combler de biens des hommes si utiles à l'état. Détruisez, détruisez tant que vous pourrez, mon cher philosophe; vous servirez l'état et la philosophie.

J'espère que frère Gabriel Cramer enverra bientôt à frère Bourgelat le recueil de soufflets que vous donnez à tour de bras aux jansénistes et aux molinistes. C'est bien dommage, encore une fois, que Jean-Jacques, Diderot, Helvétius, et vous, *cum aliis ejusdem farinæ hominibus*[1], vous ne vous soyez pas entendus pour écraser l'*inf*.... Le plus grand de mes chagrins est de voir les imposteurs unis, et les amis du vrai divisés. Combattez, mon cher Bellérophon, et détruisez la Chimère.

N. B. Vous saurez qu'ennuyé de la négligence du gros Gabriel, j'ai envoyé mon exemplaire de *Corneille* à l'adresse de M. Duclos, à la chambre syndicale, par la diligence de Lyon. Je supplie le philosophe frère Damilaville de vouloir bien payer les frais: c'est un philosophe de finance avec lequel je

---

[1] A l'occasion de cette expression j'ai, tome LVI, page 672, cité Rabelais; mais une personne qui ne se nomme pas m'écrit qu'on lit dans saint Jérôme : « Istius farinæ homines sunt admodum gloriosi. » Voltaire cite un autre passage de saint Jérôme, t. XXVI, p. 412; et XLVIII, 491. B.

m'entendrai fort bien. Adieu; je vous embrasse; je suis bien vieux et bien malade.

4333. A M. DAMILAVILLE.

5 février.

Mon cher frère, vous aurez incessamment la petite *Destruction* Dalembertine, et le premier voyageur qui partira pour Paris vous apportera une bonne provision de petits diabloteaux [1].

M. De Laleu doit vous remettre un papier important concernant mes affaires temporelles. C'est mon testament, ne vous déplaise, auquel il faut que je fasse quelques additions. Je le recommande pourtant à vos bontés, qui s'étendent à tous les objets.

J'ai été obligé d'envoyer mon exemplaire de *Corneille* à l'académie française; frère Gabriel n'en avait plus. J'ai fait partir le mien par la diligence de Dijon, adressé à M. Duclos; il sera probablement à la chambre syndicale. Pouvez-vous avoir la bonté de le faire retirer par l'enchanteur Merlin, qui le présentera à M. Duclos? Je vous demande bien pardon de vous parler de ces guenilles : je voudrais ne vous entretenir jamais que de ma tendre amitié pour vous.

4334. A M. LE COMTE D'ARGENTAL.

10 février.

Mon divin ange, je ne vous croyais pas si ange de ténèbres que le dit cet abominable fou de Vergy [2].

---

[1] Je ne sais de quels opuscules veut parler Voltaire. B.
[2] Pierre-Henri Treyssac de Vergy, avocat au parlement de Bordeaux, alors à Londres, avait publié une (seconde) *Lettre à monseigneur le duc de*

Je me souviens bien que Rochemore[1] vous appelait furie, mais c'était par antiphrase, comme disent les doctes. Je ne crois pas que ce Vergy trouve beaucoup de partisans, ni même de lecteurs. Je ne crois pas qu'il y ait un plus ennuyeux coquin. N'est-ce pas un parent de Fréron? Dites-moi, je vous prie, si on joue quelquefois *l'Écossaise;* j'ai peur qu'elle ne soit au rang des pièces que le tyran du *tripot* empêche de jouer, par sa belle disposition des rôles. Je lui ai écrit en dernier lieu[2], je lui écrirai encore. J'ai peur qu'une grande actrice[3], dont on m'a envoyé la médaille, ne soit pas absolument dans vos intérêts. Je reconnais votre cœur au combat qu'il éprouve entre la reconnaissance et la tyrannie tripotière. Je suis à peu près dans le même cas que vous; mais, étant plus vieux, je suis un peu plus indifférent. Me voici dans un moment d'apathie, même pour les roués. Avertissez-moi, je vous prie, mon cher ange, quand vous aurez quelque bon acteur; cela me ressuscitera peut-être.

Vous m'avez fait espérer que mon petit prêtre apostat Moultou, qui est un des plus aimables hommes du monde, serait nommé dans le passe-port. J'attends cette petite faveur avec un peu de douleur, car je

---

Choiseul, ministre secrétaire d'état en France; Liége (ou Londres), 1764, in-4° de trente pages, ayant pour épigraphe ce vers d'Horace :
    Solventur risu tabulæ, tu missus abibis.
Il y parle (pages 4-6) de d'Argental en termes peu flatteurs. Une première *Lettre à monseigneur le duc de Choiseul* n'a que quatre pages. B.

[1] Voyez la note, tome LI, page 472. B.
[2] Voyez page 195. B.
[3] Mademoiselle Clairon. B.

serais très fâché qu'il nous quittât. Il aime la comédie à la fureur; je ne suis pas de même. Il y a des prêtres qui se dégoûtent de dire la messe; je ne suis pas moins dégoûté des Délices; les tracasseries de Genève me sont insipides; et, m'étant aperçu que je n'ai qu'un corps, j'ai conclu qu'il ne me fallait pas deux maisons; c'est bien assez d'une. Il y a des gens qui n'en ont point du tout, et qui valent mieux que moi.

Tout Ferney s'intéresse bien fort à la toux de madame d'Argental. Les deux anges ont ici des autels.

4335. A M. DAMILAVILLE.

10 février.

Mon cher frère, ce n'est pas moi qui suis marié, c'est Gabriel Cramer. Il a une femme qui a beaucoup d'esprit, et qui a été enchantée de *la Destruction*[1]; ma nièce a beaucoup d'esprit aussi, mais elle n'en a rien lu. Voilà ce qu'Archimède-Protagoras peut savoir.

Un de mes amis de Franche-Comté vous envoya un gros paquet, il y a quelques semaines; j'ignore si c'est pour son vingtième, mais je vois que vous n'avez point reçu le paquet. J'ai peur qu'il n'y ait des esprits malins qui se plaisent à troubler le commerce des pauvres mortels.

J'embrasse tendrement mon frère.

[1] *Sur la destruction des jésuites* (par Dalembert), 1765, in-12. B.

4336. A M. LE CLERC DE MONTMERCI.

10 février.

Je vous remercie bien tard, mon cher confrère en Apollon; mais assurément je vous remercie de tout mon cœur de l'amitié que vous me témoignez dans toutes les occasions. Il est vrai que j'ai peu d'obligation à M. Robinet [1]. C'est un grand indiscret, sans doute, que ce M. Robinet, qui publie ainsi les secrets des gens qu'il ne connaît pas, et le tout pour vingt-cinq louis d'or; en vérité, c'est trop payé. Encore, s'il avait imprimé fidèlement mes secrets, il n'y aurait que demi-mal; il ressemble aux honnêtes gens qui pendent les autres en effigie; ils ne s'embarrassent pas que le portrait soit ressemblant. Les beaux vers que vous avez bien voulu faire pour moi [2] me consolent; vous faites mon apothéose quand d'autres me damnent. Ma santé et ma vue s'affaiblissent tous les jours. Je serai bien fâché de mourir sans avoir pu souper entre vous et M. Damilaville, à qui j'adresse ce petit billet pour vous. Je supprime toutes les cérémonies, le sentiment ne les admet pas.

4337. A M. DAMILAVILLE [3].

15 février.

Permettez, mon cher frère, que je vous adresse

---

[1] Éditeur des *Lettres secrètes de M. de Voltaire;* voyez tome XLII, pages 478 et 661. B.

[2] Voyez ma note sur la lettre 4065. B.

[3] Dans les éditions de Kehl on trouve, à la date du 13 février, une lettre à Damilaville, qui est formée 1° des deux premiers alinéa de la lettre 4335, 2° de toute la lettre 4337. B.

cette consultation pour M. de Beaumont, et cette lettre¹ pour M. de Lavaysse; je l'ai laissée décachetée afin que vous la lisiez. Vous serez convaincu que la raison n'a pas fait de grands progrès chez les *Languedochiens*, et qu'ils tiennent toujours un peu des Visigoths.

Ne soyez point étonné que je quitte ma maison de campagne dans le pays genevois : je suis vieux, je n'ai qu'un corps, je ne peux plus avoir deux maisons; je passe la moitié de mon temps dans mon lit, et ce n'est pas la peine d'en changer. Je n'aime pas d'ailleurs à me mêler des affaires de la parvulissime. J'ai renoncé aux vanités du monde.

J'ai reçu *le Fatalisme*; et, en parcourant une page, j'ai trouvé deux ou trois sottises de prime abord; mais je les pardonnerai, si je trouve quelque chose de raisonnable. Je vois avec douleur que vous n'avez pas reçu un paquet de Franche-Comté. Ceux de Metz auraient le même sort. La raison est bien de contrebande. Consolons-nous tous deux en aimant passionnément cette infortunée.

Adieu, mon cher philosophe. *Écr. l'inf....*

4338. A M. DAMILAVILLE.

20 février.

Mon cher frère, j'ai lu une partie de ce Pluquet² : cet homme est ferré à glace sur la métaphysique; mais je ne sais s'il n'a pas fourni un souper, dont plu-

---

1. Elle est perdue. B.
2. Voyez ma note, page 198. B.

sieurs plats seraient assez du goût des spinosistes. Je voudrais bien savoir ce que les Dalembert et les Diderot pensent de ce livre.

La Destruction doit être partie, ou partira à la fin de cette semaine. Je ne suis pas exactement informé; trois pieds de neige interrompent un peu la communication. Je crois que cette neige refroidira les esprits de Genève, qui étaient un peu échauffés; on disputera, mais il n'y aura point de guerre civile.

Je crois que j'ai très bien pris mon temps pour me tirer de la cohue, et pour me défaire des Délices, d'autant plus que mon bail était fini, et que je ne l'avais pas renouvelé. Un M. Labat, qui avait dressé les articles du contrat, me fesait quelques difficultés, comme vous l'avez pu voir. Ces difficultés ont dû vous paraître extraordinaires, aussi bien que le contrat même. On ne ferait pas de tels marchés en France; celui-là est plus juif que calviniste.

Je me flatte que tout s'accommodera à l'amiable, et beaucoup plus facilement que les affaires de Genève. MM. Tronchin, qui sont mes amis, m'y aideront; mais je serai toujours bien aise d'avoir le sentiment de M. Élie de Beaumont au bas de mes questions. J'attends avec impatience son mémoire pour les Calas. Voilà un véritable philosophe; il venge l'innocence opprimée, il n'écrit point contre la comédie, il n'a point un orgueil révoltant, il n'est point le délateur de ceux dont il a dû être l'ami et le défenseur. Le cœur me saigne de deux grandes plaies; la première que Rousseau soit fou, la seconde que nos philosophes de Paris soient tièdes. Dieu merci, vous ne l'êtes pas. Vous m'avez glissé deux lignes, dans votre lettre du 12 de février, qui font la consolation de ma vie.

Je soupçonne que le paquet de Franche-Comté est tombé entre les mains des barbares; il faut mettre cette petite tribulation aux pieds du crucifix. Je me recommande à vos saintes prières. J'entre aujourd'hui dans ma soixante-douzième année, car je suis né en 1694, le 20 de février, et non le 20 de novembre, comme le disent les commentateurs mal instruits. Me persécuterait-on encore dans ce monde, à mon âge? cela serait bien welche. Je me flatte au moins qu'on ne me fera pas grand mal dans l'autre.

Adieu, mon cher frère : je vous embrasse bien tendrement.

4339. A M. COLINI.

A Ferney, 20 février.

Mon cher ami, j'entre aujourd'hui dans ma soixante-douzième année, en dépit de mes estampes, qui me donnent quelques jours de moins. Ce n'est pas sans peine que j'ai attrapé cet âge. Je n'ai presque point quitté mon lit depuis deux mois. Vous m'avez vu bien maigre, je suis devenu squelette; je m'évapore comme du bois sec enflammé, et je serai bientôt réduit à rien.

Mettez-moi, je vous prie, aux pieds de S. A. E. Je veux qu'elle sache que je mourrai son admirateur, son attaché, son obligé.

Dites-moi si vous avez trois pieds de neige à Manheim, comme nous sur les bords du lac Léman.

Avez-vous de beaux opéra? j'avais un pauvre petit théâtre grand comme la main; je viens de le faire abattre. Vous voyez que j'ai renoncé au démon et à ses pompes. La Métrie a fait *l'Homme-machine* et *l'Homme-plante*: il est triste de n'être qu'une plante du pays de Gex; j'aurais végété plus agréablement à Schwetzingen.

Adieu; aimez-moi pour le peu de temps que j'ai encore à exister et à sentir.

4340. A M. LE COMTE D'ARGENTAL.

Ferney, ce 24 février.

. . . .

Extrait de la lettre de Luc du 1er janvier[1], arrivée à Ferney le 19, à cause des détours :

« Détrompé dès long-temps des charlataneries
« qui séduisent les hommes, je range le théologien,
« l'astrologue, l'adepte, et le médecin, dans la même
« catégorie. J'ai des infirmités et des maladies : je me
« guéris moi-même par le régime et la patience....
« Dès que je suis malade, je me mets à un régime
« rigoureux, et jusqu'ici je m'en suis bien trouvé...
« Quoique je ne jouisse pas d'une santé bien ferme...,
« cependant je vis; et je ne suis pas du sentiment
« que notre existence vaille qu'on se donne la peine
« de la prolonger. »

Voilà les propres mots qui font soupçonner, à mon avis, qu'on n'a ni santé ni gaîté. Mon divin ange, j'ai encore moins de santé, mais je suis aussi

---

[1] Lettre 4299. B.

gai qu'homme de ma sorte. Je n'ai actuellement que la moitié d'un œil, et vous voyez que j'écris lisiblement.

Je soupçonne avec vous que le tyran du *tripot* a contre vous quelque rancune. Qui n'est pas du *tripot*? N'y a-t-il pas un fou de Bordeaux, nommé Vergy[1], qui aurait pu vous faire quelque tracasserie? Ce monde est hérissé d'anicroches. Jean-Jacques Rousseau est aussi fou que les d'Éon et les Vergy, mais il est plus dangereux.

Voulez-vous bien, mon divin ange, présenter à M. le duc de Praslin mes tendres et respectueux sentiments du passe-port qu'il veut bien accorder au vieux Moultou et à sa famille pour aller montrer sa vessie à Montpellier?

Je me flatte que mon autre ange, madame d'Argental, tousse moins.

4341. A M. BERGER.

A Ferney, 25 février.

J'ai été touché, monsieur, de votre lettre du 12 de février. On m'a dit que vous êtes dévot; cependant je vous vois de la sensibilité et de l'honnêteté.

Vous m'apprenez que vous avez été taillé de la pierre, il y a douze ans; je vous félicite de vivre, si vous trouvez la vie plaisante. J'ai toujours été affligé que, dans le meilleur des mondes possibles, il y eût des cailloux dans les vessies, attendu que les vessies ne sont pas plus faites pour être des carrières que des

[1] Voyez page 205. B.

lanternes; mais je me suis toujours soumis à la Providence. Je n'ai point été taillé; mais j'ai eu et j'ai ma bonne dose de mal en autre monnaie. Chacun la sienne : il faut savoir mourir et souffrir de toutes façons.

Vous me mandez qu'on a imprimé je ne sais quelles lettres [1] que je vous écrivis il y a plus de trente années : vous m'apprenez qu'elles étaient tombées entre les mains d'un nommé Vauger, qui n'en peut répondre, attendu qu'il est mort. Si ces lettres ont été son seul héritage, je conseille aux hoirs de renoncer à la succession. J'ai lu ce recueil, je m'y suis ennuyé; mais j'ai assez de mémoire, dans ma soixante et douzième année, pour assurer qu'il n'y a pas une seule de ces lettres qui ne soit falsifiée. Je défie tous les Vauger, morts ou vivants, et tous les éditeurs de rapsodies, de montrer une seule page de ma main qui soit conforme à ce que l'on a eu la sottise d'imprimer.

Il y a environ cinquante ans qu'on est en possession de se servir de mon nom. Je suis bien aise qu'il ait fait gagner quelque chose à de *pauvres diables* : il faut que le pauvre diable vive; mais il faudrait au moins qu'il me consultât pour gagner son argent plus honnêtement. Vous m'apprenez, monsieur, que l'auteur de l'*Année littéraire* a fait usage de ces lettres; mais vous ne me dites pas quel usage, et si c'est celui qu'on fait ordinairement de ses feuilles. Tout ce que je peux vous répondre, c'est que je n'ai ja-

---

[1] *Lettres secrètes de M. de Voltaire;* voyez t. XLII, p. 478 et 661. B.

mais lu l'*Année littéraire*, et que je suis trop propre pour en faire usage.

Vous craignez que l'impression de ces chiffons ne me fasse mourir de chagrin. Rassurez-vous : j'ai de bons parents qui ne m'abandonnent pas dans ma vieillesse décrépite. Mademoiselle Corneille, bien mariée, et devenue ma fille, a grand soin de moi. J'ai dans ma maison un jésuite qui me donne des leçons de patience; car, si j'ai haï les jésuites lorsqu'ils étaient puissants et un peu insolents, je les aime quand ils sont humiliés. Je ne vois d'ailleurs que des gens heureux : cela ragaillardit. Mes paysans sont tous à leur aise : ils ne voient jamais d'huissiers avec des contraintes. J'ai bâti, comme M. de Pompignan, une jolie église où je prie Dieu pour sa conversion et celle de Catherin Fréron. Je le prie aussi qu'il vous inspire la discrétion de ne plus laisser prendre de copies infidèles des lettres qu'on vous écrit. Portez-vous bien. Si je suis vieux, vous n'êtes pas jeune. Je vous pardonne de tout mon cœur votre faiblesse, j'ai pardonné à d'autres jusqu'à l'ingratitude. Il n'y a que la méchanceté orgueilleuse et hypocrite qui m'a quelquefois ému la bile; mais à présent rien ne me fait de la peine que les mauvais vers qu'on m'envoie quelquefois de Paris. J'ai l'honneur d'être, comme il y a trente ans, votre, etc.

4342. A M. ÉLIE DE BEAUMONT.

A Ferney, 27 février.

Mes yeux ne peuvent guère lire, monsieur; mais ils peuvent encore pleurer, et vous m'en avez bien fait apercevoir. Je ne sais quelle impression fesaient sur les Romains les oraisons pour Cluentius et pour Roscius Amerinus; mais il me paraît impossible que votre mémoire ne porte pas la conviction dans l'esprit des juges, et l'attendrissement dans les cœurs. Je suis sûr que ce malheureux David [1] est actuellement rongé de remords. Jouissez de l'honneur et du plaisir d'être le vengeur de l'innocence. Toute cette affaire vous a comblé de gloire. Il ne reste plus aux Toulousains qu'à vous faire amende honorable, en abolissant pour jamais leur infame fête, en jetant au feu les habits des pénitents blancs, gris, et noirs, et en établissant un fonds pour la famille Calas; mais vous avez affaire à d'étranges Visigoths.

M. Damilaville vous a-t-il parlé d'une autre famille de protestants [2] exécutée en effigie à Castres, fugitive vers notre Suisse, et plongée dans la misère pour une aventure presque en tout semblable à celle des Calas? On croit être au siècle des Albigeois, quand on voit de telles horreurs; on dit que nous sommes au siècle de la philosophie, mais il y a encore cent fanatiques contre un philosophe. Jugez quelles obligations nous vous avons..

Mille respects, je vous prie, à madame de Beaumont, qui est si digne de vous appartenir.

4343. A M. DAMILAVILLE.

27 février.

Mon cher frère, j'ai oublié, dans mes lettres, de

---

[1] Capitoul de Toulouse; voyez tome XLI, page 227. B.
[2] Les Sirven; voyez tome XLII, page 385. B.

vous demander quel est l'honnête homme qui veut avoir le recueil de mes bagatelles. Voulez-vous bien joindre à toutes vos bontés celle de faire acheter un exemplaire chez l'enchanteur Merlin, et de mettre cette petite dépense sur le compte de ce que je vous dois?

J'apprends que la pièce de mon ami De Belloi a beaucoup de succès; je souhaite qu'elle soit aussi pathétique que le mémoire de M. de Beaumont; ce serait bien là le cas de crier: *L'auteur! l'auteur!* Pour moi, si j'étais à l'audience quand on jugera les Calas, je crierais: *Beaumont! Beaumont!*

Voici un petit billet[1] que j'ai l'honneur de lui écrire. Permettez que j'y ajoute ma réponse à M. Berger[2], qui s'est avisé de m'écrire, au bout de trente ans, au sujet de mes prétendues *Lettres secrètes*. Dieu merci, on les a renvoyées en Hollande.

M. Blin de Sainmore me parle d'une édition de Racine avec des commentaires, qu'on entreprend par souscription. On ne me dit point quel est l'auteur de ces commentaires[3], mais je souscris aveuglément.

Tous les honnêtes gens de Genève regardent Jean-Jacques comme un monstre. Pour moi, je ne le regarde que comme un fou; je le crois malheureux à proportion de son orgueil, c'est-à-dire qu'il est l'homme du monde le plus à plaindre.

---

[1] La lettre qui précède, n° 4342. B.

[2] Lettre 4341. B.

[3] C'était Blin de Sainmore, qui les vendit 2,400 liv. à Luneau de Boisgermain, sous le nom duquel ils parurent en 1768, dans une édition des *OEuvres de J. Racine*, en sept volumes in-8°. B.

On dit que Fréron est au For-l'Évêque; si cela est, *absolvit nunc pœna deos* [1].

Je me suis informé exactement des papiers qu'on vous avait envoyés de Franche-Comté; je peux vous répondre par la poste, et sous l'enveloppe de M. Raymond, directeur des postes à Besançon. Apparemment qu'il y a dans ce monde des harpies qui mangent le dîner des philosophes. Je deviens bien faible, mais mon zèle devient tous les jours plus fort. Mon regret, en mourant, sera de n'avoir pu crier avec vous, dans un souper : *Écr. l'inf*....

Bon soir, mon très cher frère.

4344. A M. LE COMTE D'ARGENTAL.

27 février.

Mon cher ange, il y a des monstres, et ce Vergy est un des plus plats monstres qui aient jamais existé. Ses horribles impertinences [2] sont déjà oubliées pour jamais. C'est le sort de tous ces malheureux qui se croient quelque chose, parcequ'ils ont appris à lire et à écrire, et qu'ils ne savent pas que la condition d'un honnête laquais est infiniment supérieure à leur état.

Je fais toujours d'humbles représentations au tyran du *tripot*. En vérité je commence à croire qu'il n'y a point d'autres fondements de vos querelles que la concurrence du pouvoir suprême. Il me paraît ulcéré

---

[1] Claudien, dans son poëme *in Rufinum*, a dit, livre Ier :
Abstulit hunc tandem Ruffini pœna tumultum ,
Absolvitque deos.   B.

[2] Voyez page 205. B.

de ce que je me suis adressé à vous, et non pas à lui, dans le temps que vous étiez à Paris et lui à Bordeaux. J'ai nié fortement, j'ai soutenu que j'avais envoyé à Grandval, sous son bon plaisir, les provisions des dignités comiques. Ce procès ne finit point; le tyran est toujours dans une colère à faire pouffer de rire. Je soutiens mon bon droit avec une véhémence douloureuse et pathétique; et je ne désespère pas qu'à la fin mon innocence ne l'emporte sur sa tyrannie.

Oserais-je vous supplier, mon divin ange, de dire à M. De Belloi combien je suis enchanté de son succès? Vous souvenez-vous d'une mademoiselle de Choiseul qui, étant près de mourir, et ne pouvant plus coucher avec son amant, pria une de ses amies de coucher avec le sien en sa présence, afin de voir deux heureux avant sa mort? Je suis à peu près dans ce cas; je baisse à un point que cela fait pitié. J'ai actuellement chez moi, pour me ragaillardir, un jeune M. de Villette[1] qui sait tous les vers qu'on ait jamais faits, et qui en fait lui-même; qui chante, qui contrefait son prochain fort plaisamment, qui fait des contes, qui est pantomime, qui réjouirait jusqu'aux habitants de la triste Genève. Dieu m'a envoyé ce jeune homme pour me consoler dans mon dépérissement, et pour égayer ma décrépitude. Le nombre d'originaux qui me passent par les mains est

[1] Charles, marquis de Villette, né à Paris le 4 décembre 1736, épousa en 1777 mademoiselle de Varicourt, que Voltaire appelait *Belle et bonne*, fut député à la Convention nationale en 1792, et mourut le 9 juillet 1793. On a de lui quelques écrits. B.

inconcevable. Quand je considère les montagnes de neige dont je suis environné de tous côtés, je n'imagine pas comment les gens aimables peuvent aborder. Voilà assurément une drôle de destinée.

Avouez-moi donc que madame d'Argental ne tousse plus. Tout le monde tousse dans mon pays. Nous sommes en Sibérie l'hiver, et à Naples l'été.

J'ai été bien attendri du *Mémoire* d'Élie[1]. J'espère que David paiera pour le parlement de Toulouse. Tous les David[2] m'ont toujours paru de méchantes gens. Savez-vous bien que j'ai encore sur les bras une aventure pareille[3]? Mais comme on n'a été roué cette fois-ci qu'en effigie, et qu'il n'y a qu'une famille entière réduite à la dernière misère, cela ne vaut pas la peine qu'on en parle.

Je rends grace à M. Marin d'avoir renvoyé mes secrets[4] en Hollande; je crois que son respect pour vous n'y a pas peu contribué.

Mes divins anges, respect et tendresse.

Je crains toujours que mon maudit curé ne me joue quelque tour pour mes dîmes.

[1] *Mémoire pour dame Anne-Rose Cabibel, veuve Calas, et pour ses enfants;* voyez tome XL, page 501. B.

[2] Depuis le roi David jusqu'à David le libraire; voyez ma note, t. LX, p. 609. B.

[3] Celle des Sirven; voyez tome XLII, page 385. B.

[4] Les *Lettres secrètes* publiées par Robinet (voyez tome XLII, pages 478 et 661), et au sujet desquelles Voltaire avait écrit à Marin (voyez lettre 4266), qui, censeur royal et de la police, et secrétaire général de la librairie de France, avait, comme on voit, les moyens d'empêcher la vente publique de l'ouvrage en France. B.

4345. A M. LE MARÉCHAL DUC DE RICHELIEU.

27 février.

Mon héros, si vous êtes assez sûr de votre fait pour qu'on hasarde de vous envoyer le livre diabolique [1] que vous demandez, les gens que j'ai consultés disent qu'ils vous en feront tenir un exemplaire par la voie de Lyon; cela est très rare, mais on en trouvera pour vous. Je serais bien fâché d'ailleurs qu'on me soupçonnât d'avoir la moindre part au *Philosophique portatif*. M. le duc de Praslin, qui connaît parfaitement mon innocence, a assuré le roi que je n'étais point l'auteur de ce pieux ouvrage; ainsi n'allez pas, s'il vous plaît, me défendre comme Scaramouche défendait Arlequin, en avouant qu'il était un ivrogne, un gourmand, un débauché attaqué de maladies honteuses, et s'excusant envers Arlequin, en lui disant que c'était des fleurs de rhétorique.

Je n'entends rien aux plaintes que les Bretons font de moi; elles sont apparemment aussi bien fondées que leurs griefs contre M. le duc d'Aiguillon. Je n'ai jamais rien écrit de particulier sur la Bretagne, dans mes bavarderies historiques; les Périgourdins et les Basques seraient aussi bien fondés à se plaindre.

A l'égard du *tripot*, il est vrai que j'ai demandé mon congé, attendu que je suis entré dans ma soixante-douzième année, en dépit de mes estampes, qui, par un mensonge imprimé, me font naître le 20 de novembre, quand je suis né le 20 de février. Il est vrai que

[1] Le *Dictionnaire philosophique portatif.* B.

la faction ennemie du conseil de Genève trouva mauvais, il y a quelques années, que les enfants des magistrats de la plus illustre et de la plus puissante république du monde se déshonorassent au point de venir jouer quelquefois la comédie chez moi, dans le petit et profane royaume de France; mais on se moqua de ces polissons. Ce n'est pas assurément pour eux que j'ai détruit mon théâtre; c'est pour avoir des chambres de plus à donner, et pour loger votre suite, si jamais vous accompagnez madame la comtesse d'Egmont sur les frontières d'Italie. Je me défais de mes Délices pour une autre raison; c'est qu'ayant la plus grande partie de mon bien sur M. le duc de Wurtemberg, et mes affaires n'étant pas absolument arrangées avec lui, j'ai craint de mourir de faim aussi bien que de vieillesse. Pardonnez, mon héros, la naïveté avec laquelle je prends la liberté de vous exposer toutes mes pauvres petites misères.

Je vous dirai toujours très véritablement que je m'adressai à Grandval, que c'est à lui seul que j'écrivis[1], en vertu du privilége que vous m'aviez confirmé; que je mis dans ma lettre ces propres mots : *Avec l'approbation de messieurs les premiers gentilshommes de la chambre.*

Je vous prie de considérer que je puis avoir besoin, avant ma mort, de faire un petit voyage à Paris, pour mettre ordre aux affaires de ma famille; que peut-être c'est un moyen d'exciter quelques bontés pour moi que de procurer quelques petits succès à

---

[1] Cette lettre à Grandval est perdue; il en a déjà été parlé dans la lettre 4283. B.

mes anciennes sottises théâtrales, et que je ne peux obtenir ce succès qu'avec les meilleurs acteurs. Je me mets entièrement sous votre protection. On m'a mandé que *Nanine* avait été jouée détestablement, et reçue de même. Vous savez que tout dépend de la manière dont les pièces sont représentées, et vous ne voudriez pas m'avilir. Voyez donc si vous voulez me permettre de vous envoyer la distribution de mes rôles d'après la voix publique, qu'il faut toujours écouter. Ayez pitié d'un vieux quinze-vingt qui vous est attaché depuis cinquante années avec le plus tendre respect.

4346. DE M. DALEMBERT.

A Paris, ce 27 février.

Mon cher et illustre maître, je compte que nous aurons bientôt ici *la Destruction*; car frère Damilaville m'a dit, il y a plusieurs jours, que vous lui aviez mandé, il y avait aussi plusieurs jours, que tout était fini. Dieu veuille que cette *Destruction* puisse servir *in ædificationem multorum!* Nous verrons ce que les pédants à grande et à petite queue en diront. Je m'attends à quelques hurlements de la part des seconds, et peut-être à quelques grincements de dents de la part des premiers; mais je compte m'être si bien mis à couvert de leurs morsures, que

. . . . Fragili quærens illidere dentem,
Offendet solido.
Hor., lib. II, sat. 1.

Enfin nous verrons; s'ils avalent ce crapaud, je leur servirai d'une couleuvre; elle est toute prête [1] : je ferai seulement la

---

[1] Dalembert ne publia qu'en 1767 la *Lettre à M.* ***, *conseiller au parlement de* ***, *pour servir de supplément à l'ouvrage qui est dédié à ce même magistrat, et qui a pour titre : Sur la destruction des jésuites en France, par un auteur désintéressé*; mais cette *Lettre* était faite dès 1765. B.

sauce plus ou moins piquante, selon que je les verrai plus ou moins en appétit. Je respecterai toujours, comme de raison, la religion, le gouvernement, et même les ministres; mais je ne ferai point de quartier à toutes les autres sottises, et assurément j'aurai de quoi parler.

On dit que vous avez renoncé aux Délices, et que vous n'habitez plus le territoire de la parvulissime. Je vous conseillerais cependant, attendu les pédants à grands rabats, qui deviennent de jour en jour plus insolents et plus sots, de conserver toujours un pied à terre chez nos bons amis les Suisses.

Fréron a pensé aller au For-l'Évêque, ou Four-l'Évêque [1], pour avoir insulté grossièrement, à son ordinaire, mademoiselle Clairon : elle s'en est plainte, mais le roi son compère [2] et la reine ont intercédé pour ce maraud, qui est toujours cependant aux arrêts chez lui sous la verge de la police. Il est bien honteux qu'un pareil coquin trouve des protections respectables; en vérité

On ne peut s'empêcher d'en pleurer et d'en rire [3].

Puisque les choses sont ainsi, je prétends, moi, avoir aussi mon franc-parler, et, à l'exception des choses et des personnes auxquelles je dois respect, je dirai mon avis sur le reste. Avez-vous entendu parler d'une tragédie du *Siége de Calais*, qu'on joue actuellement avec grand succès ? Comme cette pièce est pleine de patriotisme, on dit, pour rendre les philosophes odieux, qu'ils sont déchaînés contre elle. Rien n'est plus faux; mais cela se dit toujours, pour servir ce que de raison. Quelle pauvre espèce que le genre humain ! Adieu, mon cher maître; moquez-vous toujours de tout, car il n'y a que cela de bon.

[1] Il n'y alla pas; voyez la *Correspondance de Grimm* aux 25 février et 1er mars 1765. B.
[2] Le roi Stanislas était le parrain du fils de Fréron. K.
[3] Regnard, *Folies amoureuses*, acte II, scène 6. B.

4347. A M. DAMILAVILLE[1].

Au château de Ferney, 1ᵉʳ mars.

J'ai dévoré, mon cher ami, le nouveau Mémoire[2] de M. de Beaumont sur l'innocence des Calas; je l'ai admiré, j'ai répandu des larmes, mais il ne m'a rien appris; il y a long-temps que j'étais convaincu; et j'avais eu le bonheur de fournir les premières preuves.

Vous voulez savoir comment cette réclamation de toute l'Europe contre le meurtre juridique du malheureux Calas, roué à Toulouse, a pu venir d'un petit coin de terre ignoré, entre les Alpes et le mont Jura, à cent lieues du théâtre où se passa cette scène épouvantable.

Rien ne fera peut-être mieux voir la chaîne insensible qui lie tous les événemens de ce malheureux monde.

Sur la fin de mars 1762, un voyageur qui avait passé par le Languedoc, et qui vint dans ma retraite à deux lieues de Genève, m'apprit le supplice de Calas, et m'assura qu'il était innocent. Je lui répondis que son crime n'était pas vraisemblable, mais qu'il était moins vraisemblable encore que des juges eussent, sans aucun intérêt, fait périr un innocent par le supplice de la roue.

---

[1] Cette lettre, imprimée séparément sous le titre de *Lettre de M. de Vol..... à M. Dam........*, forme seize pages in-8°. Damilaville, qui en fut éditeur, y ajouta la note qui est page 229. Dans le volume intitulé *Lettres de M. de Voltaire à ses amis du Parnasse*, en 1766, on donna cette lettre comme adressée à M. Damoureux; voyez tome XLII, page 480. B.

[2] Celui qui est mentionné sous le n° XIII dans ma note t. XL, p. 501. B.

J'appris le lendemain qu'un des enfants de ce malheureux père s'était réfugié en Suisse, assez près de ma chaumière. Sa fuite me fit présumer que la famille était coupable. Cependant je fis réflexion que le père avait été condamné au supplice comme ayant seul assassiné son fils pour la religion, et que ce père était mort âgé de soixante-neuf ans. Je ne me souviens pas d'avoir jamais lu qu'aucun vieillard eût été possédé d'un si horrible fanatisme. J'avais toujours remarqué que cette rage n'attaquait d'ordinaire que la jeunesse, dont l'imagination ardente, tumultueuse, et faible, s'enflamme par la superstition. Les fanatiques des Cévennes étaient des fous de vingt à trente ans, stylés à prophétiser dès l'enfance. Presque tous les convulsionnaires que j'avais vus à Paris en très grand nombre étaient de petites filles et de jeunes garçons. Les vieillards chez les moines sont moins emportés, et moins susceptibles des fureurs du zèle, que ceux qui sortent du noviciat. Les fameux assassins, armés par le fanatisme, ont tous été de jeunes gens, de même que tous ceux qui ont prétendu être possédés; jamais on n'a vu exorciser un vieillard. Cette idée me fit douter d'un crime qui d'ailleurs n'est guère dans la nature. J'en ignorais les circonstances.

Je fis venir le jeune Calas chez moi. Je m'attendais à voir un énergumène tel que son pays en a produit quelquefois. Je vis un enfant simple, ingénu, de la physionomie la plus douce et la plus intéressante, et qui, en me parlant, fesait des efforts inutiles pour retenir ses larmes. Il me dit qu'il était à Nîmes en apprentissage chez un fabricant, lorsque la voix publique lui avait appris qu'on allait condamner dans Toulouse toute sa famille au supplice; que presque tout le Languedoc la croyait coupable, et que, pour se dérober à des opprobres si affreux, il était venu se cacher en Suisse.

Je lui demandai si son père et sa mère étaient d'un caractère violent : il me dit qu'ils n'avaient jamais battu un seul de leurs enfants, et qu'il n'y avait point de parents plus indulgents et plus tendres.

J'avoue qu'il ne m'en fallut pas davantage pour présumer fortement l'innocence de la famille. Je pris de nouvelles informations de deux négociants de Genève, d'une probité reconnue, qui avaient logé à Toulouse chez Calas. Ils me confirmèrent dans mon opinion. Loin de croire la famille Calas fanatique et parricide, je crus voir que c'étaient des fanatiques qui l'avaient accusée et perdue. Je savais depuis longtemps de quoi l'esprit de parti et la calomnie sont capables.

Mais quel fut mon étonnement, lorsqu'ayant écrit en Languedoc sur cette étrange aventure, catholiques et protestants me répondirent qu'il ne fallait pas douter du crime des Calas! Je ne me rebutai point. Je pris la liberté d'écrire à ceux mêmes qui avaient gouverné la province, à des commandants de provinces voisines, à des ministres d'état; tous me conseillèrent unanimement de ne me point mêler d'une si mauvaise affaire; tout le monde me condamna, et je persistai : voici le parti que je pris.

La veuve de Calas, à qui, pour comble de malheur et d'outrage, on avait enlevé ses filles, était retirée dans une solitude où elle se nourrissait de ses larmes, et où elle attendait la mort. Je ne m'informai point si elle était attachée ou non à la religion protestante, mais seulement si elle croyait un Dieu rémunérateur de la vertu et vengeur des crimes. Je lui fis demander si elle signerait au nom de ce Dieu que son mari était mort innocent; elle n'hésita pas. Je n'hésitai pas non plus. Je priai M. Mariette de prendre au conseil du roi sa défense [1]. Il fallait tirer madame Calas de sa retraite, et lui faire entreprendre le voyage de Paris.

On vit alors que s'il y a de grands crimes sur la terre, il y a autant de vertus; et que si la superstition produit d'horribles malheurs, la philosophie les répare.

Une dame dont la générosité égale la haute naissance [2], qui était alors à Genève pour faire inoculer ses filles, fut la première qui secourut cette famille infortunée. Des Français retirés en ce pays la secondèrent; des Anglais qui voyageaient se signalèrent; et, comme le dit M. de Beaumont, il y eut un combat de générosité entre ces deux nations, à qui secourrait le mieux la vertu si cruellement opprimée.

Le reste, qui le sait mieux que vous? qui a servi l'innocence avec un zèle plus constant et plus intrépide? combien n'avez-vous pas encouragé la voix des orateurs, qui a été entendue de toute la France et de

---

[1] Son *Mémoire* est rappelé sous le n° v dans ma note, tome XL, page 500. B.

[2] Madame la duchesse d'Enville. K. — Voyez la note, tome XXI, page 262. B.

l'Europe attentive ? Nous avons vu renouveler les temps où Cicéron justifiait, devant une assemblée de législateurs, Amerinus accusé de parricide [1]. Quelques personnes, qu'on appelle *dévotes*, se sont élevées contre les Calas ; mais, pour la première fois depuis l'établissement du fanatisme, la voix des sages les a fait taire.

La raison remporte donc de grandes victoires parmi nous! Mais croiriez-vous, mon cher ami, que la famille des Calas, si bien secourue, si bien vengée, n'était pas la seule alors que la religion accusât d'un parricide, n'était pas la seule immolée aux fureurs du préjugé? Il y en a une plus malheureuse encore, parcequ'éprouvant les mêmes horreurs, elle n'a pas eu les mêmes consolations ; elle n'a point trouvé des Mariette, des Beaumont [2], et des Loiseau.

Il semble qu'il y ait dans le Languedoc une furie infernale amenée autrefois par les inquisiteurs à la suite de Simon de Montfort [3], et que depuis ce temps elle secoue quelquefois son flambeau.

Un feudiste de Castres, nommé Sirven, avait trois filles. Comme la religion de cette famille est la prétendue réformée, on enlève, entre les bras de sa femme, la plus jeune de leurs filles. On la met dans un couvent, on la fouette pour lui mieux apprendre son catéchisme ; elle devient folle ; elle va se jeter

[1] Voyez l'oraison de Cicéron pour Sextus Roscius d'Ameria. B.

[2] Nous devons dire, à l'honneur de l'humanité, que M. de Beaumont se dispose à défendre l'innocence des Sirven, comme il a fait celle des Calas. Je le marquais à M. de Voltaire en même temps qu'il m'écrivait cette lettre. (*Note de Damilaville.*)

[3] Voyez tome XVI, page 246. B.

dans un puits, à une lieue de la maison de son père. Aussitôt les zélés ne doutent pas que le père, la mère, et les sœurs n'aient noyé cet enfant. Il passait pour constant, chez les catholiques de la province, qu'un des points capitaux de la religion protestante est que les pères et mères sont tenus de pendre, d'égorger ou de noyer tous leurs enfants qu'ils soupçonneront avoir quelque penchant pour la religion romaine. C'était précisément le temps où les Calas étaient aux fers, et où l'on dressait leur échafaud.

L'aventure de la fille noyée parvient incontinent à Toulouse. Voilà un nouvel exemple, s'écrie-t-on, d'un père et d'une mère parricides. La fureur publique s'en augmente; on roue Calas, et on décrète Sirven, sa femme, et ses filles. Sirven épouvanté n'a que le temps de fuir avec toute sa famille malade. Ils marchent à pied, dénués de tout secours, à travers des montagnes escarpées, alors couvertes de neige. Une de ses filles accouche parmi les glaçons; et, mourante, elle emporte son enfant mourant dans ses bras : ils prennent enfin leur chemin vers la Suisse.

Le même hasard qui m'amena les enfants de Calas veut encore que les Sirven s'adressent à moi. Figurez-vous, mon ami, quatre moutons que des bouchers accusent d'avoir mangé un agneau; voilà ce que je vis. Il m'est impossible de vous peindre tant d'innocence et tant de malheurs. Que devais-je faire, et qu'eussiez-vous fait à ma place? Faut-il s'en tenir à gémir sur la nature humaine? Je prends la liberté d'écrire à monsieur le premier président[1] de Langue-

[1] De Bastard, premier président au parlement de Toulouse. B.

doc, homme vertueux et sage; mais il n'était point à Toulouse. Je fais présenter par un de vos amis un placet à monsieur le vice-chancelier[1]. Pendant ce temps-là, on exécute vers Castres, en effigie, le père, la mère, les deux filles; leur bien est confisqué, dévasté, il n'en reste plus rien.

Voilà toute une famille honnête, innocente, vertueuse, livrée à l'opprobre et à la mendicité chez les étrangers: ils trouvent de la pitié, sans doute; mais qu'il est dur d'être jusqu'au tombeau un objet de pitié! On me répond enfin qu'on pourra leur obtenir des lettres de grace. Je crus d'abord que c'était de leurs juges qu'on me parlait, et que ces lettres étaient pour eux. Vous croyez bien que la famille aimerait mieux mendier son pain de porte en porte, et expirer de misère, que de demander une grace qui supposerait un crime trop horrible pour être graciable; mais aussi comment obtenir justice? comment s'aller remettre en prison dans sa patrie, où la moitié du peuple dit encore que le meurtre de Calas était juste? Ira-t-on une seconde fois demander une évocation au conseil? tentera-t-on d'émouvoir la pitié publique, que l'infortune des Calas a peut-être épuisée, et qui se lassera d'avoir des accusations de parricide à réfuter, des condamnés à réhabiliter, et des juges à confondre?

Ces deux événements tragiques, arrivés coup sur coup, ne sont-ils pas, mon ami, des preuves de cette fatalité inévitable à laquelle notre misérable espèce est soumise? Vérité terrible, tant enseignée dans Ho-

---

[1] R.-Ch. de Maupeou; voyez tome XXII, page 364. B.

mère et dans Sophocle; mais vérité utile, puisqu'elle nous apprend à nous résigner et à savoir souffrir.

Vous dirai-je que, tandis que le désastre étonnant des Calas et des Sirven affligeait ma sensibilité, un homme, dont vous devinerez l'état [1] à ses discours, me reprocha l'intérêt que je prenais à deux familles qui m'étaient étrangères? De quoi vous mêlez-vous? me dit-il; laissez les morts ensevelir leurs morts. Je lui répondis: J'ai trouvé dans mes déserts l'Israélite baigné dans son sang, souffrez que je répande un peu d'huile et de vin [2] sur ses blessures: vous êtes lévite, laissez-moi être Samaritain.

Il est vrai que pour prix de mes peines on m'a bien traité en Samaritain; on a fait un libelle diffamatoire sous le nom d'*Instruction pastorale* et de *Mandement*; mais il faut l'oublier, c'est un jésuite qui l'a composé. Le malheureux ne savait pas alors que je donnais un asyle à un jésuite. Pouvais-je mieux prouver que nous devons regarder nos ennemis comme nos frères [3]?

---

[1] C'était sans doute un prêtre. B.
[2] Luc, x, 34. B.
[3] Dans les *Lettres de M. de Voltaire à ses amis du Parnasse*, cette lettre contient de plus un passage que voici:

« Ce fou triste, ci-devant petit citoyen ignoré à Genève, clabaudé éternellement contre moi, et dans ses fréquentes convulsions il s'écrie que je le persécute, que je le poursuis partout; que je parviendrai à la fin à le faire pendre, tant j'ai ameuté les ministres de l'Évangile et les magistrats de son pays contre sa personne et ses écrits: il écrit toutes ces belles choses à une grande dame de Paris, qui aime son éloquence bien plus que celle de Cicéron et de Bossuet, et qui aime son Jean-Jacques comme un toutou. Cette bonne dame fait croire ces enfantillages à d'autres bonnes dames, qui le disent aux très bonnes dames de la cour; et insensiblement toutes ces agréables commères me haïssent cordialement sur sa parole et par oisiveté.

Vos passions sont l'amour de la vérité, l'humanité, la haine de la calomnie. La conformité de nos caractères a produit notre amitié. J'ai passé ma vie à chercher, à publier cette vérité que j'aime. Quel autre des historiens modernes a défendu la mémoire d'un grand prince [1] contre les impostures atroces de je ne sais quel écrivain [2] qu'on peut appeler le *calomniateur des rois, des ministres, et des grands capitaines*, et qui cependant aujourd'hui ne peut trouver un lecteur?

Je n'ai donc fait, dans les horribles désastres des Calas et des Sirven, que ce que font tous les hommes; j'ai suivi mon penchant. Celui d'un philosophe n'est pas de plaindre les malheureux, c'est de les servir.

Je sais avec quelle fureur le fanatisme s'élève contre la philosophie. Elle a deux filles qu'il voudrait faire périr comme Calas, ce sont la *Vérité* et la *Tolérance*; tandis que la philosophie ne veut que désarmer les enfants du fanatisme, le *Mensonge* et la *Persécution*.

Des gens qui ne raisonnent pas ont voulu décréditer ceux qui raisonnent: ils ont confondu le phi-

---

Moi, grand Dieu! qui n'ai pas prononcé le nom de Jean-Jacques quatre fois en ma vie; moi qui ne lis jamais aucune de ses affligeantes rêveries, parceque je tiens que pour vivre long-temps il faut toujours rire; moi qui ai ignoré dix ans que cet Hercule allobroge existât; moi qui le croyais depuis quelque temps détenu dans quelque loge d'hôpital, ou tapi dans un tronc d'arbre dans les sublimes forêts de la Suisse philosophe. »

Ce passage a été désavoué par Voltaire, qui, dans son *Appel au public*, produisit un certificat de Damilaville; voyez tome XLII, page 479. B.

[1] Le duc d'Orléans, régent. B.
[2] La Beaumelle; voyez tome XX, page 208. B.

losophe avec le sophiste; ils se sont bien trompés. Le vrai philosophe peut quelquefois s'irriter contre la calomnie, qui le poursuit lui-même; il peut couvrir d'un éternel mépris le vil mercenaire qui outrage deux fois par mois[1] la raison, le bon goût, et la vertu : il peut même livrer, en passant, au ridicule ceux qui insultent à la littérature dans le sanctuaire[2] où ils auraient dû l'honorer : mais il ne connaît ni les cabales, ni les sourdes pratiques, ni la vengeance. Il sait, comme le sage de Montbar[3], comme celui de Voré[4], rendre la terre plus fertile, et ses habitants plus heureux. Le vrai philosophe défriche les champs incultes, augmente le nombre des charrues, et par conséquent des habitants; occupe le pauvre et l'enrichit; encourage les mariages, établit l'orphelin; ne murmure point contre des impôts nécessaires, et met le cultivateur en état de les payer avec allégresse. Il n'attend rien des hommes, et il leur fait tout le bien dont il est capable. Il a l'hypocrite en horreur, mais il plaint le superstitieux; enfin il sait être ami.

Je m'aperçois que je fais votre portrait, et qu'il n'y manquerait rien si vous étiez assez heureux pour habiter la campagne.

4348. A M. DAMILAVILLE.

A Ferney, 4 mars.

Mon cher frère, je crois que je ne pourrai faire

---

[1] Fréron; son *Année littéraire* paraissait trois fois par mois. B.
[2] Le Franc de Pompignan; voyez tome XL, page 132. B.
[3] Buffon. B.
[4] Helvétius. B.

partir la réponse de M. Tronchin que mercredi 6 de ce mois. Je serai bien étonné s'il vous ordonne autre chose que des adoucissants et du régime; mais ce qui est sûr, c'est qu'il s'intéressera bien vivement à votre santé. Il est philosophe, et il sait que vous l'êtes. Nous sommes tous frères. Saint Luc était le médecin des apôtres, et Tronchin est le nôtre. Il me semble toujours que c'est une extrême injustice, dans le meilleur des mondes possibles, que je ne vous connaisse que par lettres. Je vous assure que, si je pouvais m'échapper, je viendrais faire une petite course à Paris *incognito,* souper trois ou quatre fois avec vous et les plus discrets des gens de bien, et m'en retourner content.

J'ai vu quelques échantillons de la pièce dont vous me parlez[1]. Apparemment que l'on n'a pas choisi ce qu'il y a de meilleur, et que le nouvelliste n'est pas l'intime ami de l'auteur. Je m'intéresse fort à son succès : c'est un homme de mérite, et qui n'est pas à son aise.

La Destruction doit arriver bientôt : faites bien mes compliments, je vous prie, au destructeur, et encouragez-le à détruire. On m'a parlé d'un manuscrit de feu l'abbé Bazin, intitulé *la Philosophie de l'Histoire*[2], dans lequel l'auteur prouve que les Égyptiens, et surtout les Juifs, sont un peuple très nouveau. On dit qu'il y a des recherches très curieuses dans cet ouvrage. Je crois qu'on achève actuellement de l'imprimer en Hollande, et que j'en aurai bientôt quel-

---

[1] *Le Siège de Calais.* K.
[2] Voyez ma Préface du tome XV. B.

ques exemplaires. Je vous prépare une petite cargaison pour le mois de mai.

J'ai quelque espérance dans l'*Histoire de la Destruction des Jésuites*; mais on n'a coupé qu'une tête de l'hydre. Je lève les yeux au ciel, et je crie : *Écr. l'inf....*

4349. A M. DE BELLOY¹.

6 mars.

Si je suis presque entièrement aveugle, monsieur, j'ai encore des oreilles, et les cris de la renommée m'ont appris vos grands succès². J'ai un cœur qui s'y intéresse. Je joins mes acclamations à celles de tout Paris. Jouissez de votre bonheur et de votre mérite. Il ne vous manque que d'être dénigré par Fréron, pour mettre le comble à votre gloire. Je vous embrasse sans cérémonie, il n'en faut point entre confrères. V.

4350. A M. DAMILAVILLE.

8 mars.

Mon cher frère, vous m'apprenez deux nouvelles bien intéressantes : on juge les Calas, et le généreux Élie veut encore défendre l'innocence des Sirven. Cette seconde affaire me paraît plus difficile à traiter que la première, parceque les Sirven se sont enfuis,

---

[1] Pierre-Laurent Buirette De Belloy, né à Saint-Flour en 1727, fut, en 1771, membre de l'académie française, et mourut en 1775. Cette lettre fait partie du volume intitulé *Lettres de M. de Voltaire à ses amis du Parnasse* (voyez tome XLII, page 478); elle y est suivie d'une parodie en vers de cette même lettre. B.

[2] *Le Siége de Calais*, tragédie de De Belloy, avait été joué le 13 février 1765. B.

et hors du royaume; parcequ'ils sont condamnés par contumace; parcequ'ils doivent se représenter en justice; parceque enfin, ayant été condamnés par un juge subalterne, la loi veut qu'ils en appellent au parlement de Toulouse.

C'est au divin Élie à savoir si l'on peut intervertir l'ordre judiciaire, et si le conseil a les bras assez longs pour donner cet énorme soufflet à un parlement. Je crois qu'en attendant il ne serait pas mal de lâcher quelques exemplaires d'une certaine lettre [1] sur cette affaire.

Quant à celle que j'ai écrite à Cideville [2], il est discret, et je lui ai bien recommandé de se taire. Je dis ici à tout le monde que *la Destruction* est d'un génie supérieur, et que cependant elle n'est pas de M. Dalembert. Quoi qu'il en soit, les nez fins le flaireront à la première page. Tout l'ouvrage sent l'Archimède-Protagoras d'une lieue loin. Qu'il dorme en paix; la nation le remerciera avant qu'il soit peu.

J'ai reçu le paquet que vous avez eu la bonté de m'envoyer. Je vous remercie tendrement, malgré vous et vos dents, de toutes les bontés que vous avez pour moi.

Vous me mandez que Paris est ivre; on craint qu'ayant cuvé son vin, il ne lui reste une grande pesanteur de tête.

Je lirai *l'Homme éclairé par ses besoins*. J'ai grand besoin qu'on m'éclaire, et j'espère que le livre ne sera

---

[1] Celle du 1er mars, n° 4347. B.
[2] Celle du 4 février, n° 4331. B.

pas un amas de lieux communs. Un livre n'est excusable qu'autant qu'il apprend quelque chose.

Bonsoir, mon cher frère. Avant de finir, il faut que je vous demande quel cas on fait du *Pyrrhonien raisonnable*[1] du marquis d'Autrey, qui croit prouver géométriquement *le péché originel*. Pourquoi emploie-t-il toute la sagacité de son esprit à défendre la plus détestable des causes? pourquoi s'est-il déclaré contre *Platon*-Diderot? J'ai toujours été affligé qu'un certain ton d'enthousiasme et de hauteur ait attiré des ennemis à la raison. Sachons souffrir, résignons-nous, et surtout *écr. l'inf....*

4351. A M. LE MARÉCHAL DUC DE RICHELIEU.

A Ferney, 13 mars.

Mon héros, je fais donc parvenir, suivant vos ordres, à M. Janel, l'ouvrage de Belzébuth[2], que vous voulez avoir, en supposant, comme de raison, que vous vous entendez avec M. Janel, et qu'il vous donne la permission d'avoir des livres défendus. J'adresse le paquet, à double enveloppe, à M. Tabareau, à Lyon, afin que ce paquet ne porte pas sa condamnation sur le front avec le timbre d'une ville hérétique.

Je vous félicite d'aimer surtout les livres d'histoire.

---

[1] Henri-J.-B. Fabry était comte d'Autrey. Son *Pyrrhonien raisonnable* parut en 1765, in-12. Il donna en 1776 *l'Antiquité justifiée*, réfutation de l'ouvrage de Boulanger intitulé *l'Antiquité dévoilée*. Il est aussi auteur de l'opuscule, *Les Quakers à leur frère V*. (Voltaire), 1768, in-8°. Né en 1724, il est mort en 1777. Voltaire lui écrivit le 6 septembre 1765. B.

[2] Le *Dictionnaire philosophique portatif*. B.

On m'en a promis un de Hollande [1] qui vous fera voir, si vous avez le temps de le lire, combien on s'est moqué de nous en nous donnant des *Mille et une Nuits* pour des événements véritables.

Je vais actuellement vous présenter avec humilité mon petit commentaire sur votre lettre du 3 de mars. Vous avez donc vu ma lettre [2] à monsieur l'évêque d'Orléans? Vous y aurez vu que je me loue beaucoup de M. l'abbé d'Étrée. Cet abbé d'Étrée vint prendre possession d'un prieuré que monsieur l'évêque d'Orléans lui a donné auprès de Ferney. Il se fit passer pour le petit-neveu du cardinal d'Estrées, et, en cette qualité, il reçut les hommages de la province. Il m'écrivit en homme qui attendait le chapeau, et m'ordonna de venir lui prêter foi et hommage pour un pré dépendant de son bénéfice.

C'est dommage que votre doyen l'abbé d'Olivet [3] ne se trouva pas là; il m'aurait obtenu la protection de M. l'abbé d'Étrée, car il le connaît parfaitement. L'abbé d'Étrée lui a servi souvent à boire, lorsqu'il était laquais chez M. de Maucroix. Cela forme des liaisons dont on se souvient toujours avec tendresse.

Cet abbé d'Étrée, après avoir quitté la livrée, se fit aide-de-camp dans les troupes de Fréron; il composa l'*Almanach des Théâtres;* ensuite il se mit à faire des *Généalogies*, et surtout il a fait la sienne.

---

[1] *La Philosophie de l'histoire;* voyez ma Préface du tome XV. B.

[2] Elle est perdue. B.

[3] D'Olivet était doyen d'âge de Richelieu; mais Richelieu était son doyen à l'académie française. Voyez ma note tome LX, page 288. B.

J'eus le malheur de ne lui point faire de réponse, et même de me moquer un peu de lui. Il s'en alla chez M. de La Roche-Aymon à la campagne; le procureur général a une terre tout auprès; il ne manqua pas de dire au procureur général que j'étais l'auteur du *Portatif.* Je parai ce coup comme je le devais. Il est incontestable que *le Portatif* est de plusieurs mains, parmi lesquelles il y en a de respectables et de puissantes; j'en ai la preuve assez démonstrative dans l'original de plusieurs articles écrits de la main de leurs auteurs.

Je vous remercie infiniment, mon héros, d'avoir bien voulu me défendre; il est juste que vous protégiez les philosophes.

Je viens aux reproches que vous me faites de n'avoir pas parlé du débarquement des Anglais auprès de Saint-Malo, et de l'échec qu'ils y reçurent. Je vous supplie de considérer que l'*Essai sur l'Histoire générale* n'entre dans aucun détail de cette dernière guerre; que l'objet est d'indiquer les causes des grands événements, sans aucune particularité; que les conquêtes des Anglais ne contiennent pas quatre pages; que je n'ai même dit qu'un mot de la prise de Belle-Isle, parceque ce n'est pas un objet de commerce, et que cette prise n'influait pas sur les grands intérêts de la France. Je n'ai fait voir les choses, dans ce dernier volume, qu'à vue d'oiseau. Je n'ai guère particularisé que la prise de Port-Mahon; et, en vérité, je ne crois pas que ce soit à mon héros à m'en gronder.

Si j'avais détaillé un seul des derniers événements

militaires, je n'aurais pas manqué assurément de dire comment les Anglais furent repoussés auprès de Saint-Malo, et je ne manquerai pas d'en parler dans la nouvelle édition qu'on va faire[1].

Vous avez bien raison de dire, monseigneur, que les Genevois ne sont guère sages; mais c'est que le peuple commence à être le maître dans cette petite république. Loin d'être une aristocratie comme Venise, la Hollande, et Berne, elle est devenue une démocratie qui tient actuellement de l'anarchie; et si les choses s'aigrissent, il faudra une seconde fois avoir recours à la médiation, et supplier le roi de daigner mettre la paix une seconde fois dans ce petit coin de terre dont il a déjà été le bienfaiteur.

Je finis par le *tripot*. J'avoue que je suis honteux, dans ma soixante-douzième année, de prendre encore quelque intérêt à ces misères; mais si la raison que j'ai eu l'honneur de vous alléguer vous touche, je vous aurai beaucoup d'obligation de vouloir bien permettre que les meilleurs acteurs jouent mes faibles ouvrages.

Je vous demande mille pardons de vous importuner de cette bagatelle. Je peux vous assurer et vous jurer, par mon tendre et respectueux attachement pour vous, que M. d'Argental n'a eu aucune part à la justice que je vous ai demandée. Je sais, à n'en pouvoir douter, qu'il est au désespoir d'avoir perdu

---

[1] Voltaire s'occupait alors d'une nouvelle édition de son *Siècle de Louis XIV*, qui parut en 1768, et forme quatre volumes, dans lesquels est compris le *Précis du Siècle de Louis XV*, où il est en effet question de l'échec des Anglais; voyez tome XXI, page 332. B.

vos bonnes graces. Il vous a obligation, il en est pénétré, et il ne se console point que son bienfaiteur le croie un ingrat.

Vous savez que le *tripot* est le règne de la tracasserie.

Quelque bonne ame n'aura pas manqué de l'accuser d'avoir fait une brigue en ma faveur. Je crois que j'ai encore la lettre de Grandval [1], par laquelle il me demandait les rôles que je lui ai donnés; mais, encore une fois, je n'insiste sur rien; je m'en remets à votre volonté et à votre bonté dans les petites choses comme dans les plus importantes.

Pardonnez à un vieux malade, presque aveugle, de s'être seulement souvenu qu'il y a un théâtre à Paris. Je ne dois plus songer qu'à mourir tout doucement dans ma retraite au milieu des neiges. C'est à la seule philosophie d'occuper mes derniers jours, et vos bontés seront ma consolation jusqu'au dernier moment de ma vie.

4352. A M. LE PRINCE DE LIGNE.

A Ferney, 14 mars.

Monsieur le prince, il faut que vous soyez une bonne ame, pour daigner vous souvenir d'un pauvre solitaire, au milieu des diètes d'Allemagne et du brillant fracas des couronnements. Il y a douze ans, Dieu merci, que je n'ai vu que des rois de théâtre; encore même ai-je renoncé à les voir en peinture. J'ai abattu mon petit théâtre. Les calvinistes et les

---

[1] Voyez les lettres 4283 et 4345. B.

jansénistes ne me reprocheront plus de favoriser l'œuvre de Satan.

J'ai trouvé que, dans ma soixante-douzième année, ces amusements ne convenaient plus à un malade presque aveugle.

Vraiment je vous félicite d'avoir à Bruxelles les Griffet et les Neuville; ce sont les jésuites qui avaient le plus de réputation en France. J'en ai un chez moi qui dit fort proprement la messe, et qui joue très bien aux échecs; il s'appelle Adam; et quoiqu'il ne soit pas le premier homme du monde [1], il a du mérite. Il avait enseigné vingt ans la rhétorique à Dijon. Je suis fort content de lui, et je me flatte qu'il n'est pas mécontent de moi; il n'a fait que changer de couvent, car vous sentez bien que la maison d'un homme de mon âge n'est pas bien sémillante. Nous sommes philosophes, nous sommes indépendants; c'en est bien assez. Je cultive la terre dans laquelle je rentrerai bientôt, et je m'amuse à marier des filles, ne pouvant avoir le passe-temps de faire des enfants moi-même.

M. d'Hermenches nous a abandonnés, et vous savez qu'il a quitté le service de Hollande pour celui de la France; il prétend qu'il retrouvera en agréments ce qu'il perd en argent comptant.

Madame Denis est extrêmement sensible au souvenir dont vous voulez bien l'honorer. Ma petite famille adoptive, qui est augmentée, vous présente aussi ses très humbles hommages. Je ne vous de-

---

[1] Voltaire répète ici le bon mot de madame Dumoulin sur un autre Adam; voyez ma note, tome XLV, page 150. B.

mande point pardon de ne pas vous écrire de ma main; à l'impossible nul n'est tenu.

4353. A MADAME CALAS[1].

Madame, tous ceux qui ont le bonheur de vous servir dans une affaire si juste doivent se féliciter également. Vous savez que je n'ai jamais douté de l'événement de votre procès. Il me paraît que le conseil du roi s'est engagé à vous donner une satisfaction entière, en obligeant les juges de Toulouse d'envoyer la procédure et les motifs de l'arrêt. Jouissez maintenant du repos; je vous fais les plus tendres et les plus sincères compliments, ainsi qu'à mesdemoiselles vos filles. Vous vous êtes conduite en digne mère, en digne épouse; on vous doit louer autant qu'on doit abhorrer le jugement de Toulouse. Soyez pourtant consolée que l'Europe entière réhabilite la mémoire de votre mari; vous êtes un grand exemple au monde. Je serai toujours, avec les sentiments qui vous sont dus, madame, votre, etc. VOLTAIRE.

4354. A M. DAMILAVILLE.

15 mars.

Que vous avez une belle ame, mon cher frère! Au milieu des soins que vous vous donnez pour les Ca-

---

[1] Quand Voltaire écrivit cette lettre, il attendait mais ne connaissait pas encore le jugement souverain du 9 mars 1765, qui réhabilite la mémoire de Calas (voyez tome XL, page 501). Or il en avait connaissance le 17, et probablement de la veille ou surveille. La lettre à madame Calas doit être le billet dont il est question dans la lettre qui suit. B.

las, vous portez votre sensibilité sur les Sirven. Que n'avons-nous à la tête du gouvernement des cœurs comme le vôtre! par quel aveuglement funeste peut-on souffrir encore un monstre qui depuis quinze cents ans déchire le genre humain, et qui abrutit les hommes quand il ne les dévore pas!

M. d'Argental doit recevoir, dans quelques jours, deux paquets de mort aux rats qui pourront au moins donner la colique à l'*inf....* Il doit partager la drogue avec vous. Voici le Mémoire des Sirven, avec la copie des pièces. Il faudra dresser une statue à M. de Beaumont, avec le Fanatisme et la Calomnie sous ses pieds: il faut que j'aie votre portrait pour le mettre dans ce groupe.

Je crois qu'en effet il ne sera pas mal de publier la lettre qu'un certain V.... vous a écrite sur les Calas et les Sirven[1]; cela pourra préparer les esprits, et on verra ce qu'on pourra faire avec M. d'Argental. Monsieur le premier président[2] de Toulouse est très bien disposé: il s'agira de voir si monsieur le vice-chancelier[3] voudra qu'on ôte à ce parlement une affaire qui lui ressortit de plein droit. Les Sirven ont été condamnés à Castres: s'ils vont à Toulouse, n'est-il pas à craindre que des juges irrités ne fassent rouer, pendre, brûler ces pauvres Sirven, pour se venger de l'affront que la famille Calas leur a fait essuyer?

Je ferai un mémoire[4] que je vous enverrai; mais

---

[1] La lettre à Damilaville du 1er mars, n° 4347. B.
[2] De Bastard. B.
[3] Maupeou; voyez tome XXII, page 364. B.
[4] Je n'ai pu me procurer ce *mémoire*, dont Voltaire reparle comme d'un

ces Sirven sont bien moins instruits des procédures faites contre eux que ne l'étaient les Calas. Ils ne savent rien, sinon qu'ils ont été condamnés, et qu'ils ont perdu tout leur bien. D'ailleurs, n'étant jugés que par contumace, je ne vois pas comment on pourrait faire pour les soustraire à leurs juges naturels.

Le procédé de M. de Beaumont m'inspire de la vénération : son nom d'Élie[1] me fait soupçonner qu'il n'est point d'une famille papiste, et la générosité de son ame me persuade qu'il est un de nos frères. Laissons juger les Calas, ne troublons pas actuellement leur triomphe par une nouvelle guerre. Je me flatte bien que vous m'apprendrez[2] le plein succès auquel je m'attends; on verra, immédiatement après, ce qu'on pourra faire pour les Sirven. Ce sera une belle époque pour la philosophie qu'elle seule ait secouru ceux qui expiraient sous le glaive du fanatisme. Remarquez, mon cher frère, qu'il n'y a pas eu un seul prêtre qui ait aidé les Calas ; car, Dieu merci, l'abbé Mignot n'est pas prêtre.

Voulez-vous bien faire parvenir le petit billet ci-joint à la veuve Calas[3] ?

Adieu, mon cher frère ; vous êtes un homme selon mon cœur ; votre zèle est égal à votre raison ; je hais

---

ouvrage fait, dans ses lettres des 23 et 27 mars; à moins que ce ne soit l'*Avis au public sur les parricides imputés aux Calas et aux Sirven*, qui toutefois ne parut qu'en 1766; voyez tome XLII, page 385. B.

[1] Élie est un prénom juif, mais c'est aussi un prénom catholique; c'était le nom de famille de l'avocat Élie de Beaumont, qui était catholique. B.

[2] Il l'apprit le jour même qu'il écrivait cette lettre, ou le lendemain. B.

[3] Sans doute la lettre qui précède. B.

les tièdes. *Écr. l'inf...*, *écr. l'inf...*, vous dis-je. Je vous embrasse de toutes mes pauvres forces.

4355. A M. LE COMTE D'ARGENTAL.

15 mars.

Oui, sans doute, mon ange adorable, j'ai été infiniment touché du Mémoire du jeune Lavaysse[1], de sa simplicité attendrissante, et de cette vérité sans ostentation qui n'appartient qu'à la vertu. Je vous demande en grace de m'envoyer l'arrêt dès qu'il sera prononcé. Vous savez que ce David[2], auteur de tout cet affreux désastre, était un très malhonnête homme; le fripon a fait rouer l'innocent; le voilà bien reconnu; il a été destitué de sa place. J'espère qu'il paiera chèrement le sang de Calas.

C'est une étrange fatalité qu'il se trouve en même temps deux affaires pareilles. Je sais que la plupart des calvinistes de Languedoc sont de grands fous; mais ils sont fous persécutés, et les catholiques de ce pays-là sont fous persécuteurs.

J'ai envoyé à M. Damilaville le détail de cette seconde aventure, qu'il doit vous communiquer[3]. Il y a des malheurs bien épouvantables dans ce meilleur des mondes possibles.

Je suppose, mon cher ange, que vous avez reçu ma lettre à M. Berger[4], dont j'ignore la demeure, comme j'ignorais son existence. Je vous demande bien

---

[1] Voyez le n° ix de ma note, tome XL, page 500. B.
[2] Capitoul de Toulouse; voyez tome XLI, page 227. B.
[3] La lettre du 1er mars, n° 4347. B.
[4] La lettre 4341. B.

pardon de vous avoir importuné d'une lettre pour un homme qui est à-la-fois indiscret et dévot.

J'ai vu votre Suédois; il retourne à Paris, et s'est chargé d'un paquet pour vous. Le Genevois, qui est chargé d'un autre, doit être déjà parti. Je vous supplierai de donner à frère Damilaville les brochures dont vous ne voudrez pas. Je crois qu'il y en a seize, cela fait seize pains bénits pour les fidèles. Songez, je vous en prie, combien la superstition a fait périr de Calas depuis plus de quatorze cents années. Est-il possible que ce monstre ait encore des partisans? Mon horreur pour lui augmente tous les jours, et je suis affligé quand je vois des gens qui en parlent avec tiédeur.

J'espère que je verrai bientôt *le Siége de Calais* imprimé, et que j'applaudirai avec connaissance de cause. On peut très bien envoyer par la poste, à Genève, des livres contre-signés; mais il n'en est pas de même de Genève à Paris: vous permettez l'exportation, mais non pas l'importation.

Je ne sais ce qu'a le tyran du *tripot*, mais il est toujours plein de mauvaise humeur, et il ne laisse pas de me le faire sentir. L'ex-jésuite prétend qu'il faut qu'il attende encore quelque temps pour revoir les roués[1], que les Romains ne sont pas de saison, qu'il faut attendre des occasions favorables: voyez si vous êtes de cet avis. Je suis d'ailleurs occupé actuellement à augmenter ma chaumière; et si je m'adressais à Apollon, ce serait pour le prier de m'aider dans le métier de maçon. On dit qu'il s'entend à faire

---

[1] La tragédie du *Triumvirat*. B.

des murailles ; cependant ses murailles sont tombées comme bien d'autres pièces.

Mais pourquoi M. Fournier [1] souffre-t-il que madame d'Argental tousse toujours? Je me mets à ses pieds; ma petite famille vous présente à tous deux ses respects.

4356. A M. LE MARQUIS DE VILLETTE [2].

15 mars.

Vous savez penser comme écrire :
Les Graces avec la Raison
Vous ont confié leur empire;
L'infame Superstition
Sous vos traits délicats expire.
Ainsi l'immortel Apollon
Charme l'Olympe de sa lyre,
Tandis que les flèches qu'il tire
Écrasent le serpent Python.
Il est dieu quand par son courage
Ce monstre affreux est terrassé;
Il l'est quand son brillant visage
Rallume le jour éclipsé;
Mais entre les genoux d'Issé
Je le crois dieu bien davantage.

Moins le hibou de Ferney, monsieur, mérite vos jolis vers, plus il vous en doit de remerciements. Il s'intéresse vivement à vous; il connaît tout ce que vous valez.

Les erreurs et les passions
De vos beaux ans sont l'apanage;
Sous cet amas d'illusions
Vous renfermez l'ame d'un sage.

[1] Médecin de M. et madame d'Argental. B.
[2] Voyez ma note, page 219. B.

Je vous retiens pour un des soutiens de la philosophie, je vous en avertis : vous serez détrompé de tout ; vous serez un des nôtres.

> Plein d'esprit, doux, et sociable,
> Ce n'est pas assez, croyez-moi ;
> C'est pour autrui qu'on est aimable ;
> Mais il faut être heureux pour soi.

Nous avons une cellule nouvelle, et nous en bâtissons une autre ; vous savez combien vous êtes aimé dans notre couvent.

4357. A M. DALEMBERT.

16 mars.

Frère Gabriel, mon cher destructeur, obéit ponctuellement à vos ordres ; *la Destruction* sera magnifiquement reliée, et envoyée à sa destination. Madame Denis a dévoré ce petit livre, qui contient deux cent trente-cinq pages, le seul de tous les livres qui restera sur ce procès, qui a produit tant de volumes. Je vous réponds que, quand il sera arrivé à Paris, il sera enlevé en quatre jours. Je suis fâché que vous ayez oublié que notre ami Fréron a été jésuite, et que même il a eu l'honneur d'être chassé de la Société ; cela aurait pu vous fournir quelque douce et honnête plaisanterie.

Je voudrais bien savoir qu'est devenu le petit jésuite derrière lequel marchait Le Franc de Pompignan à la procession de son village. Est-il vrai que le jésuite qui avait enfondré le cul [1] du prince de Guémenée

---

[1] Les choses n'allèrent pas tout-à-fait si loin. « Mon ami, dit la princesse à son fils, quelles étrennes faut-il donner à votre préfet ? — Maman, il

est mort? ne s'appelait-il pas Marsy? On dit que d'ailleurs c'était un garçon de mérite[1].

Dieu vous maintienne, mon cher destructeur, dans la noble résolution où vous êtes de faire main basse sur les fanatiques, en fesant patte de velours! Vous serez cher à tous les gens de bien. *Écr. l'inf....*

4358. A M. MARMONTEL.

A Ferney, 17 mars.

Mon cher ami, je reconnais votre cœur à la sensibilité que les Calas vous inspirent. Quand j'ai appris le succès, j'ai versé long-temps de ces larmes d'attendrissement et de joie que mademoiselle Clairon fait répandre. Je la trouve bien heureuse, cette divine Clairon. Non seulement elle est adorée du public, mais encore Fréron se déchaîne, à ce qu'on dit, contre elle. Elle obtient toutes les sortes de gloires. L'épigramme qu'on a daigné faire contre ce malheureux est aussi juste que bonne; elle court le royaume. On disait ces jours passés, devant une demoiselle de Lyon, que l'ignorance n'est pas un péché; elle répondit par ce petit huitain:

> On nous écrit que maître Aliboron
> Étant requis de faire pénitence:
> « Est-ce un péché, dit-il, que l'ignorance? »

faut lui donner un pot de chambre. — Que voulez-vous dire? — Maman, c'est qu'il me pisse sur le dos, et je n'aime point ça. »
Marsy fut chassé des jésuites, et Fréron, son ami intime, sortit avec lui.
(*Note posthume de Condorcet.*)

[1] Voyez *le Dictionnaire philosophique*, au mot Jésuite, tome XXX, page 429; et XLIII, 326. Fr.-M. de Marsy, né en 1714, était mort en décembre 1763. B.

> Un sien confrère aussitôt lui dit : « Non ;
> « On peut très bien, malgré *l'An littéraire*,
> « Sauver son ame en se fesant huer ;
> « En conscience il est permis de braire ;
> « Mais c'est pécher de mordre et de ruer. »

Je trouve maître Aliboron bien honoré qu'on daigne parler de lui ; il ne devait pas s'y attendre. On m'a mandé de Paris qu'il allait être secrétaire des commandements de la reine. J'avoue pourtant que je ne le crois pas, quoique la fortune soit assez faite pour les gens de son espèce.

Adieu, mon cher ami ; je vieillis terriblement, je m'affaiblis ; mais l'âge et les maladies n'ont aucun pouvoir sur les sentiments du cœur. Vivez aussi heureux que vous méritez de l'être. Je vous embrasse tendrement.

4359. A M. LE COMTE D'ARGENTAL.

17 mars.

Divins anges, la protection que vous avez donnée aux Calas n'a pas été inutile. Vous avez goûté une joie bien pure en voyant le succès de vos bontés. Un petit Calas était avec moi quand je reçus votre lettre, et celle de madame Calas, et celle d'Élie, et tant d'autres : nous versions des larmes d'attendrissement le petit Calas et moi. Mes vieux yeux en fournissaient autant que les siens ; nous étouffions, mes chers anges. C'est pourtant la philosophie toute seule qui a remporté cette victoire. Quand pourra-t-elle écraser toutes les têtes de l'hydre du fanatisme !

Vous me parlez des roués, mais le roué Calas est

le seul qui me remue. Seriez-vous capable de descendre à lire de la prose au milieu de la foule des vers dont vous êtes entourés? Voici le commencement d'une espèce d'histoire ancienne [1] qui me paraît curieuse. Si elle vous fait plaisir, je tâcherai d'en avoir la suite pour vous amuser; elle a l'air d'être vraie, et cependant la religion y est respectée. N'engagerez-vous pas le frère Marin à en favoriser le débit? Je crois que les bons entendeurs pourront profiter à cette lecture; il y a en vérité des chapitres fort scientifiques, et le scientifique n'est jamais scandaleux.

Je crois qu'on tousse par tout le royaume; nous toussons beaucoup sur la frontière; c'est une épidémie. Nous espérons bien que M. Fournier [2] empêchera l'un de mes anges de tousser. Tout Ferney, qui est sens dessus dessous, est à vos pieds; et pourquoi est-il sens dessus dessous? c'est que je suis maçon: je bâtis comme si j'étais jeune; mais le travail est une jouissance.

Me sera-t-il permis de vous présenter encore un placet pour un passe-port? Les Genevois m'accablent, parceque vous m'aimez; mais je serai sobre sur l'usage que je ferai de vos bontés. Encore ce petit passe-port, je vous en conjure, et puis plus; vous me ferez un plaisir bien sensible; vous ne vous lassez jamais d'en faire.

---

[1] *La Philosophie de l'histoire* (voyez ma Préface du tome XV), qui forme aujourd'hui l'*Introduction à l'Essai sur les mœurs*. B.

[2] Voyez page 249. B.

4360. A M. BERTRAND.

A Ferney, 19 mars.

Mon cher philosophe, vous n'êtes point de ces philosophes insensibles qui cherchent froidement des vérités; votre philosophie est tendre et compatissante. On a été très bien informé à Berne du jugement souverain en faveur des Calas; mais j'ai reconnu à certains traits votre amitié pour moi. Vous avez trouvé le secret d'augmenter la joie pure que cet heureux événement m'a fait ressentir. Je ne sais point encore si le roi a accordé une pension à la veuve et aux enfants, et s'ils exigeront des dépens, dommages et intérêts de ce scélérat de David qui se meurt. Le public sera bientôt instruit sur ces articles comme sur le reste. Voilà un événement qui semblerait devoir faire espérer une tolérance universelle; cependant on ne l'obtiendra pas si tôt; les hommes ne sont pas encore assez sages. Ils ne savent pas qu'il faut séparer toute espèce de religion de toute espèce de gouvernement; que la religion ne doit pas plus être une affaire d'état que la manière de faire la cuisine; qu'il doit être permis de prier Dieu à sa mode, comme de manger suivant son goût; et que, pourvu qu'on soit soumis aux lois, l'estomac et la conscience doivent avoir une liberté entière. Cela viendra un jour, mais je mourrai avec la douleur de n'avoir pas vu cet heureux temps.

Je vous embrasse avec la plus vive tendresse.

4361. A M. DE CIDEVILLE.

A Ferney, 20 mars.

Vous étiez donc à Paris, mon cher ami, quand le dernier acte de la tragédie des Calas a fini si heureusement [1]. La pièce est dans les règles; c'est, à mon gré, le plus beau cinquième acte qui soit au théâtre. Toutes les pièces sont actuellement à l'honneur de la France [2] : les maires heureusement réussissent mieux que les capitouls. Le rôle d'Élie de Beaumont est bien beau.

On va donner pour petite pièce *la Destruction des Jésuites* [3]. Je ne sais si M. Dalembert en est l'auteur; et certainement, s'il ne veut pas l'être, il ne faut pas qu'il le soit. Mais il est venu chez nous, ce brave M. Dalembert; et tous ceux qui ont eu le plaisir de l'entendre disent : Le voilà, c'est lui; cela est écrit comme il parle. Pour moi, je veux bien croire que ce n'est pas lui; mais je voudrais bien savoir quel homme a pris son style, sa philosophie, sa gaîté, et qui partage avec lui l'héritage de Blaise Pascal, au jansénisme près. Il me paraît, à l'analyse que vous me faites, que vous avez le nez fin; je gagerais que vous avez raison dans tout ce que vous me dites. On dit que le temps est le seul bon juge; mais le temps ne décide que d'après des gens comme vous.

[1] Le jugement souverain du 9 mars 1765; voyez ma note, tome XL, page 501. B.

[2] Allusion à la tragédie du *Siége de Calais*, par De Belloy, où le maire de Calais est un des principaux personnages. B.

[3] *Sur la destruction des jésuites*, opuscule de Dalembert, 1765, in-12. B.

Je sais bon gré au président Hénault de n'avoir point parlé de la minutie concernant les bourgeois de Calais. Il est bien clair qu'Édouard III n'avait nulle envie de les faire pendre, puisqu'il leur donna à tous de belles médailles d'or. Au reste, je suis très aise pour la France, et pour l'auteur, qui est mon ami, que *le Siége de Calais* ait un si grand succès; et je souhaite que la pièce soit jouée aussi long-temps que le siége a duré.

Jean-Jacques Rousseau mérite un peu, à ce qu'on dit ici, l'aventure dont Édouard III semblait menacer les six bourgeois de Calais; mais il ne mérite point les médailles d'or. Le prétendu philosophe ne joue que le rôle d'un brouillon et d'un délateur. Il a cru être Diogène, et à peine a-t-il l'honneur de ressembler à son chien. Il est en horreur ici.

On dit que messieurs du canton de Schwitz ont fait d'énormes insolences contre le roi; ces petits cantons-là sont un peu du quatorzième siècle. Je ne vous dis, mon cher ami, que des nouvelles de Suisse; vous m'en donnez du séjour des agréments; on ne peut donner que ce qu'on a. Ma petite chaumière de Ferney est tranquille au milieu de tous ces orages. Je bâtis sur le bord du tombeau, mais je jouis au moins du plaisir de faire pour madame Denis un château qui vaut mieux que les petits-cantons; elle vous fait mille compliments. Buvez à ma santé, je vous en prie, avec Cicéron de Beaumont et Roscius Garrick. Adieu; ma tendre amitié ne finira qu'avec ma vie. V.

4362. A M. DAMILAVILLE.

23 mars.

Mon cher frère, voici les ordres que le dieu d'Épidaure signifie à vos amygdales. Portez-vous bien, et jouissez de la force d'Hercule pour écraser l'hydre.

Je suis affligé de n'avoir point encore appris que le roi ait honoré d'une pension l'innocence des Calas.

Vous devez avoir reçu le *Mémoire* des Sirven[1]. Rien n'est plus clair; leur innocence est plus palpable que celle des Calas. Il y avait du moins contre les Calas des sujets de soupçon, puisque le cadavre du fils avait été trouvé dans la maison paternelle, et que le père et la mère avaient nié d'abord que ce malheureux se fût pendu : mais ici on ne trouve pas le plus léger indice. Que d'horreurs, juste ciel! on enlève une fille à son père et à sa mère, on la fouette, on la met en sang pour la faire catholique; elle se jette dans un puits, et son père, sa mère, et ses sœurs sont condamnés au dernier supplice!

On est honteux, on gémit d'être homme, quand on voit que d'un côté on joue l'opéra comique, et que de l'autre le fanatisme arme les bourreaux. Je suis à l'extrémité de la France, mais je suis encore trop près de tant d'abominations.

Est-il vrai qu'Helvétius est parti pour la Prusse? du moins ne brûlera-t-on pas ses livres dans ce pays-là.

La Destruction est-elle enfin entre les mains du

---

[1] Voyez ma note, pages 245-46. B.

public? *A bon entendeur salut* doit être la devise de ce petit livre. Je doute que *le Pyrrhonien raisonnable* fasse une grande fortune, quoique l'auteur ait beaucoup d'esprit [1].

Il y a une petite brochure contre Racine et Boileau [2] qui ne peut être faite que par un sot, ou du moins par un homme sans goût; et cependant je voudrais bien l'avoir.

Je ne sais ce que c'est que *l'Homme de la campagne* [3]. Il y a dans Genève des *Lettres de la campagne* auxquelles Jean-Jacques a répondu par des *Lettres de la montagne*. C'est un procès qui n'est intéressant que pour des Genevois. Pour *l'Homme de la campagne*, si c'est une satire contre ceux qui se sont retirés du monde, la satire a tort. Les ridicules et les crimes ne sont que dans les villes.

Quand vous verrez l'enchanteur Merlin, faites-lui mes remerciements : je viens de recevoir les *Contes moraux* de frère Marmontel. J'attends pour les lire que j'aie répondu à deux cents lettres, et que mon cœur soit un peu dégonflé de la joie inexprimable que m'ont donnée quarante maîtres des requêtes.

Adieu, mon cher frère.

4363. A M. BORDES.

A Ferney, 23 mars.

Il est vrai, mon cher monsieur, que la justifica-

---

[1] Le comte d'Autrey; voyez page 238. B.

[2] Les *Observations sur Boileau, sur Racine*, etc., par *d'Acarq*, sont de 1770. Je pense que Voltaire veut parler de la *Lettre sur Corneille et Racine*, par *L.-B. Simon*, qui est de 1758, in-12. B.

[3] Cet ouvrage m'est inconnu. B.

tion des Calas m'a causé une joie bien pure; elle augmente encore par la vôtre: cette aventure peut désarmer le bras du fanatisme, ou du moins émousser ses armes. Je vous assure que ce n'est pas sans peine que nous avons réussi. Il a fallu trois ans de peine et de travaux pour gagner enfin cette victoire. Jean-Jacques aurait bien mieux fait, ce me semble, d'employer son temps et ses talents à venger l'innocence qu'à faire de malheureux sophismes, et à tenter des moyens infames pour subvertir sa patrie. Je doute encore beaucoup qu'il soit l'avocat consultant de Paoli[1]. L'auteur de la *Profession de foi*[2] a bien connu ce misérable, qui a le cœur aussi faux que l'esprit, et dont tout le mérite est celui des charlatans, qui n'ont que du verbiage et de la hardiesse. On me mande, comme à vous, monsieur, que *le Siége de Calais* n'a réussi chez aucun homme de goût: cependant il est bien difficile de croire que la cour se soit si grossièrement trompée. Il est vrai que le prodigieux succès qu'eut le *Catilina* de Crébillon doit faire trembler: vous serez bientôt à portée de juger; je crois que *le Siége* sera levé à Pâques. C'est toujours beaucoup que les Français aient été patriotes à la Comédie. C'est une chose singulière qu'il n'y ait aucun trait dans Sophocle et dans Euripide où l'on trouve l'éloge d'Athènes. Les Romains ne sont loués

---

[1] On a pour témoignage non seulement ce que Rousseau dit dans ses *Confessions*, mais ses quatre lettres à Buttafuoco; voyez ma note, page 162. B.

[2] La *Profession de foi philosophique*, 1763, in-12, est une petite pièce ironique de Bordes contre J.-J. Rousseau. B.

dans aucune pièce de Sénèque le tragique. Je ne crois pas que la mode de donner des coups d'encensoir au nez de la nation dure long-temps au théâtre. Le public, à la longue, aime mieux être intéressé que loué.

Adieu, monsieur; vous m'êtes d'autant plus cher que le goût est bien rare. Je vous ai voué pour la vie autant d'attachement que d'estime.

4364. A M. DALEMBERT.

25 mars.

Mon cher philosophe, utile et agréable au monde, sachez que votre ouvrage est comme vous, et qu'aucun enfant n'a jamais si bien ressemblé à son père. Sachez que dès qu'il parut dans Genève entre les mains de quelques amis, tous dirent : Il écrit comme il parle; le voilà, je crois l'entendre. Quand on l'avait lu, on le relisait; on en cite tous les jours des passages. J'écrivis à mon ami M. de Cideville que je le croyais déjà répandu à Paris; je lui parlai du plaisir qu'il aurait à le lire, et je lui recommandai dans deux lettres consécutives[1] de ne vous point nommer, précaution, entre nous, fort inutile : il est impossible qu'on ne vous devine pas à la seconde page. Vous aurez à-la-fois le plaisir de jouir du succès le plus complet, et de nier que vous ayez rendu ce service au public, devant les fripons et les sots, qui ne méritent pas même la peine que vous prenez de vous moquer d'eux.

[1] Voltaire recommande le secret à Cideville seulement dans sa lettre du 20 mars, mais non dans celle du 4 février. S'il ne se trompe pas ici, il y a une lettre de perdue. B.

Je suis très fâché de n'avoir point encore appris que le roi ait dédommagé les Calas. On roue un homme plus vite qu'on ne lui donne une pension. Vous avez bien raison dans ce que vous dites du style des avocats; ils n'ont jamais su combien la déclamation est l'opposé de l'éloquence, et combien les adjectifs affaiblissent les substantifs, quoiqu'ils s'accordent en genre, en nombre, et en cas; mais, après tout, les raisons que frère Beaumont a détaillées sont fortes et concluantes; il y a de la chaleur, et le public reste convaincu de l'innocence des Calas, *quod erat demonstrandum*. Tout ce que je demande au ciel, c'est que le parlement de Toulouse casse l'arrêt souverain des maîtres des requêtes. Je ne me souviens plus quel était l'honnête homme qui priait Dieu tous les matins que ses ennemis fissent des sottises. Le fanatisme commence à être en horreur d'un bout de l'Europe à l'autre. Figurez-vous qu'un grand seigneur espagnol, que je ne connais point, s'avise de m'écrire une lettre tout-à-fait anti-fanatique, pour me demander des armes contre le monstre, en dépit de la Sainte-Hermandad.

Jean-Jacques est devenu entièrement fou; il s'était imaginé qu'il bouleverserait sa chère patrie, que je corrompais, dit-il, en donnant chez moi des spectacles [1]; il n'a pas mieux réussi en qualité de boute-feu qu'en qualité de charlatan philosophe. Tout ce qu'il a gagné, c'est d'être en horreur à tous les honnêtes gens de son pays; ce qui, joint à des car-

---

[1] Voyez sa lettre du 17 juin 1760, tome LVIII, page 446. B.

nosités et des sophismes, ne fait pas une situation agréable.

Est-il vrai qu'Helvétius est à Berlin? Il me paraît que le réquisitoire composé par Abraham Chaumeix lui a donné une paralysie sur les trois doigts avec lesquels on tient la plume. Est-ce qu'il ne savait pas qu'on peut mettre l'*inf*... en pièces, sans graver son nom sur le poignard dont on la tue? madame Denis vous embrasse de tout son cœur, et moi aussi.

4365. A M. MARMONTEL.

25 mars.

Mon cher confrère, vos *Contes* sont pleins d'esprit, de finesse, et de graces; vous parez de fleurs la raison; on ne peut vous lire sans aimer l'auteur. Je vous remercie de toute mon ame des moments agréables que vous m'avez fait passer. Il n'y a pas un de vos nouveaux *Contes* dont vous ne puissiez faire une comédie charmante. Vous savez bien que Michel Cervantes disait que, sans l'inquisition, *Don Quichotte* aurait été encore plus plaisant. Il y a en France une espèce d'inquisition sur les livres qui vous empêchera d'être aussi utile que vous pourriez l'être à l'intérêt de la bonne cause : c'est assurément grand dommage; mais c'est du moins une grande consolation que les philosophes se tiennent unis, qu'ils conservent entre eux le feu sacré, et qu'ils en communiquent dans la société quelques étincelles. Vous voyez, par l'exemple des Calas et des Sirven, ce que peut le fanatisme; il n'y a que la philosophie qui puisse triompher de ce monstre : c'est l'ibis qui vient casser les œufs du crocodile.

Plus J.-J. Rousseau a déshonoré la philosophie, plus de bons esprits comme vous doivent la défendre.

Je vous prie de faire mes compliments à M. Duclos, et à tous les êtres pensants qui peuvent avoir quelques bontés pour moi. Mandez-moi, je vous prie, ce que vous pensez du *Siége de Calais;* parlez-moi avec confiance, et soyez bien sûr que je ne trahirai pas votre secret. On m'en a mandé des choses si différentes, que je veux régler mon jugement par le vôtre. Je ne puis me figurer qu'une pièce si généralement et si long-temps applaudie n'ait pas de très grandes beautés. On dit qu'on ne l'aura sur le papier qu'après Pâques, et les nouveautés parviennent toujours fort tard dans nos montagnes. Adieu, mon cher confrère; conservez-moi une amitié dont je sens bien tout le prix.

4366. A M. BERTRAND.

A Ferney, 26 mars.

Mon cœur est pénétré, mon cher philosophe, de vos démarches pleines d'amitié, et je ne les oublierai de ma vie. Les Calas ne sont pas les seuls immolés au fanatisme : il y a une famille entière[1] du Languedoc condamnée pour la même horreur dont les Calas avaient été accusés. Elle est fugitive dans ce pays-ci; le conseil de Berne lui fait même une petite pension. Il sera difficile d'obtenir pour ces nouveaux infortunés la justice que nous avons enfin arrachée pour les Calas après trois ans de soins et de peines

---

[1] Les Sirven; voyez la lettre du 1er mars, n° 4347. B.

assidues. Je ne sais pas quand l'esprit persécuteur sera renvoyé dans le fond des enfers, dont il est sorti; mais je sais que ce n'est qu'en méprisant la mère qu'on peut venir à bout du fils; et cette mère, comme vous l'entendez bien, est la superstition. Il se fera sans doute un jour une grande révolution dans les esprits. Un homme de mon âge ne la verra pas, mais il mourra dans l'espérance que les hommes seront plus éclairés et plus doux.

Personne n'y pourrait mieux contribuer que vous; mais en tout pays les bons cœurs et les bons esprits sont enchaînés par ceux qui ne sont ni l'un ni l'autre.

Mes respects, je vous en supplie, à monsieur et madame Freudenreich. Je vous embrasse du meilleur de mon cœur. V.

4367. DE M. DALEMBERT.

26 mars.

O la belle lettre, mon cher maître, que vous venez d'écrire à frère Damilaville sur l'affaire des malheureux Sirven [1]! aussi a-t-elle le plus grand et le plus juste succès; on se l'arrache, on verse des larmes, et on la relit, et on en verse encore, et on finit par desirer de voir tous les fanatiques dans le feu où ils voudraient jeter les autres. Je suis bien heureux que ma rapsodie sur la destruction de Loyola n'ait pas paru en même temps; votre lettre l'aurait effacée, et le cygne aurait fait taire la pie. Je ne sais quand ma *Destruction* arrivera; mais ce que je sais, c'est qu'il y a des personnes à Paris qui l'ont déjà, et que mon secret n'a pas été trop bien gardé. Quoi qu'il en soit, je recommande ce malheureux enfant à votre protection. Le

---

[1] La lettre du 1er mars, n° 4347. B.

bien que vous en direz fera l'avis de beaucoup de gens, et surtout le fera vendre; car c'est là l'essentiel pour que M. Cramer ne soit pas lésé.

Je ne sais ni le nom ni le sort du jeune jésuite que Simon Le Franc poussait par le cul à la procession [1]. Je n'ai vu Simon depuis long-temps qu'une seule fois, à l'enterrement de M. d'Argenson, où il était non comme homme de lettres, car il est trop grand seigneur pour se parer de ce titre, mais comme parent au quatre-vingt-dixième degré. S'il est encore à Paris, c'est si obscurément que personne n'en sait rien. Il lui arrivera ce qui arriva à l'abbé Cotin, que les satires de Despréaux obligèrent à se cacher si bien, que le *Mercure* annonça sa mort trois ou quatre ans d'avance. Il en est arrivé à peu près autant au poëte Roy, cet ennuyeux coquin qui, depuis une centaine de coups de bâton qu'il reçut il y a dix ans, avait pris le parti de la retraite, et dont on avait annoncé la mort, il y a plus d'un an, dans les gazettes, quoiqu'il n'ait rendu que depuis peu [2] sa belle ame à son Créateur.

Oui vraiment le bâtard du *Portier des Chartreux*, Marsy, *olim* jésuite, comme il l'a mis à la tête d'un de ses ouvrages, est allé violer les anges en paradis. Il avait commencé par être l'associé d'Aliboron, avec qui il s'était ensuite brouillé, du moins à ce que l'on m'a dit; car je n'avais l'honneur de fréquenter ni l'un ni l'autre.

Vous avez su que les Calas ont pleinement gagné leur procès [3]; c'est à vous qu'ils en ont l'obligation. Vous seul avez remué toute la France et toute l'Europe en leur faveur. Je ne sais ce qui arrivera des malheureux Sirven. On dit que l'avocat Beaumont va plaider leur cause; je voudrais bien qu'avec une si belle ame et si honnête cet homme eût un peu plus de goût, et qu'il ne mît pas dans ses mémoires tant de pathos de collége.

[1] Voyez tome XLI, page 5. B.

[2] Le 23 octobre 1764. Dans sa correspondance inédite avec le président de Claris, il y a beaucoup d'épigrammes de sa façon contre Voltaire. B.

[3] Le jugement souverain du 9 mars 1765; voyez ma note, tome XL, page 501. B.

Le parlement de Toulouse est très furieux, dit-on, et veut casser l'arrêt qui casse le sien [1]; il ne lui manque plus que cette sottise-là à faire. Les parlements finiront mal, et plus tôt qu'on ne croit; ils sont trop fanatiques, trop sots, et trop tyrans.

Adieu, mon cher maître; moquez-vous de tout, comme vous faites, sans cesser de secourir les malheureux, et d'écraser le fanatisme. Mes respects à madame Denis. Je suis charmé qu'elle ait été contente de ma petite drôlerie [2], que la canaille janséniste et loyoliste ne trouvera pourtant guère drôle.

4368. A M. DAMILAVILLE.

27 mars.

Mon cher frère, vous aurez dans quelque temps la *Philosophie de l'Histoire*, et vous y verrez des choses qui sont aussi vraies que peu connues. Cet ouvrage est d'un abbé Bazin, qui respecte la religion comme il le doit, mais qui ne respecte point du tout l'erreur, l'ignorance, et le fanatisme.

Quand vous lirez cet ouvrage, vous serez étonné de l'excès de bêtise de nos histoires anciennes, à commencer par celle de Rollin. On dit que le livre est dédié à l'impératrice de Russie par le neveu de l'auteur. J'aurais bien voulu connaître l'oncle: il me paraît qu'il enfonce le poignard avec le plus profond respect. On peut le brûler pour tout ce qu'il laisse entendre; mais, à mon avis, on ne peut le condamner pour ce qu'il dit.

Le Mémoire de Sirven [3], que vous devez avoir reçu,

---

[1] Il s'assembla pour savoir ce qui serait de sa dignité en cette occasion. B.

[2] Par cette expression du *Bourgeois gentilhomme*, acte I, scène 6, Dalembert désigne son écrit *Sur la destruction des jésuites*. B.

[3] Voyez ma note, pages 245-46. B.

n'est point à la vérité signé de lui, mais il est écrit de sa main. Il n'y a qu'à envoyer la dernière page, qui est numérotée; je la lui ferai signer à Gex par-devant notaire. Nous verrons s'il y a lieu de demander l'attribution d'un nouveau tribunal. La sentence par contumace qui condamne toute la famille a été confirmée par le parlement de Toulouse. Il est à présumer que si cette pauvre famille va purger la contumace à Toulouse, elle sera rouée, ou brûlée, ou pendue par provision, sauf à tâcher de les faire réhabiliter au bout de trois années.

Je crois qu'il serait bon que vous eussiez la bonté de faire parvenir ma Lettre [1] sur les Calas et les Sirven, à M. Rousseau, directeur du *Journal encyclopédique*, à Bouillon. Ce Rousseau-là n'est pas comme celui de la montagne. Faites-m'en parvenir aussi, je vous supplie, quelques exemplaires.

Hélas! mon cher frère, ces petites grenades qu'on jette à la tête du monstre le font reculer pour un moment; mais sa rage en augmente, et il revient sur nous avec plus de furie. Les honnêtes gens nous plaignent quand l'hydre nous attaque, mais ils ne nous défendent pas comme Hercule. Ils disent: Pourquoi osent-ils attaquer l'hydre?

Je viens de lire *le Siège de Calais* [2]. L'auteur est mon ami. Je suis bien aise du succès inouï de son ouvrage; c'est au temps à le confirmer.

Voici encore une petite lettre pour madame Calas [3].

---

[1] Celle du 1er mars à Damilaville, n° 4347. B.
[2] Voyez la lettre du 6 mars, n° 4349. B.
[3] Elle est perdue. B.

Est-ce que je n'aurai pas le plaisir de la féliciter de la pension du roi? est-ce que la lettre des maîtres des requêtes aurait été inutile? La reine a bu, dit-on, à sa santé, mais ne lui a point donné de quoi boire.

Gémissons, mon cher ami; et, en gémissant, *écr. l'inf....*

4369. A M. LE COMTE DE LA TOURAILLE.

Au château de Ferney, le 29 mars.

Vous en avez usé avec moi, monsieur, comme une jeune coquette qui se pare de tous ses charmes pour séduire un pauvre vieillard à qui elle donne des desirs inutiles. Vous m'avez cajolé, vous m'avez envoyé de jolis vers; mais je répondrai à votre muse agaçante :

Vos jeunes attraits, vos œillades,
Ne me rendront pas mon printemps.
Quand on a parcouru dix-huit olympiades,
L'esprit et son étui sont minés par les ans;
On ne fait plus de vers galants,
Ou, si l'on en veut faire, ils sont ou durs ou fades.
Des neuf savantes sœurs j'ai force rebuffades;
Du cheval ailé, des ruades ;
Et des sourires méprisants
Des belles dames à passades.
Condé même, Condé, qui, par tant d'estocades,
Égala, jeune encor, les héros du vieux temps,
Et qui dans l'art de vaincre a peu de camarades,
Exciterait en vain mes efforts languissants.
Irai-je répéter, dans de froides tirades,
Ce qu'on a dit cent fois des illustres parents
Dont la gloire avec lui fesait des accolades
Aux campagnes des Allemands?
Qu'il soit chanté par vous, par tous vos jeunes gens,
Et non pas par de vieux malades.

4370. A MADAME LA MARQUISE DU DEFFAND.

Mars.

Vous m'avez écrit, madame, une lettre tout animée de l'enthousiasme de l'amitié. Jugez si elle a échauffé mon cœur, qui vous est attaché depuis si long-temps. Je n'ai point voulu vous écrire par la poste; ce n'est pas que je craigne que ma passion pour vous déplaise à M. Janel, je le prendrais volontiers pour mon confident; mais je ne veux pas qu'il sache à quel point je suis éloigné de mériter tout le bien que vous pensez de moi. Madame la duchesse d'Enville veut bien avoir la bonté de se charger de mon paquet; vous y trouverez cette *Philosophie de l'Histoire* de l'abbé Bazin; je souhaite que vous en soyez aussi contente que l'impératrice Catherine II, à qui le neveu de l'abbé Bazin l'a dédiée. Vous remarquerez que cet abbé Bazin, que son neveu croyait mort, ne l'est point du tout; qu'il est chanoine de Saint-Honoré, et qu'il m'a écrit pour me prier de lui envoyer son ouvrage posthume. Je n'en ai trouvé que deux exemplaires à Genève, l'un relié, l'autre qui ne l'est pas; ils seront pour vous et pour M. le président Hénault, et l'abbé Bazin n'en aura point.

Si vous voulez vous faire lire cet ouvrage, faites provision, madame, de courage et de patience. Il y a là une fanfaronnade continuelle d'érudition orientale qui pourra vous effrayer et vous ennuyer; mais votre ami [1], en qualité d'historien, vous rassurera,

---

[1] Le président Hénault. B.

et peut-être, dans le fond de son cœur, il ne sera choqué ni des recherches par lesquelles toutes nos anciennes histoires sont combattues, ni des conséquences qu'on en peut tirer. Quelque âge qu'on puisse avoir, et à quelque bienséance qu'on soit asservi, on n'aime point à avoir été trompé, et on déteste en secret des préjugés ridicules que les hommes sont convenus de respecter en public. Le plaisir d'en secouer le joug console de l'avoir porté, et il est agréable d'avoir devant les yeux les raisons qui vous désabusent des erreurs où la plupart des hommes sont plongés depuis leur enfance jusqu'à leur mort. Ils passent leur vie à recevoir de bonne foi des contes de *Peau-d'Ane*, comme on reçoit tous les jours de la monnaie sans en examiner ni le poids ni le titre.

L'abbé Bazin a examiné pour eux, et, tout respectueux qu'il paraît envers les feseurs de fausse monnaie, il ne laisse pas de décrier leurs espèces.

Vous me parlez de mes passions, madame; je vous avoue que celle d'examiner une chose aussi importante a été ma passion la plus forte. Plus ma vieillesse et la faiblesse de mon tempérament m'approchent du terme, plus j'ai cru de mon devoir de savoir si tant de gens célèbres, depuis Jérôme et Augustin jusqu'à Pascal, ne pourraient point avoir quelque raison. J'ai vu clairement qu'ils n'en avaient aucune, et qu'ils n'étaient que des avocats subtils et véhéments de la plus mauvaise de toutes les causes. Vous voyez avec quelle sincérité je vous parle; l'amitié que vous me témoignez m'enhardit; je suis bien sûr que vous n'en abuserez pas. Je vous avouerai même que mon amour extrême pour la vérité, et mon horreur pour des esprits impérieux qui ont voulu subjuguer notre raison, sont les principaux liens qui m'attachent à certains hommes, que vous aimeriez si vous les connaissiez. Feu l'abbé Bazin n'aurait point écrit sur ces matières, si les maîtres de l'erreur s'étaient contentés de nous dire : Nous savons bien que nous n'enseignons que des sottises, mais nos fables valent bien les fables des autres peuples; laissez-nous enchaîner les sots, et rions ensemble. Alors on pourrait se taire. Mais ils ont joint l'arrogance au mensonge; ils ont voulu dominer sur les esprits, et on se révolte contre cette tyrannie.

Quel lecteur sensé, par exemple, n'est pas indigné de voir un abbé d'Houteville qui, après avoir fourni vingt ans des filles à Laugeois, fermier général, et étant devenu secrétaire de l'athée cardinal Dubois, dédie un livre sur la religion chrétienne [1] à un cardinal d'Auvergne, auquel on ne devait dédier que des livres imprimés à Sodome?

Et quel ouvrage encore que celui de cet abbé d'Houteville! quelle éloquence fastidieuse! quelle mauvaise foi! que de faibles réponses à de fortes objections! quel peut avoir été le but de ce prêtre? Le but de l'abbé Bazin était de détromper les hommes, celui de l'abbé d'Houteville n'était donc que de les abuser.

Je crois que j'ai vu plus de cinq cents personnes de tout état et de tout pays dans ma retraite, et je ne crois pas en avoir vu une demi-douzaine qui ne

[1] *La Vérité de la religion chrétienne;* voyez mes notes, tome XXXIV, page 312; et XXXVIII, 306. B.

pensent comme mon abbé Bazin. La consolation de la vie est de dire ce qu'on pense. Je vous le dis une bonne fois.

Ne doutez pas, madame, que je n'aie été fort content de M. le chevalier de Mac-Donald[1]; j'ai la vanité de croire que je suis fait pour aimer toutes les personnes qui vous plaisent. Il n'y a point de Français de son âge qu'on pût lui comparer; mais ce qui vous surprendra, c'est que j'ai vu des Russes de vingt-deux ans qui ont autant de mérite, autant de connaissances, et qui parlent aussi bien notre langue.

Il faut bien pourtant que les Français vaillent quelque chose, puisque des étrangers si supérieurs viennent encore s'instruire chez nous.

Non seulement, madame, je suis pénétré d'estime pour M. Crawford, mais je vous supplie de lui dire combien je lui suis attaché. J'ai eu le bonheur de le voir assez long-temps, et je l'aimerai toute ma vie. J'ai encore une bonne raison de l'aimer, c'est qu'il a à peu près la même maladie qui m'a toujours tourmenté : les conformités plaisent.

Voici le temps où je vais en avoir une bien forte avec vous : des fluxions horribles m'ôtent la vue dès que la neige est sur nos montagnes; ces fluxions ne diminuent qu'au printemps; mais à la fin le printemps perd de son influence, et l'hiver augmente la sienne. Sain ou malade, clairvoyant ou aveugle, j'aurai toujours, madame, un cœur qui sera à vous,

---

[1] James Mac-Donald, baronnet, mort à Frescati en Italie le 26 juillet 1766, âgé d'environ vingt-quatre ans; voyez la *Correspondance de Grimm*, 1er septembre 1766. B.

soyez-en bien sûre. Je ne regarde la vie que comme un songe; mais, de toutes les idées flatteuses qui peuvent nous bercer dans ce rêve d'un moment, comptez que l'idée de votre mérite, de votre belle imagination, et de la vérité de votre caractère, est ce qui fait sur moi le plus d'impression. J'aurai pour vous la plus respectueuse amitié jusqu'à l'instant où l'on s'endort véritablement pour n'avoir plus d'idées du tout.

Ne dites point, je vous prie, que je vous aie envoyé aucun imprimé.

4371. A M. DE BELLOY.

Au château de Ferney, 31 mars.

A peine je l'ai lue, mon cher confrère, que je vous en remercie du fond de mon cœur. Je suis tout plein du retour d'Eustache de Saint-Pierre, et des beaux vers que je viens de lire:

Vous me forcez, seigneur, d'être plus grand que vous[1].

Et celui-ci, que je citerai souvent:

Plus je vis l'étranger, plus j'aimai ma patrie[2].

Que vous dirai-je, mon cher confrère? votre pièce fait aimer la France et votre personne. Voilà un genre nouveau dont vous serez le père; on en avait besoin, et je suis vivement persuadé que vous rendez service à la nation. Recevez, encore une fois, mes tendres remerciements.

[1] *Siége de Calais*, acte V, scène 2. B.
[2] Id., acte II, scène 3. B.

4372. A M. LE COMTE D'ARGENTAL.

A Ferney, 1ᵉʳ avril.

Mes divins anges, je m'adresse à vous quand il faut remplir mes devoirs. M. De Belloy m'a envoyé son drame. Vous avez permis que ma première lettre [1] passât par vos mains; je demande la même grace pour la seconde. Vous m'avouerez que le petit ex-jésuite [2] entendrait bien mal ses intérêts, s'il avait de l'empressement.

J'ai eu l'honneur de vous envoyer trois feuilles d'un ouvrage qui m'est tombé entre les mains [3]; mais, comme je n'ai reçu aucun ordre de vous, je n'ai pas continué les envois. Cet ouvrage pourtant m'a paru curieux, et digne de vous amuser quelques moments.

La pauvre veuve Calas n'a point encore reçu du roi de dédommagement pour la roue de son mari. Je ne sais pas au juste la valeur d'une roue; mais je crois que cela doit être cher. Les uns lui conseillent de prendre les juges à partie, les autres non; et moi je ne lui conseille ni l'un ni l'autre; mon avis est qu'elle fasse pressentir monsieur le vice-chancelier et monsieur le contrôleur général, de peur de faire une démarche qui pourrait déplaire à la cour, et affaiblir la bonne volonté du roi.

Vous devez, mes divins anges, avoir reçu deux gros paquets, l'un par M. de Villars, capitaine aux

---

[1] Celle du 6 mars, n° 4349. B.
[2] Auteur supposé du *Triumvirat*. B.
[3] Probablement les premières feuilles de *la Philosophie de l'histoire*; voyez ma Préface du tome XV. B.

Gardes-Suisses; l'autre par M. de Châteauvieux, autre capitaine

Les bagatelles qu'ils renferment sont pour vous et pour M. Damilaville. J'ai envoyé tout ce que j'avais, il n'y en a plus; on en refait d'autres; tout le monde devient honnête de jour en jour.

Je ne sais nulle nouvelle du *tripot* ni du tyran du *tripot*; il a un fonds d'humeur où je ne conçois rien. Mes divins anges, prenez-moi sous votre protection dans ce saint temps de Pâques, et daignez me mander, je vous en conjure, si vous avez reçu les petites drôleries en question.

Toute ma petite famille se met au bout de vos ailes.

Mes divins anges, je n'entends plus parler des dîmes; cela nous inquiète un peu maman et moi.

4373. A M. DAMILAVILLE.

1er avril.

Mon très cher frère, j'ai reçu votre lettre du 24 de mars. Je vous dirai d'abord que, voyant combien les avis sont partagés sur la prise à partie, il m'est venu dans la tête que madame Calas devait faire pressentir monsieur le vice-chancelier et monsieur le contrôleur général, afin de ne pas faire une démarche qui pourrait alarmer la cour, et diminuer peut-être les bontés qu'elle espère du roi.

Voilà deux horribles aventures qui exercent à-la-fois votre bienfesance philosophique. J'enverrai incessamment la signature de Sirven, si le généreux Beaumont n'aime mieux vous confier la dernière feuille du Mémoire.

M. de La Haye a dû vous envoyer des chiffons[1] couverts d'une toile cirée : il y a une madame de Chamberlin qui aime passionnément les chiffons ; vous ferez une bien bonne œuvre de lui en envoyer deux. On ne peut se dispenser d'en envoyer trois à M. de Ximenès, attendu qu'il en donnera un à M. d'Autrey pour lui faire entendre raison. Vous êtes prié d'en faire tenir un à M. le marquis d'Argence de Dirac, à Angoulême.

M. d'Argental doit avoir certainement deux paquets, que vous devez partager, et ces deux paquets sont curieux. Ils sont d'une seconde fabrique, et on en fait actuellement une troisième. Ce sont des étoffes qui deviennent fort à la mode. Je vois que le goût se perfectionne de jour en jour ; ce n'est peut-être pas en fait de tragédies. Il ne m'appartient pas d'en parler, il y aurait à moi de la mauvaise grace ; mais vous me feriez plaisir de m'instruire des sentiments du public, que vous avez sans doute recueillis. Quelquefois ce public aime à briser les statues qu'il a élevées, et les yeux se fâchent du plaisir qu'ont eu les oreilles.

Je me recommande à vos prières dans ce saint temps de Pâques, et à celles de nos frères. Je vous avais prié de me dire si Helvétius est à Berlin. Pour frère Protagoras, il devait bien s'attendre que le libraire, maître de son manuscrit, en disposerait à son bon plaisir, qu'il en donnerait à ses amis, et que ses amis pourraient en apporter à Paris. Mon ami Cideville a gardé le secret, et n'en a parlé à personne

---

[1] Une nouvelle édition du *Catéchisme de l'Honnête Homme;* voyez tome XLI, page 97. M. de La Haye était fermier général. B.

qu'à Protagoras lui-même [1]. Le livre d'ailleurs ne peut faire qu'un très grand effet, et l'auteur jouira de sa gloire sans rien risquer.

Continuez, mon cher et digne frère, à faire aimer la vérité : c'est à elle que je dois votre amitié; elle m'en est plus chère, et je mourrai attaché à vous et à elle.

4374. A M. DE LA HARPE.

2 avril.

Je me doutais bien, monsieur, que les vers charmants sur les Calas étaient de vous [2]; car de qui pourraient-ils être? J'avais reçu tant de lettres au sujet de cette famille infortunée, qu'après les avoir mises dans mon portefeuille, j'y trouvai votre belle épître sans adresse, et écrite, à ce qu'il me parut, d'une autre main que la vôtre.

J'apprends aujourd'hui par M. le marquis de Ximenès que je vous ai très bien deviné; mais je ne sais pas si bien répondre. Mon état est très languissant et très triste, et j'ai encore le malheur d'être surchargé d'affaires; je vous assure que mes sentiments pour vous n'en sont pas moins vifs. J'ai été charmé de la candeur et de la réserve avec lesquelles vous m'avez écrit sur la pièce nouvelle. Cela est digne de vos talents, et met vos ennemis dans leur tort, supposé que vous en ayez. Il n'appartient qu'aux excel-

---

[1] Dalembert; il s'agit de son écrit *Sur la destruction des jésuites en France, par un auteur désintéressé.* B.

[2] Voici le premier vers de cette pièce adressée *A Voltaire, sur la réhabilitation des Calas* :

Tu n'as pas vainement défendu l'innocence. B.

lents artistes comme vous d'approuver ce que leurs confrères ont de bon, et de garder le silence sur ce qu'ils ont de moins brillant et de moins heureux. Vous avez tous les jours de nouveaux droits à mon estime et à ma reconnaissance, et vous pouvez toujours me parler avec confiance, bien sûr d'une discrétion égale à l'attachement que je vous ai voué.

4375. A M. NOVERRE.

Du château de Ferney, 2 avril.

J'ai reçu le comte de Fé*** [1], monsieur, avec tous les égards dus à sa naissance et à son mérite ; vous l'aviez sûrement instruit de toutes mes infirmités, et du délabrement affreux de mon estomac ; il m'a fait présent d'un spécifique délicieux, cinquante demi-bouteilles de vin de Tokay, tel que j'en buvais jadis chez le grand philosophe du Nord [2].

J'ai lu et relirai encore avec un nouveau plaisir vos deux lettres sur Garrick [3] ; vous êtes un excellent peintre, et s'il était possible de peindre une ombre, je vous prierais de faire mon portrait.

Je reçois à l'instant une lettre de notre ministre à la cour de Bavière ; il me dit que Garrick y est aussi, que l'électeur le fête et le comble de distinction ; les égards que les princes accordent au vrai mérite les honorent bien plus que celui qui en est l'objet.

Notre ministre m'assure que Garrick court après

[1] Probablement Fékété, seigneur hongrois. B.
[2] Frédéric II, roi de Prusse. B.
[3] Elles sont à la suite de la traduction française de la *Vie de Garrick*, in-12. B.

vous, qu'il dirige sa route sur Louisbourg : au nom de l'amitié, conduisez-le à Ferney, qu'il vienne y voir le vieux malade; le duc vous aime et m'estime, il ne vous refusera pas un congé. Le plaisir de rassembler dans mon ermitage le Roscius et le Pylade moderne me rajeunira, et fera disparaître mes infirmités. Je vous attends avec l'impatience de la vieillesse, et vous assure, monsieur, de tous les sentiments que je vous ai voués, et avec lesquels je suis, etc. VOLTAIRE.

4376. A M. LE COMTE D'ARGENTAL.

3 avril.

Pourquoi faut-il que de mes deux anges il y en ait toujours un qui tousse? Permettez-moi de consulter Tronchin sur cette toux. Il n'y aurait qu'à en faire l'histoire, et sur cette histoire Tronchin donnerait ses conclusions.

J'envoie à mes anges une autre sorte d'histoire, dont il y a aussi de bonnes conclusions à tirer. Feu M. l'abbé Bazin était un bon chrétien qui n'était point superstitieux; il laisse entrevoir modestement que les Juifs étaient une nation des plus nouvelles, et qu'ils ont pris chez les autres peuples toutes leurs fables et toutes leurs coutumes. Ce coup de poignard, une fois enfoncé avec tout le respect imaginable, peut tuer le monstre de la superstition dans le cabinet des honnêtes gens, sans que les sots en sachent rien.

Mes anges sont suppliés de faire part à frère Damilaville des pilules qui leur ont été apportées par un Suédois et par deux Suisses. Ces pilules, quoique condamnées par les charlatans, font beaucoup de bien à un malade raisonnable.

Messieurs du parlement de Toulouse ne paraissent pas être du nombre de ces derniers. Mes anges sont instruits sans doute que ces messieurs s'assemblèrent [1], le 20 de mars, pour rédiger des remontrances tendantes à demander ou ordonner que tous ceux qu'ils auront fait rouer soient désormais déclarés bien roués, et que surtout on maintienne la belle procession annuelle [2] dans laquelle on remercie Dieu, en masque, du sang répandu de trois à quatre mille citoyens, il y a quelque deux cents ans. De plus, *messieurs* ont défendu, sous des peines corporelles, d'afficher l'arrêt qui justifie les Calas; *messieurs* paraissent opiniâtres.

> Peut-être je devrais, plus humble en ma misère,
> Me souvenir du moins que je parle à *leur* frère [3].

Mais ce frère [4] appartient à l'humanité avant d'appartenir à *messieurs*.

Si la réponse du roi au parlement de Bretagne est telle qu'on la trouve dans les papiers publics, il paraît que la cour sait quelquefois réprimer *messieurs*; il paraît aussi que le public commence à se lasser de cette démocratie. Ce public brise souvent ses idoles, et, au bout de quelques mois, il arrive que les ap-

---

[1] Voyez ma note, page 266. B.
[2] Celle du 17 mai; voyez tome XLI, page 226. B.
[3] *Mithridate*, acte I, scène 2. B.
[4] D'Argental était conseiller d'honneur, ou honoraire, au parlement de Paris. B.

plaudissements se tournent en sifflets. (Ceci soit dit en passant.)

Je remercie bien humblement mes anges de leur passe-port, et je les supplie de vouloir bien dire à M. le duc de Praslin combien je suis touché de ses bontés.

Je trouve que la gratification ou pension[1] que l'on demandait au roi pour ces pauvres Calas tarde beaucoup à venir; c'est ce qui m'a déterminé à leur conseiller de faire pressentir monsieur le vice-chancelier et monsieur le contrôleur général sur la prise à partie, afin de ne point indisposer ceux de qui cette pension dépend : mais je peux me tromper, et je m'en rapporte à mes anges, qui voient les choses de plus près et beaucoup mieux que moi.

Je ne peux pas dicter davantage, car je n'en peux plus. Je me meurs avec la folie de planter et de bâtir, et avec le chagrin de n'avoir pas vu mes anges depuis douze ans.

4377. A M. DALEMBERT.

3 avril.

Ma reconnaissance est vive, je l'avoue; mais ce n'est pas elle qui fait mon enthousiasme pour vous; c'est votre zèle aussi intrépide que sage, c'est votre manière d'avoir toujours raison, c'est votre art d'attaquer le monstre, tantôt avec la massue d'Hercule, tantôt avec le stylet le plus affilé; et puis, quand vous l'avez mis sous vos pieds, vous vous moquez de lui fort plaisamment. Que j'aime votre style! que

[1] Voyez lettre 4388. B.

votre esprit est net et clair! Plût à Dieu que les autres frères eussent écrit ainsi! l'*inf...* ne se débattrait pas encore comme elle le fait sous la vérité qui l'écrase. Je voudrais bien savoir quel est le polisson de théologien à qui vous faites tant d'honneur. Quoi qu'il en soit, vous serez obéi ponctuellement et promptement [1].

Avez-vous lu *le Siége de Calais* [2]? Je suis ami de l'auteur, je dois l'être; je trouve que le retour du maire et de son fils, à la fin, doit faire un bel effet au théâtre. Il se peut d'ailleurs qu'il y ait dans la pièce quelques défauts qui vous aient choqué, mais ce n'est pas à moi de m'en apercevoir, et d'ailleurs le patriotisme excuse tout. Je voudrais savoir jusqu'à quel point vous êtes bon patriote; j'ai peur que vous ne vous borniez à être bon juge. Je vous aime et révère; *écr. l'inf....*

4378. A M. DALEMBERT.

5 avril.

Mon cher et grand philosophe, dans un fatras de lettres que je recevais par la voie de Genève, mon étourderie a ouvert celle que je vous envoie. Je ne me suis aperçu qu'elle vous était adressée qu'après avoir fait la sottise de la décacheter; je vous en demande très humblement pardon, en vous protestant, foi de philosophe, que je n'en ai rien lu. J'avais ordonné en général qu'on retirât toutes celles qui vous seraient adressées d'Italie. Je n'ai trouvé que celle-là

---

[1] Dans sa lettre du 26 mars (n° 4367), Dalembert priait Voltaire de recommander l'opuscule *Sur la destruction des jésuites.* B.

[2] Tragédie de De Belloy. B.

dans mon paquet; je me flatte qu'elle n'est pas du pape régnant; je présume qu'elle est d'un être pensant, puisqu'elle est pour vous.

Il y a peu de ces êtres pensants. Mon ancien disciple couronné me mande [1] qu'il n'y en a guère qu'un sur mille; c'est à peu près le nombre de la bonne compagnie; et, s'il y a actuellement un millième d'hommes de raisonnables, cela décuplera dans dix ans. Le monde se déniaise furieusement. Une grande révolution dans les esprits s'annonce de tous côtés. Vous ne sauriez croire quels progrès la raison a faits dans une partie de l'Allemagne. Je ne parle pas des impies, qui embrassent ouvertement le système de Spinosa, je parle des honnêtes gens, qui n'ont point de principes fixes sur la nature des choses, qui ne savent point ce qui est, mais qui savent très bien ce qui n'est pas : voilà mes vrais philosophes. Je peux vous assurer que, de tous ceux qui sont venus me voir, je n'en ai trouvé que deux qui fussent des sots. Il me paraît qu'on n'a jamais tant craint les gens d'esprit à Paris qu'aujourd'hui. L'inquisition sur les livres est sévère : on me mande que les souscripteurs n'ont point encore le *Dictionnaire encyclopédique*. Ce n'est pas seulement être sévère, c'est être très injuste. Si on arrête le débit de ce livre, on vole les souscripteurs, et on ruine les libraires. Je voudrais bien savoir quel mal peut faire un livre qui coûte cent écus. Jamais vingt volumes *in-folio* ne feront de révolution; ce sont les petits livres portatifs à trente sous qui sont à craindre.

[1] Cette lettre de Frédéric est perdue. B.

Si l'Évangile avait coûté douze cents sesterces, jamais la religion chrétienne ne se serait établie.

Pour moi, j'ai mon exemplaire de l'*Encyclopédie*, en qualité d'étranger et de Suisse. On veut bien que les Suisses se damnent, mais on veille de près, à ce que je vois, sur le salut des Parisiens. Si vous pouviez m'envoyer quelque chose pour achever ma damnation, vous me feriez un plaisir diabolique, dont je vous serais très obligé. Je ne peux plus travailler, mais j'aime à me donner du bon temps, et je veux quelque chose qui pique.

Il faut que je vous dise que je viens de lire Grotius, *De veritate*, etc.[1]. Je suis bien étonné de la réputation de cet homme; je ne connais guère de plus sot livre que le sien, excepté l'ampoulé Houteville[2]. On avait, de son temps, de la réputation à bon marché. Il y a un bon article de *Hobbes* dans l'*Encyclopédie*[3]. Plût à Dieu que tout cet ouvrage fût fait comme votre discours préliminaire!

Adieu, mon très cher philosophe : sera-t-il dit que je mourrai sans vous revoir?

4379. A M. DAMILAVILLE.

5 avril.

Vous êtes obéi, mon cher frère; ce charmant ouvrage sera imprimé au plus vite et avec le plus grand secret. Que je vous remercie d'avoir encouragé l'au-

---

[1] Voyez ma note, tome XLIII, page 330. B.
[2] Voyez ci-dessus, page 271. B.
[3] L'article de l'*Encyclopédie* intitulé Hobbisme (*Philosophie de Hobbes*) est de Diderot. B.

teur inimitable de ce petit écrit à rendre des services si essentiels à la bonne cause! J'en demande très humblement pardon à ce Blaise Pascal, mais je le mets bien au-dessous d'Archimède-Protagoras: celui-ci ne verra jamais de précipice à côté de sa chaise, et il bouchera le précipice dans lequel on fait tomber tant de sots.

Je vous crois instruit des démarches du parlement de Toulouse, qui a défendu qu'on affichât l'arrêt des maîtres des requêtes, et qui s'est assemblé pour faire au roi de belles remontrances tendantes à faire déclarer bien roués tous ceux qui auront été roués par ledit parlement. Je ne sais pas si ces remontrances auront lieu; j'ignore jusqu'à quel point la cour ménagera le parlement des Visigoths. C'est dans cette incertitude que j'ai conseillé à la veuve Calas de ne point hasarder la prise à partie, sans faire pressentir les deux ministres[1] dont dépend sa pension; mais je me rendrai à l'avis que vous aurez embrassé.

Vous daignez me demander, par votre lettre du 27 de mars, le portrait d'un homme qui vous aime autant qu'il vous estime: je n'ai plus qu'une mauvaise copie d'après un original fait il y a trente ans, et dans le fond de mes déserts il n'y a point de peintre. Je vous enverrai ce barbouillage, si vous le souhaitez; mais l'estampe faite d'après le buste de Le Moine vaut beaucoup mieux.

J'attends tous les jours de Toulouse la copie authentique de l'arrêt qui condamne toute la famille Sirven; arrêt confirmatif de la sentence rendue par

---

[1] Le contrôleur général et le vice-chancelier. B.

un juge de village, arrêt donné sans connaissance de cause, arrêt contre lequel tout le public se soulèverait avec indignation, si les Calas ne s'étaient pas emparés de toute sa pitié.

Je ne conseillerais pas à un auteur de donner une seconde pièce patriotique [1]. Il n'y a que le zèle admirable de M. de Beaumont [2] qui soit inépuisable. Le public se lasse bien vite d'être généreux.

Je suis bien malade; tout baisse chez moi, hors mes tendres sentiments pour vous. Je me soumets à l'Être des êtres et aux lois de la nature; mais *écr. l'inf....*

Je reçois dans le moment la sentence des Sirven. Je les croyais roués et brûlés, ils ne sont que pendus. Vous m'avouerez que c'est trop s'ils sont innocents, et trop peu s'ils sont parricides. Les complices bannis me paraissent encore un nouvel affront à la justice; car, s'ils sont complices d'un parricide, ils méritent la mort. Il n'y a pas le sens commun chez les Visigoths.

Je crois qu'après les Sirven, les gens les plus à plaindre sont ceux qui liront ce griffonnage.

4380. A M. LE CLERC DE MONTMERCI.

8 avril.

Plus M. de Montmerci m'écrit, et plus je l'aime. Je n'ose lui proposer de venir philosopher dans ma retraite cette année. Je suis environné de maçons

---

[1] Après *le Siège de Calais*. B.
[2] Pour les Calas et les Sirven. B.

et d'ouvriers de toute espèce; mais je le retiens pour l'année 1766, supposé que les quatre éléments me fassent la grace de conserver mon chétif corps jusque là. Je ne veux point mourir sans avoir vu un vrai philosophe qui veut bien m'aimer, et qui, étant libre, pourra faire ce petit voyage sans demander permission à personne. C'est avec de tels frères que je voudrais achever ma vie dans le petit couvent que j'ai fondé.

Quand il y aura quelque chose de nouveau dans la littérature, je vous prierai, monsieur, de m'en faire part; mais vos lettres me font toujours plus de plaisir que les ouvrages nouveaux.

4381. DE M. DALEMBERT.

A Paris, 9 avril.

Vous avez dû, mon cher et illustre maître, recevoir, il y a peu de jours, par frère Damilaville, un excellent manuscrit[1] pour justifier la *Gazette littéraire* des imputations ridicules des fanatiques. L'auteur, qui ne veut point être connu, vous prie de faire parvenir à l'imprimeur cette petite correction-ci, qu'il faudra mettre dans l'*errata*, si par hasard cet endroit était déjà imprimé. J'espère qu'on ne fera pas la même faute pour cet ouvrage qu'on a faite pour le mien, d'en envoyer deux ou trois exemplaires extravasés à Paris, avant que le tout soit arrivé; cette imprudence est cause que la canaille jansénienne et jésuitique a crié d'avance contre *la Destruction*, et que la publication en est suspendue par ordre du magistrat, quoique tous les gens sages qui l'ont lue trouvent l'ouvrage impartial, sage, et utile. Tout ce que j'appréhende, c'est que pendant tous ces délais on n'en fasse une édition furtive qui

---

[1] *Observations sur une dénonciation de la* Gazette littéraire *faite à monsieur l'archevêque de Paris*, in-8° de 63 pages. L'auteur des *Observations* est l'abbé Morellet. B.

pourrait léser M. Cramer. Ce ne sera pas la faute de l'auteur, mais il faut espérer que ceci servira d'avis pour une autre fois. J'attends que cette affaire soit finie pour en entamer une autre; mais il faudra désormais être plus précautionné contre l'inquisition. Je viens de recevoir de votre ancien disciple une lettre charmante. Il me mande [1] qu'il attend Helvétius, qui doit être arrivé actuellement. J'espère qu'il sera bien reçu, et que l'*inf...* aura encore ce petit désagrément. J'ai vu des additions au *Dictionnaire philosophique* qui m'ont fait beaucoup de plaisir. La dispute sur le chien de Tobie, barbet ou lévrier, m'a extrêmement diverti, sans parler du reste. On dit que les ministres de Neuchâtel ne veulent plus de Jean-Jacques, et que votre ancien disciple n'aura pas le crédit de l'y faire rester malgré cette canaille. Je me souviens qu'il y a quatre ans il fut obligé d'abandonner un pauvre diable [2] qui avait prêché contre les peines éternelles, et que le consistoire avait chassé. Le roi de Prusse écrivit à milord Maréchal : « Puisque
« ces b.......là veulent être damnés éternellement, dites-leur
« que je ne m'y oppose pas; que le diable les emporte, et qu'il
« les garde! » Au fond, le pauvre Jean-Jacques est fou. Il y a cinq ou six ans [3] qu'il mettait Genève à côté de Sparte, et aujourd'hui il en fait une caverne de voleurs. Il faudrait, pour toute réponse, faire imprimer l'éloge à côté de la satire, et y mettre pour épigraphe ce vers de je ne sais quelle comédie :

Vous mentez à présent, ou vous mentiez tantôt [4].

Adieu, mon illustre et respectable maître : on peut dire de ce monde, comme Petit-Jean dans *les Plaideurs* :

Que de fous! je ne fus jamais à telle fête [5].

[1] La lettre du roi de Prusse à Dalembert est du 24 mars 1765. B.
[2] Petit-Pierre; voyez tome XXIX, page 117. B.
[3] En 1754, dans la Dédicace de son *Discours sur l'origine de l'inégalité parmi les hommes.* B.
[4] Destouches, *le Glorieux*, acte IV, scène 1. B.
[5] C'est Léandre et non Petit-Jean qui dit ce vers dans *les Plaideurs*, acte II, scène 12. B.

4382. A M. LE COMTE D'ARGENTAL.

10 avril.

Je vous envoie, mes anges, l'antiquité à bâtons rompus[1]. Je ne sais si le fatras des sottises mystérieuses des mortels vous plaira beaucoup. Vous êtes bien de bonne compagnie pour lire avec plaisir ces profondeurs pédantesques ; mais votre esprit s'étend à tout, ainsi que vos bontés.

Les horreurs des Sirven vont succéder aux abominations des Calas. Le véritable Élie prend une seconde fois la défense de l'innocence opprimée. Voilà trop de procès de parricides, dira-t-on ; mais, mes divins anges, à qui en est la faute ?

Je ne sais si vous avez connu feu l'abbé Bazin, auteur de *la Philosophie de l'Histoire*. Son neveu, le chevalier Bazin, a dédié l'ouvrage de son oncle à l'impératrice de toutes les Russies, comme vous le savez ; mais j'ai peur que les dévots de France ne pensent pas comme cette impératrice.

Respect et tendresse.

4383. A M. DAMILAVILLE.

10 avril.

Vous guérirez sûrement, mon cher frère, car voilà la troisième lettre d'Esculape. Je vous prie, au nom de tous les frères, d'avoir grand soin de votre santé ; c'est vous qui tenez l'étendard auquel nous nous rallions ; c'est vous qui êtes le lien des philosophes. Il est venu chez moi un jeune petit avocat général de

---

[1] *La Philosophie de l'histoire ;* voyez ma Préface du tome XV. B.

Grenoble[1] qui ne ressemble point du tout aux Omer; il a pris quelques leçons des Dalembert et des Diderot; c'est un bon enfant et une bonne recrue.

Frère d'Argental doit actuellement avoir reçu tous ses paquets. Je crois par conséquent qu'il peut vous lâcher encore quelques pistolets à tirer contre *l'inf*.... M. de La Haye vous a sans doute remis son petit paquet[2]. On tâchera de vous fournir de petites provisions, toutes les fois qu'on pourra se servir d'un honnête voyageur.

Voici les deux feuillets signés Sirven[3]. J'ignore toujours si le parlement de Toulouse osera faire des remontrances. Je ne suis pas plus content que vous des ménagements qu'on a gardés en réhabilitant les Calas, et je suis affligé de voir tant de délais aux graces que le roi doit leur accorder. Ce n'est pas assez d'être justifié, il faut être dédommagé; et si le roi ne paie pas, il faut bien que ce soit David[4] qui paie.

Je suppose qu'à présent vous avez la sentence et l'arrêt contre Sirven, et qu'il ne manque plus rien à Élie pour être deux fois en un an le protecteur de l'innocence opprimée.

L'ouvrage dont vous me parlez à la fin de votre lettre du premier d'avril est aussi détestable que vous le dites, et ce n'est pas un poisson d'avril que vous me donnez. Je ne crois pas qu'il y ait deux avis sur

---

[1] Joseph-Michel-Antoine Servan, avocat général au parlement de Grenoble, né en 1737, mort le 4 novembre 1807. B.

[2] Voyez lettre 4373. B.

[3] Voyez aussi lettre 4373. B.

[4] Le capitoul; voyez tome XLI, page 227. B.

cela parmi les connaisseurs; mais vous sentez bien qu'il ne m'appartient pas de dire mon avis. On dit qu'il y a des préjugés qu'il faut respecter, et celui-là est respectable pour moi [1].

Ne pourrais-je savoir le nom du théologien dénonciateur à qui nous sommes redevables de la plus jolie réfutation qu'on ait faite [2]? Et *la Destruction*, qu'en dirons-nous? est-elle arrivée? est-elle en sûreté?

Gabriel ne m'a point fait voir les dernières épreuves de cette *Destruction*; il est un peu négligent. Il m'assure que, malgré les tracasseries de Genève, qui l'occupent beaucoup, il sera encore plus occupé de la tracasserie du théologien.

Embrassez pour moi les frères. Je vous salue tous dans le saint amour de la vérité. *Écr. l'inf....*

4384. A MADAME LA BARONNE DE VERNA.

Ferney, 12 avril.

Je suis un bien mauvais correspondant, madame; mais je n'en suis pas moins sensible aux bontés dont vous m'honorez. Il est digne d'une ame comme la vôtre d'être touchée du sort des Calas. On a déclaré leur innocence; mais, en cela, on n'a rien appris à l'Europe. Il est question de les dédommager. Ce procès a coûté des sommes immenses. On se flatte que le roi daignera consoler cette malheureuse famille par quelques libéralités. Si on est réduit. . . . .
. . . .

---

[1] Il s'agit probablement de la tragédie du *Siége de Calais*, par De Belloy. B.

[2] Les *Observations* dont j'ai donné le titre page 287. B.

J'ai eu l'honneur de voir quelquefois chez moi M. de Servan, l'un de vos avocats généraux. . . . .

. . . .

C'est un jeune homme plein de mérite, qui sera cher à tous ceux qui auront le bonheur de le connaître. J'ai l'honneur d'être avec bien du respect, etc. Permettez-moi d'en dire autant à monsieur votre fils, que je n'oublierai jamais.

4385. A M. L'ABBÉ DU VERNET[1].

Je fais mon compliment, monsieur l'abbé, aux habitants de la ville de Vienne de vous avoir confié leur collége. Les jeunes gens de cette ville auront fait un grand pas vers la sagesse, lorsqu'ils commenceront à rougir de l'atrocité de leurs ancêtres à l'égard du malheureux Servet. Il est très important de leur apprendre de bonne heure que ce médecin espagnol, moitié théologien et moitié philosophe, avant d'être cuit à petit feu dans Genève, avait déjà été condamné à être brûlé vif à Vienne, au milieu du marché aux cochons. Il faut encore que ces jeunes gens sachent que Servet était l'ami et le médecin de l'archevêque et du premier magistrat de cette ville : ils devaient l'un et l'autre leur santé aux soins de Ser-

---

[1] Théophile-Imarigeon Du Vernet, né à Ambert en Auvergne en 1734, mort en ou avant 1797, est auteur d'une *Vie de Voltaire* publiée, pour la première fois, en 1786, et dont la dernière édition est de 1797. Il avait été l'éditeur et le mutilateur des *Lettres de M. de Voltaire à M. l'abbé Moussinot, son trésorier*, 1781, in-8°. J'avais vainement cherché les originaux, qui ont été retrouvés par M. de Cayrol, mais trop tard pour que j'en fisse usage. B.

vet; le fanatisme éteignit en eux tout sentiment d'amitié et de reconnaissance. Le prélat permit à son official, escorté d'un inquisiteur de la foi, de déclarer hérétique son médecin; et le magistrat, escorté de quatre à cinq assesseurs aussi ignorants que lui, crut que, pour plaire à Dieu, et pour édifier les bonnes femmes du Dauphiné, il devait en conscience faire brûler son ami Servet, déclaré hérétique par un inquisiteur de la foi.

Vous trouverez certainement dans la bibliothèque de votre collége une grande partie des matériaux qui vous seront devenus nécessaires pour l'histoire des révérends pères jésuites. Vous êtes très en état, monsieur, de bien faire cette histoire, et vous êtes sûr d'être lu, lors même qu'il n'y aurait plus au monde ni jésuites ni ennemis des jésuites. Vous rendrez un grand service aux hommes en leur fesant connaître des religieux qui les ont trompés, et qui les ont fait battre en les trompant.

Un grand philosophe géomètre, qui daigne me mettre au nombre de ses amis, vient de publier un discours très éloquent sur la destruction de ces religieux[1]. Ce discours, plein de chaleur, de sel, et de vérités, est une excellente préface à l'histoire que vous préparez. Vous devez sentir, monsieur, plus que personne, que la destruction de cette Société, *dite de Jésus*, est un grand bien qui s'opère en Europe. C'est une légion d'ennemis de moins que les gouvernements et la philosophie auront désormais à craindre et à

---

[1] Il est intitulé *Sur la destruction des jésuites* (par Dalembert), 1765, in-12. B.

combattre. Il est à desirer que les hommes de lettres qui les remplacent dans l'enseignement de la jeunesse aient autant de courage et de lumières que vous en avez pour faire le bien. On verra bientôt en France, en Espagne, en Portugal, une génération d'hommes très instruits qui sentiront vivement combien il est affreux de se tourmenter pour des subtilités métaphysiques, et de faire un enfer anticipé de ce monde, qui ne devrait être, pendant le peu d'instants que nous nous y arrêtons, que le séjour des plaisirs et de la vertu. Si nous sommes encore sots et barbares, c'est aux instructeurs qu'il faut s'en prendre. Les études dans les colléges n'ont été jusqu'ici réglées que d'après les principes d'une théologie dogmatique; et c'est de cette source empoisonnée que sont sorties tant de sectes qui, en l'honneur de Jésus-Christ, se sont chargées d'anathèmes, et qui, après s'être querellées grossièrement, ont employé des milliers de bourreaux pour s'exterminer, et ont fait, en s'exterminant, un vaste cimetière de l'Europe, tantôt pour les couleurs eucharistiques, et tantôt pour la grace versatile.

Ce que vous me dites, monsieur, du nombre de ceux qui ne croient pas en Dieu est une vérité incontestable. Le temps où il y eut en Europe plus d'athées et plus de crimes de toutes les espèces est celui où l'on eut plus de théologiens et de persécuteurs. M. Charles Gouju[1] est entièrement de votre sentiment, et il s'en rapporte à votre prudence au sujet de la petite homélie qu'il adresse à ses frères

---

[1] La *Lettre de Charles Gouju à ses frères* est de 1761; voyez tome XL, page 340. B.

sur la banqueroute des révérends pères jésuites, et sur l'athéisme des théologiens.

Je suis, etc.

4386. A M. DALEMBERT.

16 avril.

Mon cher appui de la raison, c'est bien la faute à frère Gabriel s'il a lâché trois ou quatre exemplaires à des indiscrets; mais, ou je me trompe fort, ou jamais Merlin n'aurait osé rien débiter sans une permission tacite; et malheureusement, pour avoir cette permission de débiter la raison, il faut s'adresser à des gens qui n'en ont point du tout. Si on en fait une édition furtive, alors Gabriel débitera la sienne. Fournissez-nous souvent de ces petits stylets mortels à poignées d'or enrichies de pierreries, l'*inf...* sera percée par les plus belles armes du monde, et ne craignez point que Gabriel y perde.

Vous avez bien raison de citer[1] le vers des *Plaideurs: Que de fous!* etc.; mais il ne tiendra qu'à vous de dire bientôt : Que de fous j'ai guéris ! Tous les honnêtes gens commencent à entendre raison; il est vrai qu'aucun d'eux ne veut être martyr, mais il y aura secrètement un très grand nombre de confesseurs, et c'est tout ce qu'il nous faut.

Jean-Jacques, dont vous me parlez, fait un peu de tort à la bonne cause; jamais les Pères de l'Église ne se sont contredits autant que lui. Son esprit est faux, et son cœur est celui d'un malhonnête homme; cependant il a encore des appuis. Je lui pardonnerais

[1] Page 288. B.

tous ses torts envers moi, s'il se mettait à pulvériser par un bon ouvrage les prêtres de Baal, qui le persécutent. J'avoue que sa main n'est pas digne de soutenir notre arche; mais

> Qu'importe de quel bras Dieu daigne se servir?
> *Zaïre*, acte II, scène 1.

Frère Helvétius réussira sans doute auprès de Frédéric; s'il pouvait partir de là quelques traits qui secondassent les vôtres, ce serait une bonne affaire.

Adieu, mon cher maître et mon cher frère; je m'affaiblis beaucoup, et je compte aller bientôt dans le sein d'Abraham, qui n'était, comme dit l'*Alcoran*, ni juif, ni chrétien.

4387. A M. DAMILAVILLE.

16 avril.

Il est donc enfin décidé, mon cher frère, que le roi daignera donner un dédommagement à notre veuve[1]. Je vous assure qu'il aura l'intérêt de son argent en bénédictions. Un roi fait ce qu'il veut des cœurs : tous les protestants sont prêts à mourir pour son service. Il faut bien peu de chose aux grands de ce monde pour inspirer l'amour ou la haine.

Je ne suis pas assez au fait des affaires pour décider sur la *prise à partie;* mais si cette prise réussissait, ce serait un terrible coup. Je ne crois pas qu'il y en ait d'exemple depuis le massacre de Cabrières et de Mérindol : mais cette cruelle affaire était bien d'un autre genre; il s'agissait de l'abus sangui-

---

[1] Le roi accorda 36,000 liv. à toute la famille; voyez la lettre suivante. B.

naire des ordres du roi, de dix-huit villages mis en cendres, et de huit à neuf mille sujets égorgés.

Tantum relligio potuit suadere malorum!
Lucrèce, liv. I, v. 102.

Vous saurez que le bruit avait couru à Toulouse que l'arrêt des maîtres des requêtes ne regardait que la forme, et que moi, votre frère, je serais admonété pour m'être mêlé de cette affaire. Il se trouve au contraire que c'est moi qui ai l'honneur d'admonéter tout doucement *messieurs;* mais les meilleurs admonéteurs ont été M. d'Argental et vous.

Si nous pouvons parvenir à faire une seconde correction à ceux qui ont pendu l'ami Sirven et sa femme, nous deviendrons très redoutables. Ne trouvez-vous pas singulier que ce soit du fond des Alpes et du quai Saint-Bernard que partent les flèches qui percent les Toulousains, tuteurs des rois [1]?

Il est bien triste assurément que Gabriel ait laissé échapper quelques exemplaires de *la Destruction*, mais je ne crois pas que ce soit cette imprudence qui ait produit les difficultés qu'Archimède éprouve. Il me semble que l'enchanteur Merlin n'aurait jamais pu s'empêcher de présenter ce livre à l'examen, et n'aurait point hasardé d'être déchu de sa maîtrise. Il me paraît que la douane des pensées est beaucoup plus sévère que celle des fermiers généraux, et qu'il est plus aisé de faire passer des étoffes en contrebande que de l'esprit et de la raison. La maxime du P. Canaye [2] subsiste toujours : *Point de raison chez*

---

[1] Les parlements se disaient tuteurs des rois. B.
[2] Voyez ma note, tome XXXIX, page 480. B.

les Welches. Ils sont de toute façon plus *welches* que jamais.

Il n'y a qu'un très petit nombre de *Français; pusillus grex*, comme dit l'autre[1]; cependant ce petit troupeau augmente tous les jours. J'ai vu depuis peu des officiers et des magistrats qui ne sont point du tout *welches*, et j'ai béni Dieu. Entretenons le feu sacré.

Je vous salue, je vous embrasse en esprit et en vérité; je m'unis à vous plus que jamais dans la sainte tolérance. *Écr. l'inf....*

4388. A M. DAMILAVILLE.

17 avril.

Je réponds à votre lettre du 10; si elle avait été du 11, vous auriez été dans un bel enthousiasme des trente-six mille livres[2] accordées par le roi à notre famille Calas. Si le roi savait combien on le bénit dans les pays étrangers, il trouverait que jamais personne n'a mis son argent à un pareil intérêt. Jamais l'innocence n'a été mieux vengée ni plus honorée. Vous êtes assurément bien payé, mon cher frère, de toutes vos peines. Le généreux Élie doit être bien

---

[1] Luc, xii, 32. B.

[2] Le *Journal encyclopédique* du 15 avril 1765, page 171, dit que, dans les 36,000 liv., il y en eut 12,000 pour madame veuve Calas, 6,000 pour chacune des deux demoiselles Calas, 3,000 pour le fils, et 3,000 pour la servante. Dupleix de Bacquencourt, maître des requêtes, rapporteur du procès, se rendit chez madame Calas, et lui remit en outre une somme considérable en or. Cette dame pria le magistrat de vouloir bien lui dire à qui elle en avait l'obligation. « Je suis chargé, a-t-il répondu, madame, de vous demander comme grâce de ne point prendre la peine de vous en informer. » B.

content : on regarde ici son Mémoire comme un chef-d'œuvre ; il était impossible que les juges résistassent à la force de son éloquence. J'ai oublié tous mes maux, quand j'ai appris la libéralité du roi ; je me suis cru jeune et vigoureux ; et j'imagine qu'à présent vous ne portez plus d'emplâtre au cou.

Ou je suis bien trompé, ou M. de Beaumont a dû voir l'arrêt du parlement de Toulouse à la suite de la sentence de Castres. Élie va donc, une seconde fois, tirer la vertu du sein de l'opprobre et de l'infortune. Je vous prie de l'embrasser bien tendrement pour moi, et de lui dire qu'il a un autel dans mon cœur.

Les Bazin de Hollande n'étaient pas encore arrivés quand M. de La Haye partit avec les *Caloyers*[1] : ces *Caloyers* m'ont paru fort augmentés, et capables de faire beaucoup de bien. Vous avez une petite liste[2] de personnes auxquelles on peut en envoyer, et vous trouverez sans doute quelque adepte qui se chargera aisément du reste. Les Bazin sont d'un genre tout différent : ils ne me semblent pouvoir faire fortune qu'auprès de ceux qui connaissent un peu l'histoire ancienne. Je crois qu'ils n'essuieront pas le sort de *la Destruction*[3] ; l'étiquette du sac n'inspire pas la même défiance. Le nom seul de jésuite effarouche la magistrature ; on examine l'ouvrage, dans l'idée d'y trouver des choses dangereuses ; des fatras d'histoire donnent moins d'alarme. La destruction des Babylo-

---

[1] *Catéchisme de l'Honnête Homme ;* voyez tome XLI, page 97. B.
[2] Voyez la lettre du 1er avril, 4373. B.
[3] L'ouvrage de Dalembert, dont il a souvent été parlé. B.

niens par les Persans effarouche moins que la destruction des jésuites par les jansénistes.

L'enchanteur Merlin est très instamment prié de n'en pas faire une édition nouvelle, avant de faire écouler celle d'un pauvre diable à qui on a donné ce petit morceau pour le tirer de la pauvreté. Je crois que l'enchanteur se tirera bien de la seconde édition.

Mon cher frère, toutes ces destructions-là sont l'édification des honnêtes gens. Combattez, anges de l'humanité; *écr. l'inf....*

4389. A M. ÉLIE DE BEAUMONT.

A Ferney, 19 avril.

Protecteur de l'innocence, vainqueur du fanatisme, homme né pour le bonheur des hommes, je crois que vous avez toutes les pièces nécessaires pour agir en faveur de la pauvre famille Sirven, que vous voulez bien prendre sous votre protection. Vous avez, je crois, au bas de la sentence du juge du village, l'extrait de l'arrêt du parlement de Toulouse, authentiquement certifié sur papier timbré. Vous savez que ces arrêts par contumace s'appellent *délibération* dans la langue de *oc*, et ce mot délibération doit se trouver au bout de votre pancarte. Sirven a perdu, par cette aventure, tout son bien, qui consistait dans un fonds de dix-neuf mille francs, outre quinze cents livres de rente nettes que lui valait sa place. Voilà toute une famille expatriée, couverte d'opprobre, et réduite à la plus cruelle misère. Le procès qu'on lui a fait me paraît absurde, l'enlèvement de sa fille affreux, la sentence un attentat contre la justice et contre la raison. S'il s'agissait de comparaître devant tout autre tribunal que celui de Toulouse, j'enverrais cette malheureuse famille se remettre à la discrétion de ses juges naturels; mais je crains que les juges de Toulouse ne soient plus ulcérés que corrigés. Qui peut répondre que sept ou huit têtes échauffées ne se vengeront pas sur les Sirven du triomphe que vous avez procuré aux Calas? J'attends votre décision. Je voudrais que vous pussiez sentir à quel point je vous révère, je vous admire, et je vous aime.

Mille respects à votre digne compagne.

P. S. Je reçois dans ce moment, monsieur, votre lettre pour moi, et le paquet pour les Sirven. Je vais envoyer chercher cet infortuné père. Son malheur ne lui a peut-être pas laissé assez de netteté dans l'esprit pour répondre catégoriquement à toutes les questions que vous pourrez lui faire. Nous tâcherons cependant de vous fournir des éclaircissements. Quelque tournure que prenne cette affaire, elle ajoutera bien des fleurons à votre couronne.

Vous êtes trop bon d'avoir bien voulu répondre au petit mémoire à consulter sur une maison. Je vous en remercie tendrement. L'affaire fut accommodée dès que j'eus envoyé mon mémoire. Les Juifs qui fesaient ces étranges difficultés n'osèrent pas les soutenir, et les principaux intéressés n'ont pas balancé un moment à faire tout ce qui était convenable. Votre nom est tellement en vénération dans ce pays-ci, qu'on n'oserait pas faire une chose désapprouvée par vous.

4390. A M.***,

CONSEILLER AU PARLEMENT DE TOULOUSE.

A Ferney, 19 avril.

Monsieur, je ne vous fais point d'excuse de prendre la liberté de vous écrire, sans avoir l'honneur d'être connu de vous. Un hasard singulier avait conduit dans mes retraites, sur les frontières de la Suisse, les enfants du malheureux Calas; un autre hasard y amène la famille Sirven, condamnée à Castres, sur l'accusation ou plutôt sur le soupçon du même crime qu'on imputait aux Calas.

Le père et la mère sont accusés d'avoir noyé leur fille dans un puits, par principe de religion. Tant de parricides ne sont pas heureusement dans la nature humaine; il peut y avoir eu des dépositions formelles contre les Calas; il n'y en a aucune contre les Sirven. J'ai vu le procès-verbal, j'ai long-temps interrogé cette famille déplorable; je peux vous assurer, monsieur, que je n'ai jamais vu tant d'innocence accompagnée de tant de malheurs : c'est l'emportement du peuple du Languedoc contre les Calas qui détermina la famille Sirven à fuir dès qu'elle se vit décrétée. Elle est actuellement errante, sans pain, ne vivant que de la compassion des étrangers. Je ne suis pas étonné qu'elle ait pris le parti de se soustraire à la fureur du peuple, mais je crois qu'elle doit avoir confiance dans l'équité de votre parlement.

Si le cri public, le nombre des témoins abusés par le fanatisme, la terreur, et le renversement d'esprit qui put empêcher les Calas de se bien défendre, firent succomber Calas le père, il n'en sera pas de même des Sirven. La raison de leur condamnation est dans leur fuite. Ils sont jugés par contumace, et c'est à votre rapport, monsieur, que la sentence a été confirmée par le parlement.

Je ne vous celerai point que l'exemple des Calas effraie les Sirven, et les empêche de se représenter. Il faut pourtant ou qu'ils perdent leur bien pour jamais, ou qu'ils purgent la contumace, ou qu'ils se pourvoient au conseil du roi.

Vous sentez mieux que moi combien il serait désagréable que deux procès d'une telle nature fussent portés dans une année devant sa majesté; et je sens, comme vous, qu'il est bien plus convenable et bien plus digne de votre auguste corps que les Sirven implorent votre justice. Le public verra que si un amas de circonstances fatales a pu arracher des juges l'arrêt qui fit périr Calas, leur équité éclairée, n'étant pas entourée des mêmes piéges, n'en sera que plus déterminée à secourir l'innocence des Sirven.

Vous avez sous vos yeux toutes les pièces du procès : oserais-je vous supplier, monsieur, de les revoir? Je suis persuadé que vous ne trouverez pas la plus légère preuve contre le père et la mère; en ce cas, monsieur, j'ose vous conjurer d'être leur protecteur.

Me serait-il permis de vous demander encore une autre grace? c'est de faire lire ces mêmes pièces à quelques uns des magistrats vos confrères. Si je pouvais être sûr que ni vous ni eux n'avez trouvé d'autre motif de la condamnation des Sirven que leur fuite; si je pouvais dissiper leurs craintes, uniquement fondées sur les préjugés du peuple, j'enverrais à vos pieds cette famille infortunée, digne de toute votre compassion ; car, monsieur, si la populace des catholiques superstitieux croit les protestants capables d'être parricides par piété, les protestants croient qu'on veut les rouer tous par dévotion, et je ne pourrais ramener les Sirven que par la certitude entière que leurs juges connaissent leur procès et leur innocence. J'aurais le bonheur de prévenir l'éclat d'un nouveau procès au conseil du roi, et de vous donner en même temps une preuve de ma confiance en vos lumières et en vos bontés. Pardonnez cette démarche que ma compassion pour les malheureux et ma vénération pour le parlement et pour votre personne me font faire du fond de mes déserts.

J'ai l'honneur d'être avec respect, monsieur, votre, etc.

4391. A M. DUPONT.

A Ferney, 20 avril.

J'ai attendu, mon cher ami, pour vous répondre, qu'on m'eût écrit de Stuttgard. On ne veut point vendre. On est comme des assiégés manquant de vivres, qui font accroire aux assiégeants qu'ils font bonne chère. Les finances sont un peu dérangées, comme partout ailleurs, et le différend avec les états est un peu embarrassant. Je ne sais si M. de Montmartin pourra venir à bout d'arranger cette grande affaire. Le duc de Wurtemberg sera peut-être obligé de plaider contre ses sujets devant la cour aulique. Cela est plus désagréable que d'essuyer des remontrances des parlements, et les états de Wurtemberg paraissent plus têtus que ceux de Bretagne.

Vous savez que le roi a donné trente-six mille livres à la famille Calas, et que cette famille infortunée, qui a fait tant de bruit dans le monde, a la permission de prendre ses juges à partie, ce qui n'était point arrivé, ce me semble, depuis le massacre juridique de Mérindol et de Cabrières, sous François Ier. Un tel exemple doit rendre tous les juges bien circonspects quand il s'agit de la vie des citoyens. Je vous fais les compliments du P. Adam; recevez les miens et ceux de madame Denis.

VOLTAIRE.

4392. A M. NOUGARET[1].

Au château de Ferney, 20 avril.

Ma déplorable santé, monsieur, ne m'a pas permis de vous remercier plus tôt; mais elle ne me rend pas moins sensible à l'honneur que vous m'avez fait. Vos vers et votre prose prouvent également vos talents et la bonté de votre cœur. On voit pour la première fois, dans l'affaire de Calas, le Parnasse réformer les arrêts des parlements, sans qu'ils puissent s'en plaindre. C'est une époque singulière dans l'histoire de l'esprit humain.

Agréez, monsieur, mes très sincères remercîments, et les sentiments d'estime avec lesquels j'ai l'honneur d'être, etc. V.

---

[1] Pierre-Jean-Baptiste Nougaret, né à La Rochelle le 16 décembre 1742, mort en juin 1823, auteur très fécond et très médiocre, avait envoyé à Ferney son *Ombre de Calas le suicide à sa famille et à son ami dans les fers*, qui a été imprimée *précédée d'une Lettre à M. de Voltaire*, 1765, in-8° de 16 pages. B.

4393. A M. ÉLIE DE BEAUMONT.

Ferney, 22 avril.

J'envoie au protecteur de l'innocence la réponse des Sirven en marge. Nous écrivons à Castres pour avoir des éclaircissements ultérieurs. Il est certain que l'évêque de Castres fit enfermer la fille Sirven de son autorité privée. Je joins aux réponses du père les monitoires que vous verrez, monsieur, entièrement semblables à ceux qui furent publiés contre les Calas. Voilà un beau champ pour votre éloquence sage et attendrissante. Quels monstres vous avez à combattre, et quels services vous rendez à l'humanité! Deux parricides en deux mois imputés par le fanatisme!

Tantum relligio potuit suadere malorum!
LUCRÈCE, liv. I, v. 102.

Vous allez tirer un grand bien du plus horrible des maux.

Permettez que je vous embrasse avec la plus tendre amitié. Ma foi, j'en fais autant à votre digne épouse, malgré mes soixante et onze ans passés.

4394. A M. DAMILAVILLE.

22 avril.

A monsieur Joaquin Deguia, marques de Marros, à Arcoitia, par Bayonne, en Espagne. C'est, mon cher frère, l'adresse d'un adepte de beaucoup d'esprit, qui s'est adressé à moi, et qui brûlerait le grand inquisiteur, s'il en était le maître. Je vous prie de lui envoyer par la poste un des rubans¹ d'Angleterre qu'un fermier général vous a apportés. Cette fabrique prend faveur de jour en jour, malgré les oppositions des autres fabricants, qui craignent pour leur boutique. Ces petits rubans sont bien plus commodes et d'un débit plus aisé que des étoffes plus larges : on en donne à ceux qui savent les placer. Envoyez-en un à madame du Deffand, et deux à madame la marquise de Coaslin.

Sirven est chez moi. Il griffonne son innocence et la barbarie visigothe. Nous achevons, le temps presse. Voici un mot² pour le véritable Élie, avec les pièces.

Nous vous les adressons à vous, mon cher frère, dont la philosophie consiste dans la vertu autant que dans la sagesse.

4395. A MADAME LA MARQUISE DU DEFFAND.

22 avril.

Il faut donc que vous sachiez, madame, qu'il y avait un prêtre dans mon voisinage; son nom était d'Étrée. Ce n'était point la belle Gabrielle, et ce n'était point le cardinal d'Estrées; car c'était un petit laquais natif du village d'Étrée, lequel vint à Paris faire des brochures, se mettre dans ce qu'on appelle les ordres sacrés, dire la messe, faire des généalogies, dénoncer son prochain, et qui enfin a obtenu un prieuré à ma porte, et non pas à ma prière.

Il était là le coquin, et il écrivait en cour, comme

---

¹ La nouvelle édition du *Catéchisme de l'Honnête Homme*, dont il est parlé dans la lettre du 1ᵉʳ avril. B.

² C'est la lettre 4393. B.

nous disons nous autres provinciaux ; il écrivait même en parlement, et il y avait du bruit, et j'étais très peu lié avec madame de Jaucourt, et je ne savais pas si elle était plus philosophe qu'huguenote ; et il y a des occasions où il faut ne se mêler absolument de rien : m'entendez-vous à présent ?

M'entendez-vous, madame ? et ignorez-vous combien l'inquisition est respectable ? Vous êtes au physique malheureusement comme les rois sont au moral ; vous ne voyez que par les yeux d'autrui. Mandez-moi *s'il y a sûreté*; et soyez très sûre que toutes les fois qu'on pourra vous amuser sans rien risquer, sans vous compromettre, on n'y manquera pas.

Ma situation est un peu épineuse ; il y a des curieux qui ouvrent quelquefois les lettres arrivantes de Genève. Vous m'entendez parfaitement, et vous devez savoir que je vous suis tendrement attaché. Je donnerai, quand on voudra, un de mes yeux pour vous faire rattraper les deux vôtres.

M. le chevalier de Boufflers, avec son esprit, sa candeur, sa gaucherie pleine de graces, et la bonté de son caractère, ne sait ce qu'il dit. Le fait est que je suis dans un climat singulier, qui ne ressemble à rien de ce que vous avez vu. Il y a, dans une vaste enceinte de quatre-vingts lieues, un horizon bordé de montagnes couvertes d'une neige éternelle. Il part quelquefois de cet olympe de neige un vent terrible qui aveugle les hommes et les animaux ; c'est ce qui est arrivé à mes chevaux et à moi par notre imprudence. Mes yeux ont été deux ulcères pendant près de deux ans. Une bonne femme m'a guéri à peu près; mais quand je m'expose à ce maudit vent, adieu la vue. C'était à M. Tronchin à m'enseigner ce qu'il fallait faire, et c'est une vieille ignorante qui m'a rendu le jour.

Il faut, à la gloire des bonnes femmes, que je vous dise que, dans notre pays, nous sommes fort sujets au ver solitaire, à ce ver de quinze ou vingt aunes de long, qui se nourrit de notre substance, comme cela doit être dans le meilleur des mondes possibles. C'est encore une bonne femme qui en guérit, et le grand Tronchin en raisonne fort bien.

Sachez encore, madame, que les femmes commencent à inoculer la petite-vérole, qu'elles en font un jeu, tandis que votre parlement donne des arrêts contre l'inoculation, et que vos facultés welches disent des sottises. Voyez donc combien je respecte le beau sexe.

La *Destruction des Jésuites* [1] est la destruction du fanatisme. C'est un excellent ouvrage; aussi votre inquisition welche l'a-t-elle défendu. Il est d'un homme supérieur qui vient quelquefois chez vous : c'est un esprit juste, éclairé, qui fait des Welches le cas qu'il en doit faire; il contribue beaucoup à détruire, chez les honnêtes gens, le plus absurde et le plus abominable système qui ait jamais affligé l'espèce humaine. Il rend en cela un très grand service; avec le temps les Welches deviendront Anglais. Dieu leur en fasse la grace !

M. le président Hénault m'a mandé qu'il avait

---

[1] *Sur la destruction des jésuites en France, par un auteur désintéressé* (Dalembert), 1765, in-12. B.

quatre-vingt-un ans[1] : je ne le croyais pas. La bonne compagnie devrait être de la famille de Mathusalem. J'espère du moins que vous et vos amis serez de la famille de Fontenelle[2]. Mais voici le temps de dire avec l'abbé de Chaulieu[3] :

> Ma raison m'a montré, tant qu'elle a pu paraître,
> Que rien n'est en effet de ce qui ne peut être;
> Que ces fantômes vains sont enfants de la peur, etc.

Voici surtout le temps de vivre pour soi et ses amis, et de sentir le néant de toutes les brillantes illusions.

Madame la maréchale de Luxembourg n'a point répondu au petit mémoire[4] dont vous me parlez. Il est clair que son protégé[5] a tort avec moi; mais il est sûr aussi que je ne m'en soucie guère, et que je plains beaucoup ses malheurs et sa mauvaise tête.

Vous ne me parlez point des Calas. N'avez-vous pas été un peu surprise qu'une famille obscure et huguenote ait prévalu contre un parlement, que le roi lui ait donné trente-six mille livres[6], et qu'elle ait la permission de prendre un parlement à partie? On a imprimé à Paris une lettre que j'avais écrite à

---

[1] Le président Hénault étant né le 8 février 1685, n'avait que soixante-dix-neuf ans et un peu plus de deux mois à la fin d'avril 1764, année dans laquelle on a jusqu'à présent classé cette lettre de Voltaire à madame du Deffand. Depuis le 8 février 1765, le président avait commencé sa quatre-vingt-unième année, et la lettre peut être de cette année. B.

[2] Qui mourut à cent ans moins un mois et deux jours, a dit Voltaire, tome XIX, page 113. B.

[3] Dans une *Épître au marquis de La Fare*. B.

[4] Voyez lettre 4305. B.

[5] J.-J. Rousseau. B.

[6] Voyez lettre 4388. B.

un de mes amis, nommé Damilaville[1] : on y trouve un fait singulier qui vous attendrirait, si vous pouviez avoir cette lettre.

En voilà, madame, une un peu longue, écrite toute de ma main : il y a long-temps que je n'en ai tant fait ; je crois que vous me rajeunissez.

Je tâcherai de vous faire parvenir tout ce que je pourrai par des voies indirectes. Quand vous aurez quelques ordres à me donner, ayez la bonté de faire adresser la lettre à M. Wagnière, chez M. Souchai, négociant à Genève ; et ne faites point cacheter avec vos armes. Avec ces précautions, l'on dit ce que l'on veut ; et c'est un grand plaisir, à mon gré, de dire ce qu'on pense.

Adieu, madame ; je suis honteux d'avoir recouvré un peu la vue pour quelques mois, pendant que vous en êtes privée pour toujours. Vous avez besoin d'un grand courage dans le meilleur des mondes possibles. Que ne puis-je servir à vous consoler !

4396. A M. DAMILAVILLE.

24 avril.

En réponse à votre lettre du 18, mon cher frère, j'embrasse tendrement Platon-Diderot. Par ma foi, j'embrasse aussi l'impératrice de toute Russie. Aurait-on soupçonné, il y a cinquante ans, qu'un jour les Scythes récompenseraient si noblement dans Paris la vertu, la science, la philosophie, si indignement

---

[1] Celle du 1er mars, n° 4347. B.

traitées parmi nous? Illustre Diderot, recevez les transports de ma joie [1].

Je ne peux faire la moindre attention aux tracasseries de la Comédie; cela peut amuser Paris; pour moi, je suis rempli d'autres idées: la générosité russe, la justice rendue aux Calas, celle qu'on va rendre aux Sirven, saisissent toutes les puissances de mon ame. On travaille à force à la condamnation [2] du cuistre théologien, dénonciateur, sot, et fripon; la bonne cause triomphe sourdement. Nouvelle édition du *Portatif* en Hollande, à Berlin, à Londres; réfutations de théologiens qu'on bafoue; tout concourt à établir le règne de la vérité.

Vous aurez *l'abbé Bazin*[3] avant qu'il soit peu, n'en doutez pas. Vous devriez envoyer un ruban[4] à madame du Deffand; vraiment il ne faut lui envoyer rien du tout, si elle trahit les frères. De quoi s'avise-t-elle, à son âge, et aveugle, de forcer des hommes de mérite à la haïr!

Sans concourir au bien, prôner la bienfesance!

Hélas! elle ne sait pas que sans les philosophes le sang des Calas n'aurait jamais été vengé.

Mon cher frère, faut-il que je meure sans vous

---

[1] L'impératrice Catherine II avait envoyé seize mille francs à Diderot, dont quinze mille francs pour prix de sa bibliothèque, dont elle lui laissait la jouissance pendant sa vie, et mille francs pour première année d'une rente viagère ou traitement comme conservateur de cette bibliothèque. B.

[2] C'est-à-dire à l'impression des *Observations* de l'abbé Morellet, dont j'ai donné l'intitulé page 287. B.

[3] *La Philosophie de l'Histoire*, publiée sous le nom de l'abbé Bazin. B.

[4] La nouvelle édition du *Catéchisme de l'Honnête Homme;* voyez t. XLI, p. 97. B.

avoir vu de mes yeux, que le printemps guérit un peu?
Je vous vois de mon cœur. *Écr. l'inf....*

4397. A M. LE MARÉCHAL DUC DE RICHELIEU.

26 avril.

Une bonne femme, monseigneur, m'a donné d'une eau qui guérit mes misérables yeux, au moins pour quelques mois; et le premier usage que je fais de la vue est de vous renouveler de ma tremblante main mes tendres hommages.

Je suppose que le paquet que vous m'ordonnâtes d'adresser à M. Janel vous a été rendu. Quand vous en voudrez d'autres, vous n'aurez qu'à me donner vos ordres. Je vous obéirai ponctuellement, ne doutant pas d'une sécurité entière sous vos auspices.

Le bruit des remontrances des gens tenant la Comédie[1] est parvenu jusqu'à l'enceinte de mes montagnes; il paraît qu'une troupe est quelquefois plus difficile à conduire que des troupes; il y a un esprit de vertige répandu dans plus d'un corps.

J'oserais soupçonner qu'il y a eu quelques tracasseries de la part d'une princesse de théâtre qui aura pu vous indisposer contre M. d'Argental, dont vous aimiez autrefois la bonhomie, les yeux clignotants, et la perruque à nid de pie. Il vous a de plus beaucoup d'obligations : c'est vous qui engageâtes le cardinal de Tencin à lui assurer une pension. Il serait trop ingrat, s'il avait oublié vos bienfaits. Il jure qu'il

---

[1] Ils voulaient demander justice de l'insulte qui leur avait été faite dans un mémoire où l'on rappelait que les serments des comédiens ne pouvaient être reçus en justice, attendu qu'ils exercent un métier infame; voyez à ce sujet la *Correspondance* de Grimm, à la date du 15 avril 1765. B.

s'en souvient tous les jours, et qu'il ne vous a jamais manqué. Je suis trop intéressé à vous voir persévérer dans votre bienveillance pour vos anciens serviteurs, je vous suis trop attaché, trop sensible à toutes vos bontés, pour n'être pas affligé qu'un cœur reconnaissant soit dans votre disgrace. J'ai pris quelquefois la liberté d'avoir de petites altercations avec M. d'Argental sur le *tripot;* mais que n'oublie-t-on pas quand on est sûr d'un cœur?

On a d'ailleurs tant de sujets de se plaindre des hommes, on est entouré dans ce monde de tant d'ennemis, ou déclarés ou secrets, que quand on est sûr de la fidélité et de l'attachement d'une personne, c'est une acquisition dont il est cruel de se défaire. Pour moi, je vous réponds bien que vous serez mon héros jusqu'au tombeau, et que je mourrai le plus fidèle et le plus respectueux de tous ceux qui vous ont été attachés.

4398. A M. LE COMTE D'ARGENTAL.

27 avril.

Mes divins anges, il me paraît que le *tripot* est un peu troublé. Si les comédiens étaient assez fermes pour dire: Nous ne pouvons faire les fonctions de notre état, si on l'avilit; nous sommes las d'être mis en prison si nous ne jouons pas, et d'être excommuniés si nous jouons; dites-nous à qui nous devons obéir, du roi ou d'un habitué de paroisse: mettez-nous au dernier rang des citoyens, mais laissez-nous jouir des droits qu'on accorde aux gadouards, aux bourreaux, et aux Fréron; si, dis-je, ils tenaient ce langage, et s'ils le soutenaient, il faudrait bien composer avec eux; mais la difficulté sera toujours d'attacher le grelot.

Je me flatte que vous avez été un peu amusés par les dernières feuilles de l'abbé Bazin [1]. Si je peux en attraper encore, j'aurai l'honneur de vous en faire part.

Il y aura des misérables qui, malgré les protestations honnêtes et respectueuses de l'abbé, croiront toujours qu'il a eu des intentions malignes; mais il faut les laisser crier.

Je ne sais à qui en a le tyran du *tripot;* mon cher ange a fait tout ce qu'il devait. Si le tyran persiste dans sa lubie, mon ange n'ayant rien à se reprocher l'abandonnera à son sens réprouvé.

On n'a donc point voulu permettre le débit de *la Destruction jésuitique,* qui est aussi la destruction des jansénistes. Tous ces marauds-là en *ites* et en *istes*, et en *iens*, sont également les ennemis de la raison; mais la raison perce malgré eux, et il faudra bien qu'à la fin ils n'aient d'empire que sur la canaille. C'est à mon gré le plus grand service qu'on puisse rendre au genre humain, de séparer le sot peuple des honnêtes gens pour jamais; et il me semble que la chose est assez avancée. On ne saurait souffrir l'absurde insolence de ceux qui vous disent: Je veux que vous pensiez comme votre tailleur et votre blanchisseuse.

Mes anges, je baise le bout de vos ailes.

---

[1] C'est sous le nom de Bazin que Voltaire avait publié *la Philosophie de l'Histoire.* B.

4399. DE M. DALEMBERT.

A Paris, ce 27 avril.

Mon cher et illustre maître, il est arrivé ce que nous espérions au sujet de l'histoire de *la Destruction des Jésuites*. Les gens raisonnables ont trouvé l'ouvrage impartial et utile, les amis des jésuites mêmes savent gré à l'auteur de n'avoir dit de la société que le mal qu'elle méritait; mais les conseillers de la cour janséniste convulsionnaire, et attendant le prophète Élie (qui aurait bien dû leur prédire la tuile qui leur tombe aujourd'hui sur la tête), ont crié comme tous les diables. Ils voudraient, dit-on, dénoncer le livre au parlement; mais, comme le parlement y est traité avec ménagement, il y a apparence qu'on leur rira au nez; ils commencent à perdre de leur crédit, même dans la compagnie : jugez de l'état où sont leurs affaires. Ce qu'il y a de plaisant, c'est que cette canaille trouve mauvais qu'on lui applique sur le dos les coups de bûche qu'elle se fait donner sur la poitrine [1]. Il me semble pourtant que des coups de bûche sont toujours des secours, et que la place doit leur être indifférente;

. . . . Comme il n'importe guère
Que Pascal soit devant, ou Pascal soit derrière [2].

J'enverrai incessamment à frère Gabriel de quoi les faire brailler encore; car, pendant qu'ils sont en train de braire, il n'y a pas de mal à leur tenir toujours la bouche ouverte. J'ai commencé par des croquignoles, je continuerai par les coups de houssine, ensuite viendront les coups de gaule, et je finirai par les coups de bâton; quand ils en seront là, ils seront si accoutumés à être battus, qu'ils prendront les coups de bâton pour des douceurs. Mon Dieu, l'odieuse et plate canaille! mais elle n'a pas long-temps à vivre, et je ne lui épargnerai pas un coup de stylet.

[1] Voyez l'article Convulsions, tome XXVIII, page 222. B.
[2] Scarron, *Don Japhet d'Arménie,* acte II, scène 2. B.

Vous avez su l'aventure de la Comédie ¹; nous allons vraisemblablement perdre mademoiselle Clairon, qui ne remontera plus sur le théâtre, si elle ne veut pas perdre l'estime des honnêtes gens. Votre maréchal ² a tenu une jolie conduite! son procédé est atroce et abominable: aussi finira-t-il, aux yeux du public, par avoir tout l'odieux et tout le ridicule de cette affaire. Je ne doute pas que plusieurs comédiens ne se retirent, s'ils ne sont pas en effet aussi vils qu'on voudrait les rendre. Vous avez beau faire, mon cher maître, vos vers passeront à la postérité, mais le nom de votre maréchal n'y passera pas; on lira vos vers; on demandera qui était cet homme, et l'histoire dira : *Je ne m'en souviens plus.* Il faut avouer que vos protégés de la cour (car je ne leur fais pas l'honneur et à vous le tort de dire vos protecteurs) ne sont pas heureux en renommée : voyez le beau coton qu'ils jettent tous! Que dites-vous de la belle colonie de Cayenne, pour laquelle on a dépensé des sommes immenses? On y a envoyé, il y a dix-huit mois, quatorze mille hommes, dont il ne restait plus que quinze cents il y a trois mois; on va ramener tout ce qui reste, et peut-être n'en reviendra-t-il pas six cents. Que le roi est à plaindre d'être si indignement servi, lorsqu'il mérite tant de l'être bien! Helvétius me paraît bien content de son voyage. Adieu, mon cher maître.

4400. A M. DAMILAVILLE.

29 avril.

L'idée de l'estampe ³ des Calas est merveilleuse. Je vous prie, mon cher frère, de me mettre au nombre des souscripteurs pour douze estampes. Il faut réussir à l'affaire des Sirven comme à celle des Calas;

---

¹ Plusieurs des comédiens français avaient refusé de jouer avec un de leurs camarades nommé Dubois, qui avait eu un procès peu honorable. B.

² Le maréchal de Richelieu. K.

³ Le dessin était de Carmontelle; on proposa pour la gravure une souscription au profit de la famille Calas. Voltaire fit mettre cette estampe au chevet de son lit; voyez sa lettre à Damilaville, du 12 mai 1766. B.

ce serait un crime de perdre l'occasion de rendre le fanatisme exécrable.

Je crois que le généreux Élie peut toujours faire son mémoire. La confirmation de l'arrêt de Toulouse est assez constatée par le procès-verbal d'exécution. Le mémoire de Sirven est de la plus grande fidélité; il a répondu avec exactitude à toutes les interrogations de son patron Élie; ainsi nous espérons dans peu voir la seconde Philippique.

L'aventure de mademoiselle Clairon est furieusement welche. Si j'avais un conseil à donner aux gens tenant la comédie, ce serait de ne jamais remonter sur le théâtre qu'on ne leur eût rendu les droits de citoyens. La contradiction est trop forte d'être mis au cachot si on ne joue pas, et d'être déclaré infame si on joue.

Je crois qu'il faut envoyer une aune de ruban [1] à l'abbé de Voisenon. Vous savez d'ailleurs comment placer ces pompons : on dit qu'ils peuvent guérir les pestiférés. Il faut en envoyer un à M. le comte de La Touraille [2], gentilhomme de la chambre du prince de Condé; un à madame la comtesse de La Marck. Fesons le plus de bien que nous pourrons; Dieu nous en saura gré.

Je compte que Gabriel fera partir le 1er de mai la petite batterie [3] dressée contre l'insolence et l'absurdité théologiques. Il nous est arrivé un général

---

[1] La nouvelle édition du *Catéchisme de l'Honnête Homme*, tome XLI, page 97. B.

[2] Voyez ma note, tome LVIII, page 333. B.

[3] Les *Observations* rédigées par l'abbé Morellet en faveur de la *Gazette littéraire*; voyez page 287. B.

autrichien qui est tout-à-fait attaché à la bonne cause; nous avons aussi un excellent prosélyte danois. Toute langue et toute chaire commence à confesser la vérité. O sainte philosophie, que votre règne nous advienne!

J'embrasse tous les frères dans la communion de l'esprit; Dieu répand sur eux visiblement ses bénédictions. Je vous aime tous les jours davantage. *Écr. l'inf....*

N. B. Il me vient en idée de faire dessiner aussi le portrait du petit Calas, qui est encore à Genève; il a la physionomie du monde la plus intéressante. On pourrait, pour en faire un beau contraste, le placer à la porte de la prison, sollicitant un conseiller de la Tournelle. Voyez, mon cher frère, si cette idée vous plaît; parlez-en à madame Calas.

Mandez-moi, je vous prie, si mademoiselle Clairon est encore au For-l'Évêque, et si elle persiste dans la résolution de renoncer au théâtre.

4401. A M. DALEMBERT.

1er mai.

Votre indignation, mon cher philosophe, est des plus puissantes. J'aime à vous voir rire au nez des polichinelles en robes noires, à qui vous donnez tant de nasardes. Vous voilà en train de faire des nazaréens (n'est-ce pas de nazaréens que vient nasarde?), de faire des nazaréens, dis-je, ce que Blaise Pascal fesait des jésuites. Vous les rendrez ridicules *in sæcula sæculorum, amen.* Les croquignoles au cuistre théologien sont, je crois, parties, et je prie Dieu qu'elles arrivent à bon port.

On dit qu'Omer compose avec l'abbé d'Étrée un beau réquisitoire pour défendre de penser en France. Je ne conçois pas comment ce maraud a osé soutenir dans son *tripot* que l'ame est spirituelle; je ne sais assurément rien de moins spirituel que l'ame d'Omer.

Voyez-vous toujours mademoiselle Clairon? Pourriez-vous lui dire ou lui faire dire fortement qu'elle se fera un honneur immortel, si elle déclare, elle et ses confrères, que jamais ils ne remonteront sur le théâtre de Paris, si on ne leur rend tous les droits de citoyens; et que c'est une contradiction trop absurde d'être au cachot de l'évêque[1] si on ne joue pas, et excommunié par l'évêque si on joue? Cette tournure ne pourrait offenser la cour, et rendrait odieux tous ces faquins de jansénistes. Dites-lui, je vous prie, que je lui suis attaché plus que jamais.

Courage, Archimède; le ridicule est le point fixe avec lequel vous enlèverez tous ces maroufles, et les ferez disparaître.

4402. A MADEMOISELLE CLAIRON.

1er maî.

L'homme qui s'intéresse le plus à la gloire de mademoiselle Clairon, et à l'honneur des beaux-arts, la supplie très instamment de saisir ce moment pour déclarer que c'est une contradiction trop absurde

---

[1] La prison où l'on mettait les comédiens était le For-l'Évêque ou Four-l'Évêque. B.

d'être au For-l'Évêque si on ne joue pas, et d'être excommunié par l'évêque si on joue ; qu'il est impossible de soutenir ce double affront, et qu'il faut enfin que les Welches se décident. Les acteurs, qui ont marqué tant de sentiments d'honneur dans cette affaire, se joindront sans doute à elle. Que mademoiselle Clairon réussisse ou ne réussisse pas, elle sera révérée du public ; et si elle remonte sur le théâtre comme un esclave qu'on fait danser avec ses fers, elle perd toute sa considération. J'attends d'elle une fermeté qui lui fera autant d'honneur que ses talents, et qui fera une époque mémorable.

4403. A M. DAMILAVILLE.

4 mai.

Je vois par votre lettre du 24, mon cher frère, que l'enchanteur Merlin a été poursuivi par les diables. Mandez-moi, je vous prie, s'il est échappé de leurs griffes. Je m'y intéresse bien vivement. Je tremble pour un paquet que je vous ai envoyé à l'adresse de M. Gaudet. Si ce paquet est perdu, il n'y a plus de ressource ; et cependant je ne serai pas découragé. Je suis à peu près borgne comme Annibal ; j'ai juré comme lui une haine immortelle aux Romains ; et dussé-je être empoisonné chez Prusias, je mourrai en leur fesant la guerre.

La résolution de Pierre Calas de partir pour Genève m'effraie. Le gouvernement n'en serait-il pas indigné ? Calas a-t-il d'autre patrie que celle où Cicéron-Beaumont l'a si bien défendu, où le public l'a si bien soutenu, où les maîtres des requêtes l'ont si bien jugé, où le roi a comblé sa famille de bienfaits? car vous savez qu'outre les trente-six mille livres, il y a encore six mille livres pour les procédures. Je me flatte qu'au moins vous l'empêcherez de partir sans une permission expresse; et je crains bien encore que la demande de cette permission ne déplaise à la cour, et ne fasse perdre les mille écus que le roi lui a donnés. Je soumets mon avis au vôtre.

J'ignore si mademoiselle Clairon remontera sur le théâtre de Paris. Je la tiens pour une pauvre créature, si elle a cette faiblesse. Plus on persécute la raison, les talents, la vérité, et le goût, plus notre phalange doit marcher serrée. Je crois que les verges dont on fouette monsieur le dénonciateur théologien arriveront bientôt à son cul.

Adieu, mon cher philosophe; je m'unis toujours à vous dans la communion des fidèles, et vous embrasse avec la plus grande effusion de cœur. *Écr. l'inf....*

4404. A M. ÉLIE DE BEAUMONT.

4 mai.

Je me flatte que mon Cicéron a commencé sa seconde Philippique. Il n'est pas nécessaire, ce me semble, d'avoir la feuille du parlement toulousain, qui confirme la sentence de Mazamet[1], pour que le protecteur de l'innocence et de la raison se livre au mouvement de son éloquence. Vous aurez la gloire d'avoir détruit de bien cruels préjugés. M. de Lavaysse le père me mande que, depuis trente ans, la canaille catholique du Languedoc est persuadée que la ca-

[1] Contre les Sirven. B.

naille calviniste égorge ses enfants pour les empêcher
de communier avec du pain azime. Une vieille huguenote du pays, qui s'amusait à consoler les mourants, passait pour les égorger tous, de peur qu'on
ne leur donnât l'extrême-onction.

Vous avez dû recevoir les réponses du pauvre Sirven à vos questions : vous êtes son sauveur ; il faudra vous peindre avec les Calas à vos pieds. Pierre
Calas veut retourner à Genève, où il fait un petit
commerce. Il me semble qu'il serait plus convenable
de faire ce commerce à Paris. Ne risquerait-il pas de
choquer le gouvernement et de perdre ses bienfaits,
s'il sortait de France après avoir obtenu une justice
si éclatante et un présent de mille écus? S'il veut retourner à Genève, il faut du moins qu'il en ait une
permission authentique; et le ministère, en la lui
donnant, aurait encore une très mauvaise opinion
de lui. Je soumets mon avis au vôtre. Mille respects
à madame de Beaumont.

4405. A M. BERTRAND.

A Ferney, 6 mai.

Mon cher philosophe, puisque vous daignez quelquefois si bien diriger *la Gazette*[1], voici une pièce
authentique, qui, je crois, sera intéressante. Je tiens
monsieur le vice-chancelier de France[2] pour un très
grand philosophe, puisqu'il fait du bien; et je souhaite que notre Église gallicane l'imite. Plût à Dieu
que toute la nation sacerdotale vous ressemblât ! Je

[1] De Berne. La pièce envoyée par Voltaire m'est inconnue. B.
[2] R.-C. de Maupeou; voyez tome XXII, page 364. B.

conserverai jusqu'au dernier moment de ma vie les plus tendres sentiments pour vous.

Ne m'oubliez pas, je vous en prie, auprès de monsieur et de madame de Freudenreich. V.

4406. A M. ***.

10 mai.

Vous saurez, monsieur, qu'un neveu de cet abbé Bazin que vous avez tant connu m'est venu apporter ces petits versiculets. Je lui ai dit qu'il aurait dû vous les laisser faire ; il en est convenu, et m'a répondu que c'était un très bon canevas, mais qu'il ne savait pas broder comme vous. Ce neveu de l'abbé Bazin est idolâtre d'Ovide, de Tibulle, de Catulle, et de M. le chevalier de Boufflers. Il m'a dit que s'il n'était pas si vieux, il irait à Lunéville présenter ses respects à la mère et au fils ; je crois qu'il s'amuserait beaucoup avec vous, car il est grand théologien. Son extrême dévotion enchanterait votre monarque. Adieu, monsieur ; ayez toutes sortes de plaisirs, et chantez-les : votre vocation est d'être heureux, et de rendre heureux ceux qui ont l'honneur de vivre avec vous : j'en dis autant de madame de Boufflers, et je me mets à ses pieds. V.

4407. A M. LE COMTE D'ARGENTAL.

13 mai.

Mes divins anges ne sont-ils occupés que de l'histoire du jour, et n'ont-ils fait aucune attention à l'histoire ancienne ? Je ne reçois point de nouvelles d'eux, ce qui est une histoire du jour fort triste pour moi. J'ignore s'ils ont reçu le dernier paquet; je ne me souviens pas si je l'ai envoyé sous le couvert de M. le duc de Praslin, ou sous un autre. Je ne demande point de nouvelles de mademoiselle Clairon, madame d'Argental s'en remet à madame de Florian; mais je persiste toujours dans l'idée que les comédiens doivent proposer un dilemme dont on ne peut pas se tirer: « Si nous ne jouons pas, on nous met au For ou au « Four de l'Évêque; et si nous jouons, l'évêque nous « excommunie, et nous sommes enterrés comme des « chiens. » Qu'on se retire de cette difficulté si on peut.

Le Siége de Calais a perdu à cette belle affaire; il n'est pas même traîné actuellement en blocus. On l'a abandonné jusqu'en province; je n'ai jamais vu une révolution si subite. On l'avait imprimé partout, sur la foi du *Mercure* et de l'enthousiasme de Paris; à peine a-t-on pu le lire. Cette aventure est un peu welche.

M. de Villette, qui a passé trois mois chez moi, doit être actuellement à Paris. Il y recevra le paquet dont vous avez eu la bonté de vous charger.

M. de Fontette m'a fait l'honneur de m'écrire, mais ne m'a pas donné de grandes espérances. Si malheureusement j'étais obligé de plaider au parlement contre mon prêtre, je jure Dieu que je mourrais avant que le procès fût jugé.

Je crois que je suis aussi dans la disgrace du tyran du *tripot*, mais je me console très aisément; et tant que mes anges daigneront m'aimer, je défie le reste des humains de troubler mon repos. Je les supplie de me mettre aux pieds de M. le duc de Praslin, très indépendamment de mon curé.

Respect et tendresse.

4408. A M. LE MARÉCHAL DUC DE RICHELIEU.

13 mai.

Puisque vous avez reçu, monseigneur, le dernier paquet que j'eus l'honneur de vous adresser, il y a quelque temps, par M. Janel, en voici un autre[1] qui m'arrive de Hollande, et que je vous dépêche par la même voie. Je ne crois pas que vous ayez besoin de l'eau de Lausanne pour vos yeux; ils ont vingt-cinq ans, comme votre imagination et vos graces. Les miens sont très vieux, et ont souffert des ophthalmies affreuses par les vents du nord-est autant que par la lecture; mais si vous voulez employer cette eau pour quelqu'un de vos amis, vous n'avez qu'à me donner vos ordres, j'écrirai sur-le-champ à Lausanne, afin qu'on en fasse partir quelques bouteilles par la voie que vous voudrez bien indiquer. Ce remède n'est bon que pour ceux qui ont des ulcères aux paupières, et n'est aucunement propre d'ailleurs à rétablir l'organe de la vue; il lui ferait même plus de mal que de bien. Il reste encore à savoir si cette recette, qui est favorable dans le printemps, peut faire le même effet en hiver, ce dont je doute beaucoup.

Permettez-moi de vous dire un petit mot des spectacles, qui sont nécessaires à Paris, et que vous protégez. J'ignore si vous pourriez vous servir de l'oc-

[1] *La Philosophie de l'histoire;* voyez ma Préface du tome XV. B.

casion présente pour faire sentir combien il est contradictoire que des personnes payées par le roi, et qui sont sous vos ordres, soient en prison au For ou au Four de l'Évêque, si elles ne remplissent pas les devoirs de leur profession; et excommuniées, damnées par l'évêque, si elles les remplissent. Est-il juste qu'on perde tous les droits de citoyen, et jusqu'à celui de la sépulture, parcequ'on est sous votre autorité? Si quelqu'un peut jamais avoir la gloire de faire cesser cet opprobre, c'est assurément vous; et Paris vous élèverait une statue comme Gênes[1]. Mais quelquefois les choses les plus simples et les plus petites sont plus difficiles que les grandes; et tel homme qui peut faire capituler une armée d'Anglais ne peut triompher d'un curé.

Je voudrais bien que vous protégeassiez les encyclopédistes. Ce sont pour la plupart des hommes infiniment estimables. Leur ouvrage, malgré ses défauts, fera beaucoup d'honneur à la nation; et ce ne sera pas un honneur passager et ridicule. Un des grands défauts qu'on reproche à la nation française, c'est que les hommes de mérite qu'elle a produits ont été presque toujours opprimés ou avilis, et qu'on leur a préféré des misérables. Feu M. Le Normand de Tournehem avait relégué les tableaux de Vanloo dans la chambre de ses laquais. Votre protection, accordée à ceux qui travaillent à l'*Encyclopédie*, les encouragerait; la plus saine partie de la nation vous en saurait beaucoup de gré.

Il est un peu humiliant que les Russes récompen-

[1] Voyez, tome XIII, l'*Épître à Richelieu*, du 18 novembre 1748. B.

sent magnifiquement[1] ceux que le parlement de Paris a persécutés.

On m'a dit que les pairs avaient présenté au roi un mémoire sur leurs droits. J'ai long-temps examiné cette matière en étudiant l'histoire de France, et je suis convaincu que l'origine de toute juridiction suprême en France est la pairie; mais vous avez M. Villaret, votre secrétaire[2], qui en sait beaucoup plus que moi, et qui sans doute vous a très bien servi; c'est un homme très instruit. Conservez vos bontés à votre plus ancien serviteur, qui vous sera toujours attaché avec un profond respect.

4409. A M. LE CARDINAL DE BERNIS.

A Ferney, 15 mai.

J'avais résolu, dans ma timide profanerie, de ne point écrire à monseigneur l'archevêque; mais j'apprends que votre éminence fait autant de bien que je lui ai connu d'esprit et de grace.

Omnis Aristippum decuit color et status et res.
HOR., lib. I, ep. XVII, v. 23.

C'est votre bienfesance qui m'enhardit; je m'adresse à vous dans votre département, qui est celui de secourir les malheureux.

Il y a une famille bien plus infortunée que celle

---

[1] L'impératrice Catherine II venait d'acheter la bibliothèque de Diderot; voyez lettre 4396. B.

[2] Claude Villaret, né vers 1715, mort en février 1766, était secrétaire des ducs et pairs. C'est le continuateur de Velly; voyez t. XVI, p. 364; XLI, 508, etc., etc. B.

des Calas, et qui doit, comme les Calas, ses malheurs à l'horrible fanatisme du peuple, qui séduit quelquefois jusqu'aux magistrats. Mais, pour ne pas fatiguer votre éminence par de longs détails, je prends le parti de lui envoyer une lettre que j'écrivis il y a quelques mois à un de mes amis [1], et qu'on rendit publique. On est près de demander au conseil dont vous êtes une évocation; mais nos avocats ont besoin de la copie de l'arrêt de Toulouse, qui confirme la sentence du premier juge. Cet arrêt est du 5 mai 1764. Vous pourriez aisément charger, sans vous compromettre, quelque homme de confiance de procurer cette copie. Je vous conjure de m'accorder cette grace, si elle est en votre pouvoir. Vous tirerez une famille de très honnêtes gens de l'état le plus cruel où l'on puisse être réduit. Il y a bien des malheureux dans ce meilleur des mondes possibles; mais il n'y en a point qui méritent plus votre compassion. Vous rendrez service au genre humain, en servant à déraciner le fanatisme fatal qui change les hommes en tigres. Ces deux exemples des Calas et des Sirven feront une grande époque. Accordez-nous, je vous en supplie, toute votre protection dans cette affaire, qui intéresse l'humanité. Je ne sais si vous êtes lié avec monsieur l'archevêque de Toulouse [2], que je n'ai pas l'honneur de connaître; mais il me semble que votre éminence est à portée de l'engager à nous obtenir cette copie que nous demandons. Il

---

[1] A Damilaville; voyez n° 4347. B.

[2] Étienne-Charles de Loménie de Brienne, né en 1727, principal ministre en 1787, archevêque de Sens, puis cardinal; mort en 1794. B.

est bien étrange que l'on puisse refuser la communication d'un arrêt : une telle jurisprudence est monstrueuse, et, j'ose le dire, punissable. De bonne foi, souffririez-vous de pareils abus, si vous étiez dans le ministère? Enfin je m'en remets à votre sagesse et à votre bonté. Vous devez avoir quelque avocat à Toulouse chargé des affaires de votre archevêché. Il me paraît bien aisé de faire retirer cette pièce par cet avocat. Au nom de Dieu, prenez cette bonne œuvre à cœur. Je vous aimerai autant qu'on vous aime dans votre diocèse.

Je me flatte que vous jouissez d'une bonne santé; ainsi je n'ai rien à vous souhaiter.

> Gratia, fama, valetudo *contigit* abundè.
> Hor., lib. I, ep. iv.

J'écris aujourd'hui de ma main. Une bonne femme m'a presque guéri de mes fluxions, qui m'ôtaient l'usage de la vue : les femmes sont toujours bonnes à quelque chose. Ainsi donc ma main vous assure que mon cœur est pénétré, pour votre éminence, d'attachement et de respect.

4410. A M. DE LA BASTIDE,

AVOCAT A NÎMES.

Au château de Ferney, 17 mai.

Je vois, monsieur, par les vers attendrissants que vous avez bien voulu m'envoyer, combien votre cœur sensible a été touché de la funeste aventure des Calas. Vous avez dû applaudir plus que personne à la justice que messieurs les maîtres des requêtes viennent de rendre à cette famille, et aux bienfaits dont le roi l'a honorée. Cette affaire m'a coûté trois ans de peine, que je ne regrette pas. Il y en a une autre à peu près semblable concernant une famille de Castres. Je ne conçois pas par quelle fureur on s'imagine, en Languedoc, que les pères et les mères égorgent leurs enfants, dès qu'ils les soupçonnent devoir être catholiques.

Tantum relligio potuit suadere malorum !
LUCR., lib. I, v. 102.

Il est temps que la philosophie apprenne aux hommes à être sages et justes. J'ai l'honneur d'être, avec des sentiments respectueux, monsieur, votre très humble et très obéissant serviteur, V.

4411. DE M. DALEMBERT.

A Paris, ce 18 mai.

Mon cher et illustre confrère, voilà M. le comte de Valbelle[1], que vous connaissiez déjà par ses lettres, et que sûrement vous serez charmé de connaître par sa personne. Une heure de conversation avec lui vous en dira plus en sa faveur que je ne pourrais vous en écrire; il a voulu absolument que je lui donnasse une lettre pour vous, quoique assurément il n'en ait pas besoin. Il vous dira des nouvelles de mademoiselle Clairon, et de l'intérêt qu'ont pris tous les gens de lettres à la manière indigne dont elle a été traitée. Je ne sais pas si elle remontera jamais sur le théâtre; mais je l'estime assez pour croire qu'elle n'en fera rien. C'est bien assez d'être excommuniée, sans être encore opprimée par des tyrans, et traitée avec la dernière barbarie. Les Welches mériteraient d'être réduits à la messe et au sermon pour toute nourriture;

---

[1] C'est à lui qu'est adressée la lettre 4024, du 30 janvier 1764. B.

et j'espère qu'ils finiront par ce régime si digne d'eux. Si les comédiens, comme vous dites, ne profitent pas de cette circonstance pour demander qu'on leur rende tous les droits de citoyens, même celui de rendre le pain bénit, ils seront à mes yeux les derniers des hommes. Mon avis serait qu'ils présentassent requête à l'assemblée du clergé, pour obtenir mainlevée de l'excommunication, et la liberté de communier à bouche que veux-tu. Je voudrais bien savoir ce que la cour aurait à leur dire, s'ils refusaient de jouer en cas qu'on leur refusât leur demande; sans compter qu'il serait assez bon que l'assemblée du clergé, qui va demander à cor et à cri le rappel des jésuites, qu'elle n'obtiendra pas, demandât en même temps à toute force la réhabilitation des comédiens au giron de l'Église, et en vînt à bout. Imaginez-vous quel beau sujet de réflexions pour le gazetier janséniste. A propos de gazetier janséniste, il me semble que ses amis du parlement ont renoncé au projet de dénoncer *la Destruction;* ils ont senti, à force de discernement (car ils ont l'esprit fin), le ridicule dont ils se couvriraient. J'en suis sincèrement fâché, car vous savez tout le bien que je leur veux; je ne perdrai aucune occasion de leur donner des marques de souvenir et d'attachement. Adieu, mon cher et illustre confrère; mon attachement pour vous est d'une nature un peu différente, mais il n'en sera pas moins durable. Je vous embrasse de tout mon cœur, et j'envie bien à M. de Valbelle le plaisir qu'il aura de vous voir.

Les comédiens ont gagné leur procès contre votre Alcibiade. Ne convenez-vous pas qu'il jette un beau coton? Vous aurez beau faire, mon cher philosophe, vous n'en ferez jamais qu'un vieux freluquet bien peu digne d'être célébré par une plume telle que la vôtre.

4412. A M. DAMILAVILLE.

20 mai.

Voici, mon cher frère, deux petits croquis de Donat Calas. J'aurais desiré qu'on l'eût fait un peu plus ressemblant, et qu'on n'eût pas sacrifié une chose si importante à l'idée de le représenter dans une attitude douloureuse qui défigure son joli visage. Si vous voulez vous servir de ce dessin, recommandez au peintre de faire Donat le plus joli qu'il pourra.

Vous savez d'ailleurs, mon cher frère, que vous avez carte blanche pour mettre votre frère au rang de ceux qui contribuent à la façon de cette estampe. Ce monument éternisera la plus horrible des injustices, la plus belle réparation, et la générosité de votre zèle vertueux.

Il semble que plus les philosophes font de bien, plus on s'efforce de les persécuter. On a saisi le ballot qui contenait le bel ouvrage[1] de notre cher Archimède; l'autre aura le même sort; *la Philosophie de l'Histoire*, que tous les gens sensés trouvent très sage, ne sera pas épargnée. Tout est suspect de la part de ceux qui rendent à la nation de vrais services. Je crains bien de n'avoir jamais l'*Encyclopédie*; mon âge, ma mauvaise santé, et la fureur des jansénistes, me priveront de la consolation de lire ce grand ouvrage. Ne pourrais-je pas, par votre crédit, obtenir qu'on m'en fît parvenir trois tomes? je garderais religieusement le secret.

Si vous voyez le véritable prophète Élie, dites-lui, je vous en prie, que nous sommes réduits à faire signer dans Gex une procuration aux filles de Sirven, pour sommer le greffier du parlement toulousain de délivrer copie de l'arrêt qui confirme l'injuste sen-

---

[1] *Sur la destruction des jésuites en France, par un auteur désintéressé* (Dalembert), 1765, in-12. B.

tence; et si le greffier refuse, nous enverrons acte de son refus.

Je trouve que cette cause peut faire au moins autant d'honneur à l'éloquence de M. de Beaumont que la cause des Calas. Cette fureur épidémique, qui a persuadé tous les tribunaux d'une province que la loi des protestants est parricide, est un sujet digne d'un citoyen tel que lui. Quiconque arrache une branche du fanatisme fait une plaie à l'arbre dont il se sent jusque dans ses racines. Rendons encore ce service à l'humanité dans l'affaire des Sirven, et demeurons inébranlables dans celle d'*écr. l'inf*....

Je pense que désormais il est à propos que vous m'écriviez à Lyon, sous l'enveloppe de M. Camp, banquier; la curiosité des méchants sera trompée. Dites à frère Archimède qu'il en fasse autant. Nous pourrons jouir de la consolation de nous ouvrir nos cœurs : le mien est à vous jusqu'au dernier moment de ma languissante vie.

N. B. Soutenez constamment que l'abbé Bazin est le véritable auteur de *la Philosophie de l'Histoire*. Comment n'en pas croire son neveu? quelle fureur de m'imputer jusqu'à l'ouvrage d'un théologien antiquaire? persécutera-t-on toujours l'auteur de la chrétienne *Zaïre?* Faites beau bruit, vous et les frères.

4413. A M. COLINI.

A Ferney, 21 mai.

Mon ami, que S. A. E. me dise : *Prends ton lit, et marche*[1], je vole à Schwetzingen. Il y a plus de

---

[1] « Tolle grabatum tuum, et ambula. » Jean, *Évang.*, v, 8. B.

huit mois que je ne suis sorti de ma chambre; je meurs en détail, et nous ne sommes plus au temps des miracles. Je sais bien qu'il y a des gens qui ont encore de la force à soixante-douze ans; les patriarches étaient des enfants à cet âge.

Ceux qui ont dit que je quittais mon petit château de Ferney ont été bien mal informés : il est vrai que je me suis défait des Délices; mais c'est que je ne me suis pas trouvé assez riche pour les garder, et que l'état de ma santé, qui exige la retraite la plus profonde, était incompatible avec l'affluence de monde que m'attirait le voisinage de Genève. J'ai jugé d'ailleurs que, n'ayant qu'un corps, je ne devais pas avoir deux maisons. Qu'il serait doux pour moi, mon cher ami, de passer quelques uns de mes derniers jours auprès d'un prince tel que monseigneur l'électeur! quel plaisir j'aurais, après lui avoir fait ma cour, de m'enfermer dans ma chambre avec quelques volumes de sa belle bibliothèque! Dans quelque triste état que je sois, je ne veux pas désespérer de ma destinée; je me flatte toujours de la plus douce de mes espérances. Mettez-moi à ses pieds, aimez-moi, et soyez bien sûr que je ne vous oublierai jamais.

(*Au bas est écrit de sa main :*) J'ai été bien mal après ma lettre.

4414. A M. DAMILAVILLE[1].

A Genève, 22 mai.

J'ai eu hier, mon cher frère, un petit avertisse-

---

[1] D'après un passage de la lettre 4429, celle du 22 mai était signée *Écr. l'inf...*, et avait été adressée sous le couvert de Gaudet. B.

ment de la nature qui me dit que je n'ai pas encore long-temps à philosopher avec vous. Cela ne m'a pas empêché, dès que je suis revenu à moi, d'envoyer un exprès à frère Gabriel pour lui intimer tous vos ordres. Vous voyez au reste combien le fanatisme augmente. Plus il sent sa turpitude, plus il craint qu'on ne la révèle; tout lui est suspect. Les livres écrits avec le plus de vérité sont précisément ceux qu'il redoute davantage. On donnera bien un évêché à un prêtre sortant du bordel, mais on persécutera ceux qui auront passé leur vie à chercher le vrai, et à faire le bien.

J'ai reçu *la Philosophie de l'Histoire*, qu'on m'a envoyée d'Amsterdam : il y a quelques fautes ridicules dans l'imprimé, comme *cent mille* pour *dix mille*, à l'article d'*Égypte*[1]. Il me semble aussi que l'auteur ne s'est pas toujours exprimé exactement dans le chaos de la chronologie; mais, en général, l'ouvrage m'a paru assez utile.

L'auteur y montre partout un grand respect pour la religion; il parle même si souvent de ce respect, qu'on voit bien qu'il veut prévenir les lâches persécuteurs qui pensent toujours qu'on en veut à leurs foyers. Cependant, malgré toutes les précautions de l'auteur, on a envoyé de Paris à Berne un article pour être mis dans *la Gazette*, dans lequel il est dit que *la Philosophie de l'Histoire* est plus dangereuse encore que *le Portatif*. On me fait aussi l'honneur de m'attribuer cette *Philosophie*. Je voudrais l'avoir faite, quoiqu'on ne me l'attribue que pour me perdre.

[1] Voyez tome XV, page 93. B.

Mais de quel droit me rend-on responsable des ouvrages d'autrui? Il n'est pas juste que je sois toujours victime. Il semble que l'abolissement des jésuites ait été un nouveau signal de persécution contre les gens de lettres.

Parlez de tout cela avec frère Archimède. Que les frères célèbrent les agapes, en dépit des tyrans jansénistes: dressez un autel à la raison dans votre salle à manger. *Hæc quotiescumque feceritis, in mei memoriam facietis* [1].

J'ajoute à cette lettre de mon ami qu'il m'est arrivé des personnes de Paris fort instruites. On a décacheté quelques unes de nos lettres contre-signées *Courteilles*: heureusement il n'y a jamais eu dans vos lettres rien que de vertueux et de sage, qui ne soit digne de vous. Mais, pour plus de sûreté, écrivez-moi quelque lettre sous la même enveloppe de *Courteilles*, et écrivez contre-signé *Laverdy*, à M. Camp, banquier à Lyon; et, sous le couvert de M. Camp, à M. Wagnière, à Genève. Que frère Archimède prenne la même précaution, et qu'il vous donne tout ce qu'il voudra m'écrire. Vous recevrez par cet ordinaire une lettre [2] qu'on ouvrira si l'on veut.

Est-il possible qu'on soit obligé à de telles précautions, et que la plus douce consolation de la vie nous soit arrachée? Gardez-vous bien d'écrire à Gabriel Cramer; ni à G.... Gardez-vous bien qu'on fasse entrer le ballot de ce diable abbé Bazin, pour

---

[1] Il y a dans la première *Aux Corinthiens*, chap. xi, verset 25: « Hoc « facite quotiescumque bibetis in meam commemorationem. » B.

[2] C'est la lettre qui suit. B.

qui on prend des gens qui ne s'appellent pas Bazin. Il est minuit; je n'en puis plus.

4415. A M. DAMILAVILLE.

A Genève, 22 mai.

Mon cher et vertueux ami, je vous ai envoyé le portrait du petit Calas peint à l'huile; sa mère aidera à rectifier les traits; ils sont mieux peints dans le cœur de cette digne mère que par le pinceau de M. Huber. On fait actuellement un recueil de toutes les pièces de cette triste aventure, dont la fin fera tant d'honneur aux maîtres des requêtes, à la nation, et surtout au roi, qui a si bien réparé la malheureuse injustice de Toulouse. S'il était mieux instruit, je suis bien sûr que la bonté de son cœur réparerait sur la fin de ma vie toutes les injustices que j'ai essuyées. Vous savez qu'on m'impute tous les jours des ouvrages auxquels je n'ai pas eu la moindre part. Ce ne devait pas être la récompense d'avoir fait *la Henriade*, le *Siècle de Louis XIV*, et quelques autres ouvrages qui n'ont déplu ni au roi ni à la nation; mais c'est le sort attaché à la profession d'homme de lettres. Peut-être est-il dur, à l'âge de soixante-douze ans, d'être continuellement en butte à la calomnie; mais j'ai appris, dans la saine philosophie que nous cultivons tous deux, qu'il faut savoir se résigner. Tout ce que je souhaite, c'est que le roi et le ministère puissent un jour savoir que les gens de lettres sont les meilleurs citoyens et les meilleurs sujets. Tout est cabale à la cour, tout est quelquefois passion dans de grandes compagnies qui ne devraient point avoir de passions; il n'y a que les vrais gens de lettres qui n'aient point d'intrigues, et qui aiment sincèrement l'ordre et la paix.

Adieu, mon digne ami; je suis bien malade, et, en vérité, on ne devrait pas troubler mes derniers jours. Votre amitié vertueuse fait toute ma consolation.

4416. A M. LE COMTE D'ARGENTAL.

A Genève, 22 mai.

Mes divins anges, on vient de me dire tout ce que vous aviez donné charge de dire, et je suis demeuré confondu de la demi-feuille copiée et de cette question : *Quel est donc ce Damilaville*[1]*?* Hélas! mes chers anges, plût à Dieu qu'il y eût beaucoup de citoyens comme ce Damilaville! Je ne ferai point de remarques sur tout cela, parcequ'il n'y en a point à faire; je vous demanderai seulement si cette demifeuille est si méchante. Je crois que cette lettre vous parviendra sûrement, puisque je l'adresse à Lyon, sous l'enveloppe de M. de Chauvelin. Cette voie déroutera les curieux, et vous pourrez m'écrire en toute sûreté sous l'enveloppe de M. Camp, banquier à Lyon, en ne cachetant point avec vos armes, et

---

[1] Il s'agit ici de quelques passages d'une lettre à M. Damilaville, interceptée à la poste, et peut-être falsifiée; car on sait que les lettres montrées au gouvernement ne sont pas toujours d'exactes copies des lettres ouvertes. K. — Voltaire reparle de *demi-feuille* dans sa lettre 4423, et il paraît que cette *demi-feuille,* objet des indiscrétions d'employés de la poste, contenait une consultation pour Damilaville. B.

en mettant sur la lettre : A M. Wagnière, chez M. Souchai, à Genève.

Je vois bien que la persécution des jansénistes est forte. On a renvoyé le ballot de *la Destruction jésuitique* de notre philosophe Dalembert, parcequ'il y a quatre lignes contre les convulsionnaires [1]. On taxe à présent d'irréligion un savant livre [2] d'un théologien qui témoigne à chaque page son respect pour la religion, et qui ne dit que des vérités qu'il faut être aveugle pour ne pas reconnaître. On m'impute ce livre sans le moindre prétexte, comme si j'étais un rabbin, et comme si l'auteur de *Mérope* et d'*Alzire* était enfariné des sciences orientales. Il ne dépend pas de moi de rendre les fanatiques sages, et les fripons honnêtes gens; mais il dépend de moi de les fuir. Je vous demande en grace de me dire si vous me le conseillez. Je suis, quoi qu'on en dise, dans ma soixante-douzième année; je me vois chargé d'une famille assez nombreuse, dont la moitié est la mienne, et dont l'autre moitié est une famille que je me suis faite.

J'ai commencé des entreprises utiles et chères, et le petit canton que j'habite commençait à devenir heureux et florissant par mes soins. S'il faut abandonner tout cela, je m'y résoudrai, j'irai mourir ailleurs; il est arrivé pis à Socrate. Je sais qu'il y a certaines armes contre lesquelles il n'y a guère de boucliers.

---

[1] Dalembert disait : « La folie des convulsions... avait achevé d'avilir les « jansénistes en les rendant ridicules. » B.

[2] *La Philosophie de l'Histoire;* voyez ma Préface du tome XV. B.

Ayez la bonté, je vous en prie, de me dire à quel point ces armes sont affilées. Je vous avoue que je serais curieux de voir cette demi-feuille. Il est minuit, il y a trois heures que je dicte; je n'en puis plus; pardonnez-moi de finir si tôt, c'est bien à mon grand regret.

4417. A M. BERTRAND.

A Ferney, 25 mai.

Je serai enchanté de vous revoir, mon cher philosophe; et ce sera une grande consolation pour moi de retrouver nos amis communs. Je vous prie de leur dire à quel point je leur suis dévoué.

Je crois que l'abbé dont vous me parlez[1] se souciera fort peu qu'on le critique: le pauvre diable est mort depuis plusieurs années; je le crois damné pour avoir osé dire que les Juifs n'étaient pas la première nation du monde; et vous savez que les damnés ne répondent point aux théologiens. C'était un bien mauvais prêtre que cet abbé; on dit qu'il a perverti bien du monde. Il avait l'insolence de préférer la morale à la théologie, et de gâter par-là l'esprit des jeunes gens. Remercions Dieu, qui nous en a délivrés; et aimez-moi toujours un peu. V.

4418. A M. DALEMBERT.

A Genève, 27 mai.

J'ai eu l'honneur de voir M. de Valbelle, mon cher Archimède; il est bien aimable, comme vous

---

[1] L'abbé Bazin, nom sous lequel Voltaire donna *la Philosophie de l'Histoire*. B.

dites. Je ne savais point que l'autre Archimède-Clairaut fût gourmand, et que des indigestions l'eussent tué[1] : ce n'est point ainsi que doit mourir un philosophe. Sa pension vous est dévolue de droit. Peut-être avez-vous quelques ennemis qui vous ont desservi; je n'en suis point du tout surpris. J'ai des ennemis aussi, moi qui ne vous vaux pas. On m'a dit que l'académie des sciences, en corps, demande cette pension pour vous; c'est une démarche qui vous honore autant que vos confrères. Vous me ferez grand plaisir de m'en apprendre le succès, soit par un petit mot de votre main, soit par votre digne ami.

On m'a fait accroire que mademoiselle Clairon pourrait venir consulter Tronchin; en ce cas, il faudra que je fasse rebâtir mon théâtre; mais je suis devenu si vieux, que je ne peux plus même jouer les rôles de vieillard. D'ailleurs les tracasseries qu'on me fait continuellement m'ont rendu la voix rauque :

............Lupi Mœrim videre priores.
Virg., ecl. ix, v. 54.

Je crois que si Clairaut est allé voir Newton, j'irai bientôt faire très humblement ma cour à Milton. En attendant, je vous embrasse de tout mon cœur.

4419. A M. DAMILAVILLE.

A Genève, 27 mai.

J'affligerai votre belle ame en vous disant, mon cher ami, que nous ne pourrons pas avoir si tôt l'arrêt de Toulouse. Je supplie, en attendant, le dé-

---

[1] Le 17 mai 1765. B.

fenseur de l'innocence de tenir toujours son mémoire tout prêt. Il y a trois ans que cette famille est dans les larmes. On a essuyé celles des Calas, c'est à présent le tour des Sirven. Ces horreurs sont d'autant plus effrayantes qu'elles se passent dans un siècle plus éclairé. C'est un affreux contraste avec la douceur de nos mœurs. Voilà le funeste effet du système de l'intolérance. Il y a encore de la barbarie dans les provinces. Je ne plains plus les Calas, après le jugement des maîtres des requêtes et après les bienfaits du roi; mais les Sirven sont bien à plaindre. Je les recommande plus que jamais aux bontés de M. de Beaumont.

Après vous avoir parlé des malheurs d'autrui, il faut que votre amitié me permette encore de parler de mes peines.

Je lisais ce matin un livre anglais dans lequel se trouve la substance de plus de vingt chapitres du *Dictionnaire philosophique*, que l'ignorance et la calomnie m'ont si grossièrement imputé; et, pour comble de bêtise, il y a dans d'autres chapitres des phrases entières prises de moi mot pour mot. Je me mettrais dans une belle colère, si l'âge et les maladies n'affaiblissaient les passions. Tronchin m'exhorte à la résignation pour les maux du corps et de l'ame; il me trouve très bien disposé. Comptez que votre amitié fait ma plus chère consolation.

4420. A M. DAMILAVILLE.

Genève, 27 mai.

J'ai écrit à mon cher frère aujourd'hui [1]; la lettre est à son adresse, et je suis bien sûr qu'elle n'arrivera pas sans avoir été ouverte. Il y a dans le paquet une lettre à M. Dalembert pour les curieux; mais je suis très en peine de savoir si un petit paquet de Hollande [2], adressé il y a quinze jours à M. Gaudet [3], est arrivé à bon port, et si une lettre sous l'enveloppe dudit M. Gaudet, dans laquelle on s'expliquait avec confiance, a été reçue. J'attends, non sans inquiétude, que mon frère m'éclaircisse de tout cela, et qu'il m'écrive par la voie de Lyon. Je l'embrasse avec la plus grande tendresse. *Écr. l'inf....*

4421. A M. DAMILAVILLE.

A Rolle, pays de Vaud, près de Genève, 28 mai.

J'achevais, mon cher ami, de prendre les eaux en Suisse, où j'ai encore acheté un petit domaine, lorsque je reçus votre paquet pour M. Tronchin. Je le

---

[1] Nous ne citerons que cet exemple, et les lettres des 22 et 28 mai, pour montrer les précautions que M. de Voltaire était obligé de prendre en éclairant les hommes par des ouvrages philosophiques, et en servant l'humanité dans la défense des Calas et des Sirven. Ses lettres étant souvent interceptées, il en écrivait d'ostensibles sous son nom, et d'autres sous des noms supposés. C'était un M. Boursier, un M. Lantin, un M. *Écr. l'inf...*, ou *Écrlinf.* De là les contradictions apparentes touchant certains ouvrages qui servaient de prétexte pour le persécuter. K.

[2] *La Philosophie de l'Histoire.* B.

[3] Directeur des vingtièmes, et auteur de *Lettres sur les finances*, 1778, in-8°. B.

lui envoyai sur-le-champ. Je vois que votre mal de gorge est opiniâtre; mais je vous avertis qu'il est rare qu'un médecin guérisse ses malades à cent lieues, et qu'une sœur de la Charité fait plus de bien de près qu'Esculape de loin. Dès que j'aurai la réponse de l'oracle de Genève, je vous la ferai parvenir.

Sirven prend le parti d'aller lui-même à Toulouse chercher l'arrêt et les pièces dont M. de Beaumont a besoin pour consommer son entreprise généreuse. Il dit qu'il fera agir ses amis, et saura se mettre à l'abri de tout. Ce pauvre homme et sa famille me fendent le cœur; ils sont beaucoup plus malheureux que ne le sont aujourd'hui les Calas. Qu'il est beau, mon ami, de faire du bien, et que M. de Beaumont va augmenter sa gloire! pour moi, je n'ai à augmenter que ma patience. Je paie un peu cher l'intérêt de ma petite réputation; car, Dieu merci, il n'y a presque point de mois qu'on ne fasse courir quelque ouvrage sous mon nom : vers et prose, on m'attribue tout. Quelque libraire de Hollande a-t-il l'impertinence de m'attribuer un mauvais livre, aussitôt je reçois vingt lettres de Paris et de Versailles, et on veut que j'envoie sur-le-champ ce bel ouvrage que je ne connais pas. Enfin on va jusqu'à m'imputer je ne sais quelle *Philosophie de l'Histoire*, ouvrage de quelque rabbin, ou tout au moins d'un savant en *us* ou en *ès*. On parle au roi, et on lui dit que je suis très savant dans les langues orientales. J'ai beau protester que je ne sais pas un mot de l'ancien chaldéen, on ne m'en croit pas sur ma parole; et si je suis aveugle, on dit que j'ai perdu les yeux à déchiffrer les livres des anciens brachmanes, et même que je suis prêt à faire une secte de Guèbres. Il me faut résoudre à être vexé jusqu'au dernier moment.

Mandez-moi, je vous prie, si M. Dalembert a la pension de M. Clairaut. Je verrai Cramer quand je serai à Genève. Je ne sais si c'est lui qui a imprimé le petit ouvrage [1] en faveur de M. l'abbé Arnaud. Cet écrit m'a paru un chef-d'œuvre en son genre; mais j'ai pensé qu'il ne devait réussir qu'à Paris, auprès de ceux qui prennent intérêt à ces disputes littéraires.

Puisque la paix est faite, Cramer en sera pour ses frais aussi bien que pour ceux de la nouvelle édition qu'il a faite de Corneille, et qu'il n'aura pas la permission de débiter dans Paris, à cause du privilége des libraires.

Je vous sais toujours bon gré de cultiver les lettres au milieu de vos occupations de finance. On dit dans les pays étrangers que les finances du royaume vont bien; mais on n'en dit pas autant de votre littérature.

Il a couru des bruits fort ridicules sur M. le duc de Choiseul. Je crois qu'il s'en moque; il sait bien qu'il faut laisser parler :

Non ponebat enim rumores ante salutem [2].

Je fais toujours des vœux pour le succès de sa co-

---

[1] Les *Observations* de Morellet (dont j'ai donné le titre page 287) en faveur de la *Gazette littéraire,* dont l'abbé Arnaud était un des rédacteurs. B.

[2] C'est de Fabius Maximus qu'Ennius a dit :
Unus homo nobis cunctando restituit rem :
Non ponebat enim rumores ante salutem.   B.

lonie[1]; car enfin c'est le pays de Candide, c'est le pays des gros moutons rouges, et je passerai pour un hâbleur si la colonie ne réussit pas. Il y a d'ailleurs quelques uns de mes bons amis les Suisses qui sont partis pour la Cayenne; c'est encore un nouveau motif pour moi de m'y intéresser.

Adieu, mon cher ami; je suis trop bavard pour un malade.

4422. A M. DAMILAVILLE.

28 mai.

M. Tronchin a le paquet de mon frère, et on enverra la réponse dès qu'on l'aura reçue.

J'ai su qu'on avait encore envoyé un second paquet par M. Gaudet, et probablement ce paquet n'est point parvenu à sa destination.

On écrivit depuis une lettre instructive sur l'état des choses, et on se servit de la même voie. Cette lettre partit le 21 ou le 22 du mois. Il serait très triste qu'on l'eût ouverte. On a écrit le 27, par M. Héron, premier commis des bureaux du conseil, et la lettre[2] a été mise à la poste de Lyon.

Je pense qu'il est nécessaire que vous m'écriviez à Genève une lettre signée de vous. Vous y direz que vos occupations vous permettent peu de vous occuper de littérature; que vous faites, à la vérité, venir quelquefois des livres de Hollande pour un de vos amis, et que vous avez à peine le temps d'y jeter un coup d'œil. Vous pourrez me dire que vous avez parcouru

---

[1] La Guyane; voyez tome LXI, page 230. B.
[2] C'est le n° 4420. R.

la *Philosophie de l'Histoire*, et que vous êtes bien étonné qu'on m'attribue un livre rempli de citations chaldéennes, syriaques, et égyptiennes. Vous pourrez me plaindre d'ailleurs d'être en butte à la calomnie depuis cinquante années; vous me rassurerez en me disant combien le roi est équitable. Si ce canevas vous paraît raisonnable, vous le broderez; puisqu'on est curieux, vous satisferez la curiosité.

Vous pourrez adresser vos autres lettres sous l'enveloppe de M. Camp, banquier à Lyon, comme je vous l'ai déjà mandé[1].

Je ne vous dis pas combien il est douloureux de recourir à ces expédients. Nous voilà comme un amant et une maîtresse dont les lettres sont interceptées par les jaloux. Aimons-nous-en davantage; *écr. l'inf....*

4423. A M. LE COMTE D'ARGENTAL.

29 mai[2].

Il y a au fond de la Suisse, mes chers anges, des eaux assez bonnes pour les vieillards cacochymes qui ont besoin de mettre du baume et de la tranquillité dans leur sang. Je crois que je vais prendre ces eaux, et que je pars incessamment pour avoir de ce baume; car il faut mourir à son aise.

Il me semble que c'est une ordonnance du médecin que je suppose être dans la demi-feuille dont

---

[1] Lettre 4414. B.

[2] La date de cette lettre ne doit pas être exacte. Elle doit avoir été écrite avant le départ pour Rolle, où Voltaire était encore le 28 (voyez lettre 4421); mais où il n'était plus le 29 (voyez lettre 4424). B.

madame de Florian m'a parlé; il n'y a qu'une chose dont je suis un peu en doute, c'est si cette demi-feuille ou demi-page parle de maladies mortelles. Vous sentez combien il est triste que les consultations d'un pauvre malade soient exposées aux regards de ceux qui ne sont pas de la faculté, et qu'il est très bon de changer d'air. Je soupçonne qu'on a joué le même tour à frère Damilaville, qui a grand mal à la gorge, et qui a besoin de régime. Je lui conseille, pour son mal, de prendre, comme moi, de la racine de patience [1].

Je me trompe peut-être, mais j'imagine qu'on peut, avec quelque sûreté, écrire pour ses affaires sous l'enveloppe de M. de Chauvelin l'intendant, en fesant partir le paquet de Lyon, le dessus écrit d'une main étrangère, et la lettre cachetée d'une tête [2].

Je présume encore que vous pouvez avoir la bonté de m'écrire à Lyon, sous le couvert de M. Camp, banquier, contre-signé *Chauvelin*. Je ne crois pas non plus compromettre l'intérêt que vous voulez bien prendre à ma situation violente, en insérant ici un petit mot pour frère Damilaville, que je vous supplie de lui faire rendre. Je dois un petit mot à Lekain; agréez-vous que je le mette aussi dans ce paquet?

Dès qu'il partira quelqu'un pour Paris, je ne manquerai pas de le charger de quelques *Bazins* de Hollande arrivés depuis peu. Je ne sais plus comment le monde est fait. L'ouvrage de feu l'abbé me paraît rempli du plus profond respect pour la religion. Les

---

[1] Voltaire la conseille à Damilaville dans la lettre du 22 juin, n° 4433. B.
[2] L'un des cachets de Voltaire était une tête de Socrate. B.

jansénistes sont comme les provinciaux, ils croient toujours qu'on veut se moquer d'eux; ou plutôt ils ressemblent aux tyrans, qui supposent continuellement des conspirations contre leur pouvoir. Mes chers et divins anges, j'ai défriché un coin de terre sauvage, je l'ai embelli, j'ai rendu ses grossiers habitants assez heureux; je quitterai tout le fruit de mes peines comme on sort d'une hôtellerie, sitôt que je pourrai vivre dans cet asile sans inquiétude. Mandez-moi, je vous prie, si je dois rester dans ce trou ou aller dans un autre, parceque tous les trous sont égaux pour un homme qui pense. Celui qu'on habite pour quelques minutes est si voisin de celui qu'on habitera pour toujours, que ce n'est pas la peine de se gêner.

Toute ma famille rassemblée baise très humblement les ailes de mes anges. Le patriarche pourrait bien aller de Sichem en Égypte, quoiqu'il n'ait point de femme à présenter à des Pharaon.

4424. A M. GOLDONI.

A Genève, 29 mai.

Je n'ai reçu, monsieur, le paquet et la lettre dont vous m'avez honoré que depuis deux jours, à mon retour des bains de Suisse, où j'avais été obligé d'aller pour ma très mauvaise santé et pour des fluxions sur les yeux, que je dois au voisinage des Alpes. Vous vous doutez bien que je fais tous mes efforts pour recouvrer la vue quand j'ai vos ouvrages à lire. Je sens bien que je serai privé de la consolation de vous posséder dans ma retraite suisse; mais je préfère votre bonheur à mon plaisir. Vous voilà attaché à une grande princesse [1] qui sentira tout votre mérite. Il est connu partout, mais il sera récompensé en France. Le théâtre aura fait votre réputation, et vos mœurs aimables contribueront à faire votre fortune.

Comptez, monsieur, sur les sentiments qui m'attacheront à vous tant que je vivrai. Je sais trop combien votre personne est digne de vos ouvrages, pour ne pas vous aimer tendrement.

4425. A M. DAMILAVILLE.

A Genève, 30 mai.

Le malade réformé à la suite de Tronchin envoie aux malades de Paris les réponses de l'oracle d'Épidaure. Mais je vous répéterai toujours [2], mon cher ami, qu'une sœur du pot fait plus de bien à un malade qu'elle soigne, qu'Esculape n'en peut faire en dictant ses ordonnances de cent lieues. D'ailleurs M. Tronchin n'a pas un moment dont il puisse disposer, et ne peut donner au nombre prodigieux de consultations dont on l'accable toute l'attention qu'il voudrait. Je vous exhorte, mon cher ami, à ne pas négliger de faire voir votre mal de gorge à quelqu'un à qui vous aurez confiance.

Nos amis, qui ont fait ce charmant ouvrage de la justification de la *Gazette littéraire* [3], doivent être très affligés qu'il ne paraisse pas. Mais tout doit

---

[1] Madame Adélaïde, fille de Louis XV. Goldoni venait d'être nommé lecteur et maître d'italien de mesdames de France. B.

[2] Voyez lettre 4421. B.

[3] Voyez ma note, page 287. B.

céder aux desirs de M. le duc de Praslin; cette *Gazette littéraire* est dans son département; c'est lui qui la protége, c'est à lui à décider de ce qui doit être publié et de ce qui doit être supprimé. Gabriel Cramer, à qui on avait envoyé le manuscrit, veut bien sacrifier son édition. Il lui en coûtera son argent; un libraire de Hollande ne serait pas si honnête. J'ignore si l'ouvrage était connu de M. le duc de Praslin. Il se peut que vos amis ne l'aient pas consulté, et qu'ils se soient reposés sur l'envie de lui plaire; en ce cas, il n'est tenu à rien, et ne doit aucun dédommagement. D'ailleurs la quantité de livres écrits librement est si grande dans l'oisiveté de la paix, que je conçois bien que tout ce qui vient de l'étranger est suspect. Les *Lettres* de d'Éon [1], de Vergy [2]; *l'Espion chinois* [3], la *Vie de madame de Pompadour* [4], les Récriminations de la Société de Jésus, inondent l'Europe. Toutes les fois qu'il paraît un nouveau livre, je tremble. Il a beau être détestable, je crains toujours qu'on ne me l'impute. Je voudrais n'avoir jamais rien écrit. C'est une barbarie de m'avoir attribué ce *Dictionnaire philosophique*, dont plus de quatre auteurs sont assez connus. Il n'y a point d'homme de lettres et de goût qui ne sente la différence des styles.

---

[1] Éon de Beaumont; voyez ma note, tome LXI, page 547. B.

[2] Voyez ma note, page 205. B.

[3] *L'Espion chinois*, 1765, six volumes in-12, réimprimé en 1768 et 1774, est de Goudar. On l'avait attribué à Éon de Beaumont. B.

[4] Une *Vie de la marquise de Pompadour* avait paru en deux vol. in-16, dont la seconde édition est de 1759. Voltaire veut plutôt parler des *Mémoires de madame de Pompadour*, 1765, deux vol. in-12, ouvrage apocryphe. B.

ANNÉE 1765.

Pour le fatras chaldéen et syriaque de l'abbé Bazin, je m'y perds; il n'y a que des calomniateurs bien maladroits qui puissent dire au roi que j'ai fait un tel ouvrage. Je ne crois pas qu'il y ait un bénédictin en France qui soit capable d'en être l'auteur. Je suis bien las d'être en butte aux discours des hommes. Dans quelle solitude faut-il donc s'ensevelir? Adieu, mon cher ami; plaignez et aimez votre ami VOLTAIRE.

4426. MÉMOIRE POUR M. LE DUC DE PRASLIN,

EN MAIN PROPRE.

30 mai.

Il y a deux mois, ou environ, qu'on envoya de Paris aux frères Cramer à Genève un manuscrit contenant la justification[1] de la *Gazette littéraire*. On leur assura qu'ils feraient plaisir à monseigneur le duc de Praslin d'imprimer cet ouvrage, et on leur recommanda de lui envoyer les premiers exemplaires.

MM. Cramer me firent lire le manuscrit. Je le trouvai aussi spirituel que raisonnable, et je fus surpris qu'on ne l'imprimât point à Paris. On me pria de presser l'imprimeur, et on m'écrivit plusieurs lettres. En conséquence je crus qu'on avait commencé par pressentir les volontés de monseigneur le duc de Praslin.

M. de Montpéroux s'est rencontré aujourd'hui chez moi avec M. Cramer l'aîné, qui n'a pas manqué d'envoyer deux exemplaires, comme on le lui avait recommandé.

Nous avons jugé que la lettre de monseigneur le

[1] Voyez ma note, page 287. B.

duc à M. de Montpéroux avait précédé la réception de ces deux exemplaires.

Nous avons présumé aussi que les auteurs de la justification de la *Gazette littéraire* n'avaient pas consulté le protecteur de cette Gazette, et n'avaient pas eu son agrément.

Sans approfondir les raisons de supprimer ce petit livre, M. Cramer s'est engagé à le supprimer, uniquement pour montrer sa déférence aux desirs de monseigneur le duc de Praslin; et il m'a même promis, en présence de M. de Montpéroux, d'envoyer le manuscrit, ou du moins les feuilles qu'il pourra retrouver. Voilà l'état des choses.

S'il est vrai (ce qu'on m'a mandé) que le détracteur qui avait écrit contre MM. Arnaud et Suard ait demandé pardon, et que la paix soit faite, je conçois qu'il ne faut pas faire d'hostilités. Si on a pris seulement des alarmes sur ce que cet écrit s'imprimait à Genève, ces alarmes peuvent être apaisées par la lecture de l'ouvrage, qui est certainement d'un homme supérieur, et digne d'être protégé par monseigneur le duc de Praslin.

Voilà tout ce que je sais de cette petite affaire, qui ne mérite pas de dérober un moment aux occupations d'un ministre, et que je suppose entièrement finie.

Je supplie monseigneur le duc de Praslin de vouloir bien agréer mon attachement et mon respect. V.

4427. A M. DE VARENNES,

RECEVEUR DES TAILLES A MONTARGIS.

M. Clairaut, monsieur, n'eut aucune part à la philosophie leibnitzéenne, dans laquelle madame du Châtelet mit autant de clarté que Leibnitz avait jeté d'obscurité. Elle la rendit même si claire, que presque tous les lecteurs furent désabusés des imaginations de Leibnitz. Il n'en fut pas de même du commentaire algébrique sur Newton. Comme il ne s'agissait que de vérités, madame du Châtelet consulta M. Clairaut; il vérifia tous les calculs; il travailla beaucoup avec elle : mais madame du Châtelet eut la gloire d'avoir travaillé seule à la traduction des principes de Newton, ouvrage qui aurait fait honneur à un académicien.

J'ai retrouvé la copie d'une lettre que j'écrivis à M. Clairaut il y a quelques années [1]. Je vous l'envoie; elle pourra figurer dans les notes de votre ouvrage. C'est la même que vous me citez dans votre avant-dernière lettre : elle sera du moins un témoignage de l'amitié qui me liait à l'illustre M. Clairaut. Cette amitié me flattait, et je ne croyais pas lui survivre. Nous avons fait une grande perte; mais le public ne la sent pas assez. Il ne sait pas combien les gens de mérite, en ce genre, sont en petit nombre. Nous avons tout au plus trois ou quatre géomètres astronomes; s'ils manquaient, on serait tout étonné de n'avoir pas un seul homme qui sût faire une obser-

[1] 27 août 1769, lettre 2872 voyez tome LVIII, page 160. B.

vation; et il y a mille personnes qui lisent les feuilles périodiques, contre une qui s'instruit dans les ouvrages de M. Clairaut.

Je m'intéresse au monument que vous élevez à sa gloire; il méritait d'être célébré par vous.

4428. A M. DAMILAVILLE.
5 juin.

Mon cher et vertueux ami, j'ai reçu votre lettre du 29 de mai. Si vous êtes quatre à la tête de la bonne œuvre de faire graver une estampe au profit de la famille Calas, je suis le cinquième; si vous êtes trois, je suis d'un quart; si vous êtes deux, je me mets en tiers. Vous pouvez prendre chez M. De Laleu l'argent qu'il faudra : il vous le fera compter à l'inspection de ma lettre.

Ma santé est toujours très faible, mais il faut mourir en fesant du bien. On s'adresse fort mal quand on veut faire venir de Genève la *Philosophie de l'Histoire*. M. de Barrière s'est avisé de m'écrire, et de me prier de lui faire avoir ce livre. Il n'est point imprimé à Genève, mais en Hollande, et il se passe trois mois avant qu'on puisse tirer un paquet d'Amsterdam; d'ailleurs je n'aime point ces commissions. Les jansénistes s'imaginent que, dans les pays étrangers, tout ce qu'on imprime est contre eux; et on se fait des tracasseries quand on cherche à rendre ce service. Je suis si las de jésuites, de jansénistes, de remontrances, de démissions, et de toutes les pauvretés qui rendent la nation ridicule, que je ne songe qu'à vivre en paix dans mon obscure retraite, au pied des Alpes.

J'ai envoyé à M. de Beaumont un mémoire pour les Sirven. Cette malheureuse famille me fait une pitié que je ne peux exprimer. La mère vient d'expirer de douleur; elle nous était bien nécessaire pour constater des faits importants. Vous voyez les malheurs horribles que le fanatisme cause!

Adieu; je vous embrasse tristement. Vous devez avoir reçu deux lettres auxquelles j'attends réponse.

4429. A M. DAMILAVILLE.

A Genève, 7 juin.

Je ne sais, mon digne et vertueux ami, si je vous ai mandé que la femme de Sirven est morte, en prenant, comme Calas, Dieu à témoin de son innocence. La douleur a abrégé ses jours. Le père est au désespoir; cela ne nous empêchera pas de faire toutes nos diligences pour fournir au généreux Beaumont toutes les pièces nécessaires.

Je suis toujours malade auprès de M. Tronchin; mais quand je serais à la mort, je ne négligerais pas de servir une famille si infortunée.

J'ai reçu vos lettres du 29 mai et du 31, mais je n'ai pu encore démêler si vous avez reçu par M. Gaudet la lettre que l'*Écrlinf* vous adressa le 22 [1]. Je vous supplie de vouloir bien faire parvenir à M. Briasson le petit mémoire ci-joint [2]. Je serais curieux d'avoir les ouvrages que l'abbé Bazin a donnés de son vivant. C'était un homme qui écrivait dans un style un peu

---

[1] Voyez lettre 4414. B.
[2] Il manque. B.

précieux, à peu près dans le goût de l'*Histoire de la Philosophie*, de Des Landes[1]. Briasson est fort au fait de tous ces livres rares, et il pourrait me les faire tenir. Je vous serai très obligé de lui recommander de les faire chercher dans la librairie.

Plusieurs lettres parlent avec beaucoup d'éloges du Sermon de monsieur l'archevêque de Toulouse[2], à l'ouverture de l'assemblée du clergé; cette modération et cette douceur doivent plaire beaucoup au roi, dont il seconde la sagesse.

J'ai chez moi l'auteur de *Warwick*[3]; il va faire une tragédie tirée de l'histoire de France; mais il est à craindre qu'il ne lui arrive la même chose qu'aux bûcherons qui prétendaient tous recevoir une cognée d'or, parceque Mercure en avait donné une d'or à un de leurs compagnons pour une de bois[4]. Les sujets tirés de l'histoire de son pays sont très difficiles à traiter. Je lui donnerai du moins mes petits conseils; et, ne pouvant plus travailler, je tâcherai d'encourager ceux qui se consacrent au métier dangereux des lettres. Il ne m'a jamais produit que des chagrins; je souhaite aux autres un sort plus heureux.

Avez-vous fait commencer l'estampe des Calas? Il ne faut pas laisser refroidir la chaleur du public; il oublie vite, et il passe aisément du procès des Calas à l'Opéra-Comique.

---

[1] Voyez tome XLIII, page 607; et LVII, 398. B.

[2] Loménie de Brienne; voyez ma note, page 329. B.

[3] La Harpe, dont la tragédie de *Pharamond* fut jouée le 14 auguste 1765. B.

[4] La Fontaine, livre V, fable 1. B.

De quoi se mêle le parlement de Pau de donner aussi sa démission? Pour moi, j'ai donné la mienne des vers et de la prose; et, pourvu que la calomnie me laisse en paix, je mourrai tout doucement. En attendant, je vis pour vous aimer.

Je vous embrasse, mon cher ami, avec la plus grande tendresse; mandez-moi surtout comment va votre gorge.

4430. A M. LE MARQUIS DE VILLETTE.

7 juin.

Vous êtes encore plus aimable que je ne disais. M. de La Harpe vient de me donner votre paquet; votre lettre me fait plus de plaisir que le testament que vous m'envoyez. Il se pourra bien faire que vous aspiriez un jour à l'honneur d'être père de famille, et que vous soyez docteur *in utroque jure*[1]. Ce sera à vous de voir s'il vaut mieux vivre en philosophe que de donner des enfants à l'état; c'est une grande question qu'il ne m'appartient pas de décider.

Je suis infiniment touché de la bonté que vous avez eue de me confier le testament; je le trouve furieusement noble.

Non, je ne me flatte pas de vous voir à Ferney; c'est un bonheur qui passerait mes espérances. Comment pourrez-vous aller dans votre terre de Bourgo-

---

[1] Voltaire fait allusion aux goûts antiphysiques du marquis de Villette, et à l'épigramme :

Chaud de boisson, certain docteur en droit
....
....
Ne suis-je pas docteur *in utroque?* B.

gne, au milieu des affaires dont vous devez être surchargé? J'ai peur que vous n'attendiez la tenue des états; car il faudra bien venir vous faire recevoir et prendre séance. C'est alors que j'oserais compter sur une des plus grandes consolations que je puisse recevoir en ma vie. M. de La Harpe partagerait bien ma joie. Je vous assure que je ferai votre paix avec M. de Ximenès; cela ne sera pas difficile; il sait trop ce que vous valez, pour être long-temps fâché contre vous.

Le parlement de Besançon n'a point du tout envie de se démettre; il n'a démis que nos vaches, auxquelles il a défendu, par un arrêt solennel, d'aller paître dans la Franche-Comté. Elles ont eu beau présenter leur requête, et faire valoir la maxime d'Aristote: « Que chacun se mêle de son métier, les vaches « seront bien gardées, » on les a condamnées au bannissement du ressort du parlement.

Vous ne devez rien à M. D....[1]; tous vos comptes sont faits. Je souhaite que ceux de l'extraordinaire des guerres se rendent aussi promptement, et que vous soyez débarrassé au plus vite de tout ce tracas, qui n'est fait ni pour votre humeur ni pour vos graces.

Il y aurait un gros livre à faire sur tout ce que vous m'avez écrit. Les fermiers généraux ne sont plus aujourd'hui les financiers de Molière; les Patin et les Turcaret ont disparu; les Watelet, les Helvétius ont pris leur place. Ce n'est pas de ces messieurs que je me plains; je voudrais seulement qu'ils sussent, comme moi, de quels délits ils se rendent coupables.

[1] Peut-être Damilaville. B.

Un jambon est confisqué à Auxonne, parcequ'il a été salé en Franche-Comté avec du sel blanc, et qu'il entre en Bourgogne, où l'on sale les jambons avec du sel gris.

Un chef-d'œuvre de mécanique destiné pour le roi, une sphère mouvante est saisie sur les confins de la Lorraine par les employés, parceque cette machine était l'exécution en horlogerie du système de Copernic, et que les montres y paient des droits.

Voilà pourtant ce qui se fait au nom de gens de fort bonne compagnie, dont plusieurs se fâcheraient, s'ils en étaient les témoins. Ils ne doivent donc pas trouver étrange que je travaille de toutes mes forces à repousser cette inquisition hors de ma banlieue. Le moyen que cela se passe à ma porte, et de rimer des tragédies!

Adieu, très aimable maréchal-des-logis. Puisse quelque jour mon heureuse destinée vous amener dans ma chaumière! Tout ce qui est à Ferney vous est presque aussi tendrement attaché que le vieux malade.

4431. A M. LE MARQUIS D'ARGENCE DE DIRAC.

15 juin.

Heureusement, monsieur, le gouverneur de Pierre-Encise est un officier rempli d'honneur, et qui a les mœurs les plus aimables; il n'est occupé que d'adoucir le sort de ceux qu'il est obligé de recevoir dans le château, et la personne dont vous me parlez ne pouvait être en de meilleures mains. Vous aurez pu recevoir un petit paquet que M. le marquis de Charas doit vous remettre; c'est un jeune homme qui m'a paru bien digne de l'amitié que vous avez pour lui. Je suis un peu tombé en décadence depuis que je n'ai eu, l'honneur de vous voir. Les longues maladies ont précipité chez moi la décrépitude. Je ne crois pas que j'aie long-temps à vivre; mais vous pouvez compter que les sentiments que vous m'avez connus s'affermiront dans moi jusqu'au dernier moment, et je vous aimerai toujours avec la même tendresse. Il ne me sied plus de vous parler de pâtés de perdrix; mais quand vous voudrez donner quelques ordres, adressez-les à M. Wagnière, chez M. Souchai, à Genève.

P. S. Je n'ai jamais lu ni le n° 13 ni le n° 20 de ce misérable Fréron, ni aucun de ses numéros. Je sais seulement, par la voix publique, que l'arithmétique ne suffit pas pour nombrer ses sottises et ses calomnies. Je ne vois pas d'ailleurs qu'il me soit convenable de lui répondre, car il faudrait le lire, et je ne peux supporter tant d'ennui. Il est toujours d'assez mauvaise grace de faire sa propre apologie et de récriminer; mais ce qui serait avilissant dans moi est bien louable dans vous. Je sens, avec la plus tendre reconnaissance, toute l'étendue de votre générosité; et s'il est décent à moi de me taire, il est bien beau à vous de parler en faveur d'un homme que vous aimez: le nom d'un pareil avocat fera bien de l'honneur à son client.

Vous savez avec quels sentiments je vous suis dévoué pour toute ma vie.

4432. A MADEMOISELLE CLAIRON.

21 juin.

Il y a des gens, mademoiselle, qui sont aussi curieux de voir ce qu'on vous écrit, que le public l'est de vous entendre. Je confie ce petit billet à M. Cramer, qui vous le fera tenir par une voie sûre. M. le comte de Valbelle, que j'ai eu l'honneur de recevoir dans ma petite retraite, a pu vous instruire de l'intérêt extrême que je prends à tout ce qui vous regarde.

S'il est vrai qu'une dame de vos amies vienne à Genève pour sa santé, je me flatte que vous l'engagerez à prendre à la campagne le même appartement que M. de Valbelle a bien voulu occuper. Vous ne trouverez dans cette maison que des partisans, des admirateurs, et des amis. On y honore les beaux-arts, et surtout le vôtre; on y déteste ceux qui en sont les ennemis; c'est un temple où l'encens fume pour vous.

Il est vrai que ce temple est un peu bouleversé par des maçons qui s'en sont emparés; mais votre nom est parvenu jusqu'à eux, et ils disent qu'ils ne vous feront point de bruit.

4433. A M. DAMILAVILLE.

A Genève, 22 juin.

J'ai reçu, mon cher ami, votre lettre pour le docteur Tronchin. Les autres ont été reçues en leur temps. M. Tronchin vous assure de son amitié et de son zèle; il dit que vous devez continuer le régime qu'il vous a prescrit. Pour moi, mon principal régime est la patience, et la résignation aux ordres immuables de la nature. J'ai assez vécu pour savoir qu'il y a bien peu de choses à regretter. S'il est possible que le soin que vous devez à votre santé vous conduise à Genève, et que j'aie le plaisir de vous embrasser et de vous ouvrir mon cœur, je croirai la fin de ma vie très heureuse. Je n'ai rien de nouveau touchant l'ordonnance du parlement de Toulouse. Il est à croire que les Sirven seront réduits à envoyer à M. de Beaumont une protestation contre le refus de délivrer cette ordonnance et les autres pièces nécessaires. J'ai toujours même pensé que ce refus serait favorable à la cause des Sirven, et servirait à leur faire obtenir plus aisément une attribution de juges, puisqu'il constaterait la mauvaise volonté et l'injustice des tribunaux, dont cette famille a tant raison de se plaindre.

Je vous supplie d'embrasser tendrement pour moi l'homme supérieur à qui le public rend justice [1], et à qui ceux qui disposent de ce qui lui est dû l'ont rendue si peu. Je m'intéresse à lui, non seulement comme à un homme qui fait honneur à la nation, mais comme à un homme que j'aime de tout mon cœur. Je suis persuadé qu'il n'attendra que peu de temps ; et puisque la place n'est point donnée à d'autres, c'est une preuve qu'il l'aura, ou je suis bien trompé : on connaît trop ce qu'il vaut, et les sacrifices généreux qu'il a faits.

Il est sûr que feu l'abbé Bazin a donné des ouvrages de métaphysique ; j'en ai vu des lambeaux cités, et je me flatte que Briasson, qui m'a déterré des livres assez rares, me trouvera encore celui-là. Pour son

---

[1] M. Dalembert. K.

OEuvre posthume [1], qui paraît depuis quelque temps en Hollande, je ne crois pas qu'il y ait à présent un homme assez dépourvu de sens pour m'attribuer cet ouvrage, qui ne peut avoir été fait que par un rabbin ou par un bénédictin, et qui ne peut être lu que par le petit nombre d'hommes de cabinet qui aiment ces recherches épineuses.

Au reste, je n'entends rien à la manie qu'on a aujourd'hui de vouloir décrier les philosophes. Il me semble que les sottises et les inconséquences de Rousseau ne doivent point retomber sur les gens de lettres de France. Ceux que je connais sont les meilleurs sujets du roi, les plus pacifiques, les plus amis de l'ordre. En vérité, les reproches qu'on leur fait ressemblent à ceux que le loup fesait à l'agneau [2].

Que cette injustice passagère ne vous empêche pas d'aimer les lettres. Adieu, mon cher ami.

4434. A M. DALEMBERT.

24 juin.

Mon cher philosophe, je suis plus indigné que vous, parceque je sais mieux que vous tout ce que vous valez. Il y a injustice, ingratitude, ridicule, le tout au premier degré, à refuser une modique pension [3], patrimoine d'académie; et à qui? à celui qui a refusé cent mille livres d'appointements, pour continuer à faire honneur à sa patrie. Je ne crois pas

---

[1] *La Philosophie de l'Histoire*, que Voltaire donnait sous le nom de l'abbé Bazin. B.

[2] La Fontaine, livre I, fable x. B.

[3] Celle qu'avait Clairaut; voyez lettre 4418. B.

que vous soyez éconduit. Les hommes ont encore un petit reste de pudeur. Vous voyez qu'on ne donne point votre pension à d'autres; on vous fait donc seulement attendre : on veut peut-être que vous fassiez quelque démarche. Je vous demande en grace de me mander où vous en êtes. Ayez la bonté de donner votre lettre à M. de Villette; c'est un de nos plus aimables frères, ami éclairé de la bonne cause, et sentant tout votre mérite. C'en serait trop, mon cher philosophe, si les sages avaient contre eux les prêtres et les ministres. Nous avons besoin des hommes d'état pour nous défendre contre les hommes de Dieu. Je ne vous dis pas cela en l'air; il y a du temps que j'ai de très bonnes raisons de penser ainsi. Mandez-moi, je vous prie, tout ce que vous avez sur le cœur, attendu que le mien est à vous. Recommandez-moi aux prières de nos frères. *Écr. l'inf....*

4435. DU CARDINAL DE BERNIS.

Alby, ce 24 juin.

Je ne voulais vous répondre, mon cher confrère, qu'en vous envoyant ce que vous m'avez demandé : je n'ai pu encore y réussir. Le marquis de Créqui prétend qu'il sera plus heureux que moi; cela doit être, il est plus jeune. Vous avez beau être *profane*, je vous aime toujours, et je me réserve pour votre conversion. Je ne veux pas croire, comme la plupart de mes confrères, que votre projet soit de bannir la religion de la surface de la terre : vous avez toujours été l'ennemi du fanatisme, et vous pensez sûrement que si le fanatisme qui s'arme en faveur de la religion est dangereux, celui qui s'élève pour la détruire n'est pas moins funeste.

Quand on vous a mandé que je m'occupais ici à rendre heureuses deux cent mille ouailles dont mon bercail est composé, on vous a dit la vérité. Cette occupation me satisfait plus que le ministère, où je n'avais que des intentions et point de moyens. L'homme n'est heureux que par le bien qu'il fait aux autres. Je sais que vous prêchez cette morale par vos leçons et par vos exemples ; aussi avez-vous recouvré la vue ; aussi le ciel vous accorde-t-il une longue vie, malgré la faiblesse de vos organes et l'immensité de vos travaux. Faites donc des heureux encore ; répandez vos rayons sur un siècle qui décline : aimez-moi toujours, quoique archevêque, et ne passez pas un an sans m'écrire. Vous savez que je vous admire ; mais peut-être ne savez-vous pas assez combien je vous aime, et combien je m'intéresse à votre bonheur et à votre gloire.

4436. A M. DE CHABANON[1].

25 juin.

Les gens de lettres doivent s'aimer, monsieur ; car, en vérité, les gens du monde et les gens d'église ne les aiment guère. Le refus de la pension due à M. Dalembert, et le libelle[2] du gazetier des convulsions contre lui, font également lever les épaules. Il faut que le petit troupeau des gens qui pensent se tienne serré contre les loups. Je ne savais pas devant qui je parlais, quand je m'avisai de dire ce que je pensais de vous en présence de M. de La Chabalerie[3]. Vos lettres m'avaient inspiré une estime et une amitié que j'aurais témoignées devant vos ennemis, s'il était possible que vous en eussiez.

M. de La Harpe a un feu céleste qu'il ne doit qu'à

---

[1] Voyez ma note, page 121. B.

[2] Je pense qu'il s'agit de l'ouvrage de l'abbé Guidi, dont je donne le titre dans une note sur la lettre 4447. B.

[3] Mari de la sœur de Chabanon. B.

lui; mais il n'y fait encore rien cuire, et vous aurez achevé votre *Virginie* avant qu'il ait fait le plan de sa pièce[1]. C'est dommage que nous n'ayons eu, depuis Pharamond, de prince ni de ministre qui aient violé des filles. On demande actuellement des sujets français; vous serez réduits, messieurs, à Louis VIII, qui aima mieux mourir, dit-on, que de coucher avec une fille de quinze ans. Ce sujet est la converse de *Virginie*. Vous voulez apparemment vous en tenir à l'impression, parceque mademoiselle Clairon a pris congé. On dit que Lekain en fait autant. Vous plaiderez par écrit, faute de bons avocats qui plaident; mais le public aime l'audience, et il y a plus de spectateurs que de lecteurs. Pour moi, monsieur, je voudrais vous lire et vous entendre, et jouir de votre conversation, qu'on dit aussi aimable que vos mœurs.

Agréez, monsieur, les sentiments de la véritable estime qu'a pour vous votre, etc.

4437. A M. HELVÉTIUS.

26 juin.

Je vous ai toujours dans la tête et dans le cœur, mon cher philosophe, quoique vous m'ayez entièrement oublié. Vous m'avez affligé en ne venant point dans mes déserts libres, au retour d'une cour despotique[2]; ma douleur redouble quand j'apprends que

---

[1] La tragédie de *Virginie*, par La Harpe, fut jouée pour la première fois en 1786, reprise en 1792, imprimée en 1793. La tragédie de Chabanon sur le même sujet n'a été ni représentée ni imprimée. Chabanon, dans son *Tableau de quelques circonstances de ma vie*, donne le plan d'une tragédie de *Virginie*, mais qui n'est pas celui de la pièce qu'il avait envoyée à Voltaire. B.

[2] De Berlin. B.

vous désespérez de la cause commune. Un général tel que vous doit inspirer de la confiance aux armées. Je vous conjure de prendre courage, de combattre, et je vous réponds de la victoire.

Ne voyez-vous pas que tout le Nord est pour nous, et qu'il faudra tôt ou tard que les lâches fanatiques du Midi soient confondus? L'impératrice de Russie, le roi de Pologne (qui n'est pas un imbécile, fesant de mauvais livres avec un secrétaire ex-jésuite[1]), le roi de Prusse, vainqueur de la superstitieuse Autriche, bien d'autres princes, arborent l'étendard de la tolérance et de la philosophie. Il s'est fait, depuis douze ans, une révolution dans les esprits qui est sensible. Plusieurs magistrats, dans les provinces, font amende honorable pour l'insolente hypocrisie de ce malheureux Omer, la honte du parlement de Paris. D'assez bons livres paraissent coup sur coup; la lumière s'étend certainement de tous côtés. Je sais bien qu'on ne détruira pas la hiérarchie établie, puisqu'il en faut une au peuple; on n'abolira pas la secte dominante, mais certainement on la rendra moins dominante et moins dangereuse. Le christianisme deviendra plus raisonnable, et par conséquent moins persécuteur. On traitera la religion en France comme en Angleterre et en Hollande, où elle fait le moins de mal qu'il soit possible.

Nous ne sommes pas faits en France pour arriver les premiers. Les vérités nous sont venues d'ailleurs; mais c'est beaucoup de les adopter. Je suis très persuadé que, si on veut s'entendre et se donner un peu

---

[1] Menoux; voyez ma note, tome LVIII, page 489. B.

de peine, la tolérance sera regardée dans quelques années comme un baume essentiel au genre humain. Le nom d'Omer Joly sera aussi odieux et aussi ridicule que celui de Fréron. C'est à vous à soutenir vos frères, et à augmenter leur nombre. Vous savez qu'il est aisé d'imprimer sans se compromettre ; la *Gazette ecclésiastique* en est une belle preuve [1]. Est-il possible que des sages ne puissent parvenir dans Paris à faire avec prudence ce que font des fanatiques avec sécurité ? Quoi ! ces malheureux vendront des poisons, et nous ne pourrons pas distribuer des remèdes ! Nous avons, à la vérité, des livres qui démontrent la fausseté et l'horreur des dogmes chrétiens ; nous aurions besoin d'un ouvrage qui fît voir combien la morale des vrais philosophes l'emporte sur celle du christianisme. Cette entreprise est digne de vous. Il vous serait bien aisé d'alléguer un nombre de faits très intéressants qui serviraient de preuves ; ce serait un amusement pour vous, et vous rendriez service au genre humain.

Éclairez les hommes, mais soyez heureux. Vous méritez de l'être, et vous avez de quoi l'être. Personne ne s'intéresse plus que moi à votre félicité ; mais je tiens qu'elle sera plus parfaite lorsque, sans vous compromettre, vous aurez contribué à confondre l'erreur. Le secret témoignage qu'on se rend alors à soi-même est une des meilleures jouissances. Votre

---

[1] Les *Nouvelles ecclésiastiques* (voyez tome XXXIV, page 177) s'imprimaient clandestinement à Paris. L'imprimerie fut pendant un temps établie dans un chantier ; et un exemplaire tout humide s'envoyait au lieutenant général de police, qui ne put rien découvrir. B.

lâche Fontenelle ne vivait que pour lui; vivez pour vous et pour les autres. Il ne songeait qu'à montrer de l'esprit; servez-vous de votre esprit pour éclairer le genre humain. Je vous embrasse dans la communion des fidèles.

4438. A M. COLINI.

A Ferney, 29 juin.

Ah! mon ami, que je voudrais voir opérer le miracle dont S. A. E. daigne vouloir m'honorer! mais j'irai bientôt dans un pays où l'on n'a plus besoin de miracles. J'ai été si mal, que presque toute ma famille est venue de Paris pour me consoler dans ma retraite et dans mes maux : elle m'a trouvé très résigné; mais je vous assure que je ne le suis guère quand je songe que je ne vous reverrai plus. Cependant si je puis résister à ce dernier orage, je ne veux pas perdre entièrement l'espérance. Consolez-moi en me mettant aux pieds de monseigneur. L'état où je suis à présent ne me permet guère de vous en dire davantage.

4439. DE M. DALEMBERT.

Ce 30 juin.

Vous êtes bien bon, mon cher maître, de prendre tant de part à l'injustice que j'éprouve; il est vrai qu'elle est sans exemple. Je sais que le ministre[1] n'a point encore rendu de réponse définitive; mais vouloir me faire attendre et me faire valoir ce qui m'est dû à tant de titres, c'est un outrage presque aussi grand que de me le refuser. Sans mon amour extrême pour la liberté, j'aurais déjà pris mon parti de quitter la France, à qui je n'ai fait que trop de sacrifices. J'approche

---

[1] Saint-Florentin. B.

de cinquante ans; je comptais sur la pension de l'académie, comme la seule ressource de ma vieillesse. Si cette ressource m'est enlevée, il faut que je songe à m'en procurer d'autres, car il est affreux d'être vieux et pauvre. Si vous pouviez savoir les charges considérables et indispensables, quoique volontaires, qui absorbent la plus grande partie de mon très petit revenu, vous seriez étonné du peu que je dépense pour moi; mais il viendra un temps, et ce temps n'est pas loin, où l'âge et les infirmités augmenteront mes besoins. Sans la pension du roi de Prusse, qui m'a toujours été très exactement payée, j'aurais été obligé de me retirer ou à la campagne ou en province, ou d'aller chercher ma subsistance hors de ma patrie. Je ne doute point que ce prince, quand il saura ma position, ne redouble ses instances pour me faire accepter la place qu'il me garde toujours de président de son académie; mais le séjour de Potsdam ne convient point à ma santé, le seul bien qui me reste; et d'ailleurs un roi est toujours meilleur pour maîtresse que pour femme. Je vous avoue que ma situation m'embarrasse. Il est dur de se déplacer à cinquante ans, mais il ne l'est pas moins de rester chez soi pour y essuyer des nasardes. Ce qui vous étonnera davantage, c'est que le ministre qui en agit si indignement à mon égard a dit à M. le prince Louis[1] *qu'il n'avait rien à me reprocher ni pour mes écrits ni pour ma conduite.* Le prince Louis voulait aller au roi, qui sûrement ignore cette indignité; mais il n'en a rien fait, dans la crainte de me nuire auprès du ministre en voulant me servir. Ma seule consolation est de voir que l'académie, le public, tous les gens de lettres, à l'exception de ceux qui sont l'opprobre de la littérature, ne sont pas moins indignés que vous du traitement que j'éprouve. J'espère que les étrangers joindront leurs cris à ceux de la France; et je vous prie de ne laisser ignorer à aucun de ceux que vous verrez le nouveau genre de persécution qu'on exerce contre les lettres.

Adieu, mon cher et illustre confrère; je suis très sensible à

---

[1] L. R. E. de Rohan; voyez tome LIX, page 553. B.

l'amitié que vous me témoignez; je crois la mériter un peu par mes sentiments pour vous. J'oublie de vous dire que j'ai écrit au ministre une lettre simple et convenable, sans bassesse et sans insolence, et que je n'en ai pas eu plus de réponse que l'académie. Si on attend que je fasse d'autres démarches, on attendra long-temps.

4440. A M. LE MARQUIS DE VILLETTE.

Juin.

Je crois, mon cher marquis, vous avoir déjà dit[1] de quelle manière il faut m'adresser vos lettres; sans cela, vous courez risque d'avoir plus d'un confident de vos secrets.

Vous me parlez de la retraite précipitée du ministre[2]; on peut dire qu'il a soutenu les caprices de la fortune comme il a reçu ses caresses. Il n'y a pas moins de grandeur à supporter de grandes injustices qu'à faire de grandes actions.

C'est un puissant raisonneur celui qui vous disait sérieusement que M....[3] n'était pas de famille à être contrôleur général; mais lorsque l'on est sur un vaisseau assailli par la tempête et dans un danger imminent de périr, on ne choisit pas, pour tenir le gouvernail, celui qui est de meilleure maison, mais celui qui est le plus habile.

Ce que vous me dites du prélat harangueur m'a

---

[1] Il ne le lui avait pas encore dit, ou la lettre est perdue. B.

[2] M. de Choiseul. C'était une fausse nouvelle. K.

[3] Le contrôleur général était alors Laverdy (voyez tome LXI, page 448). Il est probable que c'est son nom qui devait se trouver ici. Il vivait encore lorsque cet alinéa fut imprimé, en 1788, dans les OEuvres du marquis de Villette. Ses successeurs sous Louis XV étaient déjà tous morts. B.

étonné et affligé; car on m'avait flatté que, dans une espèce de sermon à son assemblée, il avait prêché la tolérance. Sa sortie contre les philosophes est plus dangereuse que vous ne pensez; on n'en veut déjà que trop aux partisans de la raison; vous avez dû vous en apercevoir au refus que M. Dalembert essuie jusqu'à présent d'une petite pension à laquelle il a un droit incontestable, et que l'académie des sciences demandait pour lui.

Il me semble qu'il n'est pas bien honorable pour la France qu'on prive de douze cents livres de rente un homme si supérieur, qui a fait un sacrifice de cent mille livres d'appointements pour rester dans son pays, qu'il honore. C'est une réflexion que sans doute tout le monde a faite, et qui vaut la pension.

J'avais raison, comme vous voyez, de ne point envoyer ce brimborion de *Frère Oudin*, qu'on ne peut avoir fait courir que très défiguré. On ne doit parler du porc de saint Antoine et du chien de saint Roch, pendant l'assemblée du clergé, qu'avec un profond respect.

Vous avez beau me dire qu'on lèvera l'excommunication si justement fulminée par ceux qui jouent des pièces latines contre ceux qui jouent des pièces françaises : je connais trop l'Église; elle ne peut pas plus se relâcher qu'elle ne peut errer. Il n'y a plus que les drames bourgeois du néologue Marivaux où l'on puisse aller pleurer en sûreté de conscience. Les comédiens français trouveront plus d'indulgence au parlement, dans quelque occasion favorable où ils plaideront contre l'archevêque.

Je suis fâché du mauvais succès de notre protégé[1]; mais, pour être bon comédien, il faudrait descendre de Protée en ligne directe. Il faut beaucoup de talent pour être excommunié.

M. de La Harpe est à Ferney; mais il n'y a pas beaucoup travaillé. J'espérais qu'il ferait ici quelques petits *Warwicks*. Il n'y a que madame Dupuits qui se mette chez nous à faire des enfants. Pour moi, je mène toujours la même vie. Je lis avec édification les Pères de l'Église. Je prie Huber de dessiner saint Paul; il en fera un portrait fort ressemblant, d'après l'idée qu'en donnent de vieux auteurs qui ont été en tiers avec lui et sainte Thècle.

Dieu soit loué que vous soyez toujours dans le dessein de venir voir votre terre de Bourgogne, et de visiter en passant des reclus qui vous sont bien tendrement attachés!

4441. DE CATHERINE II,

IMPÉRATRICE DE RUSSIE.

L'impératrice de Russie est très obligée au neveu de l'abbé Bazin de ce qu'il a bien voulu lui dédier l'ouvrage[2] de son oncle, qui assurément n'a rien de commun avec Abraham Chaumeix, maître d'école à Moscou, où il enseigne l'*a b c* aux petits enfants. Elle a lu ce beau livre d'un bout à l'autre avec beaucoup de plaisir, et ne s'est point trouvée supérieure à ce qu'elle a lu, parcequ'elle fait partie de ce genre humain si en-

---

[1] Ce doit être Aufresne, qui débuta au Théâtre-Français le 30 mai 1765, et dont Voltaire a déjà parlé tome LIX, page 386. B.

[2] La première édition de *la Philosophie de l'Histoire*, que l'auteur a fait servir depuis d'introduction à l'*Essai sur les mœurs*, etc. K. — Voyez cette *Dédicace* dans ma Préface du tome XV, page 1. B.

clin à goûter les absurdités les plus étranges; elle est persuadée que ce livre ne manquera pas d'en éprouver sa part, et qu'à Paris il sera infailliblement livré au feu, au pied d'un grand escalier; ce qui lui donnera un lustre de plus.

Comme le neveu de l'abbé Bazin a gardé un profond silence sur le lieu de sa résidence, on a adressé cette réponse à M. de Voltaire, si connu pour protéger et favoriser les jeunes gens dont les talents font espérer qu'ils seront un jour utiles au genre humain. Cet illustre auteur est prié de faire parvenir ce peu de lignes à sa destination; et si par hasard il ne connaissait point ce neveu de l'abbé Bazin, on est persuadé qu'il excusera cette démarche en faveur du mérite éclatant de ce jeune homme. CATERINE.

4442. A M. DAMILAVILLE.

A Genève, 3 juillet.

Mon cher ami, j'ai reçu votre lettre du 26 juin. Il faut toujours commencer par cette formule; car il y a eu un tel dérangement dans les postes de Genève, qu'on ne reçoit pas toujours fort exactement les lettres de ses amis. Votre mal de gorge m'inquiète beaucoup. Serait-il bien vrai que vous pussiez venir dans nos déserts, et franchir les montagnes qui nous entourent? Je devrais le bonheur de vous voir à une bien triste cause; mais je serais doublement consolé par le plaisir de vous embrasser, et par l'espérance que Tronchin vous guérirait. Tous les arts utiles seraient-ils tombés en France, ainsi que les arts agréables, au point qu'il n'y ait pas un homme qui sache guérir une tumeur dans les amygdales? La foi que vous avez dans Tronchin fera mon bonheur.

On dit que mademoiselle Clairon vient à Genève

ces jours-ci, mais ce n'est pas pour ses amygdales. J'ignore encore si elle prendra chez moi un logement. Ma chaumière n'est plus qu'une masure renversée et désolée par des maçons ; mais, quand je serai sûr de vous recevoir, je leur ferai bien faire une cellule pour vous dans mon petit couvent. Vous serez logé bien ou mal, mon cher ami, et nous aurons le plus grand soin de votre santé. Je vous ouvrirai un cœur qui est tout à vous ; nous plaindrons ensemble le sort de la littérature et de ceux qui la cultivent.

Vous vous doutez bien à quel excès le libelle du gazetier janséniste [1] m'a indigné. Voilà donc les ouvrages qu'on permet, tandis que les bons sont à peine tolérés et quelquefois proscrits !

Je crois qu'on a imprimé quelques sermons de l'abbé Bazin, et qu'ils se trouvent dans des recueils ; on m'en a même envoyé quelques passages. Sa *Philosophie de l'Histoire*, qu'on m'imputait d'abord, et que, Dieu merci, on ne m'impute plus, n'a pas laissé d'être bien reçue en Angleterre et dans tous les pays étrangers. On me mande que cet ouvrage a paru instructif et sage ; mais il n'est pas juste qu'on m'attribue tous les ouvrages nouveaux qui paraissent : je ne veux ni d'un honneur ni d'une honte que je ne mérite pas. Je suis hors d'état de travailler ; je voudrais au moins que les autres fissent ce que je ne puis faire. La Harpe, qui est toujours chez moi, m'avait promis une tragédie ; il n'a rien commencé :

......Vitanda est improba Siren
Desidia.
Hor., lib. II, sat. iii, v. 14.

[1] Voyez la lettre 4436. B.

J'attends patiemment le paquet que m'a promis Briasson, et je me flatte que nous lirons ensemble ce qu'il contient; nous en raisonnerons, et ce seront les moments les plus agréables de ma vie.

4443. A M. LE COMTE D'ARGENTAL.

Ferney, 6 juillet.

Voici, mes divins anges, ce qui est advenu : votre paquet, adressé à M. Camp, et contre-signé *Chauvelin*, arriva en son temps à Lyon, à l'adresse de M. Camp. Les fermiers généraux des postes l'avaient contre-signé à Paris d'une autre façon, en mettant en gros caractères : *Paquet suspect*. M. Camp est toujours malade; M. Tronchin, qui est toujours à Lyon, fut étonné du suspect : il ouvrit le paquet. Les directeurs des postes disputèrent; ils exigèrent, je crois, un louis. Enfin le paquet qui portait une sous-enveloppe, *à Wagnière, chez Souchai, à Genève*, ne m'a été rendu qu'aujourd'hui.

La même chose m'était arrivée à peu près au sujet d'un très petit paquet, aussi contre-signé *Chauvelin*, que vous m'aviez adressé il y a environ trois semaines.

Ainsi vous voyez que les Français préfèrent le port aux conseillers d'état intendants des finances. Je pense donc que, n'ayant jamais à m'envoyer que des paquets honnêtes, le meilleur parti est de les mettre avec les dépêches pour le résident de Genève, et, quand vous ne me donnerez vos ordres que dans une simple lettre, de l'adresser uniquement par la poste à Wagnière chez Souchai, sans autre enveloppe.

Lekain est sombre, et moi aussi : je lui conseille de venir chez moi en Suisse pour s'égayer. Mademoiselle Clairon viendra à Ferney; j'y passerai quelques jours pour elle[1]. Ferney n'est point à moi, comme vous savez : il est à ma nièce Denis. J'ai le malheur de n'avoir rien du tout en France; mais je vous remercie pour madame Denis, vous et M. le duc de Praslin, comme si c'était pour moi-même; et jamais ses bontés et les vôtres ne sortiront de mon cœur.

Je crois qu'il sera convenable que j'écrive à M. de Calonne. Je regarde sa commission de rapporteur comme un de vos bienfaits.

Je viens de vous dire, mes anges, que si Lekain fait bien, il viendra dans ma Suisse; mais je le prierai de faire mieux, et de rester au théâtre.

On est donc revenu sur les six pendus[2]? Je suis très aise pour l'auteur que l'illusion l'ait si bien et si long-temps servi. Le ridicule n'est que de l'enthousiasme qui a pris pour une chose honorable à la nation l'époque honteuse de trois batailles perdues coup sur coup et d'une province subjuguée. Vous apprêtez trop à rire aux Anglais, et j'en suis fâché.

Comme je ne reçois le manuscrit du petit prêtre[3] qu'aujourd'hui, vous ne pourrez recevoir la nouvelle leçon que dans quinze jours. Il est bon d'ailleurs

---

[1] Les deux premières phrases de cet alinéa se retrouvaient dans une lettre à d'Argental, classée à décembre 1765. B.

[2] Les héros du *Siége de Calais*, tragédie de De Belloy, sont six bourgeois qu'Édouard III veut faire pendre. B.

[3] Auteur supposé du *Triumvirat*. Cet alinéa était aussi reproduit dans les premières impressions de la lettre à d'Argental de décembre 1765. B.

d'accorder du temps au zèle de ce jeune homme. Il dit que la scène des deux tyrans ne fera jamais un bon effet, parcequ'une conférence entre deux méchants hommes n'intéresse point; mais elle peut attacher par la grandeur de l'objet et par la vérité des idées, surtout si elle est bien dialoguée et bien écrite. Selon lui, c'est la scène de Julie[1] errante dans les rochers de cette île triumvirale qui doit intéresser : mais il faut des actrices.

4444. A M. DALEMBERT.

8 juillet.

Mon cher philosophe, votre lettre m'a pénétré le cœur. Je vous aime assez pour vous apprendre des secrets que je ne devrais dire à personne, et je compte assez sur votre probité, sur votre amitié, pour être sûr que vous garderez le silence que je romps avec vous. Je ne vous parle point de l'intérêt que vous avez à vous taire; tout intérêt est chez vous subordonné à la vertu.

La plupart des lettres sont ouvertes à la poste; les vôtres l'ont été depuis long-temps. Il y a quelques mois[2] que vous m'écrivîtes : « Que dites-vous des mi« nistres, vos protecteurs, ou plutôt vos protégés? » et l'article n'était pas à leur louange. Un ministre m'écrivit quinze jours après : « Je ne suis pas honteux « d'être votre protégé, mais, etc.; » ce ministre paraissait très irrité. On prétend encore qu'on a vu une lettre de vous à l'impératrice de Russie, dans laquelle

---

[1] Acte II, scène 4 du *Triumvirat;* voyez tome VIII, page 111. B.

[2] Le 27 avril; voyez lettre 4399. Voltaire ne cite pas textuellement. B.

vous disiez : « La France ressemble à une vipère : tout « en est bon, hors la tête. » On ajoute que vous avez écrit dans ce goût au roi de Prusse. Vous sentez, mon cher philosophe, combien il a été inutile que je vous aie rendu justice, et que j'aie écrit à ceux qui se plaignaient ainsi de vous, « Que vous êtes l'homme qui « fait le plus d'honneur à la France. » La voix d'un pauvre Jean criant dans le désert[1], et surtout d'un Jean persécuté, ne fait pas un grand effet. Voilà donc où vous en êtes. C'est à vous à tout peser ; voyez si vous voulez vous transplanter à votre âge, et s'il faut que Platon aille chez Denys, ou que Platon reste en Grèce. Votre cœur et votre raison sont pour la Grèce. Vous examinerez si, en restant dans Athènes, vous devez rechercher la bienveillance des Périclès. Je suis persuadé que le ministre, qui n'a rien répondu sur votre pension[2], ne garde ce silence que parcequ'un autre ministre lui a parlé. On est fâché contre vous depuis la *Vision*. Je sentis cruellement le coup que cette *Vision* porterait aux philosophes ; je vous le mandai[3], vous ne me crûtes pas ; mais j'étais très instruit. Madame la princesse de Robecq n'apprit qu'elle était en danger de mort que par cette brochure. Jugez quel effet elle dut faire. Depuis ce temps, des trésors de colère se sont amassés contre nous tous, et vous ne l'ignorez pas. J'ai cru apercevoir, au travers de ces nuages, qu'on vous estime comme on le doit, et qu'on aurait désiré votre estime.

[1] « Vox clamantis in deserto. » Matthieu, III, 3 ; Marc, I, 3 ; Luc, III, 4 ; Jean, I, 23. B.

[2] Voyez lettre 4439. B.

[3] Le 10 juin 1760 ; voyez lettre 3018, tome LVIII, pages 433-34. B.

Je sais bien que vous ne ferez jamais de démarche qui répugne à la hauteur de votre ame; mais il vous faut votre pension. Voulez-vous me faire votre agent, quoique je ne sois pas sur les lieux? Il y a un homme qui est dans une très grande place[1], et qui est mécontent de vous. Il n'est pas impossible que son ressentiment ait influé sur le refus ou sur le délai de la justice qu'on vous doit. Permettez-vous que je prenne la liberté de lui écrire? Je suis sans conséquence; je ne compromettrai ni lui ni vous; je lui proposerai une action généreuse. Il est très capable de la faire, très capable aussi de se moquer de moi; mais j'en courrai volontiers les risques, et rien ne retombera sur vous. Je ne ferai rien assurément sans avoir vos instructions, que vous pourrez me faire parvenir en toute sûreté par la voie dont vous vous êtes déjà servi.

On crie contre les philosophes, on a raison; car si l'opinion est la reine du monde, les philosophes gouvernent cette reine. Vous ne sauriez croire combien leur empire s'étend. Votre *Destruction* a fait beaucoup de bien. Bonsoir; je suis las d'écrire; je ne le serai jamais de vous lire et de vous aimer.

4445. A M. LE MARQUIS DE VILLETTE.

8 juillet.

Le vieux malade de Ferney présente ses très tendres respects au jeune malingre de l'hôtel d'Elbeuf.

Je vois que vous vous regardez comme un homme dévoué à la médecine, et que vous passez votre temps

---

[1] Le duc de Choiseul; voyez lettres 4451 et 4460. B.

entre les ragoûts et les drogues. Cela rend mélancolique, mais cela fait aussi un grand bien, car on en aime mieux son chez soi, on réfléchit davantage, on se confirme dans sa philosophie, on fait moins de cas du monde; et dès qu'on a un rayon de santé, on court au plaisir. Une telle vie ne laisse pas d'avoir son mérite; les malingres ont de très beaux moments.

Permettez-moi encore, monsieur, d'abuser de votre bonté, et de vous recommander cette lettre pour M. Dalembert [1]. Il faut que l'air de Ferney ne soit pas bon pour les tragédies. L'auteur de *Warwick* n'a pas encore fait une pauvre petite scène. Je serai bien honteux s'il sort de chez moi sans avoir travaillé. Si la pièce était prête, nous la jouerions.

Je crois vous avoir dit que madame Denis m'ayant demandé une grande salle pour repasser son linge, je lui avais donné celle du théâtre; mais après y avoir pensé mûrement, elle a conclu qu'il vaut mieux être en linge sale, et jouer la comédie. Elle a rebâti le théâtre, et demain on joue *Alzire*, en attendant *Warwick*, et en attendant aussi mademoiselle Clairon, qui peut-être ne viendra pas.

Vous me parlez avec bien de l'enjouement de mon *Orphelin*. J'aurais voulu la scène dans la maison de Confucius; j'aurais voulu Zamti plus Chinois, et Gengis plus Tartare. Heureusement mon grand acte a raccommodé tout cela.

Puissiez-vous, monsieur, visiter bientôt vos terres de Bourgogne! Nous vous donnerons la comédie, et vous ne serez pas mécontent de la comédie. Je suis si

[1] C'est la lettre qui précède. B.

vieux que je ne peux plus jouer les vieillards ; c'est grand dommage, car je vous avoue modestement que je jouais Lusignan beaucoup mieux que Sarrazin.

Lorsque vous ferez votre tournée, mandez-nous quels rôles vous voulez. Vous devez être un excellent acteur, si vous êtes sur le théâtre comme à souper ; et je vous soupçonne de vous tirer à merveille de tout ce que vous voudrez faire.

J'ai une plaisante grace à vous demander. Je remarquai, lorsque vous me fesiez l'honneur d'être dans mon taudis, que vous ne soumettiez jamais votre visage à la savonnette et au rasoir d'un valet de chambre qui vient vous pincer le nez et vous échauder le menton. Vous vous serviez de petites pincettes fort commodes, assez larges, ornées d'un biseau qui embrasse la racine du poil sans mordre la peau. J'en use comme vous, quoiqu'il y ait une prodigieuse différence entre votre visage et le mien. Mais il faut que cet art soit bien peu en vogue, puisque je n'ai pu trouver à Genève ni à Lyon une seule pince supportable ; il n'y en a pas plus que de bons livres nouveaux. Je vous demande en grace de vouloir bien ordonner à un de vos gens de m'acheter une demi-douzaine de pinces semblables aux vôtres.

Il est vrai que voilà une commission très ridicule. J'aimerais bien mieux pincer tous les mauvais poëtes, les calomniateurs, les envieux, que de me pincer les joues. Mais enfin j'en suis réduit là. Je suis comme les habitants de nos colonies, qui ne savent plus comment faire quand ils attendent de l'Europe des aiguilles et des peignes. Enfin les petits présents entretiennent l'amitié, et je vous serai très obligé de cette bonté.

Conservez-moi une amitié que je mérite par mes très tendres sentiments pour vous.

4446. A M. LE COMTE D'ARGENTAL

10 juillet.

Je dépêche à mes anges le dernier mot du petit prêtre tragique; il vient de m'apporter ses roués, les voilà. Vous ne sauriez croire à quel point ce petit provincial vous respecte et vous aime. Je sens bien, m'a-t-il dit, que mon œuvre dramatique n'est pas digne de vos anges; le sujet ne comporte pas ces grands mouvements de passions qui arrachent le cœur, ce pathétique qui fait verser des larmes; mais on y trouvera un assez fidèle portrait des mœurs romaines dans le temps du triumvirat. Je me flatte qu'on trouvera plus d'union dans le dessein qu'il n'y en avait dans les premiers essais; que les fureurs de Fulvie sont plus fondées, ses projets plus dévoilés, le dialogue plus vif, plus raisonné, et plus contrasté, les vers plus soignés et plus vigoureux. Le sujet est ingrat, et les connaisseurs véritables me sauront peut-être quelque gré d'en avoir surmonté les difficultés.

Je vous avoue que j'ai à peu près les mêmes espérances que le petit novice ex-jésuite[1]. Si vous trouvez la pièce passable, pourrait-on la faire jouer à Fontainebleau? Les places sont prises. Ce serait peut-

[1] Auteur supposé du *Triumvirat*. B.

être un assez bon expédient de faire présenter la pièce à M. le maréchal de Richelieu par quelqu'un d'inconnu que Lekain détacherait, ou par quelque actrice que Lekain mettrait dans la confidence de l'ouvrage, sans lui laisser soupçonner l'auteur. Cette démarche est délicate; mais je parle à des politiques, à des conjurés qui peuvent rectifier mes idées, et les faire réussir.

J'ai reçu de quelques amis d'assez amples paquets contre-signés *Courteilles*, qui n'ont point été ouverts, et qui sont venus très librement à mon adresse. Vous avez fait enfin, divins anges, précisément ce que je demandais; vous m'avez instruit de ce que contenait la demi-page[1]. Permettez que je pousse la curiosité jusqu'à demander si le maître de la maison l'a vue, ou si elle n'a été que jusqu'à monsieur son secrétaire.

Je voudrais bien que M. le duc de Praslin protégeât fortement M. Dalembert; il ferait une action digne de lui.

Respect et tendresse.

4447. A M. THIERIOT.

12 juillet.

Mon cher et ancien ami, vous êtes en amitié pire que les mauvais chrétiens ne sont dans leurs dévotions; ils les font une fois l'an, et vous n'écrivez qu'une fois en deux ans. Si c'est votre asthme qui vous a rendu si paresseux, j'en suis encore plus fâché que si l'indifférence seule en avait été cause; car quoique je fusse très sensible à votre oubli, je le suis encore

[1] Celle dont il est parlé pages 339 et 349. B.

davantage à vos maux. Je croyais que vous étiez guéri pour avoir vu Tronchin. Tâchez de n'avoir plus besoin de médecins; on vit et on meurt très bien sans eux. Il y a bientôt trois ans que je n'ai parlé de ma santé au grand docteur; elle est détestable, mais je sais souffrir. Un homme qui a été malade toute sa vie est trop heureux, à mon âge, d'exister. J'espère que je verrai bientôt l'aimable et vrai philosophe dont les amygdales vont si mal [1] : c'est une des plus grandes consolations que je puisse recevoir dans ma vie languissante.

Je ne peux guère consulter actuellement *l'Esprit des Lois*; j'ai le malheur de bâtir, je suis obligé de transporter toute ma bibliothèque. Vous voulez parler apparemment de la police municipale, qui paraît si favorisée dans le nouvel édit que M. de Laverdy a fait rendre. Tout le système de M. le marquis d'Argenson roule entièrement sur cette idée. On ne connaissait pas le mérite de M. d'Argenson, qui était un excellent citoyen. Un édit conforme aux opinions de ces deux hommes d'état ne peut manquer d'être bien accueilli. Il me semble que les provinces en sont extrêmement contentes. Il n'en est pas ainsi du petit libelle [2] contre notre Archimède. Le peu d'exemplaires qui en sont parvenus à Genève ont été reçus avec la même indignation et le même mépris qu'à Paris. Les temps sont bien changés; les philosophes

---

[1] M. Damilaville. (*Note de feu Decroix.*)

[2] L'abbé Guidi, l'un des rédacteurs des *Nouvelles ecclésiastiques*, venait de publier une *Lettre à un ami sur un écrit intitulé Sur la destruction des jésuites en France.* B.

d'aujourd'hui écrivent comme Pascal, et les jansénistes comme le P. Garasse.

J'ai chez moi actuellement un jeune homme qui promet beaucoup, c'est M. de La Harpe, auteur de *Warwick*. Je souhaiterais bien qu'il eût autant de fortune que de talents. Il aura de très grands obstacles à surmonter, c'est le sort de tous les gens de lettres.

Adieu; quand vous vous porterez bien, et qu'il y aura quelque ouvrage qui soit digne que vous en parliez, n'oubliez pas votre vieil ami dans sa retraite.

4448. A MADEMOISELLE CLAIRON.

Aux Délices, 12 juillet.

Il n'y a, mademoiselle, que le plaisir de vous voir et de vous entendre qui puisse me ranimer : vous serez ma fontaine de Jouvence. J'ai auprès de moi à présent toute ma famille; je vous l'amènerai; nous passerons les monts pour vous admirer. Tout ce qu'on me dit de vous me ferait courir au bout du monde pour vous seule. Je vous connaissais déjà les plus grands talents; vous les avez poussés depuis quelques années à cette perfection à laquelle il est si rare d'arriver. Il n'y a personne qu'on vous compare. Serais-je assez heureux encore pour faire quelque chose que vous daignassiez embellir? Il faut que je me hâte; car malheureusement je baisse autant que vous vous élevez. Il ne vous faut ni de vieux soupirants, ni de vieux poëtes. Je ne sais pas encore dans quel temps vous serez à Lyon ; mais j'écris à Lyon pour m'en informer, dans la crainte que ma réponse ne vous trouve plus à Marseille.

M. le duc de Villars m'a fait l'honneur de me mander qu'il était enchanté de vous. Vraiment je le crois bien. J'espère que M. Tronchin me mettra bientôt en état d'être au nombre de ceux que vous étonnerez à Lyon, et à qui vous arracherez des larmes. Comptez que personne ne s'intéresse plus que moi à vos succès, à votre gloire, et à votre bonheur. C'est avec ces sentiments que je serai toute ma vie, mademoiselle, votre, etc.

4449. A M. LE COMTE D'ARGENTAL.

15 juillet.

Mes anges, le présent paquet contient deux choses bien importantes que je mets sous votre protection : la première consiste en mauvais vers pour mettre à la place d'autres mauvais vers de l'ex-jésuite, dans vos roués [1] ; la seconde est un paquet de pièces un peu meilleures que nous présentons, madame Denis et moi, à M. de Calonne, et nous espérons qu'elles ne seront point sifflées, grace à vos bontés. Nous présumons que nos anges gardiens voudront bien lui faire parvenir ce paquet, qui est réellement pour nous de la plus grande importance; il contient l'acte de l'inféodation de nos dîmes.

Je voudrais perdre mes dîmes, et que les roués fussent intéressants; mais on ne peut tirer d'un sujet que ce qu'il comporte. Je le trouve intéressant, moi, par-

[1] La tragédie du *Triumvirat*. B.

ceque j'aime mieux les Romains que les Welches et les Bretons du quatorzième siècle; mais les Romains ne sont plus à la mode. Je demande bien pardon à mes anges des libertés que je prends toujours avec eux.

Je les supplie de vouloir bien faire agréer par M. le duc de Praslin mon respect et ma reconnaissance.

4450. A M. LE MARQUIS D'ARGENCE DE DIRAC.

16 juillet.

Je me hâte, monsieur, de répondre à votre lettre du 5 de juillet. Non sans doute le parlement de Toulouse ne peut rien contre l'arrêt d'un tribunal suprême, nommé par le roi pour juger en dernier ressort, et jugeant au nom du roi même. Je crois l'arrêt des maîtres des requêtes affiché actuellement dans Toulouse par un huissier de la chaîne. Toute la famille Calas doit rentrer dans son bien, dans son état, dans sa renommée; la mémoire de Jean de Calas est réhabilitée, et il ne manque à cette famille que le pardon que les huit juges fanatiques doivent lui demander à genoux, l'argent à la main. Je ne sais pas ce que fera ce parlement; mais je sais que les lois, le conseil d'état, la France, et l'Europe entière, le condamnent. On est occupé à présent à tirer du greffe la sentence qui a condamné les Sirven; si on y parvient, nous aurons bientôt deux grands monuments du fanatisme de province et de l'équité de Versailles.

L'impératrice de Russie a écrit une lettre charmante¹, pleine de raison et d'esprit, au neveu de l'abbé Bazin. On pense dans le Nord comme auprès d'Angoulême.

La nièce a pour vous, monsieur, les mêmes sentiments que moi. Continuez à aimer le bien et à le faire.

Vous savez que ce n'est point à moi d'écrire la lettre que vous voulez bien demander, puisque je n'ai point vu la sottise à laquelle vous croyez qu'il faut répondre : on ne peut écrire au hasard. Je ne peux rien ajouter à ce que j'ai eu l'honneur de vous mander à ce sujet².

Adieu, monsieur ; permettez-moi de vous embrasser très tendrement.

4451. DE M. DALEMBERT.

16 juillet.

Mon cher et illustre maître, je reçois à l'instant votre lettre du 8, que M. de Villette m'envoie de sa campagne; et comme il serait trop long et peut-être peu sûr de vous répondre par son canal, en son absence je profite de l'occasion de mademoiselle Clairon pour vous ouvrir mon cœur. Il est très vrai que j'ai écrit tout ce qu'on vous a dit³; mais comme cela n'intéresse point le roi, je croyais pouvoir écrire en sûreté, persuadé qu'on ne rendait compte qu'à lui de ce que pouvaient contenir mes lettres. Il n'est pas moins vrai que l'homme en place dont vous me parlez⁴ est parvenu à se rendre l'exécration des gens de lettres, dont il lui était si facile de se faire aimer. Je crois bien qu'il me hait, et je me pique de recon-

¹ Voyez lettre 4441. B.
² Lettre 4431. B.
³ Voyez lettre 4444. B.
⁴ M. le duc de Choiseul ; voyez la lettre du 13 auguste. B.

naissance; cependant je n'imagine pas qu'il influe beaucoup dans le refus ou le délai de ma pension: je crois plutôt que les dévots de la cour ont fait peur au ministre, qui n'ose le dire pourtant, et qui donne de son délai toutes sortes de mauvaises raisons. Au reste, je vous laisse le maître de faire les démarches que vous jugerez utiles, pourvu que ces démarches ne m'engagent à rien : ce qui est bien certain, c'est que je n'en ferai pour ma part aucune. Le roi de Prusse m'a déjà fait écrire, et j'attends une lettre de lui. On me dit de sa part que la place de président est toujours vacante, qu'elle m'attend, et que, pour cette fois, il espère que je ne la refuserai pas; mais ma santé ne me permet plus de me transplanter, et puis je suis plus amoureux de la liberté que jamais; et si je quittais la France (ce qui pourrait bien arriver si le roi de Prusse venait à mourir), ce serait pour aller dans un pays libre. Il est sûr que cette France m'est bien odieuse, et que si ma raison est pour la Grèce, assurément mon cœur n'y est pas. Tous les savants de l'Europe sont déjà informés par moi ou par d'autres de l'indignité absurde avec laquelle on me traite, et quelques uns m'en ont déjà témoigné leur indignation. Il arrivera de mon affaire ce qui plaira au destin. Je quitterai Paris du moment où je ne pourrai plus y vivre, et j'irai m'enterrer dans quelque solitude. On me fera tout le mal qu'on voudra; j'espère que mes amis, le public, et les étrangers me vengeront. Adieu, mon cher maître; je ne vous dis rien de la porteuse de cette lettre; elle porte sa recommandation avec elle. Adieu.

4452. A MADEMOISELLE CLAIRON.

A Ferney, 23 juillet.

Si j'avais pu, mademoiselle, recevoir votre réponse avant de vous avoir écrit mon *Épître*[1], cette épître

---

[1] L'*Épître à mademoiselle Clairon*, commençant par ce vers :
Le sublime en tout genre est le don le plus rare.
Voyez tome XIII, année 1765. B.

vaudrait bien mieux; car j'ai oublié cette louange qui vous est due d'avoir appris le costume aux Français. J'ai très grand tort d'avoir omis cet article dans le nombre de vos talents; je vous en demande bien pardon, et je vous promets que ce péché d'omission sera réparé. Ménagez votre santé, qui est encore plus précieuse que la perfection de votre art. J'aurais bien voulu que vous eussiez pu passer quelques mois auprès d'Esculape-Tronchin; je me flatte qu'il vous aurait mise en état d'orner long-temps la scène française, à laquelle vous êtes si nécessaire. Quand on pousse l'art aussi loin que vous, il devient respectable même à ceux qui ont la grossièreté barbare de le condamner. Je ne prononce pas votre nom, je ne lis pas un morceau de Corneille ou une pièce de Racine, sans une véhémente indignation contre les fripons et contre les fanatiques qui ont l'insolence de proscrire un art qu'ils devraient du moins étudier, pour mériter, s'il se peut, d'être entendus quand ils osent parler. Il y a tantôt soixante ans que cette infame superstition me met en colère. Ces animaux-là entendent bien peu leurs intérêts de révolter contre eux ceux qui savent penser, parler, et écrire, et de les mettre dans la nécessité de les traiter comme les derniers des hommes. L'odieuse contradiction de nos Français, chez qui on flétrit ce qu'on admire, doit vous déplaire autant qu'à moi, et vous donner de violents dégoûts. Plût à Dieu que vous fussiez assez riche pour quitter le théâtre de Paris, et jouer chez vous avec vos amis, comme nous fesons dans un coin du monde, où nous nous moquons terriblement des sottises et des sots!

J'ai bien résolu de n'en pas sortir. Mon unique souhait est que Tronchin soit le seul homme au monde qui puisse vous guérir, et que vous soyez forcée de venir chez nous.

Adieu, mademoiselle; soyez aussi heureuse que vous méritez de l'être; croyez que je vous admire autant que je méprise les ennemis de la raison et des arts, et que je vous aime autant que je les déteste. Conservez-moi vos bontés; je sens tout ce que vous valez : c'est beaucoup dire.

4453. A M. LE COMTE D'ARGENTAL.

28 juillet.

Nous avons été confondus, mes divins anges, de votre lettre du 18 de juillet. Le paquet que le jeune homme vous avait envoyé[1] était adressé à M. le duc de Praslin; il contenait l'ouvrage de ce pauvre petit novice. J'y avais joint une grande lettre que je vous écrivais, avec un mémoire pour M. de Calonne, accompagné de l'original de l'inféodation des dîmes de Ferney, et de la preuve que ces dîmes ont toujours appartenu aux seigneurs. Tout cela formait un paquet considérable, et on croyait que le nom de M. le duc de Praslin serait respecté. S'il n'avait été question que de l'ouvrage du jeune homme, on n'aurait pas manqué de l'envoyer tout ouvert, ce paquet seul pouvant être pour lui comme pour vous : mais on avait, par discrétion, adressé le tout à votre nom, pour ne pas abuser de celui de M. de Praslin, jusqu'au point

[1] Celui dont il est question dans la lettre 4449. B.

de le charger de mes mémoires pour le rapporteur des dîmes de Genève et des miennes. Nous n'avions abusé que de vos bontés ; ce sont nos précautions qui ont occasioné l'ouverture du paquet, et probablement aussi l'ouverture d'un autre que je vous adressai huit jours après. Ce dernier contenait des pièces essentielles sur le procès des Sirven, que vous voulez bien protéger ; elles étaient pour M. Élie de Beaumont, qui vous fait quelquefois sa cour. Je ne doutais pas, encore une fois, que ces deux paquets à l'adresse de M. le duc de Praslin ne fussent en sûreté.

Je crains aujourd'hui que ceux de M. de Calonne ne soient perdus aussi bien que ceux de M. de Beaumont.

J'ose vous supplier de m'informer de ce que ces paquets vous ont coûté ; j'espère qu'on vous rendra votre déboursé. Je suis à vos pieds, et je rougis de tous les embarras que je vous cause ; mais les papiers pour MM. de Calonne et de Beaumont sont si essentiels, que je ne balance pas à vous supplier de vous faire informer s'ils ont été reçus. Il se peut que les commis de la poste aient décacheté la première enveloppe, et qu'ils aient envoyé les paquets à leurs adresses respectives ; il se peut aussi qu'ils ne l'aient pas fait, et que tout soit perdu ; en ce cas, j'en serais pour mes dîmes, et Sirven pour son bien et pour sa roue. Pardonnez à mon inquiétude, et agréez la confiance que j'ai en vos bontés.

Cette aventure m'afflige d'autant plus qu'on m'apprend l'affaire désagréable que Beaumont essuie d'une grande partie de ses prétendus confrères, et je ne sais encore comment il s'en est tiré.

On me dit dans ce moment que l'infant est mort de la petite-vérole naturelle[1], après avoir sauvé son fils par l'artificielle. Je me flatte que cette mort funeste ne changera rien à votre état, et que vous serez ministre[2] du fils comme du père. Je suis si affligé, et d'ailleurs si malade et si faible, que je n'ai pas le courage de vous parler de votre jeune homme. J'avais une cinquantaine de corrections à vous faire tenir de sa part; ce sera pour une autre occasion. Vous pouvez compter qu'il songera très sérieusement à tout ce que vous lui faites l'honneur de lui dire; il est aussi docile à vos avis que sensible à vos bontés.

Nous avons ce soir mademoiselle Clairon. J'aurais bien d'autres choses à vous communiquer, mais vous savez qu'on est privé de la consolation d'ouvrir son cœur.

Respect et tendresse.

4454. A M. LE MARQUIS ALBERGATI CAPACELLI.

A Ferney, 29 juillet.

C'est une grande consolation, monsieur, dans ma vieillesse infirme, de recevoir de vous le beau recueil[3] dont vous m'avez honoré. Votre présent est venu bien à propos, je peux encore lire dans les beaux jours de l'été. J'ai déjà lu votre traduction de *Phèdre;* et j'ai parcouru tout le reste, que je vais lire très

---

[1] Le 18 juillet 1765; voyez ma note, tome XLI, page 489. B.

[2] D'Argental était ministre plénipotentiaire de Parme près la cour de France. B.

[3] Les traductions en italien, par Albergati Capacelli, de *Phèdre* et d'*Idoménée;* et, par Paradisi, de la *Mort de César* et de *Tancrède.* B.

attentivement. Je suis toujours étonné de la facilité avec laquelle vous rendez vers pour vers une tragédie tout entière. Votre style est si naturel, qu'un étranger qui n'aurait jamais entendu parler de la *Phèdre* de Racine, et qui aurait appris parfaitement l'italien et le français, serait très embarrassé à décider laquelle des deux pièces est l'original. Il faut vous avouer que les Français n'ont jamais eu de traductions pareilles en aucun genre : cet avantage, que vous possédez, ne vient pas seulement de l'heureuse flexibilité de la langue italienne, il est dû à votre génie.

Je trouve, monsieur, que votre préface est une belle réponse aux ardélions ; elle doit vous faire aimer de vos inférieurs, et vous faire respecter de vos égaux. J'ai entrevu, par ce que vous dites sur *Idoménée*, qu'en effet vous aviez trop honoré un ouvrage qui ne méritait pas vos soins : ce qui est méprisé chez nous ne doit pas être estimé en Italie.

Permettez que je joigne ici les éloges et les remerciements que je dois à M. Paradisi ; il me paraît bien digne de votre amitié ; vous ne pouviez être mieux secondé dans la culture des beaux arts. On disait autrefois, dans les temps d'ignorance, *Bononia docet* ; on doit dire aujourd'hui, grace à vous, dans le temps du goût et de l'esprit, *Bononia placet*.

Adieu, monsieur. Je ne peux mieux finir ma carrière qu'en regrettant de n'avoir pas eu l'honneur de vivre avec vous. Tant que je vivrai, vous n'aurez point de partisan plus zélé, ni d'ami plus véritable.

4455. A M. LE MARÉCHAL DUC DE RICHELIEU.

30 juillet.

Il n'est pas juste, monseigneur, qu'un vieux amateur et serviteur du tripot comique, comme moi, ait chez lui mademoiselle Clairon, sans vous demander vos ordres. Elle vient d'arriver; j'ignore encore l'état de sa santé; j'ignore le parti qu'elle sera obligée de prendre, et je crois que je dois demander vos ordres pour savoir sur quel ton je dois lui parler, et quelles sont vos intentions. Ce n'est pourtant pas que je pense que mes conseils aient beaucoup d'autorité sur elle; il est à croire que M. le comte de Valbelle aura beaucoup plus de crédit que moi; mais enfin, si vous avez quelques ordres à me donner, je les exécuterai très fidèlement. Je suis assez comme cette vieille m....... qui se mourait, et qui disait à ses demoiselles : Croyez-vous que je puisse tromper quelqu'un en l'état où je suis? Comptez, monseigneur, que l'envie de vous plaire sera ma dernière volonté.

La mort du duc de Parme est une belle leçon de l'inoculation; son fils, qui a eu la petite-vérole artificielle, est en vie, et le père, qui a négligé cette précaution, meurt à la fleur de son âge. Les vieilles femmes inoculent elles-mêmes leurs petites-filles dans le pays que j'habite. Est-il possible que le préjugé dure en France si long-temps!

Je suis actuellement auprès de M. Tronchin; ainsi vous me pardonnerez de vous parler d'inoculation. J'ai un peu recouvré la vue, mais je perds tout le reste. Conservez votre santé, ce bien sans lequel les autres ne sont rien, et vivez, s'il se peut, aussi longtemps que votre gloire.

4456. A M. COLINI.

Ferney, 4 auguste.

Je vous présente, mon cher ami, un des enfants de madame Calas, une victime innocente échappée au fanatisme, et vengée par l'Europe entière : il va en Allemagne pour son commerce. LL. AA. EE.[1] voudront peut-être le voir. Je vous supplie de lui rendre tous les services qui dépendront de vous. Il vous dira le triste état où il m'a vu. Si je n'étais pas toujours dans mon lit, je serais assurément à Schwetzingen, aux pieds de monseigneur l'électeur. Milord Abingdon[2] a dû lui rendre compte de mes souffrances et de mes regrets.

Mademoiselle Clairon est chez moi; elle joue sur mon théâtre, que j'ai rebâti pour elle; mais à peine puis-je me traîner pour l'aller entendre, et à peine mes yeux peuvent-ils la voir. Parlez-moi des plaisirs de votre cour pour me consoler ! Je vous embrasse bien tendrement.

4457. A M. DALEMBERT.

A Ferney, 5 auguste, car je ne puis souffrir août.

Mon cher philosophe, si la cause que je soupçon-

---

[1] Colini raconte qu'il présenta le fils Calas à l'électeur, qui, après s'être entretenu avec lui des malheurs de sa famille, lui acheta une grande partie des articles de bijouterie dont il fesait commerce. B.

[2] Voyez une note du troisième chant de la *Guerre civile de Genève*, tome XII. B.

nais n'est pas la véritable, il y a donc des effets sans cause. La raison suffisante de Leibnitz est donc à tous les diables; car tout ce qu'on peut alléguer pour colorer l'injustice qu'on vous fait est parfaitement absurde. Mademoiselle Clairon, dans son genre, se trouve à peu près maltraitée comme vous; elle a essuyé assurément des choses plus désagréables; je lui conseille ce que probablement elle fera, et ce que vous lui avez conseillé. Pour vous, mon cher et grand philosophe, je n'ai point d'avis à vous donner: vous n'en prendrez que de votre fermeté et de votre sagesse. Je n'ai rien à dire à M. le duc de Choiseul, je lui ai tout dit; et puisque vous ne le croyez pas l'auteur de cette injustice, mon rôle est terminé. Tout ce que je sais, c'est qu'il y a un déchaînement aussi violent que ridicule à la cour contre les philosophes; et, pour compléter cette extravagance, c'est le beau *Siége de Calais* qui a fait pousser à l'excès ce déchaînement. J'ignore si vous quitterez cette nation de singes, et si vous irez chez des ours[1]; mais si vous allez en Oursie, passez par chez nous. Ma poitrine commence un peu à s'engager. Il serait fort plaisant que je mourusse entre vos bras, en fesant ma profession de foi.

Mais pourquoi ne viendriez-vous pas à Ferney attendre philosophiquement la fin des orages? Vous me direz peut-être qu'on viendrait nous y brûler tous deux: je ne le crois pas, nous ne sommes qu'au temps des Fréron et des Pompignan, et non à celui des Du-

---

[1] Lorsque Voltaire publia son *Histoire de Russie sous Pierre-le-Grand*, le roi de Prusse lui reprocha d'avoir écrit l'histoire des ours; voyez sa lettre du 31 octobre 1760, tome LIX, page 110. B.

bourg et des Servet; d'ailleurs nous sommes tous deux bons chrétiens, bons sujets, bons diables; on nous laissera en paix dans ma tanière. Écrivez-moi par frère Damilaville. Adieu; je vous aime autant que je vous estime.

4458. A M. LE MARQUIS DE VILLETTE.

5 auguste
(car je n'aime pas mieux août que cul-de-sac :
cela est trop welche).

Les inflammations de poitrine, monsieur, nuisent beaucoup au commerce des lettres. J'en ai eu une dont les restes ne sont point du tout plaisants. Sans cela, votre jolie lettre du 4 juillet, vos très agréables vers, votre charmante imagination, m'auraient animé; et je vous aurais dit il y a un mois tout ce que j'ai sur le cœur.

Je vous trouve une des plus aimables créatures qui respirent; mais en même temps je vous trouve une des plus sages d'avoir un peu arrêté l'indiscrétion de ces bons amis qui disent du bien de vous pour de l'argent. Je les attends à une épître dédicatoire. M. de La Touraille, qui est d'une volée un peu différente, m'a écrit sur votre compte des choses qui ont bien flatté mon goût. Il vous aime, et il est digne de vous aimer. Vous avez là un bon second auprès de M. le prince de Condé.

Je suis enchanté que vous n'aimiez pas trop le public, et que vous aimiez beaucoup vos terres. Voilà qui est vraiment philosophe :

Vous connaissez très bien vos gens;
C'est un précieux avantage,

Et bien rare dans les beaux ans :
Votre esprit vous a rendu sage.
Si je le suis, c'est par mon âge,
Et je me suis trompé long-temps.

Mademoiselle Clairon est chez moi : il y avait dix-sept ans que je ne l'avais vue. Elle n'était pas alors ce qu'elle est aujourd'hui : elle a créé son art. Elle est unique : il est juste qu'elle soit persécutée à Paris.

Tout ce que vous m'avez appris, et tout ce qu'on m'a dit, augmente ma passion pour ma retraite ; celle de vous y revoir est à son comble.

Permettez que je confie à vos bontés ce billet pour frère Dalembert.

Il me mande[1] que la *Bible* et le *Martyrologe* vous sont très familiers. Vous avez soutenu devant lui avec courage et bienséance les attaques du prédicateur qui me hait encore plus qu'il n'aime le grand Arnaud et le grand Rousseau. Sans doute j'ai nié l'enfer des Égyptiens ; je me suis un peu moqué des charlatans qui ont inventé la roue d'Ixion ; mais j'ai toujours fait grand cas des inventeurs de la police. J'estime qu'un cavalier de maréchaussée impose plus lui seul que les trois furies et le vautour de Prométhée.

Je vous sais encore meilleur gré de savoir par cœur des pages entières de mon *Siècle de Louis XIV*. Vous me donnez une grande idée de ma prose. Mais ne répondez plus, je vous en prie, à ces vieilles redites. Je n'ai point fait un dieu de celui à qui j'ai reproché son despotisme, son ostentation, sa femme, et son

---

[1] Dalembert n'en dit rien dans sa lettre du 16 juillet (n° 4451), où il parle de Villette. Il manque donc une lettre de Dalembert. B.

confesseur. Rien de si facile que de louer ou de blâmer à outrance un roi qui a doublé la force et la grandeur de la monarchie, laissé des monuments dignes de la Grèce et de Rome, brûlé les camisards, et donné son cœur aux grands jésuites.

4459. A M. LE COMTE D'ARGENTAL.

12 auguste.

Mes chers anges, j'avais pressenti combien vos deux belles ames seraient affligées de la perte que vous avez faite[1]. Toute notre petite société habitante du pied des Alpes, en partageant votre douleur, a cherché sa consolation dans l'idée que ce malheur ne changerait rien à votre situation; et nous croyons en avoir l'assurance, quoique vous ne nous en ayez pas éclaircis dans la dernière lettre que vous avez eu la bonté de m'écrire.

Mademoiselle Clairon va jouer, à basse note, Aménaïde et Électre[2] sur mon petit théâtre de Ferney, qu'on a rétabli comme vous le vouliez. C'est contre les ordres exprès de Tronchin, qui ne répond pas de sa vie si elle fait des efforts, et qui veut absolument qu'elle renonce à jouer la tragédie. Aussi a-t-elle été obligée de lui promettre qu'elle ne remonterait plus sur le théâtre de Paris, qui exige des éclats de voix et une action véhémente qui la feraient infailliblement succomber.

Pour moi, qui suis encore plus malade qu'elle, je

---

[1] La mort du duc de Parme; voyez lettre 4453. B.
[2] Personnages dans *Tancrède* et dans *Oreste*. B.

retourne me mettre entre les mains de Tronchin à Genève. Il est juste que je meure dans une terre étrangère, pour prix de cinquante années de travaux, et que Fréron jouisse à Paris de toute sa gloire.

Je vous supplie, encore une fois, au nom de l'amitié dont vous m'avez toujours honoré, de me mander si vous croyez que les calomnies dont j'ai toujours été la victime ont fait une assez forte impression pour que je doive prendre le parti d'aller vivre dans un petit bien que j'ai vers la Suisse, ou plutôt pour y aller mourir. Je suis tout prêt, et je mourrai en vous aimant.

4460. DE M. DALEMBERT.

A Paris, ce 13 auguste.

J'ai pensé, mon cher et illustre maître, aller demander ma pension au Père éternel, qui sûrement ne m'aurait pas traité plus mal qu'on ne le fait à Versailles. Une inflammation d'entrailles m'a mis un pied dans la barque à Caron, dans laquelle il me semble que je descendais sans regret. Heureusement ou malheureusement le grand danger n'a pas été long, quoique le médecin, qui craignait une fièvre maligne, n'ait osé prononcer pendant plusieurs jours. Je suis à présent bien rétabli, à un peu de faiblesse près. Quel beau livre j'ai soufflé aux jésuites et aux jansénistes! et que de magnifiques choses ils auraient dites, si le diable m'avait emporté! J'apprends par une voie indirecte qu'il a été au moment d'en faire autant de vous, mais que vous lui avez échappé comme moi. Il faut que le diable, qui nous guette l'un et l'autre, ne sache pas son métier, ou n'ait pas les serres bien fortes; il se console apparemment en pensant que ce qui est différé n'est pas perdu.

Je suis bien aise que vous n'ayez point écrit en ma faveur

à l'homme dont vous me parlez¹, pour deux raisons : la première, parceque je ne puis ni l'aimer ni l'estimer, ne fût-ce que par la protection ouverte qu'il a donnée à une satire infame² jouée sur le théâtre contre de fort honnêtes gens dont il n'avait point à se plaindre; il s'est déclaré l'ennemi des lettres, et je ne crois pas que cela lui tourne à bien. Quoique je sente les inconvénients de la pauvreté, j'aime mieux rester pauvre que de devoir ma fortune à de pareilles gens; et je me souviens de trois beaux vers de *Zaïre*, que je crains pourtant d'estropier :

> ....Il est *affreux* pour un cœur magnanime
> D'attendre des *bienfaits* de ceux qu'on mésestime;
> Leurs refus sont affreux, leurs bienfaits font rougir³.

Ma seconde raison pour ne faire auprès de cet homme aucune démarche, c'est que je suis persuadé, encore une fois, qu'il a moins influé que vous ne croyez dans l'avanie qu'on m'a faite; je crois que la cabale des dévots, dont le petit bout de ministre Saint-Florentin a eu peur, y a eu plus de part que lui. Ajoutez que ce petit bout de ministre, qui ne me voit jamais dans son antichambre avec mes autres confrères, a été tout capable de me prendre, par cela seul, en aversion, et de chercher à me donner un dégoût qu'il n'ose pourtant consommer. Il vient d'écrire à l'académie des sciences pour lui demander une seconde fois son avis, qu'elle lui a déjà donné sans qu'il le lui demandât. On dit même que c'est cela en partie qui l'a piqué. L'académie doit lui répondre demain : enfin il faut espérer que cela finira. Le roi de Prusse me presse de nouveau très vivement; mais, avec quelque indignité que la cour me traite, Paris m'a si bien vengé de Versailles pendant ma maladie, que j'aimerais mieux être magister de Chaillot ou de Vaugirard que président de la plus brillante académie étrangère. Je ne m'attendais pas, je l'avoue, à l'in-

---

¹ Le duc de Choiseul; voyez lettre 4457. B.

² La comédie des *Philosophes*, par Palissot. B.

³ Les deux mots en italique sont les seuls changements que Dalembert ait faits à ces vers; voyez tome III, page 179. B.

térêt que le public m'a témoigné en cette occasion, et mes amis mêmes ont été au-delà de ce que je pouvais desirer. Je puis dire qu'*à quelque chose malheur a été bon*, puisqu'il m'a fait voir que j'avais en France de la considération et des amis. Me voilà cloué pour jamais à cette barque ou galère, comme vous voudrez l'appeler, à moins que quelque sous-pilote ne veuille me noyer; auquel cas

> Je me sauve à la nage, et j'aborde où je puis.
> BOILEAU, *Discours au roi.*

Adieu, mon cher et illustre maître; vous avez eu, et peut-être vous avez encore, mademoiselle Clairon. Elle a été encore plus maltraitée que moi; mais on a besoin d'elle, et on ne se soucie guère de moi; on la cajolera pour la ramener; elle succombera peut-être, et j'en serai fâché pour elle. Je voudrais qu'on apprît une bonne fois dans ce pays-ci à respecter les talents dont on a besoin pour son plaisir ou pour son instruction, et à ne pas croire qu'après les avoir outragés et avilis, on les regagne par des caresses. Je suis fâché de vous l'avouer, mon cher et illustre maître; mais pourquoi n'épancherais-je pas mon cœur avec vous? vous avez un peu gâté les gens qui nous persécutent. J'avoue que vous avez eu besoin plus qu'un autre de les ménager, et que vous avez été obligé d'offrir une chandelle à Lucifer pour vous sauver de Belzébuth; mais Lucifer en est devenu plus orgueilleux, sans que Belzébuth en ait été moins méchant. Conservez-vous néanmoins pour la bonne cause, dussiez-vous brûler encore à regret quelque petit bout de chandelle devant ces idoles que vous connaissez, Dieu merci, pour ce qu'elles sont.

Parlons de choses un peu moins tristes. Savez-vous que je vais être sevré? A quarante-sept ans, ce n'est pas s'y prendre de trop bonne heure. Je sors de nourrice, où j'étais depuis vingt-cinq ans; j'y prenais d'assez bon lait, mais j'étais renfermé dans un cachot, où je ne respirais pas, et je sens que l'air m'est absolument nécessaire : je vais chercher un logement où il y en ait. Il m'en coûte six cents livres de pension que je fais à cette pauvre femme¹, pour la dédommager de mon mieux ; c'est plus que la pension de l'académie ne me vaudra, supposé qu'on veuille bien enfin me faire la grace de me la donner. Adieu, mon cher maître ; frère Damilaville, qui est plus malade que moi, va vous voir, et je l'envie.

4461. A M. DUPONT.

16 auguste.

Mon cher ami, j'ai langui long-temps ; et je suis toujours étonné de vivre. Quand mes forces sont un peu revenues, mademoiselle Clairon est arrivée ; on a joué des tragédies sur mon petit théâtre de Ferney ; mon ermitage a été tout bouleversé. Je n'ai point écrit. Je réponds enfin à une ancienne lettre de vous, où vous me dites que vous mettez vos enfants dans l'Église. Je vous souhaite les biens de l'Église à vous et à vos enfants ; mais je suis fâché qu'au lieu d'en faire des prêtres, vous n'en ayez pas fait des hommes. La fortune force toujours nos inclinations. J'ai toujours le château de Montbéliard pour point de vue ; et vous pouvez être bien sûr qu'une de mes plus grandes consolations sera de vous y voir.

L'impératrice de Russie a écrit une lettre charmante au neveu de l'abbé Bazin², et m'a chargé de la lui rendre. Elle a fait présent de quinze mille livres à M. Diderot, et de cinq mille livres à madame Calas ; le tout avec une politesse qui est au-dessus de ses dons. Vous voyez bien qu'elle n'a pas fait tuer

¹ Presque au sortir du collége, Dalembert était allé demeurer chez la vitrière qui lui avait servi de nourrice ; et il n'en sortit en effet que sur le conseil de Bouvard, son médecin. B.

² C'est la lettre 4441. B.

son mari, et que jamais, nous autres philosophes, nous ne souffrirons qu'on la calomnie. Bonsoir, mon cher ami. Madame Denis vous fait mille compliments; frère Adam aussi. VOLTAIRE.

4462. A M. LE COMTE D'ARGENTAL.

22 auguste.

Il faut d'abord rendre compte à mes anges du voyage de mademoiselle Clairon. Elle a joué supérieurement Aménaïde; mais, dans l'Électre, elle aurait ébranlé les Alpes et le mont Jura. Ceux qui l'ont entendue à Paris disent qu'elle n'a jamais joué d'une manière si neuve, si vraie, si sublime, si étonnante, si déchirante. Voilà ce que vous perdez, messieurs les Welches : mais vraiment j'apprends que vous en faites bien d'autres; vous ne voulez pas qu'on grave madame Calas et ses enfants; vous craignez que cela ne déplaise à M. David et à huit conseillers de Toulouse. Graver madame Calas! la grande police ne peut souffrir un pareil attentat [1].

Ma foi, messieurs les Welches, on vous siffle d'un bout de l'Europe à l'autre, et il y a long-temps que cela dure; cependant je vous pardonne en faveur des ames bien nées et véritablement françaises qui sont encore parmi vous, et surtout en faveur de mes anges. J'espère que l'attention polie qu'on a eue pour messieurs de Toulouse n'empêchera pas que l'estampe ne soit très bien débitée.

J'ai deux graces à vous demander : la première, de

[1] Voyez lettre 4467. B.

vouloir bien me dire ce que c'est qu'un M. Barreau que je soupçonne être employé dans les bureaux des affaires étrangères. Il m'a envoyé de Versailles quelques remarques sur le *Siècle de Louis XIV* qui me paraissent d'un homme parfaitement instruit de tous les détails. C'est une bonne connaissance à cultiver.

Vous pourriez encore me dire s'il y a eu des secrétaires d'ambassade en titre d'office, avant qu'on eût proposé ce titre à cet étonnant et extravagant d'Éon de Beaumont, qui travaillait aux feuilles de Fréron avant d'être capitaine et plénipotentiaire. M. de Saint-Foix[1], ou celui qui est chargé du dépôt, pourrait vous dire s'il y a eu en effet des secrétaires d'ambassade à Venise nommés par la cour; s'il y a eu un traitement et des honneurs affectés à cette place, et si J.-J. Rousseau en a joui lorsqu'il accompagna M. de Montaigu dans son ambassade à Venise[2].

Ces petites notices sont nécessaires aux barbouilleurs comme moi, qui se mêlent d'être historiens, et à qui l'on fait toujours des chicanes. Vous me ferez un extrême plaisir de me fournir quelques instructions sur ces bagatelles, comme vous m'en avez fourni sur la prétendue ambassade du marquis de Talleyrand en Russie[3].

A propos de Russie, l'impératrice a écrit une lettre charmante au neveu de l'abbé Bazin. Vous voyez comme elle en use avec les Français, et vous sentez

---

[1] Voyez ma note sur la lettre 4487. B.
[2] Voyez la lettre de Voltaire à Hume, du 24 octobre 1766. B.
[3] Voyez ma Préface du tome XXV. B.

bien que feu monsieur son mari aura tort dans la postérité.¹

Respect et tendresse.

4463. DE CATHERINE II,

IMPÉRATRICE DE RUSSIE.

Le 11-22 auguste.

Monsieur, puisque, Dieu merci, le neveu de l'abbé Bazin est trouvé, vous voudrez bien qu'une seconde fois je m'adresse à vous pour lui faire parvenir dans sa retraite le petit paquet ci-joint, en témoignage de ma reconnaissance pour les douceurs qu'il me dit. Je serais très aise de vous voir assister tous les deux à mon carrousel, dussiez-vous vous déguiser en chevaliers inconnus. Vous en auriez tout le temps: la pluie continuelle qui tombe depuis plusieurs semaines m'a obligée de renvoyer cette fête au mois de juin de l'année prochaine.

Ma devise est une abeille qui, volant de plante en plante, amasse son miel pour le porter dans sa ruche, et l'inscription est l'*Utile*. Chez vous les inférieurs instruisent, et il serait facile aux supérieurs d'en faire leur profit : chez nous c'est tout le contraire ; nous n'avons pas tant d'aisance.

L'attachement du neveu de Bazin pour feu ma mère lui donne un nouveau degré de considération chez moi : je trouve ce jeune homme très aimable, et je le prie de me conserver les sentiments qu'il me témoigne. Il est très bon et très utile d'avoir de pareilles connaissances. Vous voudrez bien, monsieur, être assuré que vous partagez avec le neveu mon estime, et tout ce que je lui dis est également pour vous aussi.

CATERINE.

P. S. Des capucins ¹ qu'on tolère à Moscou, car la tolérance

---

¹ Voltaire transcrivit cet alinéa dans l'article PUISSANCE de ses *Questions sur l'Encyclopédie*, en 1771, mais avec quelques différences; voy. t. XXXII, p. 34. B.

est générale dans cet empire (il n'y a que les jésuites qui ne sont pas soufferts), s'étant opiniâtrés cet hiver à ne vouloir pas enterrer un Français qui était mort subitement, sous prétexte qu'il n'avait pas reçu les sacrements, Abraham Chaumeix fit un factum contre eux pour leur prouver qu'ils devaient enterrer un mort. Mais ce factum ni deux réquisitions du gouverneur ne purent porter ces pères à obéir. A la fin on leur fit dire de choisir, ou de passer la frontière, ou d'enterrer ce Français. Ils partirent, et j'envoyai d'ici des augustins plus dociles, qui, voyant qu'il n'y avait pas à badiner, firent tout ce qu'on voulut. Voilà donc Abraham Chaumeix devenu raisonnable en Russie; il s'oppose à la persécution. S'il prenait de l'esprit, il ferait croire les miracles aux incrédules. Mais tous les miracles du monde n'effaceront pas la tache d'avoir empêché l'impression de l'*Encyclopédie*[1].

Les sujets de l'Église souffrant des vexations souvent tyranniques, auxquelles les fréquents changements de maîtres contribuaient encore beaucoup, se révoltèrent vers la fin du règne de l'impératrice Élisabeth, et ils étaient à mon avènement plus de cent mille en armes. C'est ce qui fit qu'en 1762 j'exécutai le projet de changer entièrement l'administration des biens du clergé, et de fixer ses revenus. Arsène, évêque de Rostou, s'y opposa, poussé par quelques uns de ses confrères, qui ne trouvèrent pas à propos de se nommer. Il envoya deux mémoires où il voulait établir le principe absurde des deux puissances. Il avait déjà fait cette tentative du temps de l'impératrice Élisabeth; on s'était contenté de lui imposer silence : mais son insolence et sa folie redoublant, il fut jugé par le métropolitain de Novogorod et par le synode entier, condamné comme fanatique, coupable d'une entreprise contraire à la foi orthodoxe autant qu'au pouvoir souverain, déchu de sa dignité et de la prêtrise, et livré au bras séculier. Je lui fis grace, et je me contentai de le réduire à la condition de moine.

[1] C'était sur la dénonciation faite par Chaumeix que commencèrent les persécutions contre l'*Encyclopédie*. B.

4464. A M. LE MARÉCHAL DUC DE RICHELIEU.

A Genève, 23 auguste.

Voilà, monseigneur, mes fluxions sur les yeux qui recommencent; ainsi vous permettrez à ce vieux malade de vous écrire d'une main étrangère.

J'ai reçu mademoiselle Clairon comme vous le vouliez, et comme elle le mérite : elle a été honorée, fêtée, chantée.

Criaillez tant que vous voudrez contre les encyclopédistes; ce sont des gens très dangereux, qui vous ont fait perdre le Canada, qui ont causé l'épidémie mortelle à la Cayenne, et qui viennent de vous faire battre à Maroc. Rien n'est plus juste assurément que de les faire pendre, comme vous le proposiez dans une de vos gracieuses lettres; mais je vous supplie de m'excepter de la sentence. Je ne suis point du tout encyclopédiste, je ne suis qu'un laboureur malade qui défriche des champs incultes, et qui marie des filles dans un coin de terre ignoré. Ce petit asile n'est connu que depuis que vous l'avez honoré de votre présence et de vos beaux faits. Tout ce que je demande, c'est qu'on ne m'impute point les rogatons dont Rousseau inonde ce pays. On a grand soin de mettre de temps en temps sous mon nom des *Dictionnaires philosophiques* et autres ravauderies. Je suis bien loin de m'amuser à ces sottises; ma santé est devenue si mauvaise, que je ne songe plus qu'à mourir, et je mourrai pénétré pour vous de la plus respectueuse tendresse.

4465. A M. LE MARQUIS D'ARGENCE DE DIRAC[1].

24 auguste.

La lettre que vous avez daigné écrire, monsieur le marquis, est digne de votre cœur et de votre raison supérieure. J'ai appris par cette lettre l'insolente bassesse de Fréron, que j'ignorais. Je n'ai jamais lu ses

---

[1] L'*Année littéraire* du 10 mai 1765, tome III, pages 147-63, contient un morceau intitulé *Lettre d'un philosophe protestant à M****, *sur une lettre que M. de Voltaire a écrite à M. d'Am.... à Paris, au sujet des Calas*. La lettre de Voltaire que critique le philosophe protestant supposé est celle à Damilaville, du 1ᵉʳ mars, n° 4347. Le prétendu philosophe protestant fut à son tour attaqué dans une *Lettre de M. le marquis d'Argence, brigadier des armées du roi*, datée du 20 juillet 1765, et qui est l'objet des remerciements de Voltaire. La lettre de d'Argence et celle de Voltaire furent imprimées dans le temps, in-8° de huit pages. C'est à l'occasion de sa lettre du 20 juillet que d'Argence est loué par Voltaire dans la onzième strophe de l'ode *A la vérité* (voyez tome XII).

La lettre de d'Argence n'étant pas adressée à Voltaire ne pouvait entrer dans sa correspondance ; les éditeurs qui m'ont précédé l'avaient mise dans la division intitulée *Politique et législation*. Dans le plan de mon édition, c'est ici qu'elle doit trouver place ; la voici :

LETTRE DE M. LE MARQUIS D'ARGENCE.

« Au château de Dirac, ce 20 juillet.

« J'ai lu dans une feuille, mon vertueux ami, intitulée l'*Année littéraire*, une satire à l'occasion de la justice rendue à la famille des Calas par le tribunal suprême de messieurs les maîtres des requêtes ; elle a indigné tous les honnêtes gens, on m'a dit que c'est le sort de ces feuilles.

« L'auteur, par une ruse à laquelle personne n'est jamais pris, feint qu'il a reçu de Languedoc une *Lettre d'un philosophe protestant*. Il fait dire à ce prétendu philosophe que si on avait jugé les Calas sur une lettre de M. de Voltaire, qui a couru dans l'Europe, on aurait eu une fort mauvaise idée de leur cause. L'auteur des feuilles n'ose pas attaquer messieurs les maîtres des requêtes directement ; mais il semble espérer que les traits qu'il porte à M. de Voltaire retomberont sur eux, puisque M. de Voltaire avait agi sur les mêmes preuves.

« Il commence par vouloir détruire la présomption favorable que tous

feuilles; le hasard, qui vous en a fait tomber une entre les mains, ne m'a jamais si mal servi; mais vous avez tiré de l'or de son fumier en confondant ses calomnies.

Si cet homme avait lu la lettre que madame Calas

les avocats ont si bien fait valoir, qu'il n'est pas naturel qu'un père assassine son fils sur le soupçon que ce fils veut changer de religion. Il oppose à cette probabilité reconnue de tout le monde, l'exemple de Junius Brutus, qu'on prétend avoir condamné son fils à la mort. Il s'aveugle au point de ne pas voir que Junius Brutus était un juge qui sacrifia, en gémissant, la nature à son devoir. Quelle comparaison entre une sentence sévère et un assassinat exécrable! entre le devoir et un parricide! et quel parricide encore! Il fallait, s'il eût été en effet exécuté, que le père et la mère, un frère et un ami, en eussent été également coupables.

« Il pousse la démence jusqu'à oser dire que si les fils de Jean Calas ont assuré « qu'il n'y eut jamais de père plus tendre et plus indulgent, et qu'il « n'avait jamais battu un seul de ses enfants, » c'est plutôt une preuve de simplicité de croire cette déposition, qu'une preuve de l'innocence des accusés.

« Non, ce n'est pas une preuve juridique complète, mais c'est la plus grande des probabilités; c'est un motif puissant d'examiner, et il ne s'agissait alors, pour M. de Voltaire, que de chercher des motifs qui le déterminassent à entreprendre une affaire si intéressante, dans laquelle il fournit depuis des preuves complètes, qu'il fit recueillir à Toulouse.

« Voici quelque chose de plus révoltant encore. M. de Voltaire, chez qui je passai trois mois, auprès de Genève, lorsqu'il entreprit cette affaire, exigea, avant de s'y exposer, que madame Calas, qu'il savait être une dame très religieuse, jurât, au nom du Dieu qu'elle adore, que ni son mari ni elle n'étaient coupables. Ce serment était du plus grand poids, car il n'était pas possible que madame Calas fît un faux serment pour venir à Paris s'exposer au supplice; elle était hors de cause, rien ne la forçait à faire la démarche hasardeuse de recommencer un procès criminel, dans lequel elle aurait pu succomber. L'auteur des feuilles ne sait pas ce qu'il en coûterait à un cœur qui craint Dieu, de se parjurer; il dit que c'est là un mauvais raisonnement, « que c'est comme si quelqu'un aurait interrogé « un des juges qui condamnèrent Calas, etc. »

« Peut-on faire une comparaison aussi absurde? Sans doute le juge fera serment qu'il a jugé suivant sa conscience; mais cette conscience peut avoir été trompée par de faux indices, au lieu que madame Calas ne saurait se tromper sur le crime qu'on imputait alors à son mari, et même à

écrivit de la retraite où elle était mourante, et dont on la tira avec tant de peine ; s'il avait vu la candeur, la douleur, la résignation qu'elle mettait dans le récit du meurtre de son fils et de son mari, et cette vérité irrésistible avec laquelle elle prenait Dieu à témoin elle. Un accusé sait très bien dans son cœur s'il est coupable ou non ; mais le juge ne peut le savoir que par des indices souvent équivoques. Le feseur de feuilles a donc raisonné avec autant de sottise que de malignité, car je dois appeler les choses par leur nom.

« Il ose nier qu'on ait cru dans le Languedoc que les protestants ont « un point de leur secte qui leur permet de donner la mort à leurs enfants « qu'ils soupçonnent de vouloir changer de religion, etc. : » ce sont les paroles de ce folliculaire.

« Il ne sait donc pas que cette accusation fut si publique et si grave, que M. Sudre, fameux avocat de Toulouse, dont nous avons un excellent mémoire en faveur de la famille Calas, réfute cette erreur populaire, pages 59, 60 et 61 de son factum. Il ne sait donc pas que l'Église de Genève fut obligée d'envoyer à Toulouse une protestation solennelle contre une si horrible accusation.

« Il ose plaisanter, dans une affaire aussi importante, sur ce qu'on écrivait à l'ancien gouverneur du Languedoc et à celui de Provence, pour obtenir, par leur crédit, des informations sur lesquelles on pût compter: que pouvait-on faire de plus sage ?

« Je ne dirai rien des petites sottises littéraires que cet homme ajoute dans sa misérable feuille. L'innocence des Calas, l'arrêt solennel de messieurs les maîtres des requêtes, sont trop respectables pour que j'y mêle des objets si vains. Je suis seulement étonné qu'on souffre dans Paris une telle insolence, et qu'un malheureux, qui manque à-la-fois à l'humanité et au respect qu'il doit au conseil, abuse impunément, jusqu'à ce point, du mépris qu'on a pour lui.

« Je demande pardon à M. de Voltaire d'avoir mêlé ici son nom avec celui d'un homme tel que Fréron ; mais puisqu'on souffre à Paris que les écrivains les plus déshonorés outragent le mérite le plus reconnu, j'ai cru qu'il était permis à un militaire, que l'honneur anime, de dire ce qu'il pense ; et j'en suis si persuadé, que vous pouvez, mon cher philosophe, faire part de mes réflexions à tous ceux qui aiment la vérité.

« Vous savez à quel point je vous suis attaché. D'ARGENCE. »

Le mémoire de Sudre dont il est parlé dans cette letttre de d'Argence est celui que j'ai mentionné sous le n° II dans ma note, t. XL, p. 500. B.

de son innocence, je sais bien que cet homme n'en aurait pas été touché, mais il aurait entrevu que les cœurs honnêtes devaient en être attendris et persuadés.

> Ce n'est pas aux tyrans à sentir la nature,
> Ce n'est pas aux fripons à sentir la vertu [1].

Quant à M. le maréchal de Richelieu et à M. le duc de Villars, dont il tâche, dites-vous, d'avilir la protection et de récuser le témoignage, il ignore que c'est chez moi qu'ils virent le fils de madame Calas, que j'eus l'honneur de leur présenter, et qu'assurément ils ne l'ont protégé qu'en connaissance de cause, après avoir long-temps suspendu leur jugement, comme le doit tout homme sage avant de décider.

Pour messieurs les maîtres des requêtes, c'est à eux de voir si après leur jugement souverain, qui a constaté l'innocence de la famille Calas, il doit être permis à un Fréron de la révoquer en doute.

Je vous embrasse avec tendresse, et je vous aime autant que je vous respecte.

4466. A M. LEKAIN.

26 auguste.

M. Lekain sera servi comme il le désire par le jeune homme dont nous avons si souvent parlé : il ne perdra rien pour attendre, et il n'attendra pas long-temps.

Mademoiselle Clairon a joué Électre d'une manière si supérieure et si étonnante, qu'elle m'a fait aimer cette pièce. Il n'y manquait que M. Lekain.

---

[1] *Mérope*, acte IV, scène 2. B.

Je le prie instamment de me faire l'amitié de compulser les registres de la Comédie; on veut savoir quel jour et combien de fois on l'a jouée, soit à Paris, soit à la cour, et le produit des chambrées; je lui serai très obligé s'il veut bien se donner cette peine.

Je l'embrasse du meilleur de mon cœur. V.

4467. A M. DALEMBERT.

28 auguste.

Mon très cher et vrai philosophe, je m'intéresse pour le moins autant à votre bien-être qu'à votre gloire; car, après tout, le vivre dans l'idée d'autrui ne vaut pas le vivre à l'aise. Je me flatte qu'on vous a enfin restitué votre pension, qui est de droit; c'était vous voler que de ne vous la pas donner. Il y a des injustices dont on rougit bientôt : celle qu'on fesait à la famille des Calas de s'opposer au débit de son estampe[1] était encore un vol manifeste. Une telle démarche a bien surpris les pays étrangers. Je voudrais que tout homme public, quand il est près de faire une grosse sottise, se dît toujours à lui-même : L'Europe te regarde.

Mademoiselle Clairon a été reçue chez nous comme si Rousseau n'avait pas écrit contre les spectacles. Les excommunications de ce père de l'Église n'ont eu aucune influence à Ferney. Il eût été à desirer pour l'honneur de ce saint homme, si honnête et si conséquent, qu'il n'eût pas déclaré, écrit, et signé par-devant un nommé Montmolin, son curé huguenot :

---

[1] La gravure de la famille des Calas, faite sur le dessin de Carmontelle, se vendait au profit de cette famille. B.

« Qu'il ne demandait la communion que dans le ferme
« dessein d'écrire contre le livre abominable d'Hel-
« vétius. » Vous voyez bien [1] que ce n'est pas assez
pour Jean-Jacques de se repentir; il pousse la vertu
jusqu'à dénoncer ses complices, et à poursuivre ses
bienfaiteurs ; car, s'il avait renvoyé quelques louis à
M. le duc d'Orléans, il en avait reçu plusieurs d'Helvétius. C'est assurément le comble de la vertu chrétienne de se déshonorer, et d'être un coquin pour
faire son salut.

Ce sont de tels philosophes qui ont rendu la philosophie odieuse et méprisable à la cour. C'est parceque Jean-Jacques a encore des partisans que les véritables philosophes ont des ennemis. On est indigné
de voir dans le *Dictionnaire encyclopédique*[2] une
apostrophe à ce misérable comme on en ferait une à
un Marc-Antonin. Ce ridicule suffit, avec l'article
Femme[3], pour décrier un livre, fût-il en vingt volumes in-folio. Comptez que je ne me suis pas trompé
en mandant, il y a long-temps, que Rousseau ferait
tort aux gens de bien.

Quand on a donné des éloges à ce polisson, c'était alors qu'on offrait réellement une chandelle au
diable.

Croyez, mon cher philosophe, que je ne donnerai
jamais à aucun grand seigneur les éloges que j'ai
prodigués à mademoiselle Clairon. Le mérite et la
persécution sont mes cordons bleus; mais aussi vous

---

[1] Voyez ma note page 419.

[2] Au mot ENCYCLOPÉDIE; l'article est de Diderot. B.

[3] Par Desmahis; voyez ma note, tome XLIII, page 536. B.

êtes trop juste pour exiger que je rompe en visière à des personnes à qui j'ai les plus grandes obligations. Faut-il manquer à un homme qui nous a fait du bien, parcequ'il est grand seigneur? Je suis bien sûr que vous approuverez qu'on estime ou qu'on méprise, qu'on aime ou qu'on haïsse, très indépendamment des titres. Je vous aimerais, je vous louerais, fussiez-vous pape; et, tel que vous êtes, je vous préfère à tous les papes, ce qui n'est pas coucher gros; mais je vous aime et vous révère plus que personne au monde.

4468. A M. THIERIOT.

30 auguste.

Mon ancien ami, le séjour de mademoiselle Clairon et ma santé, qui empire tous les jours, ne m'ont pas permis de vous écrire. Je goûte une vraie satisfaction d'avoir M. Damilaville dans mon ermitage. C'est un vrai philosophe; cela ne ressemble pas à Rousseau, qui ne sait pas même prendre le masque de la philosophie. Savez-vous que, pour être admis à sa communion hérétique dans le village où il aboie, il avait promis et signé de sa main qu'il écrirait *contre l'ouvrage abominable d'Helvétius*[1]?

---

[1] Ces mots ne se trouvent ni dans la lettre de Rousseau à Montmolin, du 24 août 1762, ni dans sa déclaration du 10 mars 1765. Mais, dans une lettre du 25 septembre 1762, le pasteur Montmolin rapporte que Rousseau lui a dit qu'un des objets qu'il avait eus en vue dans son *Émile* était « de s'élever non pas précisément directement, mais pourtant assez claire-
« ment, contre l'ouvrage infernal *de l'Esprit*, qui, suivant le principe détes-
« table de son auteur, prétend que sentir et juger sont une seule et même
« chose, ce qui est évidemment établir le matérialisme. » Rousseau, comme on voit, ne promettait pas d'écrire; il donnait l'explication de ce qu'il

Ce sont ses propres termes; et M. de Montmolin, son curé, avec lequel il s'est brouillé, et contre lequel il a écrit, a fait imprimer ¹ cette belle promesse. Le chien qui accompagnait Diogène aurait eu honte d'une pareille infamie.

On écrit beaucoup à Genève pour et contre les miracles, et il y a eu des gens assez sots pour croire que je me mêlais de cette petite guerre théologique. J'en étais bien loin, je ne me mêlais que des miracles de mademoiselle Clairon. Elle m'a étonné dans Aménaïde et dans Électre, qu'elle a jouées sur mon petit théâtre. Ce n'est point moi qui suis l'auteur de ces deux rôles, c'est elle seule. Je crois que le public de Paris ne la reverra plus, mais sûrement il la regrettera; la perte sera légère pour vous, qui n'allez presque jamais au spectacle.

Nous marions donc tous deux des filles; mais vous avez un grand avantage sur moi, vous mariez celle que vous avez faite. Vous avez goûté le plaisir d'être père, et moi j'ai été inutile au monde; ce n'est pas ma faute. Je me console autant que je puis par le plaisir insipide de bâtir et de planter. La mémoire de madame de Tencin m'est chère, puisqu'elle a mis

---

avait écrit. Ces explications avaient été verbales et non signées. Voltaire rapporte plus fidèlement qu'ici ce passage dans sa lettre à Dalembert, du 16 octobre (n° 4496), mais toujours en le donnant comme *signé* par J.-J. Rousseau. Il est juste de rappeler que lors de la condamnation du livre *de l'Esprit*, Rousseau renonça au projet qu'il avait alors de réfuter cet ouvrage. B.

¹ La lettre de Montmolin est imprimée dans plusieurs collections, et entre autres dans le *Recueil de Lettres de M. J.-J. Rousseau, et autres pièces relatives à sa persécution et à sa défense, le tout transcrit d'après les originaux;* Londres, 1766, in-12. B.

au monde Dalembert; il a été sur le point d'en sortir : les jansénistes en auraient été bien aises, mais tous les honnêtes gens auraient été bien affligés.

Vivez, mon cher ami, et portez-vous mieux que moi.

4469. A M. LE MARQUIS D'ARGENCE DE DIRAC.

30 auguste [1].

J'ai trop tardé, mon cher monsieur, à vous remercier de la justice que vous avez bien voulu rendre aux Calas, et de la générosité avec laquelle vous avez daigné confondre les calomnies de ce malheureux Fréron. On m'a dit qu'on avait été indigné de sa feuille; mais, quelque horreur qu'il inspire, on le tolère, et il se fait un revenu du mépris qu'il inspire. J'aurais voulu vous envoyer une lettre de remerciement qu'on doit imprimer à la suite de la vôtre; mais je n'ai pu en avoir encore un exemplaire.

Mademoiselle Clairon m'a fait oublier les maladies qui persécutent ma vieillesse. Elle a joué dans *Tancrède* et dans *Oreste* sur mon petit théâtre que vous connaissez. J'ai vu la perfection en un genre pour la première fois de ma vie.

Elle est actuellement en Provence, vous auprès d'Angoulême; ainsi je passe ma vie dans les regrets.

---

[1] Cette lettre, classée jusqu'à ce jour à 1763, est évidemment de 1765; elle donnerait à penser qu'elle fut adressée à d'Argence, et que la lettre 4465 avait été faite pour le public. B.

4470. A MADEMOISELLE CLAIRON,

A MARSEILLE.

A Ferney, 30 auguste.

Je ne vous dirai pas, mademoiselle, à quel point vous êtes regrettée, parceque je ne pourrais l'exprimer.

Voici ce qu'on[1] m'écrit de Versailles: « Tout le « monde veut savoir des nouvelles de mademoiselle « Clairon, et le roi tout le premier. »

Voici ma réponse[2] :

« Elle est partie aussi malade que regrettée et ho- « norée, couchée dans son carrosse, et soutenue par « son courage. M. Tronchin ne répond pas de sa vie « si elle remonte sur le théâtre. Elle lui a dit qu'elle « serait forcée d'obéir à ses ordonnances; mais que « toutes les fois que le roi voudrait l'entendre, elle « ferait comme tous ses autres sujets, qu'elle hasar- « derait sa vie pour lui plaire. »

Vous voyez, mademoiselle, que j'ai dit la vérité toute pure, sans rien ajouter ni diminuer.

Permettez-moi de présenter mes respects au plus aimable des Français et au plus aimable des Russes[3].

Nous nous entretenons de vous à Ferney, nous vous aimons de tout notre cœur, et en cela nous n'avons d'avantage sur personne. J'ai par-dessus les autres le sentiment de la reconnaissance. Nous ne nous flat-

---

[1] C'était le maréchal de Richelieu; voyez lettre 4476. B.
[2] La lettre à Richelieu qui contenait le passage que rapporte ici Voltaire est perdue. B.
[3] Ils sont nommés dans la lettre 4476. B.

tons pas de vous avoir une seconde obligation. Vous êtes pour moi le phénix qu'on ne voyait qu'une fois en sa vie.

Vous êtes au-dessus des formules de lettres.

4471. A M. DE CIDEVILLE.

A Ferney, 31 auguste.

Mon cher et ancien ami, j'ai pensé comme l'académie de Rouen; j'ai trouvé les conquérants normands très bien chantés[1], et j'ai été fort aise que vous ayez donné le prix au jeune M. de La Harpe. Il a passé quelques jours dans mon ermitage; et comme j'aime beaucoup à corrompre la jeunesse, je l'ai fort exhorté à suivre la détestable carrière des vers. C'est un homme perdu. Il fera certainement de bons ouvrages; moyennant quoi il mourra de faim, sera honni et persécuté; mais il faut que chacun remplisse sa destinée. La vôtre est de vivre heureux, de ne cultiver les lettres que pour votre plaisir, de vous partager très prudemment entre les plaisirs de la ville et ceux de la campagne. Je suis tout juste la moitié aussi prudent que vous; la campagne seule peut me plaire même pendant l'hiver.

Je suis bien aise que l'abbé Bazin vous ait amusé. Il y a un abbé Bazin à Paris qui croit avoir fait ce livre, et qui s'est plaint à moi assez plaisamment qu'on eût mis dans le titre, *par feu M. l'abbé Bazin*. Je lui ai prouvé que depuis Bazin, roi de Thuringe,

---

[1] L'académie de Rouen avait couronné le poëme de La Harpe intitulé *La délivrance de Salerne et la fondation du royaume des Deux-Siciles*, 1765, in-8°. B.

il y avait eu plusieurs grands hommes de ce nom, et que ce n'était pas lui qui avait fait cette *Philosophie*. Je sais bien que des gens ont cru que j'étais de la famille des Bazin; mais je n'ai point cette vanité. Ce livre est farci d'érudition orientale, dont on ne peut me soupçonner qu'avec une extrême injustice.

J'ai eu chez moi mademoiselle Clairon, qui a bien voulu jouer Aménaïde et Électre sur mon petit théâtre. Madame Denis a très bien joué Clytemnestre; madame de Florian s'est tirée à merveille du rôle de la simple et tendre Iphise. Pour mademoiselle Clairon, elle nous a tous étonnés; j'en suis encore transporté. Je crois qu'elle quitte le théâtre, moyennant quoi il faut qu'on le ferme.

Adieu, mon cher ami: toute la famille vous fait mille tendres compliments. Conservez votre santé.

4472. A M. LE MARQUIS DE VILLETTE.

1er septembre.

Il y a long-temps, monsieur, que je médite de vous écrire. Le séjour de mademoiselle Clairon m'a un peu dérangé; et après son départ il a fallu réparer le temps que les plaisirs avaient dérobé à ma philosophie.

Je ne connaissais point le mérite de mademoiselle Clairon, je n'avais pas même l'idée d'un jeu si animé et si parfait. J'avais été accoutumé à cette froide déclamation de nos froids théâtres, et je n'avais vu que des acteurs récitant des vers à d'autres acteurs, dans un petit cercle entouré de petits-maîtres.

Mademoiselle Clairon m'a dit que ni elle ni mademoiselle Dumesnil n'avaient déployé d'action dont la scène est susceptible que depuis que M. le comte de Lauraguais a rendu au public, assez ingrat, le service de payer de son argent la liberté du théâtre et la beauté du spectacle[1]. Pourquoi nul autre homme que lui n'a-t-il contribué à cette magnificence nécessaire? et pourquoi ce même public s'est-il plus souvenu de quelques fautes[2] de M. de Lauraguais que de sa générosité et de son goût pour les arts? Les torts qu'un homme peut avoir dans l'intérieur de sa famille ne regardent que sa famille; les bienfaits publics regardent tous les honnêtes gens. Alcibiade peut avoir fait quelques sottises, mais Alcibiade a fait de belles choses : aussi le préfère-t-on à tous les citoyens inutiles qui n'ont fait ni bien ni mal.

Je ne sais pas encore quelle espèce de vie vous mènerez; mais comme je ne vous ai vu faire que des actions généreuses, comme vous avez un cœur sensible et beaucoup d'esprit, et que par-dessus tout cela vous allez être très riche, vous devez bien vous attendre qu'on épluchera votre conduite. Vous vous trouverez entre la flatterie et l'envie, mais j'espère que vous vous démêlerez très habilement de l'une et de l'autre. Pardonnez à ma petite morale.

Je ne vous envoie point les versiculets faits en l'honneur de mademoiselle Clairon[3]. On en tira quelques

---

[1] Voyez tome VII, page 10. B.

[2] En 1764, madame de Lauraguais plaidait contre son mari; voyez t. LXI, p. 521. B.

[3] Voyez, tome XIII, l'épître à mademoiselle Clairon, année 1765. B.

exemplaires; mademoiselle Clairon en emporta une moitié, mes nièces se jetèrent sur l'autre; je n'en ai pas à présent, Dieu merci, une seule copie. Dès que j'en aurai recouvré une, je vous l'enverrai; mais, en vérité, ces bagatelles ne sont bonnes qu'aux yeux de ceux pour qui elles sont faites; elles sont comme les chansons de table, qu'il ne faut chanter qu'en pointe de vin.

Je vous remercie de toutes vos nouvelles. Souvenez-vous toujours de la bonne cause : ce n'est pas assez d'être philosophe, il faut faire des philosophes.

Si vous voyez M. le comte de La Touraille, ne m'oubliez pas auprès de lui. Il me paraît avoir bien de la raison, de l'esprit, et du goût; cela n'est pas à négliger.

4473. A M. LE COMTE D'ARGENTAL.

4 septembre.

Premièrement, mes divins anges sauront que c'est la chose du monde la plus aisée d'envoyer au suppliant un paquet de vers contre-signé;

Secondement, que je renverrai sur-le-champ en droiture, à M. le duc de Praslin, la pièce entière dûment corrigée, avec la préface honnête et modeste du petit ex-jésuite; et si mes anges sont contents, ils remettront le tout à Lekain, qui saisira le temps le plus favorable pour imprimer l'ouvrage à son profit, supposé qu'il puisse y avoir du profit, et que le public ne soit pas lassé de tant d'œuvres dramatiques;

Troisièmement, mes anges me permettront-ils de leur présenter la paucarte ci-jointe? M. Fabry, dont il est question, a rendu en effet des services, en réglant les limites de la France, de la Suisse, et de Genève. Si mes anges ont la bonté de m'assurer des intentions favorables de M. le duc de Praslin, je serai bien content, et je ferai grand plaisir à M. Fabry.

Notre résident se porte mieux, mais M. Tronchin ne croit pas qu'il en réchappe; il peut se tromper, tout grand médecin qu'il est. Vingt personnes demandent déjà cette place.

Je crois que M. le duc de Praslin est instruit du mérite de M. Astier, qui est employé depuis long-temps [1]. Je ne le connais pas, mais je sais qu'il est tout-à-fait pour la bonne cause, et extrêmement circonspect.

Je suis extrêmement content de M. Damilaville; c'est un homme d'une probité courageuse.

Il faut vous dire un petit mot de la vertu de Jean-Jacques Rousseau, qui est dans un autre goût.

Il vient d'être avéré que, pour être admis à la communion des fidèles dans le village où il aboie, il a promis, par un écrit signé de sa main, *qu'il écrirait contre le livre abominable d'Helvétius* [2]. Son curé, avec lequel il s'est brouillé, comme avec le reste du monde, a été obligé de faire imprimer cette belle promesse.

Il est bien triste pour la philosophie que ce misérable en ait pris le manteau pendant quelque temps; mais il ne faut pas que Platon cesse de philosopher

---

[1] En Hollande; voyez lettre 4475. B.
[2] Voyez mes notes sur la lettre 4468. B.

parceque le chien de Diogène veut mordre ; il faut vivre et mourir dans l'amour de la vérité.

Je baise plus que jamais le bout des ailes de mes anges.

4474. A M. LE COMTE D'AUTREY[1].

6 septembre.

Ce n'est donc plus le temps, monsieur, où les Pythagore voyageaient pour aller enseigner les pauvres Indiens. Vous préférez votre campagne à mes masures. Soyez bien persuadé que je mourrai très affligé de ne vous avoir point vu. J'ai eu l'honneur de passer quelque temps de ma vie avec madame votre mère, dont vous avez tout l'esprit, avec beaucoup plus de philosophie.

Si j'avais pu vous posséder cette automne, vous auriez trouvé chez moi un philosophe[2] qui vous aurait tenu tête, et qui mérite de se battre avec vous ; pour moi, je vous aurais écoutés l'un et l'autre, et je ne me serais point battu ; j'aurais tâché seulement de vous faire une bonne chère plus simple que délicate. Il y a des nourritures fort anciennes et fort bonnes, dont tous les sages de l'antiquité se sont toujours bien trouvés. Vous les aimez, et j'en mangerais volontiers avec vous ; mais j'avoue que mon estomac ne s'accommode point de la nouvelle cuisine. Je ne puis souffrir un ris de veau qui nage dans une sauce salée, laquelle s'élève quinze lignes au-dessus de ce petit ris de veau. Je ne puis manger d'un hachis com-

[1] Voyez ma note page 238. B.
[2] Damilaville, qui était alors chez Voltaire. B.

posé de dinde, de lièvre, et de lapin, qu'on veut me faire prendre pour une seule viande [1]. Je n'aime ni le pigeon à la crapaudine, ni le pain qui n'a pas de croûte. Je bois du vin modérément, et je trouve fort étranges les gens qui mangent sans boire, et qui ne savent pas même ce qu'ils mangent.

Je ne vous dissimulerai pas même que je n'aime point du tout qu'on se parle à l'oreille quand on est à table, et qu'on dise ce qu'on a fait hier à son voisin, qui ne s'en soucie guère, ou qui en abuse; je ne désapprouve pas qu'on dise *Benedicite*; mais je souhaite qu'on s'en tienne là, parceque si l'on va plus loin, on ne s'entend plus; l'assemblée devient cohue, et on dispute à chaque service.

Quant aux cuisiniers, je ne saurais supporter l'essence de jambon, ni l'excès des morilles, des champignons, et de poivre et de muscade, avec lesquels ils déguisent des mets très sains en eux-mêmes, et que je ne voudrais pas seulement qu'on lardât.

Il y a des gens qui vous mettent sur la table un grand surtout où il est défendu de toucher; cela m'a paru très incivil. On ne doit servir un plat à son hôte que pour qu'il en mange; et il est fort injuste de se brouiller avec lui, parcequ'il aura entamé un cédrat qu'on lui aura présenté. Et puis, quand on s'est brouillé pour un cédrat, il faut se raccommoder et faire une paix plâtrée, souvent pire que l'inimitié déclarée.

Je veux que le pain soit cuit au four, et jamais dans

---

[1] L'Eucharistie. C'est sur d'autres croyances ou cérémonies du christianisme que roule la plus grande partie de cette lettre. B.

un privé. Vous auriez des figues au fruit, mais dans la saison.

Un souper sans apprêts, tel que je le propose, fait espérer un sommeil fort doux et fort plein, qui ne sera troublé par aucun songe désagréable.

Voilà, monsieur, comme je desirerais d'avoir l'honneur de manger avec vous. Je suis un peu malade à présent; je n'ai pas grand appétit, mais vous m'en donneriez, et vous me feriez trouver plus de goût à mes simples aliments.

Madame Denis est très sensible à l'honneur de votre souvenir. Elle est entièrement à mon régime. C'est d'ailleurs une fort bonne actrice; vous en auriez été content dans une assez mauvaise pièce à la grecque, intitulée *Oreste*, et vous l'auriez écoutée avec plaisir, même à côté de mademoiselle Clairon. Conservez-moi au moins vos bontés, si vous me refusez votre présence réelle.

4475. A M. LE COMTE D'ARGENTAL.

9 septembre.

Notre résident Montpéroux[1] vient de mourir; à qui donnera-t-on cette place? Je voudrais bien que ce fût à un philosophe. Plusieurs personnes la demandent. Je ne connais point du tout par moi-même M. Astier, qui est en Hollande, et qui a, dit-on, bien servi; mais je sais qu'il est fort sage et fort paisible. Il est sans doute convenable de ne pas envoyer dans cette ville un bigot fanatique.

[1] Résident de France à Genève. B.

Je songe à ce pauvre Tercier[1], qui a perdu si mal-à-propos sa place pour avoir approuvé un livre médiocre, qui n'était que la paraphrase des *Pensées* de La Rochefoucauld. Si nous pouvions l'avoir, ce serait une grande consolation. Quoi qu'il en soit, je supplie instamment mes anges de nous envoyer un résident philosophe.

M. de Chauvelin, l'ambassadeur à Turin, m'a mandé qu'il vous enverrait la petite drôlerie de l'ex-jésuite : mais à quoi vous servira-t-elle, mes divins anges? Cet exemplaire est, à la vérité, un peu plus complet que le vôtre; mais il y a encore beaucoup de choses à corriger. Ne vaudrait-il pas mieux renvoyer au petit prêtre sa guenille en droiture? Je vous ai déjà dit que je recevais sans difficulté les paquets contre-signés qui m'étaient adressés[2]. Et où serait le mal quand on enjoliverait ce paquet d'une demi-feuille de papier, dans laquelle on écrirait : « Voilà « ce que M. le duc de Praslin vous envoie; il trouve « vos vers fort mauvais, et vous recommande de les « corriger; » ou telle autre chose semblable? Il me semble que cette grande affaire d'état peut se traiter très facilement par la poste; on renverra le tout avec une préface des plus honnêtes, et toutes les indications nécessaires à l'ami Lekain.

Je suis toujours très émerveillé de la défense qu'on a faite au roi de donner le privilége à madame Calas de vendre une estampe[3]. J'ai déjà fait quelques sou-

---

[1] Voyez ma note, tome LVII, page 599. B.
[2] Lettre 4446. B.
[3] Voyez les lettres 4462 et 4467. B.

scriptions dans ma retraite, et M. Tronchin en a fait bien davantage, comme de raison. Je plains bien mes pauvres Sirven. Malheur à tous ceux qui viennent les derniers, dans quelque genre que ce puisse être! l'attention du public n'est plus pour eux. Il faudrait à présent avoir eu deux hommes roués dans sa famille pour faire quelque éclat dans le monde.

Je m'imagine que l'affaire des dîmes sera décidée à Fontainebleau[1]. Il en est de cette besogne comme de celle de l'ex-jésuite; il n'importe en quel temps elles finissent, pourvu que mes anges et M. le duc de Praslin les favorisent toutes deux.

Tout ce qui est dans ma petite retraite se met au bout des ailes de mes anges.

4476. A MADEMOISELLE CLAIRON.

16 septembre.

Mes yeux, mademoiselle, ne sont pas si heureux à présent qu'ils l'étaient quand ils avaient le bonheur de vous voir. Ils pouvaient alors le disputer à mes oreilles; mais actuellement ils sont si malades, que je ne peux avoir l'honneur de vous écrire de ma main.

Vous m'ordonnez de vous écrire à Aix, cela me fait craindre que vous n'ayez pas reçu la lettre que je vous écrivis à Marseille[2]. Je vous y rendais compte de l'empressement de M. le maréchal de Richelieu à savoir des nouvelles de votre santé. Le roi s'en était

---

[1] Voltaire finit par transiger avec son curé. B.
[2] La lettre 4470. B.

informé lui-même. Je vous confiais que j'avais instruit M. le maréchal de Richelieu de la vérité; je lui disais que vous vous étiez trouvée fort mal de l'effort que vous aviez fait de représenter Électre et Aménaïde sur mon petit théâtre, et que M. Tronchin avait déclaré qu'il y allait de votre vie; mais que vous ne balanceriez pas de la risquer quand il s'agirait de plaire au roi. Si ma première lettre est perdue, celle-ci servira de supplément.

L'amitié que vous me témoignez me fait encore plus de plaisir que les talents inimitables que je vous ai vue déployer. Je m'intéresse à votre bonheur autant qu'à votre gloire. Vous ferez les délices de vos amis comme vous avez fait celles du public; et, en vérité, le public ne vaut pas des amis.

Toute ma famille vous fait les compliments les plus tendres et les plus sincères. Ne m'oubliez pas, je vous en supplie, auprès de M. le comte de Valbelle; il ne m'appartient pas d'envier sa place, mais j'envie celle de M. de Neledenski, puisqu'il vous accompagne.

Si vous êtes à Aix, voulez-vous bien me recommander aux bontés de M. le duc de Villars? Je ne le fatigue point de mes inutiles lettres, mais je lui serai attaché toute ma vie.

Adieu, mademoiselle; si j'avais de la santé, vous me trouveriez à Lyon sur votre passage.

4477. A M. LE MARÉCHAL DUC DE RICHELIEU.

A Genève, 16 septembre.

Vous vous êtes donc mis, monseigneur, à ressusciter les morts? Vous avez déterré je ne sais quelle

Adélaïde morte en sa naissance, et que j'avais empaillée pour la déguiser en *Duc de Foix*. Vous lui avez donné la plus belle vie du monde. Tronchin n'approche pas de vous, quelque grand médecin qu'il soit; il ne peut me faire autant de bien que vous en faites à mes enfants. Je ne désespère pas, tandis que vous êtes en train, que vous ne ressuscitiez aussi *la Femme qui a raison*. On prétend qu'il y a quelques ordures, mais les dévotes ne les haïssent pas. Que sait-on même si un jour vous ne ferez pas jouer *la Princesse de Navarre?* La musique du moins en est très belle, et je suis sûr qu'elle ferait grand plaisir: cela vaudrait bien un opéra comique.

Je ne sais si mademoiselle Clairon rajuste sa santé dans le beau climat de Provence. Je crois que le public ferait en elle une perte irréparable. Vous aurez trouvé que j'ai poussé l'enthousiasme un peu loin dans certains petits versiculets [1]; mais si vous aviez vu comme elle a joué Électre dans mon *tripot*, vous me pardonneriez.

Vous allez vous occuper de plaisirs à Fontainebleau; ces plaisirs-là sont de ma compétence, mais il ne m'appartient pas de les goûter à votre cour. J'ai environ deux douzaines d'enfants qui se produisent quelquefois sous votre protection; mais pour le père, il fait fort bien d'aimer sa retraite, et de ne pas desirer autre chose; il ne regrette que le bonheur qu'il a eu si long-temps de vous approcher et d'admirer votre gaîté au milieu de vos affaires de toute espèce. Ses yeux, pochés par le vent du nord, ne lui permet-

[1] *L'Épître à mademoiselle Clairon;* voyez ma note, page 425.

tent pas de vous écrire de sa main à quel point il est pénétré de respect pour vous, et combien il prend la liberté de vous aimer.

4478. A M. LE COMTE D'ARGENTAL.

17 septembre.

Mes divins anges, je vois bien que je ne connaissais pas encore ce public inconstant que je croyais connaître. Je ne me doutais pas qu'il dût approuver avec tant de transports ce qu'il avait condamné avec tant de mépris. Vous souvenez-vous qu'autrefois, lorsque Vendôme disait à la dernière scène: *Es-tu content, Coucy*[1] *?* les plaisants répondaient: *Couci-Couci?* J'ai retrouvé ici, dans mes paperasses, deux tragédies d'*Adélaïde*[2]; elles sont toutes deux fort différentes, et probablement la troisième, qu'on a jouée à la Comédie, diffère beaucoup des deux autres. Je fais toujours mon thême en plusieurs façons. Il est à croire que Lekain fera imprimer à son profit cette *Adélaïde* qu'on vient de représenter; mais je pense qu'il conviendrait qu'il m'envoyât une copie bien exacte, afin qu'en la conférant avec les autres, je pusse en faire un ouvrage supportable à la lecture, et dont le succès fût indépendant du mérite des acteurs. C'est sur quoi je vous demande vos bons offices

[1] Voyez tome III, pages 283 et 356. B.
[2] Les variantes données dans le tome III sont assez considérables pour qu'on puisse regarder les deux versions comme deux tragédies. Mais l'auteur ne se borna pas à ces changements: le *Duc d'Alençon*, le *Duc de Foix*, et *Alamire*, sont encore le même sujet traité différemment. *Alamire* n'est point imprimée; voyez tome III, page 284. B.

auprès de Lekain, car je vous demande toujours des graces.

A l'égard des roués[1], j'attends toujours votre paquet et vos ordres; le petit jésuite a sa préface toute prête; mais il dit qu'il ne faut pas s'attendre à de grands mouvements de passions dans un triumvir, et que cette pièce est plus faite pour des lecteurs qui réfléchissent, que pour des spectateurs qu'il faut animer. Il sait de plus que le pardon d'Octave à Pompée ne peut jamais faire l'effet du pardon d'Auguste à Cinna, parceque Pompée a raison et que Cinna a tort, et surtout parceque ceux qui sont venus les premiers ne laissent point de place à ceux qui viennent les seconds.

Je sais bien que j'ai été un peu trop loin avec mademoiselle Clairon[2]; mais j'ai cru qu'il fallait un tel baume sur les blessures qu'elle avait reçues au For-l'Évêque. Elle m'a paru d'ailleurs aussi changée dans ses mœurs que dans son talent; et plus on a voulu l'avilir, et plus j'ai voulu l'élever.

J'espère qu'on me pardonnera un peu d'enthousiasme pour les beaux-arts; j'en ai dans l'amitié, j'en ai dans la reconnaissance.

4479. A M. DALEMBERT.

18 septembre.

Mon cher et digne philosophe, vous avez donc enfin votre pension. Vous avez sans doute bien remercié de la manière galante dont on vous l'a donnée.

---

[1] La tragédie du *Triumvirat*. B.

[2] Dans l'*Épître à mademoiselle Clairon*; voyez ma note, page 425. B.

On ne peut rien ajouter à la promptitude et à la bonne grace qu'on a mises dans cette affaire.

M. le marquis d'Argence, d'Angoulême, m'a envoyé une lettre que vous lui avez écrite; c'est un homme plein de zèle pour la bonne cause, et qui a pris avec zèle le parti des Calas contre Fréron. J'ai bien de la peine à décider quel est le plus misérable d'Aliboron ou de Jean-Jacques; je crois seulement Jean-Jacques plus fou et non moins coquin. Promettre d'écrire contre Helvétius[1] pour être reçu à la communion est une bassesse incroyable.

Je crois que vous aurez mademoiselle Clairon au mois d'octobre, mais je ne crois pas qu'elle reparaisse sur le théâtre des Welches. J'aime tous les jours de plus en plus mon philosophe Damilaville; Tronchin lui a donné la fièvre pour le guérir. Je souhaite qu'il soit long-temps entre ses mains, et je voudrais bien vous tenir avec lui; vous trouveriez Genève bien changée; la raison y a fait des progrès dont on ne se doutait pas. Calvin n'y sera bientôt regardé que comme un cuistre intolérant.

Conservez bien votre santé; jouissez de l'étonnante révolution qui se fait partout dans les esprits, et vivez pour éclairer les hommes.

4480. A M. LE COMTE D'ARGENTAL.

21 septembre.

Mes divins anges, tout le monde croit que j'ai bien du crédit dans votre cour céleste; tout le monde demande la place de Montpéroux; tout le monde

---

[1] Voyez une de mes notes sur la lettre 4468. B.

s'adresse à moi. Madame de La Chabalerie, sœur de M. de Chabanon, que vous protégez, veut obtenir la résidence de Genève pour son mari, qui est officier, et qui a la croix de Saint-Louis. Elle m'a ordonné de vous en écrire, et j'obéis à ses ordres. Je suis persuadé que M. de Chabanon vous en aura déjà parlé; mais je suis persuadé aussi qu'il lui sera plus aisé de faire une bonne pièce que d'obtenir pour son beau-frère cette place, que vous m'avez dit être destinée à ceux qui ont servi dans les affaires étrangères.

Pour moi, je me borne à obtenir une copie de l'*Adélaïde* que vous avez fait jouer. Je voudrais surtout savoir si le duc de Nemours est reconnu rival de son frère, au troisième ou au quatrième acte. Voilà les intérêts politiques qui m'occupent. Je vous écris en sortant de *Mérope*, qu'on a exécutée sur mon petit théâtre de marionnettes, au grand étonnement des Allobroges. Figurez-vous qu'il n'y avait rien chez vous de si brillant; car madame de Schowalow avait prêté à madame Denis pour deux cent mille écus de diamants, et à peu près autant à madame de Florian, pour jouer la baronne dans *Nanine*. Ce qui est encore plus étonnant, c'est que M. de Schowalow jouait Égisthe dans *Mérope*.

Je ne m'attendais pas, quand je fis cette pièce, que je la verrais exécutée par des Russes, près du lac de Genève. Ce monde-ci est une plaisante pièce de théâtre, et messieurs du clergé, qui me mêlent dans leurs caquets[1], sont de plaisants comédiens.

Respect et tendresse.

[1] Les *Actes de l'assemblée générale du clergé de France*, publiés en sep-

4481. A M. THOMAS[1].

22 septembre.

Je n'ai reçu qu'aujourd'hui, monsieur, le présent dont vous m'avez honoré[2], et la lettre charmante dont vous l'accompagnez. La mort de notre résident, chez qui le paquet est resté long-temps, a retardé mon plaisir, et je me hâte de vous témoigner ma reconnaissance; vous ne savez pas combien je vous suis redevable. Ce n'est point là un discours académique, c'est un excellent ouvrage d'éloquence et de philosophie. Autrefois nous donnions pour sujet du prix des textes faits pour le séminaire de Saint-Sulpice[3]; aujourd'hui les sujets sont dignes de vous. Il est plaisant qu'à la suite d'un écrit si sublime il se trouve une approbation de deux docteurs: elle ne peut nuire pourtant à votre ouvrage; il est admirable, malgré leur suffrage.

On ne lit plus Descartes, mais on lira son éloge, qui est en même temps le vôtre. Ah! monsieur, que vous y montrez une belle ame et un esprit éclairé!

---

tembre 1765, contenaient la condamnation de l'*Essai sur l'Histoire générale* (aujourd'hui *Essai sur les mœurs*), etc.; voyez t. XLII, p. 128. B.

[1] Antoine-Léonard Thomas, né à Clermont en 1737, membre de l'académie française en 1767, mort le 17 septembre 1785. B.

[2] *Éloge de René Descartes, qui a remporté le prix de l'académie française*, 1767, in-8°. B.

[3] Ce n'était pas des questions de morale, mais de dévotion, que l'académie donnait pour sujet des prix d'éloquence; et elle ne manquait guère à mettre dans son programme quelques paroles de la *Bible*. Le sujet du prix pour 1758 était: « Il n'y a point de paix pour les méchants, suivant ces « paroles d'Isaïe, chapitre 57: *Non est pax impiis.* » Ce fut le dernier sujet de ce genre. On proposa pour l'année 1759 l'*Éloge du maréchal comte de Saxe*, qui était mort le 30 novembre 1750. Thomas remporta le prix. B.

quel morceau que l'histoire de la persécution du nommé Voët contre Descartes? Vous avez employé et fortifié les crayons de Démosthène pour peindre un coquin absurde qui ose poursuivre un grand homme. Vous m'avez fait un grand plaisir de ne pas oublier le petit conseiller de province, qui méprisait le philosophe son frère. Tout votre ouvrage m'enchante d'un bout à l'autre. Je vais le relire dès que j'aurai dicté ma lettre; car l'état où je suis me permet rarement d'écrire. Vous avez parfaitement séparé le génie de Descartes de ses chimères, et vous avez habilement montré combien l'auteur même des tourbillons était un homme supérieur.

On m'a dit que vous faites un poëme épique sur le czar Pierre[1]. Vous êtes fait pour célébrer les grands hommes; c'est à vous à peindre vos confrères. Je m'imagine qu'il y aura une philosophie sublime dans votre poëme. Le siècle est monté à ce ton-là, et vous n'y avez pas peu contribué.

Vous faites, dans votre *Éloge de Descartes*, un éloge de la solitude qui m'a bien touché. Plût à Dieu que vous voulussiez bien partager la mienne, et vivre, avec moi, comme un frère que l'éloquence, la poésie, et la philosophie m'ont donné! J'ai dans ma masure un homme qui est comme moi votre admirateur, et avec qui je voudrais passer le reste de ma vie; c'est M. Damilaville, qu'un malheureux emploi de finance rappelle à Paris. Il vous dira quelle obli-

---

[1] *Le czar Pierre I*er, poëme. On n'a de cet ouvrage que quelques chants et quelques fragments, qui ont été imprimés, pour la première fois, en 1802, dans les *OEuvres posthumes de Thomas*. B.

gation je vous aurai, si vous daignez venir tenir sa place. Il est vrai que dans l'été nous avons un peu de monde, et même des spectacles; mais je n'en suis pas moins solitaire. Vous travailleriez avec le plus grand loisir, vous feriez renaître ces temps que nos petits-maîtres regardent comme des fables, où les talents et la philosophie réunissaient des amis sous le même toit.

J'ai bien peur que ma proposition ne soit aussi une fable; mais enfin il ne tiendra qu'à vous d'en faire la vérité la plus consolante pour votre serviteur, pour votre admirateur, et, permettez-moi de le dire, pour votre ami. VOLTAIRE.

4482. A M. LE COMTE D'ARGENTAL.

23 septembre.

Or, mes anges, voilà donc mon ami Fabry agent par intérim de la parvulissime république de Genève. Mais, quand vous voudrez, vous m'enverrez les roués; et, en attendant, permettez que je vous adresse ce petit mot pour le duc de Vendôme.

Je viens de lire le sublime *Éloge de Descartes*, par M. Thomas. J'aime mieux lire, je vous jure, le panégyriste que le héros. C'est un homme d'un rare mérite que ce Thomas; et ni Thomas d'Aquin, ni Thomas Didyme, ni Thomas de Cantorbéry, n'approchent de lui. Il avait bien voulu m'envoyer son ouvrage, et le paquet contre-signé Praslin était resté chez ce pauvre Montpéroux pendant sa dernière maladie.

Vous voyez donc bien que je reçois mes paquets

contre-signés, à moins que les résidents ne soient morts, et que c'est pure malice si vous ne m'envoyez pas les roués, et pure malice encore si Lekain ne me fait pas tenir sa vieille *Adélaïde :* car, encore une fois, je suis très en peine de savoir laquelle des trois copies est la passable.

Vous vous souciez fort peu de savoir que l'impératrice de Russie, la bonne amie de l'abbé Bazin, voulait avoir des filles pour enseigner le français aux petites filles de son empire. Plusieurs étaient déjà parties. Le conseil de Genève a trouvé cela fort mauvais; et, sans aucun respect pour l'impératrice, il a fait arrêter ces filles dans l'état de Berne, qui a favorisé leur enlèvement. L'auguste et ferme Catherine sera très courroucée, et moi je le suis aussi. Cette action me paraît brutale et tyrannique. Je ne prends plus le parti du conseil genevois que pour mes dîmes.

Voici un placet pour Lekain[1], sur lequel je vous demande votre protection.

4483. A M. ÉLIE DE BEAUMONT.

A Ferney, 26 septembre.

Vous entreprenez, monsieur, un ouvrage digne de vous, en essayant de réformer la jurisprudence criminelle. Il est certain qu'on fait trop peu de cas en France de la vie des hommes. On y suppose apparemment que les condamnés, étant dûment confessés, s'en vont droit en paradis. Je ne connais guère que l'Angleterre où les lois semblent plus faites pour épargner

---

[1] Ce placet ou billet paraît perdu. B.

les coupables que pour sacrifier l'innocence. Croyez que partout ailleurs la procédure criminelle est fort arbitraire.

Le roi de Prusse a fait un petit code intitulé *le Code selon la raison*[1], comme si le *Digeste* était selon la folie; mais, dans ce code, le criminel est oublié. Le meilleur usage établi en Prusse, comme dans toute l'Allemagne et en Angleterre, est qu'on n'exécute personne sans la permission expresse du souverain. Cette coutume était établie en France autrefois. On est un peu trop expéditif chez vous: on y roue les gens de broc en bouche, avant que le voisinage même en soit informé; et les cas les plus graciables échappent à l'humanité du souverain.

J'ai écrit en Suisse, selon vos ordres. Je ne peux mieux faire que de vous envoyer la réponse de M. de Correvon[2], magistrat de Lausanne; mais vous trouverez sûrement plus de lumière en vous que dans les jurisconsultes étrangers.

A l'égard des Sirven, M. de Lavaysse me mande que l'ordonnance du parlement de Toulouse, portant permission à un juge subalterne d'effigier son prochain, n'est point regardée comme une confirmation de sentence. Voilà, je vous l'avoue, une singulière logomachie. Quoi! la permission de déshonorer un homme, et de confisquer son bien, n'est pas un jugement! Le parlement donne donc cette licence au ha-

---

[1] Cet ouvrage n'est pas dans les éditions que j'ai vues des *OEuvres de Frédéric II*. Barbeu du Bourg a donné, en 1774, un *Petit Code de la raison humaine*; Ausquer de Ponçol, en 1778, un *Code de la raison*. B.

[2] Voyez la note, tome LVIII, page 33. B.

sard! Ou[1] la sentence lui paraît juste ou inique. Il en ordonne l'exécution, il confirme donc la justice ou l'iniquité. Il ne peut ordonner cette exécution qu'en connaissance de cause. De bonne foi, est-ce une simple affaire de style d'ordonner la ruine et la honte d'une famille? Voilà un beau champ pour votre éloquence.

La rage d'accuser en Languedoc les pères de tuer les enfants subsiste toujours. Un enfant meurt d'une fièvre maligne à Montpellier; le médecin va voyager; pendant son voyage, on accuse le père d'avoir assassiné son fils. On allait le condamner, lorsque le médecin arrive, parle aux juges, les fait rougir, et le père prend actuellement les juges à partie. Cette aventure pourrait bien mériter un épisode dans votre mémoire. Je vais écrire au médecin pour savoir le nom de ce brave père.

Adieu, monsieur; j'ai le malheur de n'avoir vu ni madame de Beaumont ni vous, mais j'ai le bonheur de vous aimer tous deux de tout mon cœur.

4484. A M. HENNIN[2].

Ferney, 29 septembre.

Je suis outré, monsieur, de m'être défait des Délices, où j'ai eu le bonheur de vous voir; mais heureusement je suis encore votre voisin. Jugez avec quelle joie j'ai appris que vous allez résider à Ge-

---

[1] On lit ainsi dans les éditions de Kehl; mais ce premier *ou* est de trop, ou il manque, après le second, les mots *elle lui paraît*. B.

[2] Hennin (voyez tome LVII, page 601) venait de succéder à Montpéroux; voyez lettre 4475. B.

nève! c'est un bénéfice simple tout fait pour un prêtre de la philosophie tel que vous êtes. Je suis devenu bien vieux et bien faible depuis votre voyage en ce pays-là. Mais mon cœur n'a point vieilli; il est pénétré pour vous de la même estime et de la même amitié. Je suis condamné à rester chez moi; mais j'espère être consolé quand je pourrai vous y assurer des tendres et respectueux sentiments avec lesquels je serai toute ma vie, monsieur, votre très humble et très obéissant serviteur, VOLTAIRE.

4485. A CATHERINE II,

IMPÉRATRICE DE RUSSIE.

L'abeille est utile sans doute,
On la chérit, on la redoute,
Aux mortels elle fait du bien,
Son miel nourrit, sa cire éclaire :
Mais quand elle a le don de plaire,
Ce superflu ne gâte rien.

Minerve, propice à la terre,
Instruisit les grossiers humains,
Planta l'olivier de ses mains,
Et battit le dieu de la guerre.
Cependant elle disputa
La pomme due à la plus belle;
Quelque temps Pâris hésita,
Mais Achille eût été pour elle.

Madame, que votre majesté impériale pardonne à ces mauvais vers; la reconnaissance n'est pas toujours éloquente : si votre devise est une abeille [1], vous avez une terrible ruche; c'est la plus grande qui soit au

---

[1] Voyez lettre 4463. B.

monde; vous remplissez la terre de votre nom et de vos bienfaits. Les plus précieux pour moi sont les médailles qui vous représentent. Les traits de votre majesté me rappellent ceux de la princesse votre mère [1].

J'ai encore un autre bonheur, c'est que tous ceux qui ont été honorés des bontés de votre majesté sont mes amis ; je me tiens redevable de ce qu'elle a fait si généreusement pour les Diderot, les Dalembert, et les Calas. Tous les gens de lettres de l'Europe doivent être à vos pieds.

C'est vous, madame, qui faites les miracles; vous avez rendu Abraham Chaumeix tolérant,[2] et s'il approche de votre majesté, il aura de l'esprit; mais pour les capucins, votre majesté a bien senti qu'il n'était pas en son pouvoir de les changer en hommes, depuis que saint François les a changés en bêtes. Heureusement votre académie va former des hommes qui n'auront pas affaire à saint François.

Je suis plus vieux, madame, que la ville où vous régnez, et que vous embellissez. J'ose même ajouter que je suis plus vieux que votre empire, en datant sa nouvelle fondation du créateur Pierre-le-Grand, dont vous perfectionnez l'ouvrage. Cependant je sens que je prendrais la liberté d'aller faire ma cour à cette étonnante abeille qui gouverne cette vaste ruche, si les maladies qui m'accablent me permettaient, à moi pauvre bourdon, de sortir de ma cellule.

Je me ferais présenter par M. le comte de Schowalow et par madame sa femme, que j'ai eu l'honneur

---

[1] La princesse d'Anhalt-Zerbst; voyez ma note, t. LV, p. 278. B.
[2] Voyez la lettre 4463. B.

de posséder quelques jours dans mon petit ermitage. Votre majesté impériale a été le sujet de nos entretiens, et jamais je n'ai tant éprouvé le chagrin de ne pouvoir voyager.

Oserais-je, madame, dire que je suis un peu fâché que vous vous appeliez Catherine? les héroïnes d'autrefois ne prenaient point de nom de saintes : Homère, Virgile, auraient été bien embarrassés avec ces noms-là ; vous n'étiez pas faite pour le calendrier.

Mais, soit Junon, Minerve, ou Vénus, ou Cérès, qui s'ajustent bien mieux à la poésie en tout pays, je me mets aux pieds de votre majesté impériale, avec reconnaissance et avec le plus profond respect.

4486. A M. LEKAIN.

Vous avez très bien fait, mon cher Roscius, de m'envoyer la copie d'*Adélaïde,* et vous auriez beaucoup mieux fait de me l'envoyer dès les premières représentations ; vous l'auriez déjà prête à imprimer, avec un discours préliminaire qui peut-être sera assez plaisant, et qui contribuera à votre débit.

La copie que vous m'envoyez est pleine de fautes ; je les corrigerai de mon mieux, et je vous renverrai le tout dès que je croirai la pièce moins indigne de vos grands talents et de votre amitié. V.

4487. A M. LE COMTE D'ARGENTAL.

2 octobre.

A peine le petit prêtre a-t-il reçu les roués de la part de ses divins anges, qu'il s'est mis sur-le-champ à faire ce que lesdits anges ont prescrit, excepté à la scène d'Octave et de Julie. Le pauvre diable confesse qu'il ne peut réchauffer cette scène, et il dit qu'il lui est impossible de faire d'Octave un amoureux violent. L'impuissance dont il convient lui fait beaucoup de peine; mais il dit que c'est le seul vice dont on ne peut pas se corriger.

Ce malheureux prêtre renverra, le plus tôt qu'il pourra, ses roués, avec l'honnête préface convenable en pareil cas.

........Le temps ne fait rien à l'affaire[1].

Il compte sur les gens qui aiment l'histoire romaine; mais comme il y en a beaucoup plus qui aiment l'opéra comique, il n'espère pas un succès prodigieux.

Pour moi, j'attends *Adélaïde*, et je la renverrai aussi avec sa préface, car il me semble qu'elle en mérite une.

Je ne savais point que Clairon eût manqué à mes anges, quand je lui fis, je ne sais comment, des vers hexamètres[2] comme pour une héroïne romaine; mais elle avait si bien joué Électre, elle avait été si fêtée par tout le pays, elle avait été si honnête et si polie, que j'en fus enquinaudé.

On dit qu'il n'est pas bien sûr que l'on donne à Fontainebleau toutes les fêtes qu'on préparait.

J'ai écrit un petit mot de félicitation à M. Hennin[3]. M. le duc de Praslin ne pouvait faire un meilleur

---

[1] *Misanthrope*, acte I, scène 2. B.
[2] *Épître à mademoiselle Clairon*; voyez tome XIII, année 1765. B.
[3] Lettre 4484. B.

choix; ce sera un homme de bonne compagnie de plus dans notre petit canton allobroge. J'adressai ma lettre à M. de Saint-Foix[1], ne sachant pas si M. Hennin est à Paris.

Le plaisant secrétaire d'ambassade que Jean-Jacques! voilà un étrange original; c'est bien dommage qu'il ait fait *le Vicaire savoyard*. La conversation de ce vicaire méritait d'être écrite par un honnête homme.

J'ai vu, depuis peu, des fatras d'instructions pastorales, d'arrêts contre les instructions, d'arrêts contre les arrêts[2], et de lettres contre les arrêts, et de lettres sur les miracles de Jean-Jacques, et j'ai conclu qu'une tragédie est plus touchante, et que ce qui plaît aux dames est plus agréable; et j'ai dit dans mon cœur : Il n'y a de bon[3] que de souper avec ses amis, et de se réjouir dans ses œuvres; et j'ai surtout ajouté que la consolation de la vie consiste à être un peu aimé de ses divins anges, ces divins anges à qui je n'ai pas l'honneur d'écrire de ma main, attendu que je suis retombé dans mes malingreries, et je ne m'en mets pas moins à l'ombre de leurs ailes.

[1] Je crois qu'il ne s'agit pas ici de Saint-Foix, auteur des *Essais sur Paris*, mais de Radix de Sainte-Foy, trésorier général de la marine, ou de quelqu'un de ses parents, qui doit être aussi celui dont Voltaire parle dans sa lettre à d'Argental, du 18 avril 1766. On n'a du reste aucune lettre de Voltaire soit à Saint-Foix, soit à Sainte-Foy. B.

[2] Sans doute les condamnations dont j'ai parlé tome XLII, page 128. B.

[3] L'*Ecclésiaste*, chap. III, verset 22 : « Et deprehendi nihil esse melius « quam lætari hominem in opere suo, et hanc esse partem illius. B.

4488. A M. THIERIOT.

4 octobre.

Mon ancien ami, je commence à être aussi paresseux que vous l'étiez, ou du moins à le paraître. Je comptais vous écrire par M. Damilaville; il a heureusement pour moi différé son retour à Paris de jour en jour. Je lui donne ma lettre; elle vous parviendra comme elle pourra. Deux choses me charment dans ce M. Damilaville, sa raison et sa vertu. Pourquoi faut-il qu'un homme de son mérite languisse dans la perception du vingtième? Voilà un métier bien indigne de lui.

Mademoiselle Clairon va jouer à Fontainebleau, mais y aura-t-il un Fontainebleau? On dit que l'indisposition de monseigneur le dauphin dérange ce voyage[1]. Nous autres, pauvres laboureurs du pied des Alpes, nous savons mal les nouvelles de la cour, et nous nous contentons de dire dans nos chaumières, *Sanitatem regi da, et sanitatem filio regis.*

Je ne connais plus du tout cette *Adélaïde* dont vous me dites tant de bien : il y a trente ans que je l'ai oubliée. Il plut alors au public de la condamner; il plaît au public d'aujourd'hui de l'applaudir, et il me plaît à moi de rire de ces inconstances. J'ai prié qu'on m'envoyât une copie de cette pièce, car je veux aussi juger à mon tour.

J'ai ici un jeune dragon nommé M. de Pezay[2], qui

---

[1] Le voyage eut lieu; il devait finir à la mi-novembre, mais il fut prolongé à cause de la santé du dauphin, qui mourut à Fontainebleau le 20 décembre 1765. B.

[2] Alexandre-Frédéric-Jacques Masson, marquis de Pezay, né à Versailles en 1741, mort près de Blois le 6 décembre 1777. B.

fait des vers tout pleins d'esprit et d'images. Il m'en a apporté de son ami M. Dorat, avec qui il loge à Paris; ce M. Dorat en fait aussi de charmants : cela ragaillardit ma vieillesse, que M. Damilaville soutient par sa philosophie. Je me trouve entre la raison et les graces; vous ne seriez pas de trop assurément dans cette bonne compagnie-là.

Quand il y aura quelque chose qui sera digne que vous en parliez, je vous prie de ne pas m'oublier, et surtout de me dire comment votre santé se trouve des approches de l'hiver.

Avez-vous fait le mariage dont vous me parliez [1]? Je vous embrasse du meilleur de mon cœur.

4489. A M. COLINI.
4 octobre.

Mon cher ami, je suppose toujours [2] que milord Abingdon, qui a eu le bonheur d'aller faire sa cour à LL. AA. EE., leur a rendu compte du triste état où il m'a vu. Ce n'est pas seulement la vieillesse qui m'accable, car il y a des vieillards qui ont encore de la force; mais je languis sous une complication de maladies qui ne me laissent aucun repos ni jour ni nuit, et qui me mènent au tombeau par un chemin fort vilain : ma seule consolation est de dicter quelquefois des fadaises, et de m'armer d'une philosophie inaltérable contre les maux qui me persécutent.

Je ne sais si S. A. E. a été informée qu'on fait à Paris une très belle estampe de la famille des Calas [3].

[1] Voyez la lettre 4468. B.
[2] Voyez la lettre 4456. B.
[3] Voyez ma note, page 417. B.

On a fait une espèce de souscription pour cette estampe : elle est prête. Je ne doute pas que monseigneur l'électeur n'ait à Paris un ministre qui pourra souscrire en son nom, et lui faire parvenir le nombre d'estampes qu'il commandera; elle vaut un écu de six livres. Je n'ose prendre la liberté d'écrire à monseigneur. Je ne me sens pas, dans l'état où je suis, assez d'esprit pour l'amuser, et je suis trop respectueusement attaché à sa personne pour l'ennuyer. Je vous prie instamment de me dire s'il prendra de ces estampes, et surtout de lui présenter les hommages du plus dévoué et du plus fidèle serviteur qu'il aura jamais.

4490. DE M. DALEMBERT.

Ce 7 octobre.

Vous avez donc cru, mon cher maître, ainsi que frère Damilaville, que j'avais enfin ma pension; détrompez-vous : il est vrai que l'académie a fait en ma faveur une seconde démarche encore plus authentique et plus marquée, puisqu'elle ne l'a faite que d'après une lettre du ministre qui lui demandait une seconde fois son avis sur ce sujet, imaginant apparemment qu'elle serait assez absurde pour en changer. Elle a répondu comme Cinna :

> Le même que j'avais et que j'aurai toujours;
> Acte II, scène 2.

et depuis le 14 d'auguste, qu'elle a fait cette réponse, le ministre n'a encore rien dit. Il est vrai qu'il a eu le poing coupé[1], et c'est une raison; mais il s'est passé trois semaines et davantage entre la lettre de l'académie et la coupure de son poing. Ce poing d'ailleurs n'est que le poing gauche, et on dit qu'il recommence à signer du droit. Nous verrons s'il

---

[1] M. de Saint-Florentin, depuis duc de La Vrillière, avait eu le poignet emporté d'un coup de fusil à la chasse. K.

en fera usage à ma satisfaction. Quoi qu'il en soit, je viens d'envoyer au *Journal encyclopédique* une petite lettre [1] fort simple à ce sujet, où je dis simplement les faits sans me plaindre de personne.

En vérité, si vous ne m'assuriez ce que vous m'apprenez de Rousseau, j'aurais peine à le croire. Quoi! il a promis d'écrire contre Helvétius pour être admis à sa communion huguenote! En vérité cela est incroyable. C'est bien le cas de dire comme Pourceaugnac : « Voilà bien des raisonnements « pour manger un morceau [2]. »

J'imagine que vous avez encore frère Damilaville, et je vous en fais mon compliment à l'un et à l'autre. Ma santé serait passable si je dormais mieux; il faut espérer que cela reviendra. Je suis actuellement dans les embarras et les dépenses d'un emménagement qui me donne beaucoup d'ennui et d'impatience; c'est ce qui fait que je ne vous dis que deux mots.

Adélaïde a eu beaucoup de succès, et continue à en avoir. Vous avez très bien fait de redonner la pièce sous son ancien nom. Adieu, mon cher maître; je vous embrasse mille fois.

4491. A M. LE COMTE D'ARGENTAL.

8 octobre.

Mes anges sauront que j'ai reçu aujourd'hui *Adélaïde*. On a remis sur-le-champ les roués dans le portefeuille, et on va reprendre cette *Adélaïde* en sous-œuvre, non sans faire des Welches le cas qu'ils méritent, non sans être honteux de travailler pour des gens qui approuvent dans un temps ce qu'ils condamnent dans un autre.

[1] La lettre de Dalembert aux auteurs du *Journal encyclopédique* est datée du 28 septembre, et a été insérée à la page 130 du cahier du 1er octobre. B.

[2] Dans *M. de Pourceaugnac*, acte I, scène 2, on lit : « Quel grand rai- « sonnement faut-il pour manger un morceau? » B.

Mon philosophe Damilaville, qui avait fait pendant quelques mois la consolation de ma vie, est parti, et a pris son plus long pour aller voir un ami avec lequel il restera quelque temps. Je ne sais pas trop dans quel temps il se présentera devant mes anges.

J'ai envoyé à M. Élie de Beaumont toutes les pièces nécessaires pour entreprendre le procès des Sirven. Je ne crois pas qu'il trouve dans cette affaire la même faveur et le même enthousiasme que dans celle des Calas. Je connais notre public; il se refroidit bien vite; il n'aime pas les répétitions; il lui faut du nouveau, et c'est ce qui fait la fortune de l'Opéra-Comique. Cependant je me flatte que mes anges voudront bien encourager Élie. Il est nécessaire que le mémoire soit très bien fait, et qu'il soit dépouillé de toute cette déclamation du barreau, qui est le contraire de la véritable éloquence. Élie peut m'envoyer ce factum sous le premier contre-seing venu, et je répète encore que tous les paquets à mon adresse me sont très fidèlement rendus.

J'ai lu une excellente lettre qui justifie l'arrêt du parlement[1] contre le clergé, en citant le procès de Guillaume Rose, évêque de Senlis, le plus détestable ennemi de Henri IV. Le bon Dieu bénisse l'auteur de cette lettre, quel qu'il soit! Dieu me pardonne, je crois que je suis actuellement parlementaire; mais ce qui est bien plus sûr, c'est que je suis attaché à mes anges avec mon culte de latrie ordinaire.

Permettent-ils que j'insère ici ce petit mot[2] pour Roscius-Lekain?

---

[1] Voyez tome XLII, page 128. B. — [2] Il est perdu. B.

Et nos dîmes, mes divins anges! et nos dîmes!
Ayez pitié de nous.

4492. A M. LE COMTE D'ARGENTAL.

11 octobre.

J'ignore si l'un de mes anges est à Fontainebleau. Je ne sais ni quand ni comment je pourrai renvoyer à Lekain son *Adélaïde*, avec un bout de préface; tout est prêt, les roués le sont aussi : mais fesons une réflexion. Les roués finissent à peu près comme *Adélaïde*. On cède au cinquième acte sa maîtresse à son rival. Ne pensez-vous pas qu'il faut mettre un intervalle entre les publications de ces deux pièces? n'est-il pas convenable que l'on reprenne *Adélaïde* au retour de Fontainebleau une ou deux fois, pour favoriser le débit de l'édition au profit de Lekain? S'il entend ses intérêts, il fera vendre l'ouvrage à la Comédie même, le jour de la dernière représentation; et, s'il veut me faire plaisir, il ne demandera point de privilége, parceque ces inutiles pancartes ne servent qu'à faire naître des querelles entre ceux qui sont en possession d'imprimer mes sottises.

La nouvelle qu'on me donne pour sûre est-elle vraie? On m'assure que M. le duc de Praslin veut se retirer après le voyage de Fontainebleau. Je conçois bien qu'un homme aussi sage que lui préfère une vie douce, avec ses amis, au tracas fatigant des affaires; mais il me semble qu'il est encore trop jeune pour desirer ce repos, qui doit être la récompense d'un long travail. Je serais très fâché qu'il prît ce parti, à moins que sa santé ne l'y force.

Je vous demande en grace de me dire si cette nouvelle est aussi bien fondée qu'on le dit. Je présume que Tronchin viendra bientôt à Paris prendre soin de la santé de M. le duc d'Orléans, qui ne paraît pas avoir besoin de médecin. Que deviendrai-je, moi chétif, quand je ne serai plus dans le voisinage de Tronchin? On dit que je n'en ai pas pour six mois.

Voici choses d'une autre espèce. Je crois vous avoir déjà mandé[1] que l'impératrice de toutes les Russies, souveraine de deux mille lieues de pays et de trois cent mille automates armés, qui ont battu les Prussiens batteurs des Autrichiens, etc., que ladite impératrice daignait faire venir quelques femmes de Genève, pour montrer à lire et à coudre à de jeunes filles de Pétersbourg; que le conseil de Genève a été assez fou et assez tyrannique pour empêcher des citoyennes libres d'aller où il leur plaît; et enfin assez insolent pour faire sortir de la ville un seigneur envoyé par cette souveraine.

M. le comte de Schowalow, qui était chez moi, m'avait recommandé ces demoiselles. Je ne balance pas assurément entre Catherine II et les vingt-cinq perruques de Genève.

Cette aventure m'a été fort sensible, elle m'a engagé à faire venir chez moi des citoyens parents de ces voyageuses affligées. Ils m'ont prouvé que le conseil agit en plus d'une occasion contre toutes les lois, et qu'il est bien loin de mériter (comme je l'ai cru long-temps) la protection du ministère de France. Il y a dans ce conseil trois ou quatre coquins, c'est-à-

[1] Lettre 4482. B.

dire trois ou quatre dévots fanatiques, qui ne sont bons qu'à jeter dans le lac.

Mes anges, traitez les fanatiques comme le diable le fut par saint Michel.

4493. A M. LEKAIN.

A Ferney, ce 11 octobre.

Mon cher Roscius, je fais partir par cet ordinaire votre *Adélaïde*, dûment corrigée. Il sera très nécessaire qu'elle soit représentée à Fontainebleau avec les changements essentiels que j'y ai faits.

J'y joins une petite préface qui est assez piquante; je crois que cela se vendra bien.

Les frais auraient été trop considérables si je vous avais dépêché le paquet de Genève; mais le recevant par Lyon, vous aurez peu de frais à supporter, et je me flatte que l'édition vous dédommagera assez amplement.

Je vous prie, quand vous aurez un moment de loisir, de me parler un peu de vos fêtes de Fontainebleau.

Adieu; vous savez combien je vous aime. V.

P. S. La *Préface* consiste en une lettre de moi. Je laisse à votre amitié le soin de mettre un *Avertissement*[1] tel qu'il vous plaira.

4494. A M. LE MARQUIS D'ARGENCE DE DIRAC.

12 octobre.

Vraiment, monsieur, je croyais vous avoir envoyé la lettre que vous me demandez; la voici, quoiqu'elle

---

[1] Voyez ma note, tome III, page 281. B.

n'en vaille pas trop la peine. Je suis toujours très étonné que le parlement de Toulouse soit demeuré, dans cette affaire, dans une inaction qui ne peut être que honteuse. S'il croit avoir bien jugé les Calas, il doit publier la procédure, pour tâcher de se justifier; s'il sent qu'il se soit trompé, il doit réparer son injustice, ou du moins son erreur; il n'a fait ni l'un ni l'autre, et voilà le cas où c'est le plus infame des partis de n'en prendre aucun.

On me mande de Languedoc que cette fatale aventure a fait beaucoup de bien à ces pauvres huguenots, et que, depuis ce temps-là, on n'a envoyé personne aux galères pour avoir prié Dieu en pleine campagne, en vers français aussi mauvais que nos psaumes latins.

Adieu, monsieur; vous ne sauriez croire combien je suis sensible au bien que vous faites dans votre province. Mille respects à mademoiselle votre fille, qui sera bientôt madame.

4495. A MADAME LA MARQUISE DU DEFFAND.

16 octobre.

J'ai vu, madame, votre Écossais [1], qui aurait droit d'être fier comme un Écossais, si on pouvait être fier en proportion de ses connaissances et de son mérite. Il m'a dit que, malgré la mélancolie dont vous me parlez, vous conservez une imagination charmante dans la société. Il n'y a point de dédommagement pour les deux yeux, mais il y a de grandes con-

---

[1] James Mac-Donald; voyez une de mes notes sur la lettre 4370. B.

solations. Voici bientôt le temps où je vais perdre la vue ; mes détestables fluxions me reprennent dans l'automne et l'hiver : je suis précisément comme Pollux, qui ne voyait le jour que six mois de l'année.

Nous avons beaucoup parlé de vous et de M. le président Hénault. Vous savez bien que je m'intéresserai tendrement à l'un et à l'autre jusqu'au dernier moment de ma vie. Il me manda, par sa dernière lettre, que tout doit finir. Rien n'est plus vrai : tous les êtres animés ne sont nés qu'à cette condition ; mais il faut bien se souvenir que Cicéron, qui était premier président du parlement de Rome, dit souvent dans ses lettres, et quelquefois même au sénat romain, que la mort n'est que la fin des douleurs. César, qui a conquis et gouverné votre pays des Welches, pensait de même, et ces deux messieurs valaient bien le P. Élisée[1].

En attendant, il faut s'amuser. Madame de Florian, ma nièce, vous fera tenir, avec cette lettre, quelques feuilles imprimées[2] que j'ai trouvées chez un curieux. Il y a une lettre sur mademoiselle de Lenclos, écrite à un ministre huguenot, qui pourra vous égayer quelques minutes. Il y a quelques chapitres métaphysiques qui pourront vous ennuyer, et d'autres où l'on ne dit que des choses que vous savez, et que vous dites beaucoup mieux.

---

[1] Jean-François Copel, connu sous le nom du P. Élisée, était un carme qui prêcha avec quelques succès. Ses sermons sont imprimés. Né à Besançon en 1726, il mourut à Pontarlier en 1783. B.

[2] C'était le tome III des *Nouveaux mélanges*, contenant le morceau *Sur mademoiselle de Lenclos*, qui est au tome XXXIX, page 401. B.

J'y joins un autre ouvrage qu'on appelle le *Dictionnaire philosophique*. Des méchants me l'ont imputé; c'est une calomnie atroce dont je vous demande justice. Je suis fâché qu'un livre si dangereux soit si commode pour le lecteur; on l'ouvre et on le ferme sans déranger les idées. Les chapitres sont variés comme ceux de Montaigne, et ne sont pas si longs.

On m'assure que cette édition-ci est plus ample[1] et plus insolente que toutes les autres. Je ne l'ai pas vue; vous en jugerez: et je la condamne s'il y a du mal.

Je vous dirai cependant, à ma honte, que j'aime assez en général tous ces petits chapitres qui ne fatiguent point l'esprit.

Je vais faire chercher encore une *Pucelle* pour vous amuser; mais je doute que j'aie le temps de la trouver avant le départ de madame de Florian. On trouve rarement des pucelles chez ces marauds d'huguenots de Genève.

Je ne sors jamais de chez moi, et je m'en trouve bien: on a tous ses moments à soi; et la vie est si courte, qu'il n'en faut pas perdre un quart d'heure.

Je suis fâché que vous preniez en aversion nos pauvres philosophes. Si vous croyez qu'ils marchent un peu sur mes traces, je vous prie de ne pas battre ma livrée.

Je sais toute l'histoire de la petite-vérole de madame la duchesse de Boufflers. S'il était vrai qu'elle

---

[1] J'ai, page 136, donné l'indication de huit articles ajoutés dans une réimpression du *Dictionnaire philosophique*. Une autre édition fut encore augmentée de seize articles; voyez ma Préface du tome XXVI. B.

eût été en effet bien inoculée, et qu'elle eût eu la petite-vérole naturelle après l'artificielle, cela serait triste pour elle[1]; mais ce serait un exemple unique entre vingt mille; et les exceptions rares n'ôtent rien à la force des lois générales.

Je n'étais pas instruit de la maladie de madame la maréchale de Luxembourg. Elle n'a point répondu à une lettre[2] qui méritait assurément une réponse; mais je m'intéresserai toujours à elle, comme si elle répondait.

Adieu, madame; je vous aimerai toujours sans la plus légère diminution. Je souhaite que vous soyez la moins malheureuse qu'on puisse être sur ce ridicule petit globe.

4496. A M. DALEMBERT.

16 octobre.

Mon cher et vrai et grand philosophe, madame de Florian, qui retourne à Paris, vous dira combien vous êtes aimé à Ferney, et combien l'injustice qu'on vous fait nous a paru welche; mais, en récompense, on dit qu'on donne une pension à l'auteur du *Siége de Calais*, et à ceux du *Journal chrétien*. Il y a des choses bien humiliantes dans l'espèce humaine; mais il n'y en a point de plus honteuse que de voir continuellement les arts jugés par des Midas.

Votre aventure fait tort à la nation, ou plutôt à

---

[1] L'inoculation n'avait produit sur madame de Boufflers aucune fièvre, ainsi que l'explique le docteur Gatti dans une *Lettre* imprimée dans la *Gazette littéraire* du 1er septembre 1765, et contenant l'histoire de l'inoculation de madame de Boufflers. B.

[2] Celle du 9 janvier, n° 4305. B.

ceux qui la gouvernent par leurs premiers commis. Je rougis quand je songe qu'on vous a refusé chez vous la vingtième partie de ce qu'on vous a offert dans les pays étrangers. Le mérite, les talents, la réputation, seront-ils donc regardés comme les ennemis de l'état?

Quoi! vous ne voulez pas croire que Jean-Jacques, pour avoir la sainte communion huguenote, a promis (page 90[1]) « de s'élever clairement contre l'ou« vrage infernal *De l'Esprit*, qui, suivant le principe « détestable de son auteur, prétend que sentir et « juger sont une seule et même chose, ce qui est « évidemment établir le matérialisme. » Cela est écrit et signé de la main de Jean-Jacques, et frère Damilaville vous apporte l'exemplaire d'où ces belles paroles sont tirées. En vérité les Welches valent encore mieux que les Genevois. Vous êtes un peu vengé à présent de ces déistes honteux; les prêtres sont dans la boue, et les citoyens dans un orage. Le conseil et les bourgeois sont divisés plus que jamais, et je crois que le conseil a tort, parceque des magistrats veulent toujours étendre leur pouvoir, et que le peuple se borne à ne vouloir pas être opprimé. Au milieu de toutes ces querelles, l'*inf*... est dans le plus profond mépris. On commence de tous côtés à ouvrir les yeux. Il y a certains livres dont on n'aurait pas confié le manuscrit à ses amis il y a quarante ans, dont on fait six éditions en dix-huit mois[2]. Bayle

---

[1] C'est aux pages 53-54 du *Recueil* que j'ai cité dans une note sur la lettre 4468. B.

[2] Voltaire veut sans doute parler du *Dictionnaire philosophique*, dont je n'ai pas cité toutes les éditions dans ma Préface du tome XXVI. B.

paraît aujourd'hui beaucoup trop timide. Vous sentez bien que le fanatisme écume de rage, à mesure que le jour de la raison commence à luire. J'espère que du moins, cette fois-ci, les parlements combattront pour la philosophie sans le savoir. Ils sont forcés de soutenir les droits du roi contre les usurpations des évêques. On ne s'était pas douté que la cause des rois fût celle des philosophes ; cependant il est évident que des sages, qui n'admettent pas deux puissances, sont les premiers soutiens de l'autorité royale. La raison dit que les prêtres ne sont faits que pour prier Dieu ; les parlements sont en ce point d'accord avec la raison.

> Grace aux préventions de leur esprit jaloux,
> Nos plus grands ennemis ont combattu pour nous [1].

J'ai passé des jours délicieux avec frère Damilaville, et je voudrais vivre et mourir entre vous et lui. Ne pouvant remplir ce désir, je souhaite au moins que les sages de Paris soient unis entre eux.

Cinq ou six personnes de votre trempe suffiraient pour faire trembler l'*inf...* et pour éclairer le monde. C'est une pitié que vous soyez dispersés sans étendard et sans mot de ralliement. Si jamais vous faites quelque ouvrage en faveur de la bonne cause, frère Damilaville me le fera tenir avec sûreté ; vous ne serez pas compromis par des bavards, comme vous l'avez été.

On mettra le nom de feu M. Boulanger à la tête de l'ouvrage. Vous êtes comptable de votre temps à

[1] *Britannicus*, acte V, scène 1. B.

la raison humaine. Ayez l'*inf...* en exécration, et aimez-moi ; comptez que je le mérite par les sentiments que j'aurai pour vous jusqu'au jour où je rendrai mon corps aux quatre éléments; ce qui arrivera bientôt, car j'ai une faiblesse continue avec des redoublements.

4497. A M. DAMILAVILLE.

16 octobre.

J'ai passé de beaux jours avec vous, mon cher frère; il me reste les regrets; mais il me reste aussi la douceur du souvenir, et l'espérance de vous revoir encore avant que je meure. Qui vous empêcherait, par exemple, de revenir un jour avec monsieur et madame de Florian? Vous savez combien ils vous aiment, car vous avez gagné tous les cœurs. J'ai reçu votre lettre de Dijon, et madame de Florian ne vous rendra la mienne qu'à Paris. Je me flatte que votre zèle, conduit par votre prudence, va servir la bonne cause avec toute la chaleur que la nature a mise dans votre cœur généreux, sincère, et compatissant. Les indignes ennemis de la raison et de la vertu sentiront bientôt qu'il n'y a de raison et de vertu que chez les vrais philosophes. L'infâme Jean-Jacques est le Judas de la confrérie, mais vous ferez de dignes apôtres.

Vous savez avec quelle impatience j'attends les manuscrits de Fréret[1], que vous m'avez promis. Ceux que vous avez emportés peuvent se multiplier aisément. La lumière ne doit pas demeurer sous le bois-

---

[1] La *Lettre de Thrasybule à Leucippe*, qui circulait en manuscrit, ne fut imprimée qu'en 1768. B.

seau[1]. Je me flatte que vous m'instruirez des querelles du parlement et du clergé; nous sommes cette fois-ci parlementaires, et de dignes paroissiens de M. l'archevêque de Novogorod[2].

Les divisions de Genève éclateront bientôt. Il est absolument nécessaire que vous et vos amis vous répandiez dans le public que les citoyens ont raison contre les magistrats; car il est certain que le peuple ne veut que la liberté, et que la magistrature ambitionne une puissance absolue. Y a-t-il rien de plus tyrannique, par exemple, que d'ôter la liberté de la presse? et comment un peuple peut-il se dire libre, quand il ne lui est pas permis de penser par écrit? Quiconque a le pouvoir en main voudrait crever les yeux à tous ceux qui lui sont soumis; tout juge de village voudrait être despotique : la rage de la domination est une maladie incurable.

Je commence à lire aujourd'hui le livre italien *des Délits et des Peines*[3]. A vue de pays cela me paraît philosophique; l'auteur est un frère.

Adieu, vous qui serez toujours le mien. Adieu, mon cher ami; périssent les infâmes préjugés, qui déshonorent et qui abrutissent la nature humaine, et vivent la raison et la probité, qui sont les protectrices des hommes contre les fureurs de l'*inf...*! Adieu, encore une fois, au nom de Confucius, de Marc-Antonin, d'Épictète, de Cicéron, et de Caton.

---

[1] Matthieu, v, 15. B.

[2] Voyez le *Mandement du révérendissime Père en Dieu*, etc., tome XLII, page 127. B.

[3] Voltaire a fait un *Commentaire* sur cet ouvrage de Beccaria; voyez tome XLII, page 417. B.

4498. A M. DE LA HARPE.

19 octobre.

J'avoue qu'il y a quelque chose de vrai dans ce que vous dites de la belle réception qu'on fit à cette *Adélaïde du Guesclin*, long-temps avant que vous fussiez né. On ne réussit dans ce monde qu'à la pointe de l'épée; le plaisant de l'affaire, c'est qu'il n'y a pas un mot de changé dans la pièce autrefois sifflée et aujourd'hui applaudie. Ces exemples doivent consoler[1] la jeunesse. Songez que si vous travaillez pour des Français, vous travaillez aussi pour des Welches, qui ont approuvé une Électre[2] amoureuse d'un Itys, qui ont préféré la *Phèdre* de Pradon à celle de Racine, et qui ont méprisé *Athalie* pendant trente ans. C'est bien pis dans les provinces, où les présidents des élections et les échevins jugent d'un ouvrage par les feuilles de Fréron. Heureusement vous avez autant de courage que de génie. Quelqu'un a dit que la gloire réside au haut d'une montagne; les aigles y volent, et les reptiles s'y traînent. Vous avez pris un vol d'aigle dans *Warwick*, et vos ailes sont bonnes.

Je vous embrasse de tout mon cœur. Madame Denis vous fait mille compliments.

4499. A M. LE COMTE D'ARGENTAL.

26 octobre.

Je vous obéis toujours ponctuellement, mon divin

---

[1] La tragédie de *Pharamond*, par La Harpe, jouée le 14 auguste 1765, n'avait point eu de succès. B.

[2] Dans l'*Électre* de Crébillon; voyez tome XL, page 476. B.

ange; mais c'est quand je le peux. Votre dernière lettre du 19 octobre, qui, par parenthèse, est charmante, me remontre mon devoir sur deux ou trois points d'*Adélaïde*. Vous verrez, par la feuille suivante[1], que mon devoir est rempli, bien ou mal.

Les quatre vers que vous regrettez, et qui commencent :

Il faut à son ami montrer son injustice[2],

sont déjà restitués, et je les ai envoyés à Lekain, à qui je vous prie de faire tenir ce nouveau brimborion[3].

Comme *il faut à son ami montrer son injustice*, vous croyez donc me montrer la mienne en prenant partie contre les filles[4], et vous trouvez bon qu'on les empêche d'aller où vous savez, c'est-à-dire en Russie ? Je conçois bien qu'il n'est pas permis d'enrôler des soldats et de débaucher des manufacturiers ; mais je vous assure que les filles majeures ont le droit de voyager, et que la manière dont on en a usé avec un seigneur envoyé par Catherine est directement contre les lois divines, humaines, et même genevoises. J'en ai été d'autant plus piqué, que M. le comte de Schowalow, très intéressé dans cette affaire, était alors chez moi.

[1] Un feuillet contenant des corrections, et joint à la lettre. B.

[2] Ce vers est dans le *Duc de Foix*, acte II, scène 4 ; mais il n'est pas dans la version actuelle d'*Adélaïde*, ni dans les variantes ; on lit aujourd'hui, acte IV, scène 5 (voyez tome III, page 344) :

Quand un ami se perd, il faut qu'on l'avertisse, etc.   B.

[3] Le feuillet contenant les corrections dont j'ai parlé dans ma note première. B.

[4] Voyez les lettres 4482 et 4492. B.

Je vous assure de plus que je n'ai jamais vécu avec les membres du conseil de la parvulissime république de Genève; car, excepté les Tronchin et deux ou trois autres, ce tripot est composé de pédants du seizième siècle. Il y a beaucoup plus d'esprit et de raison dans les autres citoyens. Au reste, vient chez moi qui veut, je ne prie personne; madame Denis fait les honneurs, et moi je reste dans ma chambre, condamné à souffrir ou à barbouiller du papier; les visites me feraient perdre mon temps; je n'en rends aucune, Dieu merci. Les belles et grandes dames, les pairs, les intendants même, se sont accoutumés à ma grossièreté. Il n'est pas en moi de vivre autrement, grace à ma vieillesse et à mes maladies.

Madame la comtesse d'Harcourt se fera porter dans un lit à la suite de Tronchin. Elle pouvait se remuer quand elle vint ici, elle ne se remue plus; on déposera son lit sous des hangars ou des remises, de cabaret en cabaret, jusqu'à Paris. Je voudrais bien en faire autant qu'elle, uniquement pour vous faire ma cour, et pour jouir de la consolation de vous revoir. Mon cœur vous l'a dit cent fois, et il est dur de mourir sans avoir causé avec vous. Mais j'ai avec moi un parent[1] qui, quoique jeune, est réduit à un état pire, sans comparaison, que celui de madame d'Harcourt. Il a besoin de nos secours journaliers. Comment l'abandonner? comment laisser ma petite Corneille grosse de six mois? Je me dis, pour m'étourdir: Ce sera pour l'année qui vient; belle chimère! l'année qui vient

---

[1] Daumart; voyez tome LVII, page 269. B.

je serai mort, et les dévots riront bien quand je serai damné.

Je soupçonne que si M. le duc de Praslin se dégoûte d'un tracas qui n'est qu'un fagot d'épines, s'il est assez philosophe pour rester ministre avec la liberté de vivre avec ses amis et de jouir de ses belles possessions, M. de Chauvelin vous consolera. Il est parti bien brusquement de Turin, comme vous savez, et comme vous saviez sans doute avant qu'il partît. J'ai été confondu qu'il n'ait pas pris son chemin par mes masures; mais il m'a mandé qu'il était très pressé, et moi j'ai été très fâché de ne pouvoir lui rendre mes hommages à son passage.

Vos Welches gâtent tout, ils détériorent jusqu'à l'inoculation. Ces choses-là n'arrivent point en Angleterre. Je suis bon Français, *quoi qu'on die*[1]; je suis affligé des sottises que font certains corps; ils se mettent évidemment dans le cas d'avoir tort quand ils auront raison.

Adieu, mon divin ange; madame Denis vous fait mille tendres compliments, et vous savez combien je vous idolâtre.

Que devient madame d'Argental pendant votre absence?

4500. A M. L'ABBÉ DE VOISENON[2].

A Ferney, le 28 octobre.

J'avais un arbuste inutile
Qui languissait dans mon canton;

---

[1] *Femmes savantes*, acte III, scène 2. B.
[2] Le conte de Voltaire intitulé *l'Éducation d'une fille* (voyez tome XIV) avait fourni à Favart le sujet d'*Isabelle et Gertrude, ou les Sylphes supposés*,

> Un bon jardinier de la ville
> Vient de greffer mon sauvageon.
> Je ne recueillais de ma vigne
> Qu'un peu de vin grossier et plat;
> Mais un gourmet l'a rendu digne
> Du palais le plus délicat.
> Ma bague était fort peu de chose;
> On la taille en beau diamant :
> Honneur à l'enchanteur charmant
> Qui fit cette métamorphose !

Vous sentez bien, monsieur l'évêque de Montrouge, à qui sont adressés ces mauvais vers. Je vous prie de présenter mes compliments à M. Favart, qui est un des deux conservateurs des graces et de la gaîté françaises. Comme il y a environ dix ans que vous ne m'avez écrit, je n'ose vous dire : *O mon ami! écrivez-moi;* mais je vous dis : *Ah! mon ami, vous m'avez oublié net.*

4501. A M. LE PRINCE DE GALLITZIN.

Octobre.

Monsieur, j'ai trop d'obligations à sa majesté impériale, je lui suis trop respectueusement attaché pour ne l'avoir pas servie, autant qu'il a dépendu de moi, dans le dessein qu'elle a eu de faire venir dans son empire quelques femmes de Genève et du pays de

---

comédie en un acte, mêlée d'ariettes, jouée sur le théâtre des Italiens le 14 auguste 1765, imprimée la même année. La pièce est dédiée à Voisenon, qui en avait envoyé un exemplaire à Voltaire. On prétendait que l'abbé était le principal auteur de plusieurs des pièces qui étaient données par Favart ou par madame Favart; tandis qu'il a été seulement collaborateur, et pour peu de chose, au *Jardinier supposé*, à *l'Amitié à l'épreuve*, à la *Fée Urgèle*, et aux *Moissonneurs*. La réponse de Voisenon à Voltaire est sous le n° 4509. B.

Vaud[1], pour enseigner la langue française à des jeunes filles de qualité à Moscou et à Pétersbourg. C'est d'ailleurs un si grand honneur pour notre langue, que j'aurais secondé cette entreprise, quand même la reconnaissance ne m'en aurait pas imposé le devoir.

M. le comte de Schowalow a déjà rendu compte à votre excellence de toute cette affaire, et de la manière dont le petit conseil de Genève a fait sortir de la ville M. le comte de Bulau, chargé des ordres de l'impératrice. Je peux assurer à votre excellence que jamais il n'a été défendu à aucun Genevois ni à aucune Genevoise d'aller s'établir où bon leur semble. Ce droit naturel est une partie essentielle des droits de cette petite nation, dont le gouvernement est démocratique. Il est vrai qu'elle ne prétend pas qu'on fasse des recrues chez elle, et M. le duc de Choiseul même a eu la bonté de souffrir que les capitaines genevois au service de France ne fissent point de recrues à Genève, quoiqu'il fût très en droit de l'exiger; mais il y a une grande différence entre battre la caisse pour enrôler des soldats, et accepter les conditions que demandent des femmes, maîtresses d'elles-mêmes, pour aller enseigner la jeunesse.

Le petit-conseil de Genève semble, je l'avoue, ne s'être conduit ni avec raison, ni avec justice, ni avec le profond respect que doivent des bourgeois de Genève à votre auguste impératrice; mais votre excellence sait bien que, dans les compagnies, ce ne sont pas toujours les plus vertueux et les plus sensés qui

---

[1] Voyez les lettres 4482 et 4492. B.

prédominent. Il y a quelques magistrats que l'esprit de parti a rendus ridiculement ennemis de la France et de la Russie, et qui fesaient des feux de joie à leurs maisons de campagne lorsque nos armes avaient été malheureuses dans le cours de la dernière guerre.

Ce sont ces conseillers de ville qui ont forcé les autres à faire à M. de Bulau l'affront intolérable dont M. le comte de Schowalow se plaint si justement. Je ne me mêle en aucune manière des continuelles tracasseries qui divisent cette petite ville; et, sans avoir la moindre discussion avec personne, je me suis borné, dans cet éclat, à témoigner à M. le comte de Schowalow et à d'autres mon respect, ma reconnaissance, et mon attachement pour sa majesté l'impératrice. Ces sentiments, gravés dans mon cœur, seront toujours la règle de ma conduite. C'est ce que j'ai écrit en dernier lieu à un ami de M. le duc de Praslin, et c'est une protestation que je renouvelle entre vos mains.

J'ai l'honneur d'être avec respect, etc.

4502. A M. LEKAIN.

A Ferney, le 1er novembre.

J'ai reçu, mon cher ami, votre lettre du 24 octobre, et vous devez avoir reçu à présent, par M. d'Argental, tout ce que j'ai pu faire pour votre bretonne *Adélaïde*. Je ne l'ai pas actuellement sous les yeux: les maçons et les charpentiers se sont emparés de ma maison, et mes vers m'ennuient.

Je vous prie de me mander si vous êtes actuellement bien employé à Fontainebleau, si mademoiselle

ANNÉE 1765. 473

Clairon y a paru, et si elle y paraîtra; si on a joué *Gertrude*[1], et *Ce qui plaît aux Dames*[2].

Je ne peux m'imaginer que monseigneur le dauphin soit en danger[3], puisqu'on donne continuellement des fêtes. Sa santé peut être altérée, mais ne doit point donner d'alarmes. Mandez-moi, je vous prie, s'il assiste au spectacle, et s'il a vu votre *Adélaïde*; je dis la vôtre, car c'est vous seul qui l'avez ressuscitée.

Adieu, je vous embrasse, et je vous prie de me dire des nouvelles, si vous avez le temps d'écrire.

Ce 2 novembre.

Comme on allait porter ma lettre à Genève, j'ai retrouvé quelques lambeaux de cette *Adélaïde*, que j'ai si long-temps négligée.

1° Je suppose qu'on a rayé dans votre copie ces quatre vers du troisième acte :

> Mais bientôt abusant de ma reconnaissance,
> Et de ses vœux hardis écoutant l'espérance,
> Il regarda mes jours, ma liberté, ma foi,
> Comme un bien de conquête, et qui n'est plus à moi[4].

Ces quatre vers sont bons à être oubliés.

2° Je trouve, dans ce même troisième acte, à la dernière scène, ces vers dans un couplet de Coucy[5] :

---

[1] Voyez ma note sur la lettre 4500. B.

[2] *La Fée Urgèle, ou Ce qui plaît aux Dames*, comédie (de Favart et Voisenon) tirée du conte de Voltaire intitulé *Ce qui plaît aux Dames* (voyez tome XIV), avait été représentée à Fontainebleau le 26 octobre 1765, et le fut à Paris le 4 décembre. B.

[3] Il mourut le 20 décembre. B.

[4] Ces vers sont dans l'édition de 1766; voyez tome III, page 358. B.

[5] Voyez tome III, page 332. B.

Faites au bien public servir votre disgrace.
Eh bien! rapprochez-les, unissez-vous à moi.

Je suppose qu'à la scène v et dernière du quatrième acte, vous tombez dans un fauteuil lorsque Coucy dit :

Il ne se connaît plus, il succombe à sa rage;

mais je ne crois pas que ce jeu de l'acteur doive être indiqué dans la pièce [1].

Voilà, mon cher ami, tout ce que je puis vous dire sur une pièce qui ne méritait pas l'honneur que vous lui avez fait.

Nous avons des pluies continuelles; si la saison n'est pas plus belle à Fontainebleau, vos fêtes doivent être assez tristes.

4503. A M. LE MARQUIS DE FLORIAN,

A PARIS.

A Ferney, 1er novembre.

Je suis très fâché, monsieur, que vous soyez arrivé si tôt à Paris; j'aurais bien voulu tenir encore chez moi long-temps monsieur et madame de Florian, et M. de Florianet [2].

Je ne sais si les spectacles ont cessé à Paris, dans la crise dangereuse où se trouve monsieur le dauphin; ils doivent du moins être déserts, et le clergé doit suspendre ses querelles, pour ne s'occuper qu'à prier

---

[1] Cette indication du jeu de l'acteur a été conservée (voyez tome III, page 341); elle l'était dans l'édition in-4° de 1768 et dans les suivantes. B.

[2] Jean-Pierre Claris de Florian, auteur d'*Estelle*, etc., né le 6 mars 1755, mort à Sceaux le 13 septembre 1794. B.

Dieu. Il vaut beaucoup mieux qu'il fasse des prières que des mandements ; les unes seront très bien reçues de Dieu, et les autres fort mal du public. M. Tronchin est parti pour Paris ; nous verrons si on le consultera. Madame d'Harcourt le suit dans un lit[1] dont elle ne sortira point sur la route. Elle est, ainsi que Daumart, un terrible exemple du pouvoir de la médecine.

Je crois que vous ne vous intéressez guère aux affaires de messieurs de Genève. Une grande partie des citoyens est toujours fort aigrie contre les grandes perruques. On s'est assemblé aujourd'hui pour faire des élections ; je n'en sais point encore le résultat. Mon devoir et mon goût sont, ce me semble, de jouer un rôle directement contraire à celui de Jean-Jacques. Jean-Jacques voulait tout brouiller ; et moi, comme bon voisin, je voudrais, s'il était possible, tout concilier. Il y a de part et d'autre des gens de mérite, mais ce sont des mérites incompatibles. Je reçois les uns et les autres de mon mieux ; c'est à quoi je me borne. Il faut tâcher de ne pas ressembler au voisin Robert, qui se trouvait fort mal d'avoir voulu raccommoder Sganarelle et sa femme [2].

Je me flatte que madame de Florian est en bonne santé. J'ai beau faire des allées et des étoiles pour sa sœur, elle ne s'y promène point ; elle a le malheur d'être à la campagne, et de n'en pas jouir ; je fais continuellement avec elle le repas du renard et de la cigogne.

[1] Voltaire dément cela dans la lettre 4507. B.
[2] *Médecin malgré lui*, acte I, scène 2. B.

Mes compliments, je vous prie, à votre beau-frère [1] et à votre beau-fils [2]. Si vous rencontrez quelque évêque, dites-lui qu'il ne m'excommunie point; si vous rencontrez quelque conseiller du parlement, dites-lui qu'il ne me brûle point au pied du grand escalier (comme la lettre circulaire de l'évêque de Reims), en présence de maître Dagobert Ysabeau [3].

Adieu, monsieur; je vous embrasse vous et madame votre femme, sans cérémonie, et de tout mon cœur.

4504. A M. DE LA BORDE [4],

PREMIER VALET DE CHAMBRE DU ROI.

A Ferney, 4 novembre.

Savez-vous, monsieur, combien votre lettre me fait d'honneur et de plaisir? Voici donc le temps où les morts ressuscitent. On vient de rendre la vie à je ne sais quelle *Adélaïde*, enterrée depuis plus de trente ans; vous voulez en faire autant à *Pandore* [5]; il ne me manque plus que de me rajeunir : mais M. Tronchin ne fera pas ce miracle, et vous viendrez à bout du vôtre. *Pandore* n'est pas un bon ouvrage, mais il peut produire un beau spectacle, et une mu-

---

[1] L'abbé Mignot; voyez tome LIII, page 41; et XLVII, 31. B.

[2] Hornoy; voyez tome LVI, page 662. B.

[3] Dagobert-Étienne Ysabeau; voyez tome XLII, page 128. B.

[4] Jean-Benjamin de La Borde, premier valet de chambre de Louis XV, fermier général à la mort de ce prince, était né en 1734, et mourut sur l'échafaud révolutionnaire le 22 juillet 1794. C'est contre sa famille que l'abbé de Claustre eut un scandaleux procès, dans lequel Voltaire prit la plume; voyez tome XLVI, page 12. B.

[5] J.-B. de La Borde mit en musique cet opéra de Voltaire; voyez tome IV. B.

sique variée : il est plein de duo, de trio, et de chœurs; c'est d'ailleurs un opéra philosophique qui devrait être joué devant Bayle et Diderot; il s'agit de l'origine du mal moral et du mal physique. Jupiter y joue d'ailleurs un assez indigne rôle; il ne lui manque que deux tonneaux. Un assez médiocre musicien, nommé Royer[1], avait fait presque toute la musique de cette pièce bizarre, lorsqu'il s'avisa de mourir. Vous ne ressusciterez pas ce Royer, vous êtes plutôt homme à l'enterrer.

J'avoue, monsieur, qu'on commence à se lasser du récitatif de Lulli, parcequ'on se lasse de tout, parcequ'on sait par cœur cette belle déclamation notée, parcequ'il y a peu d'acteurs qui sachent y mettre de l'ame; mais cela n'empêche pas que cette déclamation ne soit le ton de la nature et la plus belle expression de notre langue. Ces récits m'ont toujours paru fort supérieurs à la psalmodie italienne; et je suis comme le sénateur Pococurante[2], qui ne pouvait souffrir un châtré fesant, d'un air gauche, le rôle de César ou de Caton.

L'opéra italien ne vit que d'ariettes et de fredons; c'est le mérite des Romains d'aujourd'hui; la grand'-messe et les opéra font leur gloire. Ils ont des feseurs de doubles croches, au lieu de Cicérons et de Virgiles; leurs voix charmantes ravissent tout un auditoire en *a*, en *e*, en *i*, et en *u*.

Je suis persuadé, monsieur, qu'en unissant ensemble le mérite français et le mérite italien, autant

---

[1] Voyez tome LVI, page 427. B.

[2] Personnage de *Candide*; voyez tome XXXIII, page 317. B.

que le génie de la langue le comporte, et en ne vous bornant pas au vain plaisir de la difficulté surmontée, vous pourrez faire un excellent ouvrage sur un très médiocre canevas. Il y a heureusement peu de récitatif dans les premiers actes; il paraît même se prêter aisément à être mesuré et coupé par des ariettes.

Au reste, si vous voulez vous amuser à mettre le péché originel [1] en musique, vous sentez bien, monsieur, que vous serez le maître d'arranger le jardin d'Éden tout comme il vous plaira; coupez, taillez mes bosquets à votre fantaisie, ne vous gênez sur rien. Je ne sais plus quelle dame de la cour, en écrivant en vers au duc d'Orléans régent, mit à la fin de sa lettre :

> Alongez les trop courts, et rognez les trop longs,
> Vous les trouverez tous fort bons.

Vous écourterez donc, monsieur, tout ce qui vous plaira; vous disposerez de tout. Le poëte d'opéra doit être très humblement soumis au musicien; vous n'aurez qu'à me donner vos ordres, et je les exécuterai comme je pourrai. Il est vrai que je suis vieux et malade, mais je ferai des efforts pour vous plaire, et pour vous mettre bien à votre aise.

Vous me faites un grand plaisir de me dire que vous aimez M. Thomas; un homme de votre mérite doit sentir le sien. Il a une bien belle imagination guidée par la philosophie; il pense fortement, il écrit de même. S'il ne voyageait pas actuellement avec

---

[1] L'opéra de *Pandore*; voyez tome IV. B.

Pierre-le-Grand[1], je le prierais d'animer Pandore de ce feu de Prométhée dont il a une si bonne provision ; mais la vôtre vous suffira ; le peu que j'en avais n'est plus que cendres ; soufflez dessus, et vous en ferez peut-être sortir encore quelques étincelles. Si j'avais autant de génie que j'ai de reconnaissance de vos bontés, je ressemblerais à l'auteur d'*Armide*[2] ou à celui de *Castor et Pollux*[3].

J'ai l'honneur d'être avec les sentiments les plus respectueux, monsieur, etc.

4505. A M. DAMILAVILLE.

4 novembre.

Mon cher frère, je ne suis pas étonné que les petits-maîtres de Paris choquent un peu le bon sens d'un philosophe tel que vous. Vous n'aviez pas besoin de Ferney pour détester les faux airs, la légèreté, la vanité, le mauvais goût. Votre Platon est sans doute revenu avec vous, et vous vous consolerez ensemble de l'importunité des gens frivoles. Le petit nombre des élus sera toujours celui des penseurs.

Je suis trop vieux, et je ne me porte pas assez bien pour aller faire un tour chez les Shavanais ; mais je les respecte et je les aime. Je connaissais déjà la belle harangue de ce peuple vraiment policé aux Anglais de la Nouvelle-Angleterre, qui se disent policés.

---

[1] Thomas composait son poëme intitulé *Le czar Pierre I*[er] ; voyez lettre 4481. B.
[2] Quinault. B. — [3] Bernard. B.

J'ai déjà même écrit[1] quelque chose à ce sujet qui m'a paru en valoir la peine. Les vrais sauvages sont les ennemis des beaux-arts et de la philosophie; les vrais sauvages sont ceux qui veulent établir deux puissances; les vrais sauvages sont les calomniateurs des gens de lettres. La calomnie mérite bien le nom d'*infame* que nous lui avons donné.

Avouez que vous l'avez trouvée bien infame quand vous avez été témoin de ma vie philosophique et retirée, quand vous avez vu mon église, que je tiens pour aussi jolie, aussi bien recrépie, et aussi bien desservie que celle de Pompignan. Son frère, l'évêque du Puy, m'appelle impie, et voudrait me faire brûler, parceque j'ai trouvé les psaumes de Pompignan mauvais; cela n'est pas juste, mais la vertu sera toujours persécutée.

Je crois que vous allez donner une nouvelle chaleur à la souscription en faveur des Calas. Les belles actions sont votre véritable emploi. Celui que la fortune vous a donné n'était pas fait pour votre belle ame.

J'ai pris la liberté de supplier l'électeur palatin d'ordonner à son ministre à Paris de souscrire pour plusieurs exemplaires[2]; je vous supplie de vous informer si ses ordres sont exécutés. Il doit y avoir pour environ mille écus de souscriptions à Genève. J'en ai pour ma part quarante-neuf qui ont payé, et cinq qui n'ont pas payé. Vous pourrez faire prendre l'argent chez M. De Laleu quand il vous plaira.

---

[1] Dans le chapitre vii de la *Philosophie de l'histoire;* voyez tome XV, page 29. B.

[2] Voyez lettre 4489. B.

M. le comte de La Tour-du-Pin m'écrivit sur-le-champ une lettre digne d'un brave militaire. Il m'ordonna de ne point rendre l'homme en question, sous quelque prétexte que ce pût être. Voilà comme il en faudrait user avec les persécuteurs de l'abominable espèce que vous connaissez.

On dit que *Ce qui plaît aux Dames*[1] a eu un grand succès à Fontainebleau. Il ne m'appartient pas, à mon âge, de me rengorger d'avoir fourni le canevas des divertissements de la cour; mais je suis fort aise qu'elle se réjouisse, cela me prouve évidemment que monsieur le dauphin n'est point en danger comme on le dit.

J'ai peur qu'à la Saint-Martin le parlement et le clergé ne donnent leurs opéra comiques, dont la musique sera probablement fort aigre; mais la sagesse du roi a déjà calmé tant de querelles de ce genre, que j'espère qu'il dissipera cet orage.

On m'a mandé qu'il paraissait un mandement d'un évêque grec[2]; je ne sais si c'est une plaisanterie ou une vérité. Il me semble que les Grecs ne sont plus à la mode. Cela était bon du temps de monsieur et de madame Dacier. Je fais plus de cas des confitures sèches que vous m'avez promis de m'envoyer par la diligence de Lyon; je crois que les meilleures se trouvent chez Fréret[3], rue des Lombards. Pardon des

---

[1] *La Fée Urgèle;* voyez ma note sur la lettre 4502. B.

[2] *Mandement du révérendissime Père en Dieu Alexis, archevêque de Novogorod-la-Grande;* voyez tome XLII, page 127. B.

[3] Les confitures de Fréret dont parle ici Voltaire sont la *Lettre de Thrasybule à Leucippe;* voyez ma note, page 464. B.

petites libertés que je prends avec vous, mais vous savez que les dévots aiment les sucreries.

Je peux donc espérer que j'aurai, au mois de janvier, le gros ballot qu'on m'a promis[1]. Il me fera passer un hiver bien agréable; mais cet hiver ne vaudra pourtant pas le mois d'été que vous m'avez donné. Il me semble qu'avec cette pacotille je pourrai avoir de quoi vivre sans recourir aux autres marchands, qui ne débitent que des drogues assez inutiles. Je sais fort bien aussi qu'il y a des drogues dans le gros magasin que j'attends, et que tout n'est pas des bons feseurs; mais le bon l'emportera tellement sur le mauvais, qu'il faudra bien que les plus difficiles soient contents.

Tronchin m'a demandé aujourd'hui des nouvelles de votre gorge; je me flatte que vous m'en apprendrez de bonnes. Ma santé est toujours bien faible, et les pluies dont nous sommes inondés ne la fortifient pas.

Adieu, mon vertueux ami; soutenez la vertu, confondez la calomnie, et écrasez cette infame.

4506. A MADAME LA MARQUISE DE FLORIAN.

7 novembre.

Ma chère nièce, voici un gros paquet que madame la duchesse d'Enville a bien voulu vous faire parvenir[2]. Vous y trouverez d'abord une lettre de

---

[1] Les tomes VIII et suivants de l'*Encyclopédie*. Il ne les reçut qu'en février 1766. B.

[2] Cette lettre avait été remise à madame la duchesse d'Enville, dont le départ fut retardé de jour en jour; voyez lettre 4516. B.

M. le comte de Schowalow pour M. de Florian, et un paquet pour madame du Deffand, que je vous supplie de lui faire tenir comme vous pourrez, et le plus tôt que vous pourrez.

Je ne sais pas trop quand vous recevrez tout cela, car nous sommes inondés; les ponts sont emportés, les coches de Lyon se noient dans la rivière d'Inn; nous voilà séparés du reste du monde, mais je m'aperçois seulement que je suis séparé de vous. Vous m'aviez accoutumé à une vie fort douce.

On ne sait point encore quand M. Tronchin ira s'établir à Paris; il semble qu'il redoute d'y être consulté sur la maladie de monsieur le dauphin. Les nouvelles de cette maladie varient tous les jours; mais je m'imagine toujours que le péril n'est pas pressant, puisque les spectacles continuent à Fontainebleau.

Je n'ai point vu mademoiselle Clairon sur la liste des plaisirs; il semble qu'on ait voulu lui faire croire qu'on pouvait se passer d'elle. Vous allez avoir, à la Saint-Martin, l'opéra comique, le parlement, et le clergé. Tout cela sera fort amusant; mais si vous êtes un peu philosophe, vous vous plairez davantage à la conversation de MM. Diderot et Damilaville.

Je ne sais si vous savez que Jean-Jacques Rousseau a été lapidé[1] comme saint Étienne, par des prêtres et des petits garçons de Motiers-Travers. Il me semble qu'on en parlait déjà quand vous étiez dans l'enceinte de nos montagnes; mais le bruit de ce martyre n'était pas encore confirmé. Heureusement les

[1] Le 1ᵉʳ septembre, et dans la nuit du 5 au 6 septembre. B.

pierres n'ont pas porté sur lui. Il s'est enfui comme les apôtres, et a secoué la poussière de ses pieds [1].

Nous verrons si le clergé de France fera lapider les parlements. Il me semble que celui de Paris a perdu son procès au sujet des nonnes de Saint-Cloud. Cela est bien juste; l'archevêque est duc de Saint-Cloud, et il faut que le charbonnier soit maître chez lui, surtout quand il a la foi du charbonnier.

Je vous prie, quand il y aura quelque chose de nouveau, de donner au grand-écuyer de Cyrus la charge de votre secrétaire des commandements. Vous ferez une bonne action, dont je vous saurai beaucoup de gré, si vous donnez à dîner à M. de Beaumont, non pas à Beaumont l'archevêque, mais à Beaumont le philosophe, le protecteur de l'innocence, et le défenseur des Calas et des Sirven. L'affaire des Sirven me tient au cœur; elle n'aura pas l'éclat de celle des Calas : il n'y a eu malheureusement personne de roué; ainsi nous avons besoin que Beaumont répare par son éloquence ce qui manque à la catastrophe. Il faut qu'il fasse un mémoire excellent. Je voudrais bien le voir avant qu'il fût imprimé, et je voudrais surtout que les avocats se défissent un peu du style des avocats.

Adieu, ma chère nièce; vous devez recevoir ou avoir reçu une lettre de votre sœur. Nous fesons mille compliments à tout ce qui vous entoure, mari, fils, et frère, et nous vous souhaitons autant de plaisir qu'on en peut goûter quand on est détrompé des illusions de Paris.

[1] Matthieu, x, 14. B.

4507. A MADAME DE FLORIAN.

Ferney, 8 novembre.

Vous croiriez peut-être, ma chère nièce, que je ne vous ai point écrit, et vous auriez tort avec toute l'apparence d'avoir raison, attendu qu'il y a depuis quelques jours[1] un gros paquet pour vous chez madame la duchesse d'Enville, qui a la bonté de s'en charger. Elle devait partir demain; mais toutes les rivières sont débordées, toutes les montagnes sont éboulées, tous les carrosses sont noyés, et personne ne part. Il est même fort douteux que M. Tronchin aille à Paris cet hiver. Je vous mandais[2] que madame la comtesse d'Harcourt se faisait transporter dans un tiroir, mais il n'en est plus rien.

On disait aussi dans votre grande ville qu'on avait envoyé un courrier à M. Tronchin, et qu'il allait à Fontainebleau; il n'y a pas un mot de vrai. Il se pourrait bien aussi qu'il ne fût pas vrai que M. de Castilhon, avocat général au parlement d'Aix, eût prononcé le discours qu'on débite sous son nom à Paris[3]. Le mieux qu'on puisse faire, en plus d'un genre, est d'attendre le Boiteux[4], et de ne rien croire

---

[1] Voltaire parle ici non de la lettre 4506, mais de la lettre 4503, adressée à M. de Florian. B.

[2] Voyez la lettre 4503. B.

[3] L'extrait du discours de Castilhon est imprimé dans les *Mémoires secrets* (de Bachaumont) du 10 octobre 1765. Cet extrait fut désavoué lors de l'impression du discours par ordre du parlement de Provence. Malgré le désaveu, on s'obstinait à croire Castilhon auteur des phrases mal sonnantes aux oreilles de quelques personnes. B.

[4] Le Temps, qui cloche. (*Note de feu Decroix.*)

du tout; croyez cependant très fermement que je vous aime de tout mon cœur, vous, le grand-écuyer de Cyrus, et vos deux conseillers.

4508. A M. DALEMBERT.

A Ferney, 9 novembre.

Vous avez dû recevoir la lettre où je vous parlais de la souscription des Calas; on m'a envoyé de plusieurs endroits le discours prétendu de M. de Castilhon. Je ne peux croire qu'un magistrat ait prononcé un discours si peu mesuré. Il y a des choses vraies: on aura sans doute brodé le fond. Trop de véhémence nuit quelquefois à la meilleure cause; et, comme dit fort bien Arlequin, le lavement trop chaud rejaillit au nez de celui qui le donne.

M. Tronchin n'a point reçu de courrier de Fontainebleau, comme on le disait, et je vois toujours qu'on fait monsieur le dauphin plus malade qu'il ne l'est. Le public est exagérateur, et ne voit jamais en aucun genre les choses comme elles sont. Il est vrai que les médecins en usent de même, ainsi que les théologiens. La plupart de ces messieurs ne voient la vérité ni ne la disent.

Si vous voyez M. Thomas, je vous prie de l'assurer que je lui ai dit la vérité quand je lui ai écrit[1]. Madame la duchesse d'Enville m'a fait l'honneur de me parler de la lettre d'un évêque grec[2]; je ne l'ai point encore vue; c'est apparemment quelque plaisan-

---

[1] Lettre 4481. B.
[2] *Mandement du révérendissime Père en Dieu Alexis, archevêque de Novogorod-la-Grande;* voyez tome XLII, page 127. B.

terie, car tout est à la grecque à présent. L'impératrice de Russie m'a envoyé une belle boîte d'or tout à la grecque.

Adieu, mon cher ami: je suis accablé de lettres cette poste.

4509. DE M. L'ABBÉ DE VOISENON[1].

> Vos jolis vers à mon adresse
> Immortaliseront Favart;
> C'est Apollon qui le caresse
> Quand vous lui jetez un regard.
> Ce dieu l'a placé dans la classe
> De ceux qui parent ses jardins:
> Sa délicatesse ramasse
> Les fleurs qui tombent de vos mains.
> Il vous a choisi pour son maître;
> Vos richesses lui font honneur.
> Il vous fait respirer l'odeur
> Des bouquets que vous faites naître.

Il n'aurait pas manqué de vous offrir sa comédie de *Gertrude*, mais il a la timidité d'un homme qui a vraiment du talent; il a craint que l'hommage ne fût pas digne de vous. Vous ne croiriez pas que, malgré les preuves multipliées qu'il a données des graces de son esprit, on a l'injustice de lui ôter ses ouvrages, et de me les attribuer. Je suis bien sûr que vous ne tomberez pas dans cette erreur. Quand il se sert de vos étoffes pour faire ses habits de fête, vous n'avez garde de l'en dépouiller.

Il vous enverra incessamment *la Fée Urgèle*: il m'a paru qu'elle avait réussi à Fontainebleau, d'où j'arrive. Ce n'est pas une raison pour qu'elle ait du succès ici: la cour est le Châtelet du Parnasse; et le public casse souvent ses arrêts. Mais vous avez fourni le fond de l'ouvrage; voilà sa caution la plus sûre.

[1] Réponse à la lettre 4500. P.

Adieu, mon plus ancien ami; je ne cesserai de l'être que lorsque le parlement rappellera les jésuites, et je ne vous oublierai que lorsque j'aurai oublié à lire.

4510. A M. DE CHABANON.

Au château de Ferney, 13 novembre.

Je fais passer ma réponse, monsieur, par madame votre sœur[1], que j'ai eu l'honneur de voir quelquefois dans mes masures helvétiques. Vous m'avez envoyé l'épître de M. Delille[2], mais souvenez-vous que c'est en attendant votre *Virginie*.

Nardi parvus onyx eliciet cadum.
Hor., lib. IV, od. xii, v. 17.

On fait de beaux vers à présent, on a de l'esprit et des connaissances; mais il est bien rare de faire des vers qui se retiennent et qui restent dans la mémoire, malgré qu'on en ait. Il règne, dans presque tous les ouvrages de ce temps-ci, une abondance d'idées incohérentes qui étouffent le sujet; et quand on les a lus, il semble qu'on ait fait un rêve : on se souvient seulement que l'auteur a de l'esprit, et on oublie son ouvrage.

M. Delille n'est pas dans ce cas; il pense d'ailleurs en philosophe, et il écrit en poëte; je vous prie de le remercier de la double bonté qu'il a eue de m'envoyer son ouvrage, et de me l'envoyer par vous. Je lui sais bon gré d'avoir loué Catherine. Elle

---

[1] Madame de La Chabalerie. B.

[2] *Épître sur les Voyages, qui a remporté le prix de l'académie de Marseille*, 1765, in-4°. B.

m'a fait l'honneur de me mander¹ qu'elle venait de chasser tous les capucins de la Russie; elle dit qu'Abraham Chaumeix est devenu tolérant, mais qu'il ne deviendra jamais un homme d'esprit. Elle en a beaucoup, et elle perfectionne tout ce que cet illustre barbare Pierre Ier a créé. Je suis persuadé que dans six mois on ira des bouts de l'Europe voir son carrousel : les arts et les plaisirs nobles sont bien étonnés de se trouver à l'embouchure du lac Ladoga.

Adieu, monsieur; vivez gaîment sur les bords de la Seine, et faites-y applaudir *Virginie*. Je soupçonne son histoire d'être fort romanesque : elle n'en sera pas moins intéressante. Personne ne prendra plus de part à vos succès que votre très humble, très obéissant serviteur et confrère.

4511. A M. TRONCHIN-CALENDRIN,

CONSEILLER D'ÉTAT DE LA RÉPUBLIQUE DE GENÈVE.

13 novembre.

Immédiatement après avoir lu, monsieur, le nouveau livre en faveur des représentants², la première chose que je fais est de vous en parler. Vous savez que M. Keate, gentilhomme anglais plein de mérite, me fit l'honneur de me dédier, il y a quelques années, son ouvrage sur Genève³; celui qu'on me dédie au-

¹ Voyez lettre 4463. B.
² Celui dont je donne le titre dans une note de la page 493. B.
³ L'ouvrage de G. Keate avait paru en 1761. La traduction française est intitulée *Abrégé de l'Histoire de Genève et de son gouvernement ancien et moderne*, traduit de l'anglais par *A. Lorowich*, avec quelques notes du traducteur; Londres (Genève), 1774, in-8°. B.

jourd'hui est d'une espèce différente, c'est un recueil de plaintes amères. L'auteur n'ignore pas combien je suis tolérant, impartial, et ami de la paix; mais il doit savoir aussi combien je vous suis attaché à vous, à vos parents, à vos amis, et à la constitution du gouvernement.

Genève, d'ailleurs, n'a point de plus proche voisin que moi. L'auteur a senti peut-être que cet honneur d'être votre voisin, et mes sentiments, qui sont assez publics, pourraient me mettre en état de marquer mon zèle pour l'union et pour la félicité d'une ville que j'honore, que j'aime, et que je respecte. S'il a cru que je me déclarerais pour le parti mécontent, et que j'envenimerais les plaies, il ne m'a pas connu.

Vous savez, monsieur, combien votre ancien citoyen Rousseau se trompa quand il crut que j'avais sollicité le conseil d'état contre lui. On ne se tromperait pas moins, si l'on pensait que je veux animer les citoyens contre le conseil.

J'ai eu l'honneur de recevoir chez moi quelques magistrats et quelques principaux citoyens qu'on dit du parti opposé. Je leur ai toujours tenu à tous le même langage; je leur ai parlé comme j'ai écrit à Paris. Je leur ai dit que je regardais Genève comme une grande famille dont les magistrats sont les pères, et qu'après quelques dissensions cette famille doit se réunir.

Je n'ai point caché aux principaux citoyens que, s'ils étaient regardés en France comme les organes et les partisans d'un homme dont le ministère n'a pas une opinion avantageuse, ils indisposeraient certainément nos illustres médiateurs, et ils pourraient rendre leur cause odieuse. Je puis vous protester qu'ils m'ont tous assuré qu'ils avaient pris leur parti sans lui, et qu'il était plutôt de leur avis qu'ils ne s'étaient rangés du sien. Je vous dirai plus, ils n'ont vu les *Lettres de la montagne* qu'après qu'elles ont été imprimées : cela peut vous surprendre, mais cela est vrai.

J'ai dit les mêmes choses à M. Lullin, secrétaire d'état, quand il m'a fait l'honneur de venir à ma campagne. Je vois avec douleur les jalousies, les divisions, les inquiétudes s'accroître; non que je craigne que ces petites émotions aillent jusqu'au trouble et au tumulte; mais il est triste de voir une ville remplie d'hommes vertueux et instruits, et qui a tout ce qu'il faut pour être heureuse, ne pas jouir de sa prospérité.

Je suis bien loin de croire que je puisse être utile; mais j'entrevois (en me trompant peut-être) qu'il n'est pas impossible de rapprocher les esprits. Il est venu chez moi des citoyens qui m'ont paru joindre de la modération et des lumières. Je ne vois pas que, dans les circonstances présentes, il fût mal-à-propos que deux de vos magistrats des plus conciliants me fissent l'honneur de venir dîner à Ferney, et qu'ils trouvassent bon que deux des plus sages citoyens s'y rencontrassent. On pourrait, sous votre bon plaisir, inviter un avocat en qui les deux partis auraient confiance.

Quand cette entrevue ne servirait qu'à adoucir les aigreurs, et à faire souhaiter une conciliation nécessaire, ce serait beaucoup, et il n'en pourrait résulter que du bien. Il ne m'appartient pas d'être conciliateur ; je me borne seulement à prendre la liberté d'offrir un repas où l'on pourrait s'entendre. Ce dîner n'aurait point l'air prémédité, personne ne serait compromis, et j'aurais l'avantage de vous prouver mes tendres et respectueux sentiments pour vous, monsieur, pour toute votre famille, et pour les magistrats qui m'honorent de leurs bontés.

4512. A M. LE COMTE D'ARGENTAL.

13 novembre.

Le petit ex-jésuite, mes anges, est toujours très docile; mais il se défie de ses forces, il ne voit pas jour à donner une passion bien tendre et bien vive à un triumvir; il dit que cela est aussi difficile que de faire parler un lieutenant-criminel en madrigaux.

Permettez-moi de ne point me rendre encore sur l'article des filles de Genève[1]. Non seulement la loi du couvent n'est pas que les filles seront cloîtrées dans la ville, mais la loi est toute contraire. Les choses sont rarement comme elles paraissent de loin. Le cardinal de Fleury regardait les derniers troubles de Genève comme une sédition des halles. M. de Lautrec arriva plein de cette idée; il fut bien étonné quand il apprit que le pouvoir souverain réside dans l'assemblée des citoyens; que le petit-conseil avait excédé son pouvoir, et que le peuple avait marqué

[1] Voyez lettres 4482 et 4492. B.

une modération inouïe jusqu'au milieu même d'un combat où il y avait eu du sang de répandu.

Les mécontentements réciproques entre les citoyens et le conseil subsistent toujours. Il ne convient ni à ma qualité d'étranger, ni à ma situation, ni à mon goût, d'entrer dans ces querelles. Je dois, comme bon voisin, les exhorter tous à la paix quand ils viennent chez moi; c'est à quoi je me borne.

On vient malheureusement de m'adresser une fort mauvaise ode [1], suivie d'une histoire des troubles de Genève jusqu'au temps présent. Cette histoire vaut bien mieux que l'ode; et plus elle est bien faite, plus je parais compromis par un parti qui veut s'attacher à moi. Cet ouvrage doit d'autant plus alarmer le petit-conseil, que nous sommes précisément dans le temps des élections. J'ai sur-le-champ écrit la lettre ci-jointe [2] à l'un des Tronchin qui est conseiller d'état. Je veux qu'au moins cette lettre me lave de tout soupçon d'esprit de parti; je veux paraître impartial comme je le suis.

Je vous supplie, mes divins anges, de bien garder ma lettre, et de vouloir bien même la montrer à M. le duc de Praslin en cas de besoin, afin que je ne perde pas tout le fruit de ma sagesse. Si je tiens la balance égale entre les citoyens et le conseil de Genève, il n'en est pas ainsi des querelles de votre parlement et de votre clergé. Je me déclare net pour

---

[1] *La Vérité, ode à M. de Voltaire, suivie d'une Dissertation historique et critique sur le gouvernement de Genève et ses révolutions;* à Londres, 1765, in-8° de xvi et 145 pages. B.

[2] C'est la lettre 4511. B.

le parlement, mais sans conséquence pour l'avenir; car je trouve fort mauvais qu'il fatigue le roi et le ministère pour des affaires de bibus, et je veux qu'il réserve toutes ses forces contre les usurpations ecclésiastiques, surtout contre les romaines. Il m'a fallu, en ressassant l'histoire, relire *la Constitution*; je ne crois pas qu'on ait jamais forgé une pièce plus impertinente et plus absurde. Il faut être bien prêtre, bien welche, pour faire de cette arlequinade jésuitique et romaine une loi de l'Église et de l'État. O Welches! ô Welches! vous n'avez pas le sens d'une oie.

Monsieur l'abbé le coadjuteur [1] m'a envoyé son portrait; je lui ai envoyé quelques rogatons qui me sont tombés sous la main. Je me flatte qu'on entendra parler de lui dans l'affaire des deux puissances, et que ce Bellérophon écrasera la Chimère du pouvoir sacerdotal, qui n'est qu'un blasphème contre la raison, et même contre l'Évangile.

J'ai chez moi un jésuite et un capucin [2], mais, par tous les dieux immortels, ils ne sont pas les maîtres.

Respect et tendresse.

Nota bene. Ou que M. de Praslin garde sa place, ou qu'il la donne à M. de Chauvelin; voilà mon dernier mot.

---

[1] L'abbé de Chauvelin. B.

[2] Dans sa lettre à Tabareau, du 27 juillet 1767, Voltaire le nomme, et Bastien se plaint d'avoir été volé par lui. Les éditeurs de Kehl disent que ce capucin se réfugia à Londres, où il mourut de la vérole. B.

4513. A M. DAMILAVILLE.

13 novembre.

Mon cher ami, plus je réfléchis sur la honteuse injustice qu'on fait à M. Dalembert, plus je crois que le coup part des ennemis de la raison : c'est cette raison qu'on craint et qu'on hait, et non pas sa personne. Je sais bien qu'un homme puissant[1] a cru, l'année passée, avoir lieu de se plaindre de lui; mais cet homme puissant est noble et généreux, et serait beaucoup plus capable de servir un homme de mérite que de lui nuire. Il a fait du bien à des gens qui ne le méritaient guère. Je m'imagine qu'il expierait son péché en procurant à un homme comme M. Dalembert, non seulement l'étroite justice qui lui est due, mais les récompenses dont il est si digne.

Je ne connais point d'exemple de pension accordée aux académiciens de Pétersbourg qui ne résident pas, mais il mérite d'être le premier exemple, et assurément cela ne tirerait pas à conséquence. Il faudrait que je fusse sûr qu'il n'ira point présider à l'académie de Berlin, pour que j'osasse en écrire en Russie. Rousseau doit être actuellement à Potsdam[2]; il reste à savoir si M. Dalembert doit fuir ou rechercher sa société, et s'il est bien déterminé dans le parti qu'il aura pris. J'agirai sur les instructions et les assurances positives que vous me donnerez.

L'impératrice de Russie m'a écrit une lettre à la Sévigné[3] : elle dit qu'elle a fait deux miracles; elle a

[1] Le duc de Choiseul. B.
[2] Il n'y alla pas. B.
[3] C'est la lettre 4463. B.

chassé de son empire tous les capucins, et elle a rendu Abraham Chaumeix tolérant. Elle ajoute qu'il 'y a un troisième miracle qu'elle ne peut faire, c'est de donner de l'esprit à Abraham Chaumeix.

Auriez-vous trouvé Bigex à Paris? Pour moi, j'ai toujours mon capucin [1]. Je fais mieux que l'impératrice; elle les chasse, et je les défroque.

Il paraît à Genève un livre qui m'est en quelque façon dédié: c'est une histoire courte, vive, et nette des troubles passés et des présents [2]. Les citoyens y exposent de très bonnes raisons; il semble que l'auteur veuille me forcer par des louanges, et même par d'assez mauvais vers, à prendre le parti des citoyens contre le petit-conseil; mais c'est de quoi je me garderai bien. Il serait ridicule à un étranger, et surtout à moi, de prendre un parti. Je dois être neutre, tranquille, impartial, bien recevoir tous ceux qui me font l'honneur de venir chez moi, ne leur parler que de concorde: c'est ainsi que j'en use; et s'il était possible que je leur fusse de quelque utilité, je ne pourrais y parvenir que par l'impartialité la plus exacte.

Je vais faire rassembler ce que je pourrai des anguilles de M. Needham pour vous les faire parvenir; ce ne sont que des plaisanteries [3]. Les choses auxquelles Bigex peut travailler sont plus dignes de l'attention des sages.

On m'a dit qu'on allait faire une nouvelle édition

---

[1] Voyez ma note sur la lettre 4512. B.
[2] Voyez ma note, page 493. B.
[3] Les *Questions* ou *Lettres sur les miracles;* voyez t. XLII, p. 143. B.

de l'ouvrage attribué à Saint-Évremont¹, et de quelques autres pièces relatives au même objet. J'ai cherché en vain à Genève une lettre d'un évêque grec²; il n'y en a qu'un seul exemplaire, qui est, je crois, entre les mains de madame la duchesse d'Enville. On prétend que c'est un morceau assez instructif sur l'abus des deux puissances. L'auteur prouve, dit-on, que la seule véritable puissance est celle du souverain, et que l'Église n'a d'autre pouvoir que les prérogatives accordées par les rois et par les lois. Si cela est, l'ouvrage est très raisonnable. J'espère l'avoir incessamment.

Adieu, mon cher ami; tout notre ermitage vous fait les plus tendres compliments.

4514. A M. DUPONT.

A Ferney, 15 novembre.

Mon cher Cicéron d'Alsace, que ne puis-je être utile à votre famille! Si le pays que vous habitez eût pu me convenir, j'aurais acheté le château d'Horbourg au lieu de celui de Ferney, et j'aurais bien trouvé le moyen de placer quelques uns de vos enfants. Me voici depuis onze ans au pied des Alpes. La mort m'a privé de presque tous mes amis, les autres m'ont oublié; il ne me reste que le regret de n'avoir pu servir un homme de votre mérite. Je me console par l'espérance que plusieurs princes d'Alle-

---

¹ C'est l'*Analyse de la religion chrétienne,* dont il a été question si souvent; voyez tome XXVIII, page 211; et XLIII, 514. B.
² Voyez le *Mandement de l'archevêque de Novogorod;* tome XLII, page 127. K.

magne, dont vous serez le conseil, prendront soin de votre fortune.

Je suis actuellement un peu embarrassé. J'ai entrepris des bâtiments et des jardins, sur la parole positive que M. Jean Maire m'avait donnée qu'il me paierait avec la plus grande exactitude. Les rentes viagères exigent qu'on ne manque jamais l'échéance ; il me fait un peu languir, et je suis obligé de renvoyer mes ouvriers, au hasard de voir l'hiver, qui est bien rude dans nos quartiers, détruire les ouvrages commencés pendant l'été. Je vous prie d'écrire un petit mot à M. Jean Maire pour l'engager à ne pas m'oublier. Je suppose qu'il n'a pas d'argent actuellement, mais il peut me fournir des lettres de change, en me fesant bon de l'escompte. Je lui ai proposé tous les tempéraments possibles ; ayez la bonté de le faire souvenir sérieusement de ses engagements, et de lui faire sentir que l'accumulation des arrérages deviendrait pour lui aussi désagréable que l'est pour moi la privation de ce qui m'est dû.

Adieu, mon cher ami ; on ne peut vous être attaché plus tendrement que je le suis. VOLTAIRE.

4515. A M. DAMILAVILLE.

19 novembre.

Mon cher frère, voici des guenilles[1] qui ne sont pas miraculeuses, mais dans lesquelles un honnête impie se moque prodigieusement des miracles. Le prophète Grimm en demande quelques exemplaires ;

---

[1] Les *Lettres* ou *Questions sur les miracles* ; voyez t. XLII, p. 143. B.

je vous en envoie cinq. Ce ne sont là que des troupes légères qui escarmouchent; vous m'avez promis un corps d'armée considérable. J'attends ce livre de Fréret[1], qui doit être rempli de recherches savantes et curieuses; envoyez-moi une bonne provision; la victoire se déclare pour nous de tous côtés. Je vous assure que dans peu il n'y aura que la canaille sous les étendards de nos ennemis, et nous ne voulons de cette canaille ni pour partisans ni pour adversaires. Nous sommes un corps de braves chevaliers défenseurs de la vérité, qui n'admettons parmi nous que des gens bien élevés. Allons, brave Diderot, intrépide Dalembert, joignez-vous à mon cher Damilaville, courez sus aux fanatiques et aux fripons; plaignez Blaise Pascal, méprisez Houteville et Abbadie autant que s'ils étaient Pères de l'Église; détruisez les plates déclamations, les misérables sophismes, les faussetés historiques, les contradictions, les absurdités sans nombre; empêchez que les gens de bon sens ne soient les esclaves de ceux qui n'en ont point : la génération naissante vous devra sa raison et sa liberté.

Je vous ai toujours dit que M. le duc de Choiseul a une ame noble et sensible; c'est un grand malheur qu'il soit mécontent de Protagoras.

Est-il possible qu'un homme d'un esprit si supérieur que Saurin fasse toujours des pièces qui ne réussissent guère[2]? à quoi tient donc le succès? Des gens médiocres font des pièces qu'on joue pendant

---

[1] La *Lettre de Thrasybule à Leucippe*; voyez page 464. B.
[2] On avait joué, le 6 novembre 1765, l'*Orpheline léguée,* comédie en trois actes et en vers libres, de Saurin. B.

vingt ans; on représente encore la *Didon*[1] de Pompignan. Grace au ciel, je n'ai point fait *le Siége de Paris*; il y a pourtant là un certain évêque Goslin qui fesait une belle figure; il n'exigeait point de billets de confession, mais il se battait comme un diable sur la brèche, et tuait des Normands tant qu'il pouvait. Si jamais on met des évêques sur le théâtre, comme je l'espère, je retiens place pour celui-là.

N'oubliez pas de presser Briasson de tenir sa promesse[2]. Je peux mourir cet hiver, et je ne veux point mourir sans avoir eu entre mes mains tout le *Dictionnaire encyclopédique*. Je commencerai par lire l'article *Vingtième*.

Nous vous embrassons tous.

4516. A MADAME LA MARQUISE DU DEFFAND.

A Ferney, 20 novembre.

Il faut que vous sachiez, madame, qu'il y a près d'un mois que madame la duchesse d'Enville voulut bien se charger d'un assez gros paquet pour vous. Ce paquet, qui en contenait d'autres, est adressé à madame Florian, qui doit prendre ce qui est pour elle, et vous faire tenir ce qui est pour vous. Le départ de madame la duchesse d'Enville a été retardé de jour en jour; mais enfin elle ne sera pas toujours à Genève.

Je ne sais si ce que je vous envoie vous amusera;

---

[1] Cette tragédie avait été jouée, pour la première fois, en 1734. B.
[2] De lui envoyer les volumes VIII et suivants de l'*Encyclopédie*. B.

mais vous verrez, dans la lettre[1] qui est jointe à ce paquet, que je vous ouvre entièrement mon cœur. Je m'y suis livré au plaisir de causer avec vous comme si j'étais au coin de votre feu. Je ne peux vous rien dire de plus que ce que je vous ai dit. Je pense sur le présent et sur l'avenir comme j'ai parlé dans ma lettre. Plus on vieillit, dit-on, plus on a le cœur dur: cela peut être vrai pour des ministres d'état, pour des évêques, et pour des moines; mais cela est bien faux pour ceux qui ont mis leur bonheur dans les douceurs de la société et dans les devoirs de la vie.

Je trouve que la vieillesse rend l'amitié bien nécessaire; elle est la consolation de nos misères et l'appui de notre faiblesse, encore plus que la philosophie. Heureux vos amis, madame, qui vous consolent, et que vous consolez! Je vous ai toujours dit que vous vivriez fort long-temps, et je me flatte que M. le président Hénault poussera encore loin sa carrière. Le chagrin, qui use l'ame et le corps, n'approche point de lui.

On m'a mandé qu'on avait découvert un bâtard de Moncrif qui a soixante et quatorze ans. Si cela est, Moncrif est le doyen des beaux esprits de Paris; mais il veut toujours paraître jeune, et dit qu'il n'a que soixante-dix-huit ans[2]; c'est avoir un grand fonds de coquetterie.

Je m'occupe à bâtir et à planter comme si j'étais jeune; chacun a ses illusions. Je vous ai mandé que

---

[1] Cette autre lettre jointe au paquet manque; Voltaire en reparle dans sa lettre à Damilaville, du 3 janvier 1766. B.

[2] C'était en effet l'âge de Moncrif, qui, né en 1687, est mort en 1770. B.

je commençais mon quartier de quinze-vingt, qui arrive tous les ans avec les neiges.

Voilà la saison, madame, où nous devons nous aimer tous deux à la folie; c'est dans mon cœur un sentiment de toute l'année.

Je ne sais s'il est vrai que monsieur le dauphin ait vomi un abcès de la poitrine, et si cette crise pourra le rendre aux vœux de la France. Je voudrais que les mauvaises humeurs, qu'on dit être dans les parlements et dans les évêques, eussent aussi une évacuation favorable; mais l'esprit de parti est plus envenimé qu'un ulcère aux poumons.

Portez-vous bien, madame, et agréez mon tendre respect. Daignez ne me pas oublier auprès de votre ancien ami.

4517. A M. LE DUC DE PRASLIN.

Ferney, 20 novembre au soir.

En écrivant et en riant aux anges, je supplie monseigneur le duc de Praslin de jeter un coup d'œil sur le contenu; mais, s'il n'en a pas le temps, vite le paquet[1] aux anges. Il s'agit de grandes affaires.

Je le supplie d'agréer l'attachement extrême et le respect de ce vieux Suisse qui ne vit que pour lui. V.

4518. DE M. DALEMBERT.

A Paris, ce 22 novembre.

On a enfin accordé, mon cher maître, non à mes sollicitations, car je n'en ai fait aucune, mais aux démarches

---

[1] Ce diot être autre chose que la lettre 4512. B.

réitérées de l'académie, aux cris du public, et à l'indignation de tous les gens de lettres de l'Europe, la magnifique pension de trois à quatre cents livres (car elle ne sera pas plus forte pour moi) qu'on jugeait à propos de me faire attendre depuis six mois. Vous croyez bien que je n'oublierai de ma vie cet outrage atroce et absurde : je dis cet outrage, car le délai m'a plus offensé que n'aurait fait un prompt refus qui m'aurait vengé en déshonorant ceux qui me l'auraient fait. Vous avez pu voir dans le *Journal encyclopédique*[1] la petite lettre que j'y ai fait insérer ; elle fait un contraste bien ridicule (et bien avilissant pour ceux qui en sont l'objet) avec l'article du même journal mis en note au bas de cette lettre. Si jamais j'ai été tenté de prendre mon parti, je puis vous dire que je l'ai été vivement dans cette occasion. Le roi de Prusse me mettait bien à mon aise par les propositions qu'il me fesait ; mais j'ai résolu de ne me mettre jamais au service de personne, et de mourir libre comme j'ai vécu. On dit que Rousseau va à Potsdam[2] : je ne sais si la société du roi de Prusse sera de son goût ; j'en doute, d'autant plus qu'il s'en faut de beaucoup que ce prince soit enthousiaste de ses ouvrages. Quant à moi, tout ce que je desirerais, ce serait d'être assez riche pour pouvoir me retirer dans une campagne, où je me livrerais en liberté à mon goût pour l'étude, qui est plus grand que jamais. L'affaiblissement de ma santé, les visites à rendre et à recevoir, la sujétion des académies auxquelles malheureusement ma subsistance est attachée, me rendent la vie de Paris insupportable. Ce qu'il y a de fâcheux, c'est que je ne vois nul moyen de parvenir à cet heureux état ; il mettrait le comble à mon indépendance, pour laquelle j'ai plus de fureur que jamais. J'ai fait un supplément[3] à la *Destruction des Jésuites*, où les jansénistes, les seuls ennemis qui nous restent, sont traités comme ils le méritent : mais je ne sais ni quand, ni où, ni comment je dois le donner. Je voudrais bien servir

---

[1] Voyez ma note sur la lettre 4490. B.
[2] Il n'y alla pas. B.
[3] C'est la *Lettre à M****, etc. ; voyez ma note, page 223. B.

la raison, mais je desire encore plus d'être tranquille. Les hommes ne valent pas la peine qu'on prend pour les éclairer; et ceux même qui pensent comme nous nous persécutent. Adieu, mon cher maître; je vous embrasse de tout mon cœur.

4519. A M. DAMILAVILLE.

25 novembre.

Votre mal de gorge et votre amaigrissement me déplaisent beaucoup; vous savez si je m'intéresse à votre bien-être et à votre long-être. Notre Esculape-Tronchin ne guérit pas tout le monde : madame la duchesse d'Enville pourra bien rester tout l'hiver à Genève. Quoi qu'il fasse, mon cher ami, la nature en saura toujours plus que la médecine. La philosophie apprend à se soumettre à l'une, et à se passer de l'autre; c'est le parti que j'ai pris.

Cette philosophie, contre laquelle on se révolte si injustement, peut faire beaucoup de bien, et ne fait aucun mal. Si elle avait été écoutée, les parlements n'auraient pas tant harcelé le roi et tant outragé les ministres. L'esprit de corps et la philosophie ne vont guère ensemble. Je crains que l'archevêque de Novogorod[1], dont vous me parlez, ne puisse les soutenir dans la seule chose où ils paraissent avoir raison, et qu'après avoir combattu mal à propos l'autorité royale sur des affaires de finance et de forme, ils ne finissent par succomber quand ils soutiennent cette même autorité contre quelques entreprises du clergé.

Mais la santé de monsieur le dauphin est un objet si

[1] C'est sous le nom d'Alexis, archevêque de Novogorod, que Voltaire avait publié un petit écrit intitulé *Mandement,* etc.; voyez tome XLII, page 127. B.

intéressant, qu'il doit anéantir toutes ces querelles. La bulle *Unigenitus*, et toutes les bulles du monde, ne valent pas assurément la poitrine et le foie d'un fils unique du roi de France.

Madame Denis ne se porte pas trop bien; elle me charge de vous dire combien elle vous aime et vous estime. Elle attend les boîtes de confitures que vous voulez bien nous envoyer; il n'y a qu'à les mettre au coche de Lyon.

Embrassez pour moi MM. Diderot et Dalembert, quand vous les verrez. Toute mon ambition est que la cour puisse les connaître, et rendre justice à leur mérite, qui fait honneur à la France.

Qu'est devenu le très paresseux Thieriot? Il m'écrit une ou deux fois l'an par boutade. Vous savez probablement que Jean-Jacques est à Strasbourg, où il fait jouer *le Devin du Village;* cela vaut mieux que de chercher à mettre le trouble dans Genève, et d'être lapidé à Motiers-Travers. Les magistrats et les citoyens sont toujours divisés; je ne les vois les uns et les autres que pour leur inspirer la concorde : c'est la boussole invariable de ma conduite.

Je vous demande en grace de presser M. de Beaumont sur l'affaire des Sirven; elle me paraît toute prête; le temps est favorable; je ne crois pas qu'il y ait un instant à perdre.

Je vous embrasse du meilleur de mon cœur.

4520. A M. LEKAIN.

Ce 25 novembre.

Je présume que M. Lekain aura attendu un temps plus favorable pour faire débiter la tragédie qu'il imprime; je viens de découvrir encore des vers répétés au troisième acte.

Il y a dans la scène deuxième de ce troisième acte :

Vous acceptiez la main qui vous perça le flanc.

C'est Nemours qui parle; et Adélaïde lui dit, quelques vers après :

Enflé de sa victoire, et teint de votre sang,
Il m'ose offrir la main qui me perça le flanc.

Je retrouve dans une vieille copie :

Tout doit, si je l'en crois, céder à son pouvoir;
Lui plaire est ma grandeur, l'aimer est mon devoir.

Cette version est sans doute la meilleure [1]; des cartons ne sont pas une chose bien difficile, et il faut les préférer à des négligences insupportables.

Je fais mille remerciements à M. Lekain.

Je ne crois pas qu'il y ait eu des spectacles à Paris pendant les prières de quarante heures. S'il y a quelque chose de nouveau, je le supplie de vouloir bien en faire part à son ami V.

4521. A M. DAMILAVILLE.

27 novembre.

Je ne manquai pas, mon cher ami, de faire chercher, il y a quelques jours, à Genève, chez le sieur Boursier, les deux petites facéties de Neuchâtel [2]. Je les adressai sous l'enveloppe de M. de Courteilles, comme vous me l'aviez prescrit. Je serais fâché qu'elles fussent perdues; il serait difficile de les re-

---

[1] C'est celle qui est tome III, page 323. B.

[2] Deux exemplaires de la *Collection des lettres sur les miracles*, etc.; Neuchâtel, 1765, in-8°; voyez tome XLII, page 145. B.

trouver. Ce sont des bagatelles qui n'ont qu'un temps, après quoi elles périssent comme les feuilles de Fréron.

Les divisions de Genève continuent toujours, mais sans aucun trouble. Ce fut, ces jours passés, une chose assez curieuse de voir huit cent cinquante citoyens refuser leurs suffrages aux magistrats avec beaucoup plus d'ordre et de décence que les moines n'élisent un prieur dans un chapitre. Plusieurs magistrats et plusieurs citoyens m'ont prié de leur donner un plan de pacification. Je n'ai pas voulu prendre cette liberté sans consulter M. d'Argental. Je crois d'ailleurs qu'il faut attendre que les esprits un peu échauffés soient refroidis. M. Hennin, nommé à la résidence de Genève, viendra bientôt; c'est un homme de mérite très instruit; il est plus capable que personne de porter les Genevois à la concorde. Jean-Jacques a un peu embrouillé les affaires; on découvre tous les jours de nouvelles folies de ce Jean-Jacques. Vous connaissez, je crois, Cabanis, qui est un chirurgien de grande réputation. Ce Cabanis a mis long-temps des bougies en sa vilaine petite verge; il l'a soigné, il l'a nourri long-temps. Jean-Jacques a fini par se brouiller avec lui comme avec M. Tronchin. Il paraît que l'ingratitude entre pour beaucoup dans la philosophie de Jean-Jacques.

Notre enfant, madame Dupuits, vient d'accoucher, à sept mois, d'un garçon qui est mort au bout de deux heures. Il a été heureusement baptisé; c'est une grande consolation. Il est triste que père Adam n'ait pas fait cette fonction salutaire, dont il se serait acquitté avec une extrême dignité.

Adieu, mon très cher *écr. de l'inf....*

P. S. Je recommande toujours à vos bontés l'affaire de Sirven. Un homme de loi de son pays m'a mandé qu'il lui avait conseillé lui-même de fuir; et que, dans le fanatisme qui aliénait alors tous les esprits, il aurait été infailliblement sacrifié comme Calas. Cette seconde affaire fera autant d'honneur à M. de Beaumont que la première, sans avoir le même éclat. On verra que l'amour de l'humanité l'anime plutôt que celui de la célébrité.

4522. A M. LE COMTE D'ARGENTAL.

27 novembre.

Il y a deux choses, mes divins anges, à considérer en ce paquet. La plus importante est celle de deux vers à restituer dans *Adélaïde;* et ces deux vers se trouvent dans une lettre ci-jointe à Lekain [1], laquelle je soumets à la protection de mes anges.

La seconde est une billevesée [2] d'une autre espèce qui fera voir à mes anges combien je suis impartial, ami de la paix, exempt de ressentiment, équitable, et peut-être ridicule.

Plusieurs membres du conseil de Genève et plusieurs citoyens sont venus tour-à-tour chez moi, et m'ont exposé les sujets de leurs divisions. J'ai pris la

---

[1] La lettre du 25 novembre, n° 4520. B.
[2] Ce doit être le mémoire dont il est question dans la lettre 4543. B.

liberté de leur proposer des accommodements. Il y a quelques articles sur lesquels on transigerait dans un quart d'heure; il y en a d'autres qui demanderaient du temps, et surtout plus de lumières que je n'en ai. Mon seul mérite, si c'en est un, est de jouer un rôle diamétralement opposé à celui de Jean-Jacques, et de chercher à éteindre le feu qu'il a soufflé de toutes les forces de ses petits poumons. J'ai mis par écrit un petit plan de pacification qui me paraît clair et très aisé à entendre par ceux qui ne sont pas au fait des lois de la parvulissime république de Genève; donnez-vous, je vous en prie, le plaisir ou l'ennui de lire ma petite chimère; je ne veux pas la présenter aux intéressés avant que vous m'ayez dit si elle est raisonnable. Je crois qu'il faudrait préalablement la montrer à deux avocats de Paris, afin de savoir si elle ne répugne en rien au droit public et au droit des gens. Ensuite je vous prierai de la faire lire à M. de Saint-Foix, à M. le marquis de Chauvelin, à M. Hennin, et enfin à M. le duc de Praslin; mais non pas à M. Cromelin, parcequ'il est partie intéressée, et que, malgré tout son esprit et toute sa raison, il peut être préoccupé.

Si M. le duc de Praslin approuvait ce plan, je le proposerais alors au conseil de Genève, et ce serait un préliminaire de la paix que M. Hennin ferait à son arrivée. Je ne me mêlerai plus de rien, dès que M. Hennin sera ici; je ne fais que préparer les voies du Seigneur[1].

Je sais bien, mes divins anges, que M. le duc de

[1] « Viam Domini. » Isaïe, xi, 3. B.

Praslin a maintenant des affaires plus importantes. Je vois avec douleur que les parlements, à force d'avoir demandé des choses qui ont paru injustes, succomberont peut-être dans une chose juste, et que la France ne sera pas du diocèse de Novogorod-la-Grande[1].

La maladie de monsieur le dauphin cause encore de plus grandes inquiétudes, et ce n'est pas trop le temps de parler des tracasseries de Genève; mais aussi les tracasseries étrangères peuvent servir de délassement, et amuser un moment.

Amusez-vous donc, et donnez-moi vos avis et vos ordres.

Quand vous serez dans un temps plus heureux et plus fait pour les plaisirs, le petit ex-jésuite vous enverra ses roués. Il a profité, autant qu'il a pu, de vos très bons conseils; il ne parviendra jamais à faire une pièce attendrissante : ce n'était pas son dessein ; mais elle pourra être vigoureuse et attachante.

Toute ma petite famille baise très humblement le bout de vos ailes.

4523. A M. LE COMTE D'ARGENTAL.

28 novembre.

Je dois dire ou répéter à mes anges que quand je leur ai envoyé un plan, qui n'est pas un plan de tragédie, je n'ai pris cette liberté que parceque plu-

---

[1] Allusion aux principes exposés dans son *Mandement du révérendissime Père en Dieu Alexis, archevêque de Novogorod-la-Grande;* voyez t. XLII, p. 127. B.

sieurs personnes des deux partis m'en avaient prié.
J'ajoute encore que je n'ai mis par écrit mes idées
que pour donner à M. Hennin des notions prélimi-
naires de l'état des choses. M. Fabry, dont j'ai déjà
eu l'honneur de vous parler [1], et qui est à peu près
chargé des affaires par intérim, m'a paru être de
mon avis dans les conversations que j'ai eues. Ce qui
pourrait me faire croire que j'ai rencontré assez juste,
c'est qu'ayant proposé en général le nombre de sept
cents citoyens pour exiger une assemblée du corps
entier de la république, ce nombre a paru trop fort
aux citoyens, et trop petit aux magistrats; par conséquent il ne s'écarte pas beaucoup du juste milieu
que j'ai proposé, puisque l'assemblée générale n'est
presque jamais composée que de treize cents tout
au plus, et qu'il n'y a qu'un seul exemple où elle ait
été de quatorze cents.

Mes remontrances à Lekain deviennent inutiles
après l'édition faite d'*Adélaïde*; ainsi n'en parlons
plus. Un temps viendra où les tracasseries de la Comédie seront finies comme celles de Bretagne, et où
le petit ex-jésuite pourra revenir à ses roués; mais,
pour moi, je serai toujours à mes anges avec respect
et tendresse.

4524. DE CATHERINE II.

A Pétersbourg, 17-28 novembre.

Monsieur, ma tête est aussi dure que mon nom est peu har-
monieux; je répondrai par de la mauvaise prose à vos jolis
vers [2]. Je n'en ai jamais fait, mais je n'en admire pas moins

[1] Lettre 4473. B.
[2] Lettre 4485. B.

pour cela les vôtres. Ils m'ont si bien gâtée, que je ne puis presque plus en souffrir d'autres. Je me renferme dans ma grande ruche; on ne saurait faire différents métiers à-la-fois.

Jamais je n'aurais cru que l'achat d'une bibliothèque[1] m'attirerait tant de compliments: tout le monde m'en fait sur celle de M. Diderot. Mais avouez, vous à qui l'humanité en doit pour le soutien que vous avez donné à l'innocence et à la vertu dans la personne des Calas, qu'il aurait été cruel et injuste de séparer un savant d'avec ses livres.

Démétri, métropolite[a] de Novogorod, n'est ni persécuteur, ni fanatique. Il n'y a pas un principe dans le *Mandement d'Alexis*[2] qu'il n'avouât, ne prêchât, ne publiât, si cela était utile ou nécessaire : il abhorre la proposition des *deux puissances*. Plus d'une fois il m'a donné des exemples que je pourrais vous citer. Si je ne craignais de vous ennuyer, je les mettrais sur une feuille séparée, afin de la brûler si vous ne vouliez pas la lire.

La tolérance est établie chez nous : elle fait loi de l'état, et il est défendu de persécuter. Nous avons, il est vrai, des fanatiques qui, faute de persécution, se brûlent eux-mêmes; mais si ceux des autres pays en fesaient autant, il n'y aurait pas grand mal; le monde n'en serait que plus tranquille, et Calas n'aurait pas été roué. Voilà, monsieur, les sentiments que nous devons au fondateur de cette ville, que nous admirons tous deux.

Je suis bien fâchée que votre santé ne soit pas aussi brillante que votre esprit : celui-ci en donne aux autres. Ne vous plaignez point de votre âge, et vivez les années de Mathusalem, dussiez-vous tenir dans le calendrier la place que vous trouvez à propos de me refuser. Comme je ne me crois point

---

[1] Celle de Diderot; voyez page 312. B.

[a] Les métropolites ne diffèrent des autres évêques et archevêques que par une cape blanche; celui-ci l'a reçue pour m'avoir couronnée. — Cette apostille est de Catherine. B.

[2] Le *Mandement du révérendissime Père en Dieu Alexis, archevêque de Novogorod-la-Grande*, tome XLII, page 127. B.

en droit d'être chantée, je ne changerai point mon nom contre celui de l'envieuse et jalouse Junon : je n'ai pas assez de présomption pour prendre celui de Minerve; je ne veux point du nom de Vénus, il y en a trop sur le compte de cette belle dame. Je ne suis pas Cérès non plus; la récolte a été très mauvaise en Russie cette année : le mien au moins me fait espérer l'intercession de ma patronne là où elle est; et à tout prendre, je le crois le meilleur pour moi. Mais en vous assurant de la part que je prends à ce qui vous regarde, je vous en éviterai l'inutile répétition. CATERINE.

4525. A M. LEKAIN.

A Ferney, 29 novembre.

Mon cher grand acteur, j'ai reçu votre *Adélaïde*. Je m'imagine que la maladie de monsieur le dauphin et les tracasseries de Bretagne ne permettent pas qu'on donne une grande attention aux vers bons ou mauvais. J'ai peur que cette année-ci ne soit pas l'année de votre plus grosse recette; mais si mademoiselle Clairon ne donne pas sa démission, vous pourrez encore vous tirer d'affaire. M. de La Harpe me mande que vous avez donné la préférence à Stockholm sur Tolède [1]. Je ne doute pas qu'il n'y ait dans sa pièce autant d'intérêt que dans celle de Piron [2], avec de plus beaux vers.

Quant à la pauvre *Adélaïde*, elle ne me paraît pas si heureuse à la lecture qu'à la représentation. Je vois bien que vos talents l'avaient embellie. L'édition a beaucoup de fautes qui ne sont point corrigées

---

[1] Dans le *Gustave* de La Harpe, la scène était à Stockholm; dans le *Don Pèdre* de Voltaire, elle est à Tolède; voyez tome IX, page 386. B.

[2] *Gustave*, tragédie de Piron, avait été joué en 1733. B.

dans l'errata. Il me tombe sous la main un vers que je n'entends point du tout, c'est à la page 30 :

> Gardez d'être réduit au hasard dangereux
> Que les chefs de l'état ne trahissent leurs vœux [1].

Cela n'est ni français pour la construction, ni intelligible pour le sens. J'ai fait beaucoup de mauvais vers en ma vie ; mais, Dieu merci, je n'ai pas à me reprocher celui-là ; il est plat et barbare. Voilà où mène la malheureuse coutume de couper et d'étriquer des tirades. Quoique je sois bien vieux, je ne laisse pas d'avoir un peu de goût et même un peu d'amour-propre, et je suis fâché d'être si ridicule. Je vois bien qu'il n'y a plus de remède. Je vous prie, pour me consoler, de me mander comment vont les spectacles, les plaisirs ou l'ennui de Paris, et de ne plus mettre *Comédie française* en contre-seing sur vos lettres ; il est fort indifférent pour la poste que vos lettres viennent de la Comédie française ou de la Comédie italienne ; ce qui n'est pas indifférent, c'est votre amitié.

Je vous embrasse de tout mon cœur.

Je reçois votre lettre du 23. Je ne crains pas que *le Temple* [2] vous fasse grand tort, si *Gustave Wasa* est beau et bien joué.

---

[1] Voyez, tome II, pages 3 et 4, ce que Voltaire disait de ces vers dans un Avertissement qui est de 1768. B.

[2] La mauvaise édition d'*Adélaïde du Guesclin* donnée par Duchesne, qui avait pour enseigne *au Temple du Goût*; voyez t. VIII, p. 275. B.

4526. A M. LE COMTE D'ARGENTAL.

29 novembre.

Je commencerai par dire que celui de mes anges qui m'a béatifié de ses réflexions sur Octave a la plus grande raison du monde; et que, si le génie du jeune homme égale la sagesse de ces conseils, l'ouvrage ne sera pas indigne du public, tout dégoûté et tout difficile qu'il est.

Je suis, comme vous savez, le serviteur de M. Chabanon; je m'intéresse à ses succès; il doit savoir avec quel plaisir je recevrai sa *Virginie*. J'ai reçu *le Tuteur dupé* de M. de Lestandoux[1] : je l'en remercierai incessamment. Je prends la liberté de mettre dans ce paquet une lettre pour Lekain[2] : voilà pour tout ce qui regarde le *tripot*.

Comme mes anges daignent s'intéresser à la nièce de Corneille, il est juste que je leur dise que notre enfant en a fait un autre gros comme mon poing, que nous avons mis dans une boîte à tabac doublée de coton, et qui n'a pas vécu trois heures. L'enfant-mère se porte bien, et toute la famille est aux pieds et aux ailes de mes anges.

Venons à présent aux tracasseries de Genève.

Le secrétaire d'état est venu me remercier, de la part du conseil, de la manière impartiale et du zèle désintéressé avec lequel je me suis conduit. J'ai eu le bonheur jusqu'à présent d'avoir obtenu quelque confiance des deux partis, et de leur avoir fait approuver

---

[1] Voyez la lettre 4527. B.
[2] C'est la lettre qui précède. B.

ma franchise; mais je me suis aperçu que ce procès me fait perdre tout mon temps, et qu'il faudrait que je fusse à Genève, où je le perdrais encore davantage. Ni ma santé, ni mon goût, ni mes travaux, ne me permettent de quitter ma douce retraite. Vous savez, mes divins anges, que je vous ai parlé une fois [1] d'un M. Fabry, syndic des petits états de mon pays de Gex, maire de la ville de Gex, qui a été long-temps employé au réglement des limites avec la Suisse et Genève; il est chargé des affaires en attendant l'arrivée de M. Hennin. Il m'a paru n'être pas mécontent des moyens de pacification que j'ai imaginés, et de ceux que j'ai ajoutés depuis; il m'a paru desirer de travailler sur ces principes, et de préparer l'ouvrage que M. Hennin doit consommer; il a cru que ce service lui mériterait les récompenses qu'il attend d'ailleurs de M. le duc de Praslin.

J'ai pensé, mes divins anges, que je devais lui faire le sacrifice de cette petite négociation, sans pourtant abandonner le rôle que je joue, et ce rôle est de jeter de l'eau sur les charbons ardents allumés par Jean-Jacques; cela me suffit, je n'en veux pas davantage. Je me flatte que M. le duc de Praslin agréera ma conduite, et que M. Hennin n'en sera pas mécontent.

Si vous voyez monsieur le coadjuteur, je vous supplie de lui dire que je suis aussi fâché que lui du train qu'ont pris les choses. On a, ce me semble, trop fatigué le roi et le ministère par des expressions pleines d'aigreur. On a hasardé de perdre jusqu'aux

[1] Dans la lettre du 4 septembre, n° 4473. B.

libertés de l'Église gallicane, dont tous les parlements ont toujours été si justement et si invariablement les défenseurs. Cela fait de la peine à un pauvre historien qui aime sa patrie, et qui est entièrement de l'avis de l'archevêque de Novogorod-la-Grande[1]. La raison commençait à pénétrer chez les hommes, le fanatisme ecclésiastique peut l'écraser. J'en gémis jusqu'au fond de mon cœur; mais je compte toujours sur la sagesse du roi et de ses ministres, qui empêcheront que ces étincelles ne deviennent un embrasement.

Pardonnez à la bavarderie du vieux Suisse, qui aura toute sa vie pour vous la tendresse la plus respectueuse.

4527. A M. CAILHAVA[2].

Au château de Ferney, 30 novembre.

Je ne puis trop vous remercier, monsieur, de la bonté que vous avez eue de me faire partager le plaisir que vous avez donné à tout Paris. Je n'ai point été étonné du succès de votre pièce; non seulement elle fournit beaucoup de jeu de théâtre, mais le dialogue m'en a paru naturel et rapide; elle est aussi bien écrite que bien intriguée. Il est à croire que vous ne vous bornerez pas à cet essai, et que le Théâtre-Français s'enrichira de vos talents. Ma plus grande

---

[1] Voyez le *Mandement,* tome XLII, page 127. B.

[2] Jean-François Cailhava d'Estandoux, né à Toulouse le 28 avril 1731, mort à Sceaux le 21 juin 1813, avait fait jouer, le 30 septembre 1765, sur le Théâtre-Français, le *Tuteur dupé,* comédie en cinq actes et en prose. Il avait donné, en 1763, le *Présomptueux à la mode;* voyez tome LXI, page 112. B.

consolation, dans ma vieillesse languissante, est de voir que les beaux-arts, que j'aime, sont soutenus par des hommes de votre mérite.

J'ai l'honneur d'être avec toute l'estime qui vous est due, monsieur, etc.

4528. A M. DAMILAVILLE.

30 novembre.

J'ai lu *Thrasybule*[1], mon cher ami : il y a de très bonnes choses et des raisonnements très forts. Ce n'est pas là le style de Fréret; mais n'importe d'où vienne la lumière, pourvu qu'elle éclaire. Il eût été plus commode pour le lecteur que cet ouvrage eût été partagé en plusieurs lettres. On divise les pièces de théâtre en cinq actes, pour donner du relâche à l'esprit.

Jean-Jacques se conduit toujours comme un écervelé; cet homme-là n'a pas en lui de quoi être heureux.

J'ignore toujours si le petit paquet que le sieur Boursier m'a dit vous avoir envoyé[2] de Genève par M. de Courteilles vous est parvenu.

Comment va votre mal de gorge? Ma santé est actuellement fort mauvaise : je suis accoutumé à ces dérangements; ils n'affaiblissent pas assurément les tendres sentiments que j'ai pour mon cher ami. Je recommande toujours les pauvres Sirven à votre humanité bienfesante.

[1] Voyez ma note sur la lettre 4497. B.
[2] La *Collection de lettres sur les miracles;* voyez lettre 4521. B.

4529. A M. CHRISTIN, FILS,

AVOCAT A SAINT-CLAUDE [1].

2 décembre.

Il est si juste, monsieur, de pendre un homme pour avoir mangé du mouton le vendredi [2], que je vous prie instamment de me chercher des exemples de cette pieuse pratique dans votre province. La perte de la liberté et des biens pour avoir fourni de la viande aux hérétiques en carême n'est qu'une bagatelle. Je voudrais bien savoir de quelle date est la défense de traduire la *Bible* en langue vulgaire. Cette défense d'ailleurs était très raisonnable de la part de gens qui sentaient leur cas véreux.

Quand vous feuilletterez vos archives d'horreur et de démence, voulez-vous bien vous donner la peine de choisir tout ce que vous trouverez de plus curieux et de plus propre à rendre la superstition exécrable?

On ne peut être plus touché que je le suis, monsieur, de votre façon de penser et de votre amitié; vous êtes véritablement chéri dans notre maison.

4530. A M. LE COMTE D'ARGENTAL.

A Ferney, 2 décembre.

Mes anges, je vous confirme que je me suis lassé de perdre mon temps à vouloir pacifier les Genevois.

---

[1] Voyez ma note, tome XXX, page 342. B.

[2] Claude Guillon, gentilhomme franc-comtois, eut, en juillet 1629, la tête tranchée, pour avoir mangé du cheval un samedi; voyez tome XLII, pages 394, 448; XLVI, 427. B.

J'ai donné de longs dîners aux deux partis; j'ai abouché M. Fabry avec eux. Cette noise, dont on fait du bruit, est très peu de chose : elle se réduit à l'explication de quelques articles de la médiation. Il n'y a pas eu la moindre ombre de tumulte. C'est un procès de famille qui se plaide avec décence. Il n'est point vrai que le parti des citoyens *ait mis opposition à l'élection des magistrats*, comme l'a mandé M. Fabry, qui était alors peu instruit, et qui l'est mieux aujourd'hui. Les citoyens qui élisent ont seulement demandé de nouveaux candidats.

M. Hennin trouvera peut-être le procès fini, ou le terminera aisément. Mon seul partage, comme je vous l'ai déjà dit [1], a été de jeter de l'eau sur les charbons de Jean-Jacques Rousseau.

Ce qui m'a le plus déterminé encore à renvoyer les citoyens à M. Fabry, c'est un énorme soufflet donné en pleine rue à M. le président Du Tillet, l'un des malades de M. Tronchin. C'est un homme languissant depuis trois ans, et dans l'état le plus triste. Un citoyen, qui apparemment était ivre, lui a fait cet affront. Le conseil, occupé de ses différends, n'a point pris connaissance de cet excès si punissable. Le docteur Tronchin, pour ne pas effaroucher les malades qui viennent de France, a traité le soufflet de maladie légère, et a voulu tout assoupir. Les soufflets dégoûteraient les voyageurs. Voilà pourtant la seconde insulte faite dans Genève à des Français. Le conseil en pouvait faire justice d'autant plus aisément, qu'il a mis aux fers un citoyen pour s'être rendu caution du

[1] Lettre 4526. B.

droit de cité qu'un habitant réclamait sans montrer ses titres.

Il n'y a pas long-temps que M. le prince Camille fut condamné dans Genève à dix louis d'une espèce d'amende, pour avoir voulu séparer un de ses laquais qui se battait avec un citoyen. M. Hennin, encouragé par la protection de M. le duc de Praslin, mettra ordre à toutes ces étranges irrégularités. Pour moi, que mon âge et mes maladies retiennent dans la retraite, je fais de loin des vœux pour la concorde publique. J'aime tant la paix, et je l'inspire quelquefois avec tant de bonheur, que mon curé m'a donné un plein désistement du procès pour les dîmes. Ce désistement n'empêchera pas M. le duc de Praslin de persister dans ses bontés, et de faire rendre un arrêt du conseil qui confirmera les droits du pays de Gex et de Genève; mais à présent des objets plus importants et plus intéressants doivent attirer son attention.

Je vous supplie, mes divins anges, de vouloir bien, quand vous le verrez, l'assurer de ma respectueuse reconnaissance. Le même sentiment m'anime pour vous avec l'amitié la plus tendre.

4531. A M. LE MARQUIS D'ARGENCE DE DIRAC.

4 décembre.

Je vous crois actuellement, monsieur, en train d'être grand-père; car je m'imagine qu'on ne perd pas son temps dans votre beau climat. Notre petite Dupuits a perdu le sien : elle s'est avisée d'accoucher avant sept mois d'un petit drôle gros comme le pouce, qui a vécu environ deux heures. On était fort en peine de savoir s'il avait l'honneur de posséder une ame : père Adam, qui doit s'y connaître, et qui ne s'y connaît guère, n'était pas là pour décider la question ; une fille l'a baptisé à tout hasard, après quoi il est allé tout droit en paradis, où votre archevêque d'Auch [1] prétend que je n'irai jamais. Mais il devrait savoir que ce sont les calomniateurs qui en sont exclus, et que la porte est ouverte aux calomniés qui pardonnent et qui font du bien.

Permettez-moi de présenter mes respects à toute votre famille présente et à venir. Tout Ferney vous fait les plus sincères compliments.

4532. A M. SAURIN.

4 décembre.

Je soupçonne, monsieur, qu'il en est à peu près aujourd'hui comme de mon temps. Il y avait tout au plus aux premières représentations une centaine de gens raisonnables ; c'est pour ceux-là que vous avez écrit. Votre pièce est remplie de traits qui valent mieux à mon gré que bien des pièces nouvelles qui ont eu de grands succès. On y voit à tout moment l'empreinte d'un esprit supérieur, et vous ne ferez jamais rien qui ne vous fasse beaucoup d'honneur auprès des sages.

Il me paraît que madame votre femme est de ce nombre, puisqu'elle sent votre mérite et qu'elle vous rend heureux ; c'est une preuve qu'elle l'est aussi. Je

---

[1] Dans un *Mandement* de 1764 ; voyez tome XLII, page 314. B.

vous en fais à tous deux mes très tendres compliments.

Quant aux Anglais, je ne peux vous savoir mauvais gré de vous être un peu moqué de Gilles Shakespeare[1]. C'était un sauvage qui avait de l'imagination. Il a fait beaucoup de vers heureux, mais ses pièces ne peuvent plaire qu'à Londres et au Canada. Ce n'est pas bon signe pour le goût d'une nation, quand ce qu'elle admire ne réussit que chez elle.

Rendez toujours service, mon cher confrère, à la raison humaine. On dit qu'elle a de plats ennemis qui osent lever la tête. C'est un bien sot projet de vouloir aveugler les esprits, quand une fois ils ont connu la lumière.

Conservez-moi votre amitié; elle me fera oublier les sots dont votre grande ville est encore remplie.

4533. A M. DAMILAVILLE.

4 décembre.

Mon confrère Saurin, mon cher frère, m'a envoyé son *Orpheline léguée*[2], et je lui en fais mes remercîments par cette lettre[3] que je vous adresse. Je ne crois pas que ce legs ait valu beaucoup d'argent à l'auteur. Il y a beaucoup d'esprit dans son ouvrage, bien de la finesse, une grande profondeur de raison dans les détails; les vers sont bien faits, le style est aisé et agréable; et avec tout cela une pièce de théâ-

---

[1] Dans la préface de son *Orpheline léguée*, Saurin parlait des *monstrueuses absurdités* des pièces de Shakespeare. B.

[2] Voyez lettre 4515. B.

[3] Celle qui précède. B.

tre peut très bien n'avoir aucun succès. Il faut *vis comica* pour la comédie, et *vis tragica* pour la tragédie; sans cela, toutes les beautés sont perdues. Ayez la bonté de lui faire parvenir ma lettre.

Je viens d'être bien attrapé par un livre [1] que j'avais fait venir en hâte de Paris. L'annonce me fesait espérer que je connaîtrais tous les peuples qui ont habité les bords du Danube et du Pont-Euxin, et que j'entendrais fort bien l'ancienne langue slavone. L'auteur, M. Peyssonnel, qui a été consul en Tartarie, promettait beaucoup, et n'a rien tenu. Je mettrai son livre à côté de l'*Histoire des Huns*, par Guignes, et ne les lirai de ma vie. J'attends, pour me consoler, le ballot que Briasson doit m'envoyer [2]. Il ne songe pas qu'en le fesant partir au mois de janvier par les rouliers, il m'arrivera au mois de mars ou d'avril.

Je ne sais de qui est une analyse qui court en manuscrit, et qui est très bien faite. Les erreurs grossières d'une chronologie assez intéressante y sont développées par colonnes. On y voit évidemment que si Dieu est l'auteur de la morale des Hébreux, comme nous n'en pouvons douter, il ne l'est pas de leur chronologie. Mais ces discussions ne sont faites que pour les savants; et pourvu que les autres aiment Jésus-Christ en esprit et en vérité, il n'est pas nécessaire qu'ils en sachent autant que Newton et Marsham.

Bonsoir, mon cher frère. *Écr. l'inf...*

---

[1] *Observations historiques et géographiques sur les peuples barbares qui ont habité les bords du Danube et du Pont-Euxin*, 1765, in-4°. B.

[2] Les volumes de l'*Encyclopédie;* voyez lettre 4515. B.

4534. A M. DE CHABANON.

A Ferney, 4 décembre.

Voulez-vous savoir, monsieur, l'effet que fera *Virginie*[1]? envoyez-la-nous. S'il y a deux rôles de femme, je vous avertis que j'ai chez moi deux bonnes actrices; l'une ma nièce Denis, l'autre ma fille Corneille; j'ai deux ou trois acteurs sous la main qui ne gâteront point votre ouvrage; nous serons cinq ou six spectateurs, tous gens discrets. Soyez sûr que la pièce ne sortira pas de mes mains, et que les rôles me seront rendus à la fin de la représentation.

C'est, à mon sens, la seule manière de juger d'une pièce de théâtre. J'ai toujours ouï dire que Despréaux, qui était le confident de Racine et de Molière, se trompait toujours sur les scènes qu'il croyait devoir réussir le plus, et sur celles dont il se défiait : or jugez, si Despréaux se trompait toujours dans Auteuil près de Paris, ce qui m'arriverait à Ferney au pied du mont Jura. Je crois qu'il faut voir les choses en place pour en bien juger.

Je me flatte qu'en effet, monsieur, vous pourrez nous donner les violons dans notre enceinte de montagnes. On nous assure que madame votre sœur[2] doit acheter une belle terre dans mon voisinage; vous y viendrez sans doute. Le plaisir de vous entretenir augmentera, s'il se peut, encore l'estime que vos lettres m'ont inspirée; mais dépêchez-vous, car ma

---

[1] Voyez ma note, page 368. B.
[2] Madame de La Chabalerie. B.

mauvaise santé m'avertit que je ne serai pas doyen de l'académie française. Je vous donne ma voix pour être mon successeur, à moins que vous n'aimiez mieux choisir selon l'ordre du tableau.

Vous me parlez de la meilleure édition de mes sottises, il n'y en a point de bonne; mais j'aurai l'honneur de vous envoyer la moins détestable que je pourrai trouver.

Permettez-moi de vous embrasser tout comme si j'avais déjà eu l'honneur de vous voir.

4535. A M. LE MARQUIS DE VILLEVIEILLE[1].

A Ferney, 4 décembre.

Mes maladies, qui me persécutent, monsieur, quand l'hiver commence, et mes yeux, qui se couvrent d'écailles quand la neige arrive, ne m'ont pas permis de répondre aussitôt que je l'aurais souhaité à votre obligeante lettre. Madame Denis et madame Dupuits sont aussi sensibles que moi à l'honneur de votre souvenir. Madame Dupuits s'est avisée d'accoucher à sept mois d'un petit garçon qui n'a vécu que deux heures; j'en ai été fâché, en qualité de grand-père honoraire; mais ce qui me console, c'est qu'il a été baptisé. Il est vrai qu'il l'a été par une garde huguenote; cela lui ôtera dans le paradis quelques degrés de gloire que père Adam lui aurait procurés.

Je ne suis point étonné, monsieur, que vous ayez

---

[1] Le marquis de Villevieille est mort à Paris le 11 mai 1825, dans un âge très avancé. Le *Journal de Paris* des 10 et 14 juillet 1778 contient deux lettres sur la *Zulime* de Voltaire, qui portent la signature de Villevieille, mais qui passaient pour être de Condorcet. B.

de mauvais comédiens à Nancy; on dit que ceux de Paris ne sont pas trop bons. Il est difficile de faire naître des talents, quand on les excommunie. Les Grecs, qui ont inventé l'art, avaient plus de politesse et de raison que nous.

Il me paraît que vous n'êtes pas plus content de la société des femmes que du jeu des comédiens; le bon est rare partout en tout genre. Vous trouverez dans votre philosophie des ressources que le monde ne vous fournira guère. Si jamais le hasard vous ramène vers l'enceinte de nos montagnes, n'oubliez pas l'ermitage où l'on vous regrette.

Agréez les respects de V.

4536. DU P. PAULIAN[1].

A Avignon, ce 4 décembre.

Monsieur, il est bien flatteur pour moi que le plus beau génie de ce siècle veuille bien jeter les yeux sur quelqu'un de mes ouvrages. Je suis fâché que la troisième édition du *Dictionnaire*[2] que vous me demandez ne soit pas encore finie. Dès que ce *Dictionnaire*, augmenté d'un volume, paraîtra, j'aurai l'honneur de vous en faire hommage. En attendant, je vous prie d'accepter un exemplaire de mon *Traité de paix entre Descartes et Newton*[3]. S'il mérite votre approbation, je suis assuré qu'il mérite par cela même l'immortalité.

J'ai l'honneur d'être avec respect, etc.

PAULIAN,
Ancien professeur de physique au collége d'Avignon,
de la Compagnie de Jésus.

[1] Aimé-Henri Paulian, né à Nîmes le 22 juillet 1722, y est mort en février 1802. On n'a pas la lettre que lui avait écrite Voltaire. B.

[2] *Dictionnaire de physique*, dont la première édition est de 1761, trois volumes in-4°. B.

[3] Cet ouvrage de Paulian avait paru en 1763; il a trois volumes in-12. B.

4537. A M. LEKAIN.

7 décembre.

Mon cher ami, vous aurez sans doute le crédit de faire mettre deux cartons à cette pauvre *Adélaïde* : le libraire ne pourra refuser de prendre cette peine, que j'ai offert de payer.

Les deux fautes dont je me plains sont capitales, et peuvent faire très grand tort à un ouvrage que vous avez fait valoir.

Le premier carton doit être à la page 30.

> Non, c'est pour obtenir une paix nécessaire ;
> Gardez d'être réduit au hasard dangereux
> Que les chefs de l'état ne trahissent leurs vœux [1].

Il faut mettre à la place :

> Non, c'est pour obtenir une paix nécessaire ;
> On la veut, on en traite, et dans tous les partis
> Vous serez prévenu, je vous en avertis.
> Passez-les en prudence, etc. [2].

Le second carton doit être à la page 39, où il se trouve deux vers répétés dans la même scène :

> Enflé de sa victoire, et teint de votre sang,
> Il m'ose offrir la main qui vous perça le flanc [3].

Il faut mettre à la place :

> Tout doit, si je l'en crois, céder à son pouvoir ;
> Lui plaire est ma grandeur, l'aimer est mon devoir.

---

[1] Voltaire s'est déjà plaint de ces vers dans sa lettre du 29 novembre, n° 4525. B.

[2] Voyez tome III, pages 315 et 358. B.

[3] Voltaire a déjà parlé de ces vers dans la lettre 4520, du 25 novembre. B.

Je vous demande en grace d'exiger ces deux cartons. Si le libraire les refuse, exigez du moins qu'on fasse un *errata*, dans lequel ces deux corrections se trouvent. Vous sentez à quel point ma demande est juste. Celui qui a glissé dans ma pièce ce détestable vers inintelligible :

Que les chefs de l'état ne trahissent leurs vœux,

ne m'a pas rendu un bon service.

Mandez-moi, je vous prie, quand vous jouez *Gustave*[1].

On m'a écrit que si monseigneur le dauphin se porte mieux, il y aura encore des spectacles à Fontainebleau; mais j'en doute beaucoup.

Je crois M. d'Argental à la cour; c'est pourquoi je vous adresse cette lettre en droiture.

Adieu ; vous savez combien je vous suis tendrement dévoué. V.

4538. A M. LE MARQUIS D'ARGENCE DE DIRAC.

8 décembre.

Béni soit Dieu, monsieur! vous et votre chanoine vous faites de bien belles actions; couronnez-les en fesant de *J. Meslier* ce que vous avez fait de la *Lettre sur Calas*. Il faut que les choses utiles soient publiques; vous en pouvez venir très aisément à bout. Vous rendrez un service essentiel à tous les honnêtes gens. Ayez cette bonne œuvre à cœur. Il n'y a pas un homme de bien, dans le pays que j'habite, qui ne

[1] Le *Gustave Wasa*, tragédie de La Harpe, non imprimée, fut joué le 3 mars 1766. B.

pense comme vous, et je me flatte qu'il en sera bientôt de même dans le vôtre.

Le docteur Tronchin craint pour les jours de monsieur le dauphin; on dit que les médecins de la cour ne sont pas d'accord; tout le monde est dans les plus vives alarmes; mais on a toujours des espérances dans sa jeunesse et dans la force de son tempérament. Dieu veuille nous conserver long-temps le fils et le père! Adieu, monsieur; nous fesons les mêmes vœux pour toute votre famille.

4539. A M. DAMILAVILLE.

A Ferney, 9 décembre.

Mon cher ami, ma lettre doit commencer d'une façon toute contraire aux *Épîtres familières* de Cicéron[1]; et je dois vous dire : Si vous vous portez mal, j'en suis très affligé; pour moi, je me porte mal. La différence entre nous, c'est que vous êtes un jeune chêne qui essuyez une tempête, et que moi je suis un vieux arbre qui n'a plus de racines. Tronchin ne guérira ni vous ni moi. Vous vous guérirez tout seul par votre régime : c'est là la vraie médecine dans tous les cas ordinaires. Il se peut pourtant que votre grosseur à la gorge n'ayant pas suppuré, l'humeur ait reflué dans le sang : en ce cas, vous seriez obligé de joindre à votre régime quelques détersifs légers. Peut-être que la petite sauge avec un peu de lait vous ferait beaucoup de bien. Les aliments et les boissons qui servent de remèdes ont seuls prolongé ma vie,

---

[1] Cicéron dit : « Si vales, bene est; ego valeo. » B.

et je ne connais point de médecin supérieur à l'expérience.

Je fais bien des vœux pour que notre cher Beaumont trouve l'exemple qu'il cherche. Il fera sûrement triompher l'innocence des Sirven comme celle des Calas.

On dit qu'il s'est déjà présenté soixante personnes pour remplir le nouveau parlement de Bretagne; en ce cas, c'est une affaire finie, et la paix ne sera plus troublée dans cette partie du royaume. Je me flatte qu'elle régnera aussi dans notre voisinage : il n'y a pas eu la moindre ombre de tumulte, et il n'y en aura point. Vous pouvez être sûr que tout ce qu'on vous dit est sans fondement.

Rien n'est plus ridicule que l'idée que vous dites qu'on s'est faite de ce pauvre P. Adam; il me dit la messe et joue aux échecs : voilà, en vérité, les deux seules choses dont il se mêle. Il ne connaît pas un seul Genevois, il ne va jamais à la ville. J'ai eu le bonheur de plaire aux magistrats et aux citoyens, en tâchant de les rapprocher, en leur donnant de bons dîners, en leur fesant l'éloge de la concorde et de leur ville.

M. Hennin, qui arrive incessamment, trouvera les voies de la pacification préparées, et achèvera l'ouvrage. J'ai joué le seul rôle qui me convînt, sans faire aucune démarche, recevant tout le monde chez moi avec politesse, et ne donnant sur moi aucune prise. M. d'Argental sait bien que telle a été ma conduite; M. le duc de Praslin en est instruit; je laisse parler les gens qui ne le sont point. Je sais bien qu'il faut que dans Paris on dise des sottises. Il y a cinquante ans que je suis en butte à la calomnie, et elle ne finira qu'avec moi. Je m'y suis accoutumé comme aux indigestions.

Digérez, mon cher ami, et mandez-moi, je vous en conjure, des nouvelles de votre santé.

4540. A M. LE MARQUIS DE VILLETTE.

SUR UN PORTRAIT DE L'AUTEUR, QU'IL AVAIT FAIT GRAVER.

A Ferney, le 11 décembre.

J'ouvre une caisse, monsieur; j'y vois, quoi? moi-même en personne, dessiné d'une belle main. Je me souviens très bien que

> Ce Danzel, beau comme le jour,
> Soutien de l'amoureux empire,
> A, dans mon champêtre séjour,
> Dessiné le maigre contour
> D'un vieux visage à faire rire.
> En vérité c'était l'Amour
> S'amusant à peindre un satyre
> Avec les crayons de La Tour.

Il est vrai que dans l'estampe on me fait terriblement montrer les dents. Cela fera soupçonner que j'en ai encore. Je dois au moins en avoir une contre vous de ce que vous avez passé tant de temps sans m'écrire.

Bérénice disait à Titus :

> Voyez-moi plus souvent, et ne me donnez rien.
> Acte II, sène 4.

Je pourrais vous dire :

Écrivez-moi souvent, et ne me peignez point [1].

Mais je suis si flatté de votre galanterie, que je ne peux me plaindre du burin. Je remercie le peintre, et je pardonne au graveur.

On prétend que vous avez des affaires et des procès ; qui terre n'a pas souvent a guerre, à plus forte raison qui terre a.

.....Di tibi formam,
Di tibi divitias dederunt, artemque fruendi.
HOR., lib. I, ep. IV.

Ajoutez-y surtout la santé, et ayez la bonté de m'en dire des nouvelles quand vous n'aurez rien à faire. L'absence ne m'empêchera jamais de m'intéresser à votre bien-être et à vos plaisirs. Si vous êtes dans le tourbillon, vous me négligerez ; si vous en êtes dehors, vous vous souviendrez, monsieur, d'un des plus vrais amis que vous ayez. Vous l'avez dit dans vos vers [2], et je ne vous démentirai jamais.

4541. A M. LE COMTE D'ARGENTAL.

14 décembre.

Mes anges, vous n'allez point à Fontainebleau, vous êtes fort sages ; ce séjour doit être fort malsain, et vous y seriez trop mal à votre aise. J'ai peur que la cour n'y reste tout l'hiver. J'ai peur aussi que

---

[1] Je suis le texte des *OEuvres de Villette*. Les éditeurs de Kehl, au lieu de *peignez*, avaient mis *gravez*. B.

[2] Voici les vers de Villette au bas du portrait de Voltaire :

Ses talents l'ont déifié,
L'Europe moderne l'honore ;
Jadis à ses autels elle eût sacrifié.
Ce qui flatte mon cœur, et m'est plus cher encore,
Il eut pour moi de l'amitié.   B.

vous n'ayez pas de grands plaisirs à Paris; la maladie de monsieur le dauphin doit porter partout la tristesse. Cependant voilà une comédie de Sedaine [1] qui réussit et qui vous amuse; celle de Genève ne finira pas si tôt. Je crois, entre nous, que le conseil s'est trop flatté que M. le duc de Praslin lui donnerait raison en tout. Cette espérance l'a rendu plus difficile, et les citoyens en sont plus obstinés. J'ai préparé quelques voies d'accommodement sur deux articles; mais le dernier surtout sera très épineux, et demandera toute la sagacité de M. Hennin. Je lui remettrai mon mémoire [2] et la consultation de votre avocat : cet avocat me paraît un homme d'un grand sens et d'un esprit plein de ressources. Si vous jugez à propos, mes divins anges, de me faire connaître à lui, et de lui dire combien je l'estime, vous me rendrez une exacte justice.

Je ne chercherai point à faire valoir mes petits services ni auprès des magistrats, ni auprès des citoyens ; c'est assez pour moi de les avoir fait dîner ensemble à deux lieues de Genève; il faut que M. Hennin fasse le reste, et qu'il en ait tout l'honneur. Tout ce que je desire, c'est que M. le duc de Praslin me regarde comme un petit anti-Jean-Jacques, et comme un homme qui n'est *pas venu apporter le glaive, mais la paix* [3]. Cela est un peu contre la maxime de l'Évangile; cependant cela est fort chrétien.

[1] *Le Philosophe sans le savoir*, comédie en cinq actes et en prose, jouée le 2 décembre 1765. B.

[2] Celui dont il parle dans la lettre 4522. B.

[3] C'est l'inverse de ce qu'on lit dans Matthieu, x, 34 : « Non veni « pacem mittere, sed gladium. » B.

Vous ne sauriez croire, mes divins anges, à quel point je suis pénétré de toutes vos bontés. Vous me permettez de vous faire part de toutes mes idées, vous avez daigné vous intéresser à mon petit mémoire sur Genève, vous me ménagez la bienveillance de M. le duc de Praslin, vous avez la patience d'attendre que le petit ex-jésuite travaille à son ouvrage; enfin votre indulgence me transporte. Je souhaite passionnément que les parlements puissent avoir le crédit de soutenir dans ce moment-ci les lois, la nation, et la vérité contre les prêtres; ils ont eu des torts sans doute, mais il ne faut pas punir la France entière de leurs fautes. Vive l'impératrice de Russie! vive Catherine, qui a réduit tout son clergé à ne vivre que de ses gages, et à ne pouvoir nuire!

Toute ma petite famille baise les ailes de mes anges comme moi-même.

4542. A M. FAVART[1].

A Ferney, par Genève, 14 décembre.

Je croyais, monsieur, être guéri de la vanité à mon âge; mais je sens que j'en ai beaucoup avec vous. Non seulement vous avez flatté mon amour-propre en parlant de la bonne *Gertrude*[2], mais j'en ai encore davantage en lisant votre *Fée Urgèle*[3], car je crois avoir deviné tous les endroits qui sont de vous. Tout ce que vous faites me semble aisé à reconnaître; et lors-

---

[1] Voyez ma note, tome LII, page 253. B.
[2] Voyez ma note sur la lettre 4500. B.
[3] Voyez ma note sur la lettre 4502. B.

que je vois à-la-fois finesse, gaîté, naturel, graces, et légèreté, je dis que c'est vous, et je ne me trompe point. Vous êtes inventeur d'un genre infiniment agréable; l'opéra aura en vous son Molière, comme il a eu son Racine dans Quinault. Si quelque chose pouvait me faire regretter Paris, ce serait de ne pas voir vos jolis spectacles, qui ragaillardiraient ma vieillesse; mais j'ai renoncé au monde et à ses pompes. Vous n'avez pas besoin du suffrage d'un Allobroge enterré dans les neiges du mont Jura. Quand il y aura quelque chose de votre façon, ayez pitié de moi.

J'ai l'honneur d'être, avec tous les sentiments que je vous dois, etc.

4543. A M. HENNIN.

Au château de Ferney, 17 décembre.

Si je pouvais sortir, monsieur, je serais venu me mêler dans la foule de ceux qui vous ont vu arriver, le rameau d'olivier à la main. Mon âge et mes maladies me retiennent chez moi en prison. J'ai bu aujourd'hui à votre santé dans ma masure de Ferney avec M. Roger. Quand vous serez las des cérémonies et des indigestions de Genève, vous serez bien aimable de venir chercher la sobriété et la tranquillité à Ferney. Je vous remettrai un *Mémoire*[1] de deux avocats de Paris sur les tracasseries de Genève, et vous verrez que l'ordre des avocats en sait moins que vous. M. d'Argental devait le remettre à M. de Saint-Foix[2]

[1] On voit, par les lettres 4522 et 4541, que ce *Mémoire* était de Voltaire. B.

[2] Voyez ma note, page 449. B.

pour vous le donner, mais vous êtes parti précipitamment. Je vais le faire copier, et je serais très flatté d'avoir l'honneur de vous entretenir en vous remettant l'original.

Quand vous aurez quelques ordres à me donner, vous pouvez les envoyer aux Rues-Basses, chez M. Souchai, marchand drapier, près du *Lion d'or*.

Madame Denis vous fait mille compliments. Nous ne pouvons vous exprimer à quel point nous sommes enchantés de nous trouver dans votre voisinage.

J'ai l'honneur d'être avec le plus tendre et le plus respectueux attachement. VOLTAIRE.

4544. A M. DAMILAVILLE.

Genève, 20 décembre.

J'obéis à vos ordres, monsieur; je vous envoie les deux lettres de M. Covelle[1], que j'ai trouvées avec beaucoup de peine. Si je trouve les deux autres que vous demandez, je ne manquerai pas de vous les faire parvenir, supposé que vous ayez reçu les premières.

M. Évrard m'a dit que vous aviez été malade; j'y prends la part la plus sensible, ainsi que tous ceux qui ont eu l'honneur de vous voir à Genève. On nous a dit aujourd'hui que M. de Voltaire ne se portait pas trop bien : il s'est donné beaucoup de peine pour accommoder nos petits différends avant que nous eus-

[1] Dans les *Questions* ou *Lettres sur les miracles,* il y en a quatre données sous le nom de Covelle (les 7e, 10e, 13e, et 19e). Je crois qu'il s'agit ici, non de deux de ces lettres, mais de deux exemplaires de la *Collection* dont j'ai parlé dans une note de la lettre 4521. B.

sions M. Hennin. Les magistrats et les citoyens lui en ont témoigné la plus grande satisfaction.

J'ai l'honneur d'être, monsieur, votre très humble et très obéissant serviteur, J. L. BOURSIER.

4545. A M. LE COMTE D'ARGENTAL.

21 décembre.

Mes anges de paix, j'ai remis à M. Hennin les rameaux d'olivier que vous avez bien voulu m'envoyer. La consultation de vos avocats m'a paru, comme je vous l'ai mandé, pleine de raison et d'équité. Ils se sont trompés sur quelques usages de Genève, qu'ils ne peuvent connaître; ils ont dit ce qui leur a paru juste; et M. Hennin conciliera la justice et les convenances. Je crois surtout qu'il ne souffrira pas qu'on donne des soufflets impunément à nos présidents[1], et qu'il soutiendra la dignité de résident de France mieux que ne fesait ce pauvre petit Montpéroux.

Berne et Zurich sont près d'envoyer des médiateurs à cette pauvre république qui ne sait pas se gouverner elle-même. On dit, dans Genève, que M. le duc de Praslin enverra M. le marquis de Castries. Si c'est un bruit faux, comme je le crois, je ne vois pas pourquoi le résident de France ne serait pas nommé médiateur. Il me semble que les lois en seraient plus respectées et la paix mieux affermie, quand le médiateur, restant résident, serait en état de faire aller la machine qu'il aurait montée lui-même.

De plus, M. Hennin, étant déjà très au fait du

[1] Voyez la lettre 4530. B.

sujet des dissensions, serait plus capable que personne de concilier les esprits. Enfin c'est une idée qui me vient; il ne me l'a point du tout suggérée, et je vous la soumets; voyez si vous voulez en parler à M. le duc de Praslin.

Il y a quelques têtes mal faites dans Genève qui trouvent mauvais, dit-on, qu'on ait consulté des avocats de la petite ville de Paris sur les affaires de la puissante ville de Genève; on prétend même qu'elles veulent engager Cromelin à s'en plaindre. Je ne crois pas qu'elles veuillent pousser le ridicule jusque là. Je n'ai d'ailleurs rien fait que sur les prières des meilleurs citoyens, je n'ai agi que dans des vues d'impartialité et de justice; et cela est si vrai, que je me suis adressé à vous.

En voilà assez pour Genève; venons à l'autre *tripot*. Il se peut faire qu'en lisant rapidement la copie d'*Adélaïde du Guesclin*, que Lekain m'avait envoyée, et la voyant en général assez conforme à un exemplaire que j'avais, je n'aie pas fait assez d'attention à ces deux malheureux vers qui feraient tomber *Phèdre* et *Athalie*:

Gardez d'être réduit au hasard dangereux
Que les chefs de l'état ne trahissent leurs vœux [1].

Je n'aurais pas fait de pareils vers à l'âge de quatorze ans; on a fait une coupure en cet endroit. Il se peut que cette coupure ait été faite autrefois pour une seconde représentation, et qu'on ait cousu ces deux vers diaboliques pour attraper la rime.

[1] Voyez lettres 4525 et 4537. B.

Quand je les ai vus imprimés, j'ai été sur le point de m'évanouir, comme vous croyez bien. Si vous voyez Lekain, je vous prie de lui peindre le juste excès de ma douleur. Je suis bien loin de l'accuser de ce sanglant affront, j'en rejette l'opprobre sur Quinault[1], et sur qui on voudra; mais je prie Lekain instamment de faire mettre à la fin de l'édition, *en errata*, ce que je lui ai envoyé[2]. Comptez que ces deux vers-là, et ceux qu'on m'envoie de Paris, contribueront à abréger ma vie.

On m'a mandé que *le Philosophe sans le savoir* n'avait ni nœud, ni intrigue, ni dénoûment, ni esprit, ni comique, ni intérêt, ni vraisemblance, ni peinture des mœurs; mais il faut bien pourtant qu'il y ait quelque chose de très bon, puisque vous l'approuvez. Après tout, ce n'est qu'à la longue, comme vous savez, que les ouvrages en tous genres peuvent être appréciés.

Je vous souhaite les bonnes fêtes, comme on dit à Parme; et puisse le temps des bonnes fêtes ne vous pas faire le même mal qu'il a fait à ma poitrine et à mes yeux!

Vous serez bien aimable de faire valoir un peu auprès de M. le duc de Praslin la manière franche et désintéressée dont je me suis conduit avec mes voisins, avant l'arrivée de M. Hennin.

Respect et tendresse.

---

[1] Quinault-Dufresne était retiré du théâtre depuis 1741; mais c'était lui qui avait, en 1734, créé le rôle de Vendôme, et il pouvait avoir fait ou fait faire des corrections dans la pièce. Les deux vers que Voltaire blâme dans cette lettre étaient acte II, scène 7, où les interlocuteurs sont Vendôme et Coucy. B.

[2] Lettre 4537. B.

4546. A M. HENNIN.

A Ferney, 21 décembre.

J'écris à M. d'Argental, monsieur. Je lui dis que je vous ai remis le *Mémoire* de ses avocats. Ils n'ont consulté que l'étiquette. Ils se trompent sur quelques usages de Genève. Vous accorderez la justice avec les convenances.

Comme je dis à M. d'Argental tout ce qui me passe par la tête, je propose que vous soyez nommé médiateur. Je ne trouve rien de plus à sa place. Vous êtes sur les lieux; vous êtes au fait; on a confiance en vous. Vous monterez la machine comme médiateur, vous la ferez aller ensuite comme résident. Vous serez l'arbitre du petit état où vous êtes ministre, jusqu'à ce qu'on vous donne des emplois plus importants. Je ne vois nulle difficulté à cette nomination. Un résident de France vaut bien un ministre de Berne. Vous croyez bien qu'en écrivant dans cette vue à M. d'Argental, je suis loin de vous compromettre; que je donne cette idée comme une de mes imaginations que notre ancienne amitié me met en droit de lui confier. Enfin c'est une niche que je vous ai faite, et dont je vous avertis, afin que vous puissiez parer les coups que je vous porte, s'il vous en prend envie.

Si quelque jour vous faites l'honneur au vieux solitaire de venir dîner dans sa retraite, je vous promets moins de monde. Vous verrez des cœurs français aussi enchantés de vous pour le moins que les cœurs genevois, et beaucoup plus sensibles.

Mille respects.   V.

4547. A M. HENNIN.

Ferney, 22 décembre.

Eh bien! je vous disais donc, monsieur, que je suis dans mon lit, environné de neige; que je voudrais de tout mon cœur pouvoir venir vous demander à dîner, et que madame Denis voudrait pouvoir venir arranger vos meubles; que je vous crois cent fois plus propre à concilier tout qu'aucun lieutenant général des armées du roi; que vous êtes très aimable; que je persiste dans mes souhaits plutôt que dans mon avis; que Jean-Jacques Rousseau n'est ni le plus habile ni le plus heureux des hommes; que les deux partis pourraient bien avoir un peu tort; que la meilleure médiation est de les faire boire ensemble; que la paix est rare chez les hommes; qu'après avoir essayé bien des choses, on trouve que la retraite est ce qu'il y a de mieux; et que dans ma retraite ce qu'il y aura de mieux pour moi, ce sera que vous vouliez bien l'honorer quelquefois de votre présence, quand vos affaires, ou plutôt les affaires d'autrui, vous le permettront; qu'enfin je suis entièrement à vos ordres tant que je végéterai au pied du mont Jura.

4548. A M. DAMILAVILLE.

A Ferney, 25 décembre.

Mon cher frère, connaissez-vous ce proverbe espagnol: *De las cosas mas seguras, la mas segura es dudar;* « Des choses les plus sûres, la plus sûre est « de douter? » Comment voulez-vous que madame du Deffand ait ces *Mélanges*[1] dont vous me parlez, puisqu'ils ne sont pas encore achevés d'imprimer? Il est vrai que madame du Deffand a une lettre sur mademoiselle de Lenclos; c'est une épreuve du troisième volume, dont j'ai cru pouvoir la régaler, parcequ'elle me demandait avec la dernière instance de quoi l'amuser dans le triste état où elle est.

On ne vous a pas dit plus vrai sur les affaires de Genève. Les deux partis n'ont point promis de prendre les armes: il n'a jamais été question de pareilles extrémités. Tout s'est passé, se passe, et se passera avec la plus grande tranquillité; et, si j'avais quelque vanité, je pourrais dire que je n'ai pas peu contribué à la bienséance que les citoyens ont gardée dans toutes leurs démarches.

On exagère tout, on falsifie tout, on m'attribue tous les jours des ouvrages que je n'ai jamais vus, et que je ne lirai point. Je me suis résigné à la destinée des gens de lettres un peu célèbres, qui est d'être calomniés toute leur vie.

Adieu, mon cher frère; conservez votre santé. M. Boursier m'a mandé qu'il vous avait écrit[2].

Je crois qu'Helvétius a dû être bien étonné du prix que Jean-Jacques a mis à sa communion huguenote[3].

[1] Le volume dont j'ai parlé dans ma note, page 459. B.
[2] C'est la lettre 4544. B.
[3] Voyez ma note sur la lettre 4468. B.

4549. A M. HENNIN.

A Ferney, 27 décembre.

Je suis très persuadé, monsieur, qu'il y a plusieurs dames à Genève qui aimeraient mieux partager votre lit jonquille que de vous le disputer. Nous ne sommes pas trop dignes actuellement de vous coucher; mais si quelque vieille emporte votre lit, daignez venir dormir chez nous.

Vous êtes trop heureux d'avoir vu Covelle le fornicateur [1], cela est d'un très bon augure; c'est le premier des hommes, car il fait des enfants à tout ce qu'il y a de plus laid dans Genève, et boit du plus mauvais vin, comme si c'était du Chambertin; d'ailleurs grand politique, et n'ayant pas le sens commun.

Comment voulez-vous, monsieur, que les citoyens élisent des magistrats? on vend des échaudés à la nouvelle élection, et des biscuits au pouvoir négatif. Ces deux branches de commerce doivent être respectées. Vous vous amuserez doucement et gaîment à arranger cette petite fourmilière où l'on se dispute un fétu, et je m'imagine encore que vous en viendrez à bout.

Si vous avez envie, monsieur, d'avoir une maison de campagne, il y en a une auprès de Ferney, qu'un architecte a bâtie, et qu'il doit peindre à fresque; tous les plafonds sont en voûtes plates de briques; il y a du terrain pour entourer toute la maison de jardins; on a déjà bâti une petite écurie; on peut faire

---

[1] Voyez tome XLII, page 221; il est le principal personnage de la *Guerre civile de Genève;* voyez tome XII. B.

vis-à-vis de cette écurie un logement pour des domestiques. Je crois que tout cela serait à bon marché, et sûrement à meilleur marché qu'auprès de Genève.

Vous voyez, monsieur, que je cherche mon intérêt. Vous sentez combien il me serait doux de vous avoir l'été dans notre voisinage. Ajoutez à ces raisons que, dans tout le territoire de la parvulissime république, on est épié de la tête aux pieds, et qu'on est l'éternel objet de la curiosité publique.

Recevez mes tendres respects. V.

Quand vous aurez, monsieur, quelques ordres à me donner, ayez la bonté de me les envoyer le soir, ou avant les dix heures du matin, chez M. Souchai, marchand, aux Rues-Basses, près du *Lion d'or*. Je les recevrai toujours.

4550. A M. THIERIOT.

28 décembre.

Mon ancien ami, vous allez donc être physiquement grand-père; je ne le suis que moralement. Nous élevons tout doucement la marmotte que madame Dupuits nous a faite.

Je n'aime que les anciennes lois romaines qui favorisent la liberté de l'adoption. J'ai été heureux bien tard dans ce monde; mais enfin je l'ai été, et peu de gens en diront autant d'eux.

Voici ma réponse à votre belle dame qui s'amuse à faire des romans. Je ne la cachette point avec un petit pain, parcequ'on dit que cela n'est pas honnête pour la première fois; je ne la cachette point avec de la cire, parcequ'un cachet sous l'enveloppe de frère

Damilaville serait tâté par les doigts de messieurs de la poste, inconvénient qu'il faut toujours éviter. Ayez donc la bonté de cacheter la lettre à madame de La Martinière Benoist[1], et de la faire rendre.

Il faut que le chocolat soit une bonne chose, s'il vous a rendu des yeux, des oreilles, et un estomac; moi, qui n'ai plus rien de tout cela, je vais donc prendre du chocolat aussi; mais comme je suis plus vieux de quatre ans que vous, je doute que le chocolat me fasse le même bien. Achevons doucement notre carrière, en foulant aux pieds les préjugés, en riant des sots, et en fuyant les fanatiques.

4551. A M. DAMILAVILLE.

28 décembre.

Mon cher frère, je me flatte que le triste événement de la mort de monsieur le dauphin[2] arrêtera pour quelque temps la guerre des rochets et des robes noires; qu'on ne parlera plus de bulle, quand il ne s'agit que de malheureux *De profundis*. Les hommes rentrent en eux-mêmes dans les grands événements qui font la douleur publique, et laissent pour quelques jours leurs vains débats et leurs folles querelles.

Jean-Jacques Rousseau n'est bon qu'à être oublié; il sera comme Ramponneau, qui a eu un moment de vogue à la Courtille, à cela près que Ramponneau a eu cent fois moins de vanité et d'orgueil que le petit polisson de Genève.

---

[1] Cette lettre manque. B.
[2] Il était mort le 20 décembre. B.

Vous aurez incessamment M. Tronchin à Paris, ainsi vous n'aurez plus de mal de gorge; pour moi, je serai réduit à être mon médecin moi-même; ma sobriété me tiendra lieu de Tronchin.

Il y a un *Traité des Superstitions*[1] qui paraît depuis peu : s'il en vaut la peine, je vous supplie de me l'envoyer. J'espère recevoir dans un mois le gros ballot que Briasson a déjà fait partir[2]; j'en commencerai la lecture comme celle des livres hébreux, par la fin, et vous savez pourquoi.

J'attends aussi des étrennes de vous et de M. Fréron, et de Bigex. M. Boursier prétend toujours qu'il vous a écrit[3].

N. B. A propos, voici ce que j'ai toujours oublié de vous dire pour l'affaire des Sirven. Il me paraît nécessaire que M. de Beaumont rappelle, dans son exorde, la dernière aventure d'un citoyen de Montpellier qui, dans le temps qu'il pleurait la mort de son fils, fut accusé de l'avoir tué, vit descendre chez lui la justice avec le plus terrible appareil, s'évanouit, et fut sur le point de mourir.

Ce dernier exemple, joint à l'aventure éternellement mémorable des Calas, fera voir quels horribles préjugés règnent dans les esprits des Visigoths. Cela peut non seulement fournir de beaux traits d'éloquence, mais encore disposer favorablement le conseil.

---

[1] *Essai sur les erreurs et les superstitions anciennes et modernes* (par J.-L. Castillon), 1765, in-12; 1767, deux volumes in-8°. B.

[2] Le gros ballot expédié par Briasson contenait la fin de l'*Encyclopédie*, et parvint à Voltaire dans les premiers jours de février 1766. B.

[3] C'est toujours la lettre 4544. B.

4552. A M. ***,

OFFICIER DE MARINE [1].

Il est vrai que j'ai hasardé un *Essai sur l'Histoire générale*, qui n'est qu'un tableau des malheurs que les rois, les ministres, les peuples de tous les pays, s'attirent par leurs fautes. Il y a peu de détails dans cet ouvrage. Si dans ce tableau général on plaçait tous les portraits, cela formerait une galerie de peintures qui régnerait d'un bout de l'univers à l'autre. Je me suis contenté de toucher en deux mots les faits principaux. Le peu que j'ai dit du combat du Finistère [2] est tiré mot à mot des papiers anglais. Notre nation n'est jamais bien informée de rien dans la première chaleur des événements, et la nation anglaise se trompe très souvent. Je sais au moins qu'elle ne s'est pas trompée sur la justice qu'elle a rendue à tous les officiers français qui combattirent à cette journée; et comme vous étiez, monsieur, un des principaux, cette justice vous regarde particulièrement. Il se peut très bien faire qu'alors on ignorât à Londres si vous alliez au Canada, ou si vous reveniez de la Martinique. Il est encore très naturel que les Anglais aient qualifié les six vaisseaux de guerre français de gros vaisseaux de roi, pour les distinguer des autres. L'amiral anglais était à la tête de dix-sept vaisseaux de guerre; et quoique vous n'eussiez affaire

---

[1] On croit que c'est M. de Vaudreuil. K.

[2] Le passage est aujourd'hui (et depuis 1768) dans le *Précis du Siècle de Louis XV*; voyez tome XXI, page 263. B.

qu'à quatorze, votre résistance n'est pas moins glorieuse. Je suis encore très persuadé que les Anglais outrèrent, dans les premiers moments de leur joie, leurs avantages, et qu'ils se trompèrent de plus de moitié en prétendant avoir pris la valeur de vingt millions. Vous savez qu'à ce triste jeu les joueurs augmentent toujours le gain et la perte.

Mon seul but avait été de faire voir la prodigieuse supériorité qu'on avait laissé prendre alors sur mer aux Anglais, puisque de trente-quatre vaisseaux de guerre il n'en resta qu'un au roi à la fin de la guerre : c'est une faute dont il paraît qu'on s'est fort corrigé.

Quant aux espèces frappées avec la légende *Finistère*, il y en eut peu, et j'en ai vu une. Je verrais sans doute avec plus de plaisir, monsieur, un monument qui célébrerait votre admirable conduite dans cette malheureuse journée. On commencera bientôt une nouvelle édition de cet *Essai sur l'Histoire générale*. Je ne manquerai pas de profiter des instructions que vous avez eu la bonté de me donner. Je rectifierai[1] avec soin toutes les méprises des Anglais, et surtout je vous rendrai la justice qui vous est due. Je n'ai point de plus grand plaisir que celui de m'occuper des belles actions de mes compatriotes. Les rois, tout puissants qu'ils sont, ne le sont pas assez pour récompenser tous les hommes de courage qui ont servi la patrie avec distinction. La voix d'un historien est bien peu de chose ; elle se fait à peine entendre, surtout dans les cours, où le présent efface toujours le souvenir du passé. Mais ce sera pour moi une très

---

[1] Voltaire n'a rien changé. B.

grande consolation, si vous voyez, monsieur, votre nom avec quelque plaisir dans un ouvrage historique qui contient très peu de noms et de détails particuliers. Il s'en faut de beaucoup que cet *Essai historique* soit un temple de la gloire; mais s'il l'était, ce serait avec plaisir que j'y bâtirais une chapelle pour vous.

J'ai l'honneur d'être avec tous les sentiments qui vous sont dus, monsieur, votre., etc.

4553. A MADAME DE TRÉVÉNEGAT.

Madame de Trévénegat s'est adressée à un malade pour savoir des nouvelles de ce que vaut une mort subite. L'homme à qui elle s'est adressée se connaît en maladies de langueur depuis environ cinquante ans; mais en morts subites, point du tout. Il faut demander cela à César, qui disait que cette façon de quitter le monde était la meilleure. A l'égard des justes et des réprouvés, dont madame de Trévénegat parle, l'avocat consultant répond qu'il connaît force honnêtes gens, et qu'il ne connaît ni réprouvés ni justes; que ce n'est pas là son affaire; qu'il n'a jamais envoyé personne ni en paradis ni en enfer, et qu'il souhaite à madame de Trévénegat une mort subite pour le plus tard que faire se pourra. En attendant, il lui conseille de s'amuser, de jouer, de faire bonne chère, de bien dormir, de se bien porter, et lui présente ses respects.

4554. A MADEMOISELLE CLAIRON.

Il est vrai, mademoiselle, que la belle Oldfield[1], la première comédienne d'Angleterre, jouit d'un beau mausolée dans l'église de Westminster, ainsi que les rois et les héros du pays, et même le grand Newton. Il est vrai aussi que mademoiselle Lecouvreur, la première actrice de France en son temps, fut portée, dans un fiacre, au coin de la rue de Bourgogne, non encore pavée; qu'elle y fut enterrée par un crocheteur, et qu'elle n'a point de mausolée. Il y a dans ce monde des exemples de tout. Les Anglais ont établi une fête annuelle en l'honneur du fameux comédien-poëte Shakespeare. Nous n'avons pas encore parmi nous la fête de Molière. Louis XIV, au comble de la grandeur, dansa avec les danseurs de l'Opéra devant tout Paris, en revenant de la fameuse campagne de 1672. Si l'archevêque de Paris en avait voulu faire autant, il n'aurait pas été si bien accueilli, quand même il eût été le premier homme de l'Europe pour le menuet.

L'Italie, au commencement de notre seizième siècle, vit renaître la tragédie et la comédie, grace au goût du pape Léon X et au génie des prélats Bibiena, La Casa, Trissino[2]. Le cardinal de Richelieu fit bâtir la salle du Palais-Royal pour y jouer ses pièces et celles de ses cinq garçons poëtes[3]. Deux

---

[1] Voyez, tome III, page 148; et tome XII, une des notes sur le poëme intitulé *La mort de mademoiselle Lecouvreur*. B.

[2] Voyez ma note, tome V, page 474. B.

[3] L'Estoile, Boisrobert, Colletet, Rotrou, P. Corneille; voyez t. XXXV, p. 6-7. B.

évêques fesaient, par ses ordres, les honneurs de la salle, et présentaient des rafraîchissements aux dames dans les entr'actes.

Nous devons l'opéra au cardinal Mazarin ; mais voyez comme tout change : les cardinaux Dubois et Fleury, tous deux premiers ministres, ne nous ont pas valu seulement une farce de la Foire. Nous sommes devenus plus réguliers ; nos mœurs sont sans doute plus sévères. On a soupçonné les jansénistes d'avoir armé les bras de l'Église contre les spectacles, pour se donner le plaisir de tomber sur les jésuites, qui fesaient jouer des tragédies et des comédies par leurs écoliers, et qui mettaient ces exercices parmi les premiers devoirs d'une bonne éducation. On prétend même que les jésuites intimidés cessèrent leurs spectacles quelque temps avant que leur Société fût abolie en France.

Vous avez sans doute entendu dire, mademoiselle, aux grands savants qui viennent chez vous, que le contraire était arrivé chez les Grecs et chez les Romains nos maîtres. L'argent destiné pour les frais du théâtre d'Athènes était un argent sacré ; il n'était pas même permis d'y toucher dans les plus pressantes nécessités, et dans les plus grands dangers de la guerre.

On fit encore mieux dans l'ancienne Rome. Elle était désolée par la peste, vers l'an 390 de sa fondation ; il fallait apaiser les dieux par les cérémonies les plus saintes : que fit le sénat ? il ordonna qu'on jouât la comédie, et la peste cessa [1]. Tout bon méde-

---

[1] Voyez *Tite-Live*, livre VII, chapitre II. B.

cin n'en doit pas être surpris; il sait qu'un plaisir honnête est fort bon pour la santé.

Malheureusement nous ne ressemblons ni aux Grecs ni aux anciens Romains; il est vrai qu'en France il y a beaucoup d'aimables Français, mais il y a aussi des Welches, et ceux-ci ne regarderaient pas la comédie comme un spécifique, s'ils étaient attaqués de la peste. Pour moi, mademoiselle, je voudrais passer ma vie à vous entendre, ou la peste m'étouffe. J'avoue que les contradictions qui divisent les esprits au sujet de votre art sont sans nombre; mais vous savez que la société subsiste de contradictions; il n'y en a point parmi ceux qui vivent avec vous; ils se réunissent tous dans les sentiments d'estime et d'amitié qu'ils vous doivent.

4555. A M. D'ALBERTAS.

Monsieur le premier président des comptes, vous comptez mal; *car* vous avez compté quarante-cinq louis à un homme pour les compter à madame votre femme, et il les a comptés à une autre, et ce n'est pas là le compte. Quand madame la présidente saura cela, elle se fâchera; *car* les femmes aiment à se fâcher contre leurs maris; et elle dira : Si mon mari fait voyager de petits Suisses, j'en ferai voyager de grands; et cela ruinera la maison, *car* les Suisses sont chers.

Envoyez-lui donc bien vite beaucoup d'argent, *car* elle n'en a point; et il ne faut pas qu'une femme soit sans argent, *car* on ne sait point ce qui peut arriver.

Ne croyez plus, parceque vous êtes couleur de rose et blanc, et le plus honnête homme du monde, qu'un Suisse couleur de rose et blanc soit aussi honnête homme ; *car* il y a des fripons de toutes les couleurs. Ne confiez plus votre cher argent à ceux qui vivent aux dépens d'autrui ; *car*, pour ces gens-là, rien n'est plus prochain que l'argent.

Croyez qu'il est presque nécessaire de connaître les hommes pour connaître les Suisses ; *car* aujourd'hui rien ne ressemble plus à un homme qu'un Suisse. Il en est même, comme vous voyez, qui commencent à se former, *car* ils prennent les mœurs des nations polies.

Réparez vite vos torts, *car* c'est le moyen de faire qu'on vous les pardonne, et surtout qu'on vous garde le secret.

Consolez-vous aussi le plus tôt que vous pourrez, *car* rien n'est plus triste que d'avoir du chagrin ; et, pour vous consoler, croyez que vous n'êtes ni le seul ni le premier qui ait été attrapé par le petit Suisse, *car* malheureusement le malheur d'autrui console.

4556. A M. LE COMTE D'ARGENTAL[1].

Décembre.

Mon cher ange, il y a plus d'un d'Éon et plus d'un

---

[1] Cette lettre est une de celles qui font le désespoir d'un éditeur. Elle a été publiée, pour la première fois, pages 416 et suiv. du volume intitulé *Vie privée de Voltaire et de madame du Châtelet*; Paris, 1820, in-8°. Elle me paraît composée de fragments de lettres écrites à diverses époques. Dans le volume de 1820, elle contenait de plus qu'ici deux alinéa qui sont dans la lettre 4443. B.

Vergy : lisez et jugez. Voyez s'il n'est pas de l'intérêt du ministère et du bien public d'imposer silence à ces malheureux, qui vivent de calomnies, et qui osent se dire gens de lettres. Je m'en rapporte à la bonté, à la prudence, et au zèle éclairé de M. le duc de Praslin.

Dites-moi donc comment vous vous portez, mes divins anges. Votre thermomètre est-il à dix degrés au-dessous de la glace, comme le nôtre? Je perds les yeux, les oreilles, la poitrine, les pieds, les mains, et la tête; mais il me reste toujours un cœur fait pour vous adorer.

Au nom de Dieu, quand le doux temps viendra, comme dit Pluche, venez avec lui pour être le médiateur de Genève. Vous savez que cette fourmilière importune le roi, et demande un ministre qui règle le pas des fourmis. Tout cela, en vérité, est le comble du ridicule. Il y a deux mois que ces pauvres gens pouvaient s'accorder très aisément; deux ou trois sottises, à la tête desquelles est l'orgueil, les ont brouillés plus que jamais. Il serait difficile de dire bien précisément pourquoi; et je crois que les médiateurs seraient bien étonnés qu'on les eût fait venir pour de semblables bagatelles. Mais enfin venez, vous qui êtes le plus aimable et le plus conciliant de tous les hommes, comme le plus juste. Que cette aventure me produise le bonheur de ma vie; vous verrez madame votre tante [1] en chemin, et cette visite ne sera peut-être pas inutile.

---

[1] Madame de Grolée; voyez tome LVII, pages 533, 559. B.

Quand vous serez à Genève, vous recevrez vos paquets de Parme plus tôt qu'à Paris. Vous ferez aussi bien les affaires avec M. le duc de Praslin par lettres que de bouche. Vous êtes, d'ailleurs, déjà au fait des tracasseries genevoises; enfin, je ne vois point d'homme plus propre que vous pour ce ministère. Je suis convaincu qu'il ne tient qu'à vous d'être nommé [1]; et si vous ne l'êtes pas, je ne vous le pardonnerai de ma vie. Berne et Zurich enverront des magistrats; il faut que la France en fasse autant.

J'ajoute à toutes ces raisons un point bien important, c'est qu'on aura la comédie à Genève pendant la médiation, pour préparer les esprits à la concorde et à la gaîté. Enfin voilà probablement la seule occasion que j'aurai d'embrasser mon ange avant ma mort.

Voici une lettre [2] d'un mauvais plaisant de Neuchâtel, que je vous envoie pour vous tenir en joie. On m'assure dans le moment que le roi de Prusse est très malade; cela pourrait bien être; il m'écrivit, il y a un mois, que je l'enterrerais [3], tout cacochyme et tout vieux que je suis; mais je n'en crois rien, ni lui non plus.

Je pense que l'affaire des dîmes est accrochée, comme on dit en style de dépêches; il n'y a pas grand mal. Je suis rempli de la plus tendre et de la plus

---

[1] Cet alinéa est évidemment antérieur à la nomination d'Hennin, qui était arrivé à Genève en qualité de résident de France dès la mi-décembre; voyez lettre 4543. B.

[2] Une des *Lettres sur les miracles;* voyez tome XLII, page 143. B.

[3] C'est à peu près ce que dit le roi de Prusse dans ses lettres des 8 janvier et 25 février 1766. B.

respectueuse reconnaissance pour toutes les bontés de M. le duc de Praslin, et confus des peines qu'il a daigné prendre. Lorsque j'ai vu que les Genevois n'étaient plus occupés sérieusement que de la prééminence de leurs rues hautes sur leurs rues basses, et qu'ils étaient résolus de fatiguer le ministère de France pour savoir si le conseil des vingt-cinq a le pouvoir négatif ou non dans tous les cas, j'ai jugé à propos de faire avec mon curé ce que le conseil genevois aurait dû faire avec les citoyens : j'ai fait un très bon accommodement avec le curé ; il m'a rendu maître de tout, et, Dieu merci, je n'ai plus de procès qu'avec Fréron.

J'étais curieux, avec juste raison, de savoir ce que contenait cette vieille demi-page [1]. Le mot d'*infame* a toujours signifié le jansénisme, secte dure, cruelle, et barbare, plus ennemie de l'autorité royale que le presbytérianisme, et ce n'est pas peu dire, et plus dangereuse encore que les jésuites, ce qui devient incroyable ; mais cependant c'est ce qui est. Si le roi sait mon grimoire, il sait que je n'écris jamais qu'en loyal sujet à des sujets très loyaux [2].

L'idée de faire imprimer le tout par Cramer m'était venue par deux raisons : la première, que j'évitais le honteux désagrément de passer par les mains de la police, qui peut-être se serait rendue difficile

---

[1] Voyez la lettre 4416. B.

[2] Dans l'impression de 1820, on lisait ici les deux premières phrases du quatrième alinéa de la lettre 4443, et tout le dernier alinéa de la même lettre. B.

sur l'histoire des proscriptions [1], depuis les vingt-trois mille Juifs égorgés pour un veau, jusqu'aux massacres commis par les Camisards des Cévennes. La seconde raison est que sur l'inspection d'une feuille imprimée, je corrige toujours vers et prose. Les caractères imprimés parlent aux yeux bien plus fortement qu'un manuscrit. On voit le péril bien plus clairement; on y court, on fait de nouveaux efforts, on corrige, et c'est ma méthode.

Je renonce cependant à ma méthode favorite pour satisfaire un libraire de Paris [2], qui est un véritable homme de lettres, fort au-dessus de sa profession, et dont je veux me faire un ami.

M. le duc de Praslin vous aura sans doute envoyé tout le manuscrit avant que vous receviez ma lettre, et vous serez en état de juger en dernier ressort. Je vous supplie très instamment de passer au petit ex-jésuite ces vers de Fulvie:

> Après m'avoir offert un criminel amour,
> Ce protée à ma chaine échappa sans retour.
> Acte I, scène 1.

J'ai eu dessein d'exprimer les débauches qui régnaient à Rome dans ces temps illustres et détestables; c'est le fondement des principales remarques.

---

[1] Il s'agit du petit écrit *Des conspirations contre les peuples, ou des Proscriptions;* voyez tome XLII, page 493. B.

[2] J. Lacombe (voyez tome LVIII, page 398) ne fut reçu libraire qu'en 1766, et publia, à la fin de cette année, la première édition du *Triumvirat*, alors intitulé *Octave et le jeune Pompée;* voyez ma note, tome VIII, page 77. Cet alinéa appartient donc à une lettre qui doit être de la première quinzaine de juillet 1766. B.

Je veux couler à fond la réputation d'Auguste; j'ai une dent contre lui depuis long-temps pour avoir eu l'insolence d'exiler Ovide, qui valait mieux que lui. Quoi! l'aimable Ovide exilé en Scythie! ah, le barbare! Brutus, où étais-tu?

Où êtes-vous, mes divins anges? Il fait froid: que je me fourre sous vos ailes.

FIN DU TOME XII

DE LA CORRESPONDANCE.

TABLE

DES PERSONNAGES AUXQUELS SONT ADRESSÉES LES LETTRES DU DOUZIÈME VOLUME

DE LA CORRESPONDANCE.

ALBERGATI CAPACELLI (le marquis). Lettres 4202, 4247, 4286, 4454.

ANONYMES. Lettres 4390, 4406, 4552.

ARGENTAL (le comte d'). Lettres 4198, 4203, 4204, 4210, 4217, 4219, 4239, 4243, 4246, 4249, 4250, 4258, 4262, 4267, 4277, 4285, 4287, 4294, 4306, 4308, 4315, 4326, 4329, 4334, 4340, 4344, 4355, 4359, 4372, 4376, 4382, 4398, 4407, 4416, 4423, 4443, 4446, 4449, 4453, 4459, 4462, 4473, 4475, 4478, 4480, 4482, 4487, 4491, 4492, 4499, 4512, 4522, 4523, 4526, 4530, 4541, 4545, 4556.

ARGENTAL (la comtesse d'). Lettres 4234, 4272.

AUTREY (le comte d'). Lettre 4474.

BAZIRE. Lettre 4237.

BERGER. Lettre 4341.

BERNIS (le cardinal de). Lettre 4409

BERTRAND. Lettres 4245, 4263, 4298, 4360, 4366, 4405, 4417.

BESSIN. Lettre 4309.

BORDES. Lettres 4222, 4301, 4363.

BOUFFLERS (la marquise de). Lettre 4282.

BRENLES (de). Lettres 4255, 4265.

CAILHAVA. Lettre 4527.

CALAS (madame). Lettre 4253.

CATHERINE II, impératrice de Russie. Lettre 4485.

CHABANON (de). Lettres 4197, 4276, 4436, 4510, 4534.

CHAUVELIN (le marquis de). Lettres 4209, 4226.

CHRISTIN, fils. Lettre 4529.

CIDEVILLE (de). Lettres 4331, 4361, 4471.

CLAIRON (mademoiselle). Lettres 4201, 4402, 4432, 4448, 4452, 4470, 4476, 4554.

COLINI. Lettres 4236, 4244, 4252, 4273, 4339, 4413, 4438, 4456, 4489.

COLLENOT. Lettre 4319.

D'ALBERTAS (d'). Lettre 4555.

DALEMBERT. Lettres 4199, 4206, 4218, 4229, 4235, 4254, 4284, 4292, 4304, 4311, 4322, 4332, 4357, 4364, 4377, 4378, 4386, 4401, 4418, 4434, 4444, 4457, 4467, 4479, 4496, 4508.

DAMILAVILLE. Lettres 4200, 4205, 4215, 4223, 4230, 4232, 4233, 4253, 4264, 4270, 4278, 4281, 4290, 4296, 4302, 4307, 4312, 4314, 4323, 4327, 4330, 4333, 4335, 4337, 4338, 4343, 4347, 4348, 4350, 4354, 4362, 4368, 4373, 4379, 4383, 4387, 4388, 4394, 4396, 4400, 4403, 4412, 4414, 4415, 4419, 4420, 4421, 4422, 4425, 4428, 4429, 4433, 4442, 4497, 4505, 4513, 4515, 4519, 4521, 4528, 4533, 4539, 4544, 4548, 4551.

D'ARGENCE DE DIRAC (le marquis). Lettres 4227, 4256, 4271, 4328, 4431, 4450, 4465, 4469, 4494, 4531, 4538.

DE BELLOY. Lettres 4349, 4371.

D'ÉPINAI (madame). Lettres 4211, 4259.

DU BOCCAGE (madame). Lettre 4207.

DUCLOS. Lettres 4241, 4248.

DU DEFFAND (la marquise). Lettres 4208, 4220, 4225, 4370, 4395, 4495, 4516.

DUPONT. Lettres 4212, 4231, 4238, 4257, 4261, 4274, 4275, 4280, 4293, 4313, 4391, 4461, 4514.

DUTENS. Lettre 4251.

DU VERNET (l'abbé). Lettre 4385.

ÉLIE DE BEAUMONT. Lettres 4342, 4389, 4393, 4404, 4483.

FAVART. Lettre 4542.

FLEURIEU (de). Lettre 4320.

FLORIAN (le marquis de). Lettres 4269, 4503.

FLORIAN (la marquise de). Lettres 4506, 4507.

FRAIGNE (le marquis de). Lettre 4324.

GALLITZIN (le prince de). Lettre 4501.

GAZETTE LITTÉRAIRE (les auteurs de la). Lettre 4288.

GILLI. Lettre 4295.

GOLDONI. Lettre 4424.

GRAMMONT (la duchesse de). Lettre 4310.

HELVÉTIUS. Lettre 4437.

HÉNAULT (le président). Lettre 4240.

HENNIN. Lettres 4484, 4543, 4546, 4547, 4549.

La Bastide (de). Lettre 4410.
La Borde (de). Lettre 4504.
La Chalotais (de). Lettre 4213.
La Fargue (de). Lettre 4303.
La Harpe (de). Lettres 4374, 4498.
La Touraille (le comte de). Lettre 4369.
Le Clerc de Montmerci. Lettres 4224, 4279, 4336, 4380.
Lekain. Lettres 4466, 4486, 4493, 4502, 4520, 4525, 4537.
Ligne (le prince de). Lettre 4352.
Luxembourg (la maréchale de). Lettre 4305.
Mairan (de). Lettre 4318.
Marin. Lettre 4266.
Marmontel. Lettres 4358, 4365.
Nougaret. Lettre 4392.
Noverre. Lettre 4375.
Olivet (l'abbé d'). Lettre 4268.
Praslin (le duc de). Lettres 4297, 4426, 4517.
Richelieu (le maréchal duc de). Lettres 4242, 4283, 4317, 4325, 4345, 4351, 4397, 4408, 4455, 4464, 4477.
Rousseau (P.). Lettres 4260, 4289.
Sade (l'abbé de). Lettres 4291, 4321.
Saurin. Lettre 4532.
Thieriot. Lettres 4447, 4468, 4488, 4550.
Thomas. Lettre 4481.
Trévénegat (madame de). Lettre 4553.
Tronchin-Calendrin. Lettre 4511.
Varennes (de). Lettre 4427.
Verna (la baronne de). Lettre 4384.
Villette (le marquis de). Lettres 4356, 4430, 4440, 4445, 4458, 4472, 4540.
Villevieille (le marquis de). Lettre 4535.
Voisenon (l'abbé de). Lettre 4500.

Personnages qui, dans ce volume, ont adressé des lettres à Voltaire.

Bernis (le cardinal de). Lettre 4435.
Catherine II, impératrice de Russie. Lettres 4441, 4463, 4524.
Charles-Théodore, électeur palatin. Lettre 4216.

DALEMBERT. Lettres 4221, 4228, 4300, 4316, 4346, 4367, 4381, 4399, 4411, 4439, 4451, 4460, 4490, 4518.

FRÉDÉRIC II, roi de Prusse. Lettres 4299.

LOUIS-EUGÈNE, duc de Wurtemberg. Lettre 4214.

PAULIAN. Lettre 4536.

VOISENON (l'abbé de), Lettre 4509.

FIN DE LA TABLE.

www.ingramcontent.com/pod-product-compliance
Lightning Source LLC
Chambersburg PA
CBHW072021240426
43667CB00044B/1610